東國의 法學者

이철호 지음

이 도서의 국립중앙도서관 출판예정도서목록(CIP)은 서지정보유통지원시스템 홈페이지(http://seoji.nl.go.kr)와
국가자료공동목록시스템(http://www.nl.go.kr/kolisnet)에서 이용하실 수 있습니다.(CIP제어번호: CIP2016024591)

東國의 法學者

초판 1쇄 인쇄 2016년 10월 10일
초판 1쇄 발행 2016년 10월 20일
지은이   이철호
펴낸이   이범만
발행처   **21세기사**
등 록   제406-00015호
주 소   경기도 파주시 산남로 72-16 (10882)
전화 031)942-7861 팩스 031)942-7864
홈페이지 www.21cbook.co.kr
e-mail 21cbook@naver.com
ISBN 978-89-8468-696-0

머리말

　1949년 동국대학 법학과가 개설되었고, 1953년 동국대학이 종합대학교로 승격되면서 법정대학(法政大學)으로 개편되어 법학과, 정치학과, 경제학과의 편제를 갖추게 되었다. 이후 법정대학 소속으로 법학과로 있다가, 1988년 법과대학으로 독립하여 오늘에 이르고 있다. 그 동안 동국 법학은 법조계 등의 우수 인재를 배출하였고, 한국 법학계의 견인차 역할을 하는 학자들을 양성 배출하여 오고 있다.

　동국법학은 정의법학, 실천법학의 산실(産室)이다. 또한 동국 법학은 대학의 지리적 위치만큼이나 법학계의 중심에 있다. 오늘의 동국 법학은 현실과 유리(琉璃)된 강단법학(講壇法學)에 머물지 않고 현실에서 '행동하는 지성인(知性人)'으로 실천적 삶을 살아오신 은사님들이 계셨기에 가능하였다.

　가족법분야의 원로학자이신 南松 한봉희(韓琫熙) 교수께서는 의당

(義堂) 장경학 선생님 살아생전에 대학원생들이나 후학들에게 "의당 선생님의 말씀 한마디 한마디가 우리 현대사(現代史)며, 한국 법학사(法學史)이니 선생님을 뵐 때마다 녹음작업 같은 것을 해두면 좋을 것이네!"라 수 없이 말씀하셨건만 의당 선생님이 떠나고 보니, 후학의 한 사람으로써 그것을 실천하지 못한 것이 두고두고 아쉬움으로 남는다. 이는 동국 법학의 손실이며 나아가 한국 법학의 손실이라 하지 않을 수 없다.

처가를 방문할 때마다 장인어른의 서재에 꽂혀 있는 다양한 한문 서적류에서 'ㅇㅇㅇ선생 행장록', 'ㅇㅇㅇ선생 문집' 등을 보면서 학자의 학문적 업적이나 발자취는 제자나 후학들이 옮겨 적거나 남긴 기록에 의해 후세에 전해진다는 것을 깨달았다. 또한 제자나 후학들이 스승에 대한 일대기나 평전, 문집 등을 출간했다는 소식을 접하며 학문하는 사람으로서 스승과 제자의 아름다움 모습으로 부러웠다.

중국의 유안(劉安)이 지은 회남자(淮南子)에서 유래한 '임하선어 불여결망(臨河羨魚 不如結網)'이라는 고사성어가 있다. "물가에 앉아 고기를 부러워하는 것은 그물을 만들어 잡는 것만 못하다." 즉 남이 해놓은 일만 보고 감탄하며 부러워하는 것보다는 한시라도 빨리 실천에 옮기는 것이 성공을 거둘 수 있는 지름길이라는 의미일 것이다. 언제까지 부러워하고 있을 수만 없다.

필자의 무딘 필치로 동국법학을 개척한 스승들의 생애와 학문 세계, 학문적 업적, 경륜을 제대로 표현할 수 없다는 것을 잘 알면서도 후세에 자료를 남기고 이를 계기로 동국 법학을 개척하고 발전시킨 스승들에 대한 학문적 재조명의 계기를 마련한다는 의미에서 용기를 내었다.

예링(Rudolf von Jhering)은 〈로마법의 정신〉(Der Geist des roemischen Rechts auf den verschiedenen Stufen seiner Entwicklung)에서 "로마법을 통하여 로마법 너머로"(durch Romischen Rechts hinaus Romischen Rechts)를 이야기 하고 있다. 이처럼 학문의 세계에서도 후학은 스승을 통하여 그 스승을 넘어서야 한다. 즉, 청출어람(靑出於藍) 해야 한다. 후학들은 스승의 학맥을 잇고, 학문적 업적을 계승하여 청출어람해야 하는 학문적 의무가 부여되어 있다 할 것이다. 그래야 학문은 발전할 수 있다.

동국 법학을 개척하고 발전시킨 법학자 모두를 수록하지 못했다. 필자의 천학비재(淺學菲才)와 자료 수집의 한계, 연륜의 일천함 등등 혼자서 하는 작업으로는 실로 벅찬 일이고 힘에 부친 일이다. 저자의 능력 범위 안에서 임의로 선택하여 우선 급한 대로 동국 법학을 개척하고 발전시킨 제1세대 법학자 두 분과 제2세대 법학자 두 분을 수록하였다. 여기 수록된 스승들은 한국 법학을 가꾸고 발전시킨 동시에 동국 법학을 개척하고 발전시킨 업적을 가지고 있다 할 것이다. 앞으로 계속하여 이 책에 수록하지 못한 동국 법학의 스승들을 정리하여 개정증보판에 수록할 계획이다.

저자는 한 세대를 동국 법학에서 배우고 동국의 스승들께 가르침을 받으며 인연을 이어 오고 있다. 여기 수록된 글은 스승의 흔적과 기록 그리고 필자의 스승에 대한 존경의 마음, 흠모의 마음이 동시에 담겨 있다.

동국의 후학들이여. 혼자 이곳까지 걸어왔다고 말하지 말자. 우리보다 먼저 걸어와 길이 된 스승들. 그 스승의 이름을 밟고 이곳까지 왔고, 또 앞으로도 그 이름을 밟고 걸어가야 한다.

이 책자가 동국법학에 씨 뿌리고 가꾸신 옛 스승들에 대한 재조명의 마중물이 된다면 동국법학의 학은(學恩)을 입은 사람으로서 더없는 보람이겠다. 아울러 나의 모교, 나의 학문적 모태(母胎)이며 고향인 '동국 법학'의 중흥과 발전을 두 손 모아 기원한다.

2016. 8.

文香齋에서

이철호 합장

차례

법학자 義堂 장경학(張庚鶴) 교수의
생애와 학문세계

억만봉의 험준한 山
억만구비 시름의 물결도
유유히 만 내려보며
날아온 鶴이여.
그대의 그 오랜 마음의 微笑
하늘에 보태여져
우리 기쁨이로다.

未堂 徐廷柱
張庚鶴 仁兄 古稀에

요약

의당(義堂) 장경학(Chang, Kyung-Hak) 교수님은 동국법학의 뿌리라 할 수 있다. 동국대학교 법학과 전임교수로 부임하기 전부터 민법 등을 강의하셨다.

동국법학은 정의법학, 실천법학의 산실(産室)이다. 오늘의 동국법학이 있기까지는 현실과 유리(琉璃)된 강단법학(講壇法學)에 머물지 않고 현실에서 '행동하는 지성인(知性人)'으로 실천적 삶을 살아오신 교수님들이 계셨기에 가능했다. 장경학 교수님 또한 그러한 분 중에 한 분이다. 1960년 4·19혁명 후 연세대학교 학원 민주화 운동에 참여하여 교수 대표로 활동하다 재직하던 연세대를 물러나야만 했던 사실이 이를 증명하고 있다.

장경학 교수님은 광복 후 대한민국 정부 수립 후 초창기 학계의 과도기 교수로서, 열악한 상황에서도 다른 동료교수들이 일본 교과서를 번역하여 자신의 저작인 양하고 대가연(大家然) 할 때, 정직하게 일본 학자들의 인용문헌을 밝히고, 저작물은 출간하였다. 이런 면에서 의당 선생님은 대한민국 법학 초창기에 보기 드문 '정직한 학자'이다.

장경학 교수님의 법사회학적 공헌으로는 우선, 독일·미국 학자들의 저서를 번역하여 국내에 소개했다는 점이다. 또한 민법학자요 법사회학자이며 법철학에도 조예를 갖고 있어 1950년대 초에서부터 한국적 법사상의 추구를 위해 노력해 온 학자이다. 민법학자인 그는 통치자의 법기술보다는 민중과 일반인의 생활과 사고방식에 나타나는 법의 실체적 모습을 서술하려고 하였다.

I. 들어가는 말

1945년 해방이후 초창기 법학계의 분위기와 문제점에 대해 한상범 교수는 다음과 같이 회고하고 있다.

"일본 제국주의 하에서 법학교육이나 법조계라고 하면 일제식민지 법제 아래서 사정이므로 당시 조선 사람에게 우선 법학교육의 수요는 일제 식민지 관료양성에 초점이 두어졌다고 볼 수 있습니다. 그래서 당시의 세속적인 풍조로서 출세하는 길로서 고등문관시험의 관문을 통과해서 일제 고급관료가 되는 것이었죠. 고문(고등문관시험) 행정과에 합격해서 지방장관인 군수가 되거나 경찰서장 등 행정관리가 되던가, 고문 사법과를 통해서 판사나 검사 되는 길이 있었습니다. 그런데 결국 그 길은 애국이나 민족을 위한 길과는 인연이 먼, 심지어는 반민족적 친일파로서의 전락을 의미하였지요."[1]

···후략···

또한, 해방 후부터 대학을 세우고 법학교육의 수요가 급격하게 증가하였을 당시에 교수요원의 충원이나 법학교육에서 당장 필요한 교재나 참고서적을 어떻게 보충하였는가 라는 질문에,

"먼저 국립이외에 사립대학 등 모든 대학에서 교원 충원은 일본의 대학교육을 받거나 그 외에 고등문관시험에 합격한 사람들이 발탁되었죠. 서울 등 중앙에선 제국대학(帝國大學)이란 이름 있는 대학간판을 가진 이나 고문합격으로 일제 관리를 한 사람들이 교수가 되었습니다. 따라서 그들은 교수 또는 학자로서 훈련을 쌓은 적도 없고, 대개 일제시대(日帝時代) 법학교육을 받고 시험공부를 한 것이 유일한 밑천이었다고 할까요. 거기다가 20대나 30대에 최고의 명망가(名望家)로서 교수직을 가지고 사회에서 특권(?)을 누리는 처지가 되었습니다. 그래서 연구실에서 공부할 시간보다 이 학교 저 학교로 강의를 하러다니고, 그 보다는 오히려 자기 강의를 하기도 벅찼는지 모릅니다."[2]

---

1 "한상범 교수의 학계 회고담", 「亞 · 太公法硏究」 제11집(2003), 306면.
2 "한상범 교수의 학계 회고담", 「亞 · 太公法硏究」 제11집(2003), 307면.

라 회고하고 있다.

1945년 해방 후의 우리 법학은 일본에 의하여 왜곡된 법학에 비판적 시각을 돌릴 겨를은 고사하고 대학강단을 독점하다시피 하다가 빠져나간 일본인 교수의 자리를 메우는 것도 어려운 실정이었다. 대학을 갓 졸업한 청년학자들, 또는 판사·검사·변호사의 실무에 종사하던 사람들이 강제로 징용되듯이 교수 또는 강사가 되었다.[3] 심지어 1950년대 전반기에는 부산피난시절부터 수복이후에 이르기까지 한 사람의 교수가 2개 이상 대학교의 전임직의 겸임이 허용되었었다. 교수뿐만 아니라 국가기관의 公職者도 교수직의 겸직이 일부는 묵인되어서 그들이 학장(學長), 교수의 직을 맡기도 하였다.[4]

의당 선생님은 동국법학의 뿌리라 할 수 있다. 1949년 동국대학 법학과가 개설되었고, 1953년 동국대학이 종합대학교로 승격되면서 법정대학(法政大學)으로 개편되어 법학과, 정치학과, 경제학과의 편제를 갖추게 된다. 당시 법정대학장(法政大學長)에는 해방 직후 한 때 서울법대 교수로 재직하다가 법조계(法曹界)에 들어가서 대법원판사직에 있던 김갑수(金甲洙)[5]가 취임하였다.

---

3 김기두, "형사법학계의 회고", 「법학」 제19권 제1호(서울대), 1978, 169면; 배종대, "우리 법학의 나아갈 길—형법학을 중심으로", 「법과사회」 창간호(1989), 법과사회이론연구회, 235면.
4 「동대신문」 제445호(1970년 3월 30일 참조).
5 김갑수 대법관은 경성제국대학 법문학부를 졸업했다. 1953년 6월~1960년 6월까지 대법관으로 재임했고, 41세에 대법관이 돼 역대 최연소 대법관 기록을 가지고 있다. 한편 1959년 진보당 조봉암 당수에게 사형을 선고했던 김갑수 판사(후에 대법관까지 지

김갑수(金甲洙)[6] 학장 취임 이전의 법정계(法政系)의 교강사(教講師) 진을 보면, 고병국(高秉國, 민법), 서돈각(徐暾珏, 상법), 김기두(金箕斗, 형법 · 형사정책), 이근칠(李根七, 민법), **장경학(張庚鶴, 民法 · 現代法律思潮)**, 차낙훈(車洛勳, 상법), 황산덕(黃山德, 국제사법 · 법철학), 이경호(李坰鎬, 헌법), 김갑수(金甲洙, 민법연습), 곽윤직(郭潤直, 서양법제사), 이한기(李漢基, 국제법), 이영섭(李英燮, 민사소송법) 등이 있다. 그러다가 김갑수(金甲洙)가 학장으로 취임한 후에 50年代후반까지 법률학과(法律學科)에는 김두일(金斗一, 형법), 김증한(金曾漢, 서양법제사), 조규대(曺圭大, 외국법), 김기수(金淇洙, 행정법), 안윤출(安潤出, 민법), 노용호(盧龍鎬, 형사소송법), 주문기(朱文基, 상법), 서정갑(徐廷甲, 상법), 엄민영(嚴敏永, 법철학), 손주찬(孫珠讚, 상법), 오정근(吳貞根, 노동법) 등이 새로이 보강되었다.[7]

냄)는 죽기 직전까지 40여년 전 자신의 판결에 대해 해명해야 했다([원희복의 인물탐구]원세훈 전 국정원장 선거법 위반 무죄 선고한 이범균 판사… 법과 양심에 따른 '소신'인가, 승진에 목을 맨 '소시민'인가, 「주간경향」 제1094호, 2014년 9월 30일 참조).

6 동국대학교 법과대학 헌법교수로 40여년 재직하다 2002년 2월 퇴임한 한상범 교수는 김갑수 대법관과의 인연을 다음과 같이 회고하고 있다. "1950년대 김갑수 대법관이 대법원 도서관장 직함을 가졌는지 자세히 기억나지 않지만 그 분의 배려로 도서관을 드나들었다. 구(舊)법원 2층 청사에 지금으로 보면 소규모의 법원도서관이 있었다. 그런데 얼마 지나지 않아서 읽고 싶은 책을 거기서 다봤다. 그래서 다른 책이 없느냐고 했더니, "당신처럼 법률교과서 이외에 책을 보는 사람에게는 창고에 일제시대 이래 압수 보관한 책들이 있는데, 구경을 하겠냐?"고 했다. 그래서 그 직원의 안내로 창고에 가 보니 일제시대 이래 지금까지 불온서적으로 압수 또는 몰수돼 보관중인 이른바 '불온서적'이 산더미처럼 쌓여 있었다. 오어거트 베벨의 『여성과 사회주의』(일본 이와나미서 점판 번역 제목은 婦人論이다)란 책을 비롯해 마르크스 엥겔스로부터 카우츠키와 레닌에 이르기 까지 고전 명저의 보고였다"(한상범 교수 문집 간행위원회, 『소중한 인연, 행복한 동행』, 보명Books, 2013, 96면).

7 「동대신문」 제445호(1970년 3월 30일 참조).

동국법학은 정의법학, 실천법학의 산실(産室)이다. 오늘의 동국법학이 있기까지는 현실과 유리(琉璃)된 강단법학(講壇法學)에 머물지 않고 현실에서 '행동하는 지성인(知性人)'으로 실천적 삶을 살아오신 은사님들이 계셨기에 가능했다. 의당 선생님 또한 그러한 분 중에 한분이다. 1960년 4·19혁명 후 연세대학교 학원 민주화 운동에 참여하여 교수 대표로 활동하다 재직하던 연세대를 타의에 의해 물러나야만 했던 사실[8]과 1964년 한일협정 반대 및 굴욕외교반대 학생시위에 참

---

8 의당 선생님은 고등보통학교 3학년 때의 영어교과서에 실린 테니슨의 「亂鐘아 쳐울려라」(Ring out the wild Bell)하는 詩와 도서관에서 그 詩가 실린 詩集原書의 대출에 얽힌 학창시절의 추억을 이야기하면서 4·19혁명 후 연세대 학원 민주화 과정에서 교수 대표로 참여하여 목적을 달성하지 못하고 파면당한 전말의 일부를 다음과 같이 기술하고 있다. "4·19후, 政治舞臺에서는 獨裁者가 사라졌으나, 象牙의 塔속에서는 아직도 그 亞流들이 눈치를 슬금 슬금 살피면서 生殘의 妙策을 밤낮을 가리지 않고 짜내기에 狂奔하고 있었으며 反革命의 거센 颱風은 그 뿌리를 묻을 바다를 찾아 血眼이 되고 있었다. …중략… 總長物色위원은 西洋人 두 사람을 포함한 理事 3인, 교수대표 3인이었다. 나는 非敎人이라 하여 미션스쿨의 총장을 뽑는 사람으로 인정할 수 없다는 것이 學園正常化의 抵抗勢力인 理事陣의 주장이었고, 까놓고 말하면 내가 非敎人이라는 것을 트집을 잡아 가지고 敎授陣營의 대표의 한사람이라도 더 참석을 못하게 하려는 作戰이었다고 본다. 교수측 대표 3인이지만 내가 退場되는 날에는 한사람은 神科에서 선출한 사람이니, 理事陣에 동조할 것은 뻔하고 나머지 年老교수 K씨가 온건한 분이므로 교수진의 의견을 대변할 뿐일 것이니, 四對一로 교수진의 敗北로 돌아갈 것은 명백한 일이었다. 내가 會場에 못 들어간다는 것은, 곧 교수측이 싸움도 못해 보고 完敗하는 것이 되고, 반대로 理事陣은 不戰勝의 快哉속에 祝杯를 높이들게 하는 것이 된다. 기어코 입장한다고 결심한 나는 U씨의 팔을 뿌리치고 안으로 들어갔다. …중략… 不請入場은 하였으나 내 앞에는 또 하나의 함정이 마련되었다. 理事들끼리 저편 방에가서 따로 會合을 하고 나오더니만 내가 會場에서 나가지 않는 한 開會를 못하겠다고 한다. 年老교수 K씨가 나를 오브저버(옵저버)로 참석케하자는 妥協案에도 理事側은 不應하였다. 나는 화가 나서 U씨가 손수 돌리고 있는 冷紅茶를 거절하고, 「나는 10년간 이 대학에 근무하였고 일주일에 두 번씩 기도회 시간에 나갔소. 아마도 일주일에 한번씩 10년간 예배를 보았다해도 충분히 敎人이 될 수 있을 것이요. 하물며 그 培를 채플에 나간 교수를 인제 와서 非敎人이라는 구실로 퇴장을 요구함은 나를 物色委員으로

여한 동국대 농학과 3학년 김중배(金仲倍)군이 경찰의 경봉(警棒)에 맞아 사망하는 사고가 발생했을 때, 〈사인 진상 규명 조사위원단〉의 구성원[9]으로 활동한 사실들이 이를 증명하고 있다.[10]

의당 선생님은 광복 후 대한민국 정부 수립 후 초창기 학계의 과도기 교수로서, 열악한 상황에서도 다른 동료교수들이 일본 교과서를 번역하여 자신의 저작인 양하고 대가연(大家然) 할 때,[11] 정직하게 일본 학자들의 인용문헌을 밝히고, 저작물은 출간하였다.[12] 이런 면

選出한 敎授會측의 의사를 짓밟아 버리는 것 뿐만 아니라 그 자체가 非宗敎的인 처사가 아닌가요?」이렇게 抗議 또 抗議 아마 거의 두시간에 걸쳐 상호 舌戰을 싸웠다. … 중략… 이틀후 理事長 S씨로부터 나에게 편지가 왔다. 그것은 罷免狀이었다. 나외에 2명의 교수에게도 같은 처분이 내렸다."(장경학, "나의 學惹時節②", 「사법행정」1967년 10월호, 91~92면 참조).

9 七十年史編纂委員會, 『東大七十年史』, 동국대학교 출판부, 1976, 136면.

10 의당(義堂) 선생님과 더불어 知行合一의 '실천적 삶'을 살아온 분으로는 한상범 교수님을 들 수 있다. 1964년 한일협정 반대 교수단에 가입하여 활동하였고, 당시 동국대 농학과 3학년에 재학중인 김중배(金仲倍)군이 경찰의 경봉(警棒)에 맞아 사망하는 사고가 발생했다. 당시 동국대 교수회에서는 [사인진상조사위원단]을 구성했고, 한상범은 간사로 지명되어 활동했다. 또한 박정희의 3선개헌 반대운동을 하기도 했다. 자세한 내용은 "한상범 교수의 학계회고", 「亞·太公法研究」제12집(2004), 147면; 『東大七十年史』, 동국대학교 출판부, 1976, 135~137면 참조.

11 "해방직후는 물론 1960년 초기까지만 해도 한국에서 나온 법학교재가 일본의 교재, 그것도 대개 동경대학의 교수나 동교의 출신교수가 쓴 교과서를 그대로 번역하거나 번안한 것이었습니다. 그런데 일부 교수는 자기의 저작이 아닌 외국인 교수의 교과서를 번안하면서 자기 이름을 저자로 하는 것까지는 좋은데, 내용이 부실하거나 서툰 경우가 있었습니다. 그 중에는 양심적으로 일본의 민법 교재인 와가츠마 사카에아(我妻榮)의 교과서를 번역하였다고 해서 펴낸 것도 있습니다(김증한·안이준의 공역 교과서)." ("한상범 교수의 학계 회고담", 「亞·太公法研究」제11집, 2003, 308면 참조).

12 일제시대의 법학이 한국법학에 미친 영향을 분석한 문헌으로는 한상범, "한국법학계를 지배한 일본법학의 유산", 「역사비평」계간 15호(1991년 겨울호), 157~178면; 한상

에서 의당 선생님은 대한민국 법학 초창기에 보기 드문 '정직한 학자'
이다.

> "나는 1938년 京都大學에서 民法總則을 近藤英吉 교수로부터 배웠다. 그
> 는 얼마 후 急逝하였고 그의 뒤를 於保不二雄교수가 계승했다. 해방 후 於
> 保교수의 民法總則講義案(1952)이 나왔다. 그래서 舊著를 집필할 때에는 學
> 生時節에 배웠던 近藤교수의 民法大綱(總則)(1938)과 於保교수의 上揭書를
> 기본서로 하였다."[13]

2014년 10월 26일이면 의당(義堂) 장경학 선생님께서 영면(永眠)하
신지 3주기이다. 광화문 교보문고에서 가끔 뵙는 南松 한봉희(韓琫
熙) 선생님께서는 뵈올 때마다 아카데미즘(academism)을 이야기하시
며, 동국법학의 후학들이 '義堂 선생님의 생애와 학문 세계'를 조명하
는 작업이 있어야 하고 그것이 진정한 아카데미즘이라는 말씀을 자
주 하신다. 이것이 필자가 부족함을 무릅쓰고 이 글을 쓰게 된 연유
(緣由)이다.

본고는 대한민국 민법안심의위원으로 활동하시는 등 민법학의 제
1세대[14]로서 초창기부터 법학을 일구고, 동국법학(東國法學)을 가꾸신

범, "日帝시대의 法學이 한국 법학에 미친 영향―특히 1930,40년대의 파시즘화의 분위
기와 관련하여", 「韓國敎育法硏究」, 1995(한국교육법학회), 79~101면 참조.

13 장경학, 「民法總則」, 法文社(1984), 4면 머리말 참조.

14 민법학의 제1세대는 일제 관료출신이나 일제시대에 법학을 공부한 학자를 말하고, 제
2세대는 해방 후부터 60년대까지 국내에서나 외국에서 공부한 사람을 말하고 있다(국

의당 선생님의 학문적 업적에 대한 평가와 재조명의 계기가 되기를 기원하는 시론(試論)적 연구이다. 우선 선생님을 소개하고 정리하는 데 그 의의를 두고자 한다.

II. 장경학 교수의 생애

의당(義堂) 장경학 선생님은 1916년 2월 27일 함경남도 文川郡 明龜面에 季峙里에서 태어나 2011년 10월 26일 21시 53분 영면(永眠)하셨다.[15] 선생님은 1941년 12월 27일 일본 교토대학(京都帝國大學) 법학부를 졸업하고[16], 1942년 대학원에 입학하여 黑田覺교수의 지도로 憲法學을 專攻[17] 1945년 동 대학원을 수료했다. 1941년 8월 滿洲國 고

순옥 엮음, 『자본주의와 헌법』, 까치, 1987, 5면 참조).

15 단국대학교 명예교수인 권용우 박사는 단국인의 소통공간인 「dvoice」 디보이스(http://www.d-voice.co.kr)에 (2014년 1월 5일) "法社會學을 체계화한 法學者, 張庚鶴"; (권용우, 『歲月에게 길을 묻다』, 줌, 2014, 26면)이라는 글에서 "오는 2월 26일, 이 날은 의당(義堂) 장경학(張庚鶴)의 2주기(週忌)가 되는 날이다. 의당은 1916년 2월 27일 함경남도 문천군(文川郡) 명귀면(明龜面) 수치리(秀峙里)에서 태어나 2012년 2월 26일 95세로 영면하였다"라고 의당 선생님을 소개하고 있으나, 선생님의 영면일은 2011년 10월 26일이다. 일간신문의 〈부고〉란에는 ▲장경학前동국대법학과교수 별세, 준환전 서진기업이사 · 영환재미 · 신환재미 · 정환부친상, 장재형손해사정사 장인상, 이귀녀주부 · 김형란재미 시부상, 장석원학원경영 조부상 = 26일 21시 53분 서울대병원. 발인 29일 오전8시 02-2072-2034(문화일보, 2011년 10월 29일; 중앙일보, 2011년 10월 28일; 조선일보, 2011년 10월 28일 등 참조).

16 장경학, "나의 청춘 나의 학문-교오도 대학 시절(1938~41)", 「법과사회」 8(1993.7), 283~304면 참조.

17 의당 선생님이 대학원에서 憲法學을 택한 이유와 대학원 입학의 소회를 다음과 같이

등문관시험 司法科에 합격하였으나 부친의 반대로 부임하지 못하였다.[18][19] 1941년 9월 부산에서 朴福妊(1918년 음 3.29생)과 결혼했다.

선생님은 독일에서 공부하기를 희망했다. "독일 유학을 예정했으나, 그해 태평양전쟁이 발발했다. 독일로 가는 뱃길이 막혀버리고 말았다. 그래서 뜻을 이루지 못했다. 전쟁이 끝나고 해방이 되고, 美국 무성 초청으로 1956년에야 겨우 미국 유학을 하게 되었으나 이미 나이도 먹었고, 또 단기간이었으므로 제대로 연구를 못하였다."[20]라 회고하고 있다.

1946년 동아대학교 교수가 된다. 1946년 9월 미국에서 귀환한 鄭基元박사(프린스턴대 졸업, 美軍政廳 고문)를 학장으로, 정재환(鄭在煥) 검사(第2高普 선배, 立命館大 졸업), 김재식씨 등이 협력 東亞大學을 설립,

---

이야기 하고 있다. "朴炳敎 선배와 知面이 있는 黑田覺교수의 지도하에 憲法學을 택했다. 당시의 法學硏究의 重點이 時局을 반영하여 私法에서 公法으로 이동한 탓이었다. 아카데미의 文化圈으로 다시 돌아왔다는 安堵感을 느끼었으며 그런 상태를 永遠한 것으로 간직하고 싶었다. 그러나 날로 苛烈해가는 戰爭의 魔神은 하루하루 그러한 精神의 天國을 좀 먹으며 다가왔다. 荒弊해가는 文化圈에 언제까지 安住하기는 어려울 것같았다. 다다미房의 겨울은 몹시 추웠고 지루하게 길었다."(義堂 張庚鶴博士華甲記念 論文集刊行委員會, 『近代法 思想의 展開』, 1977, 420면).

18 최종교 교수는 의당 선생님이 "1945년 만주국 고등문관시험 사법과에 합격하였으나 부친의 반대로 부임하지 못하였다"라고 기술하고 있으나(최종고, 『韓國法思想史(全訂新版)』, 서울대학교 출판부, 2001, 403면 참조), 의당 선생님 나이 25세인 1941년 8월 滿洲國 高文 司法科에 합격했다. 따라서 최종고교수의 1945년 합격은 오기(誤記)로 보인다("지나온 70년─義堂장경학박사 略傳" 974면 참조).

19 일제강점기 고문(고등문관시험) 출신자들이 해방 후 권력엘리트로 활동한 행적에 대해서는 장세윤, "일제하 고문시험 출신자와 해방후 권력엘리트", 「역사비평」 계간23호(1993년 겨울호), 162~181면 참조.

20 장경학, "내가 다시 大學生이 된다면", 「동대신문」 제700호(1978년 3월 7일) 참조.

정재환 선배의 추천으로 동아대 전임교수가 되었다. 동아대학에서 같이 재직한 동료로는 헌법의 文鴻柱, 민법은 의당 선생님과 李恒寧, 상법은 裵鐵世, 행정법은 엄귀현으로 모두 부산(釜山)사람들이었다.

1950년 당시 의당 선생님의 나이 34세 때, 부산 피난시절 민법총칙의 출판 때문에 교정(校正)을 보기 위해 상경했다가 新興大學(현재 경희대학교의 전신)[21]의 常務理事이며 보통학교 동창 趙成集군을 만나 서울에 올라오라는 권유를 받고 동년 2월 말 서울에 와서 신흥대학에 전임이 되고, 또 京都時代의 동창이며 延禧大學(현 연세대학교 전신)의 교수인 廉段鉉씨의 소개로 연희대에도 전임으로 들어가게 되었다 한다.[22] 1950년대 전반기에는 부산피난시절부터 수복이후에 이르기까지 한 사람의 교수가 2개 이상 대학교의 전임직의 겸임이 허용되었다. 이러한 분위기로 의당 선생님도 같은 시기에 두 대학에 전임교수로 재직할 수 있었다.[23]

---

21 趙成集 理事의 납북으로 新興大는 부산 피난시 조영식씨가 인수했다고 한다.

22 1950년 연희대 전임 첫해는 개학일자를 앞당겨 6월 4일 신학년이 시작되었고, 法科는 아직 高學科가 없어, 독일어만으로 책임시간(9시간)을 채우다. 그러나 개학후 한달이 못되어 6·25사변이 발발하였다 한다.

23 의당 선생님은 6·25한국전쟁 중 대학가(大學街)의 분위기를 다음과 같이 기술하고 있다. "1951년 延大에서는 문교장관 유억겸씨 작고로 백낙준씨가 그 후임이 되고 金允經교수가 총장서리. 미군의 원조로 영도에 목조가교사를 신축 개교. 李炯鎬씨 법무부 전출로 그가 담당하던 헌법도 맡게 되다. 동아대학에서도 연고를 고려하여 전임으로 받아 주어 李恒寧과 함께 민법을 분담. 동료교수들의 정에 감사. 思想界社 張俊河씨를 알게 되어 그 후 자주 同誌에 기고했고, 피난중 東國大는 시내 절간을 빌려서 개강(방학중 강사료를 방학 전에 先拂)이라고 회고하고 있다. 1952년 동아대학에서 鄭基元 學長이 부통령 출마로 사임. 교수회에서 후임으로 나(義堂)를 선출. 그러나 實權者 鄭在煥검사가 쾌히 승낙하지 않아 허사가 되었다. 1953년 延大에서 부산분교를 맡아 주

의당 선생님은 부산 피난시절

"生計를 위해 光復洞 臨時 國會議事堂 옆에 다방(茶房)을 내었다가, 뒤에는
富平洞 집을 改造하여 여관(旅館)도 경영하여 돈을 모으기도 했으며 書籍도
많이 사서 硏究에 도움이 되었으며, 獨逸留學을 志願했으나 뜻대로 안 되었
다."24 25

고 회고 하고 있다. 예나 지금이나 공부하고 연구하는 학자(學者)들에
게 경제적으로 어려운 부분은 공통적인 것 같다.

1955년 2월 장경근(張暻根)議員 추천으로 民議院 民法案審議委員
을 겸임하였다(1956년 6월까지). 의당 선생님의 나이 40세인 1956년 美
國務省 초청으로 7월 도미유학을 하게 된다. 미국 인디아나(Indiana)
주립대학에서 1년간 형법학 및 법사회학의 대가(大家)인 제롬 홀
(Gerome Hall)교수의 지도를 받으면서, 막스 베버의 법사회학을 읽었
다 한다.

기를 제안해 왔으나 거절하고 수복열차를 탔다."고 회고하고 있다(『民法과 法學의 重
要問題』 "지나온 70년–義堂장경학박사 略傳", 978~979면 참조).

24 義堂 張庚鶴博士華甲記念論文集刊行委員會, 『近代法 思想의 展開』, 1977, 424면.

25 1967년 동대신문은 의당 선생님의 연구 성과를 소개하는 기사에서 "장교수는 한국학자
의 연구는 다른 나라에 절대로 뒤떨어지지 않지만 經濟的인 問題를 해결하기에 급급하
기 때문에 硏究에 沒頭할 수가 없다고. 설상가상으로 강의시간에 엄청난 시간을 빼앗
기고 있다고 개탄. 그러기에 교수의 생활보장만이 敎授로 하여금 연구에 몰두할 수 있
게 하는 첩경이라고 쓴웃음을 짓는다."(『동대신문』, 제374호, 1967년 11월 6일자, "연
구 그 결실⑨ 베버 '법률사회학' 연구–법사회면에서 법학도에게 큰 계기 마련" 참조).

1960년 미국 유학에서 배운 것을 정리하면서 앞날의 연구 설계를 진행하던 중 4·19혁명이 일어나서 그 영향으로 연세대에서도 학원(學園)민주화 운동이 진행되었으며, 뜻을 같이하는 동료교수들과 함께 이 활동에 적극적으로 참여하다가 각 단과대학 교수대표 등이 참여한 총장(總長)물색위원회의 구성에까지 진전하였으나, 결실을 거두지 못한 채, 1960년 8월 31일 장덕순(張德順), 박두진(朴斗鎭) 동료교수와 함께 연세대를 타의(他意)에 의해 물러났다.[26] 그 후 한태수(韓太壽)교수의 추천으로 1962년 2월까지 한양대학교 교수로 재직하였고, 국제법 전공인 김기수(金基洙)교수의 추천으로 1962년 3월부터 동국대학교 교수로 취임하여[27] 1981년 2월 27일 정년퇴임하였다. 1967년 2월 28일 동국대학교에서 〈李朝後半期 法思想의 一考察〉이란 논문으로 법학 박사학위를 받았다.[28] 동국대학교 재직 중에 법정대학 교수, 법정대학장(1971.11~1975.2/1980.10~1981.2), 대학원장(1975.3~1978.8), 행정대학원장(1976.9~1977.2)을 지냈다.

1981년 4월 4일 장경학(張庚鶴) 선생님의 '정년퇴임 기념강연회'가 동국대학교 대학본관 교수 세미나실에서 개최되었다. 이날 정년퇴임

---

26 4·19혁명 후 연세대 학내민주화에 대해서는 박상규, 『철학자 정석해』, 사월의 책(2016), 294-303면 참조.

27 의당 선생님은 1962년을 시기적으로 동국 법학의 재건기(再建期)라 기록하고 있다. "5·16 때 기준미달로 (判·檢事, 辯護士 등임 兼任, 專任 敎授 부족 등으로) 일시 廢科되었던 법학과의 再建期. 이무렵 석사과정에 李淳容, 白奉欽, 朴英吉, 李東科, 林德圭, 全聖成, 黃鐘律 諸氏가 在籍"이라고 기록하고 있다(義堂 장경학 박사 고희기념 논문집간행위원회, 『民法과 法學의 重要問題』, 東國大學校出版部, 1987, 981면 참조).

28 심사위원으로는 高秉國, 夔暘雲, 南相學, 徐廷甲, 徐燉珏 교수.

기념강연회는 초청연사인 前홍익대학교 총장을 역임한 이항녕(李恒寧)박사의 '풍토와 法'에 관한 강연과 장경학 교수의 '韓國社會의 法文化'란 연제로 강연이 있었는데 이 강연에서 의당 선생님은 "한국 법문화의 파탄은 타율성 법문화에 있다"고 주장했다.[29]

의당 선생님께서는 동국대학교에서 정년퇴임 후 1981~85년 동국대학교 대우(待遇)교수를 지냈고, 1988년부터 경원대학교(현, 가천대학교) 대우교수를 지냈다.[30] 국제대 출강, 1986년 2월까지 원광대 교수로 취임, 경기대 초빙교수, 경희대학교(法科文學)와 국민대학교(法社會學)강사, 경기대 사회교육원 등 작고하시기 몇 해 전까지 동국대학교 대학원과 경주교정에서 강의하시는 등 노익장(老益壯)을 발휘하시며 평생 학자의 삶을 사신 분이다.

1974년 12월 5일 국민훈장 동백장을 받았고, 저서로는〈민법총칙〉·〈물권법〉·〈채권법〉·〈법률 춘향전〉[31]·〈법리속의 인간〉·〈젊은이를 위한 인생론〉·〈評釋 民法判例〉[32]·〈법률과 문학〉·〈사회과

---

29 동대신문, 제785호(1981년 4월 7일, 1면 참조).
30 필자의 대학원 조교시절 연구실로 찾아뵈면(당시 의당 선생님께서는 법과대학 李모교수님의 연구실을 사용하고 계셨다), 연세대학 제자인 최아무개가 계속하여 성남의 경원대학 이사장을 하였다면, 종신교수로 있었을 텐데 그 녀석(?)이 잘못되는 바람에 '중도 하차했다'라는 말씀을 하시곤 하셨다.
31 의당 선생님 54세 때인 1970년 "法律新聞(社長 崔大鎔)에 연재한 것을 정리, 乙酉文庫에서 단행본으로 출간하였고, 당시의 상황에서는 異色的이어서 관심을 모으다"라고 회고하고 있다.
32 법률신문에 연재한 원고를 모아서 權龍雨 교수(단국대, 민법)의 추천으로 1975년 6월 출판사 考試院에서 출간하였고, 신문회관에서 출판기념식을 하였다.

학개론(社會科學槪論)〉[33] 등 많은 저서와 수많은 논문과 논설이 있다.

III. 장경학 교수의 학문 세계

1. 문인으로서의 생활

의당 선생님께서는 부친(父親)으로부터 천자문(千字文)을 배운 다음 중국역대시초(中國歷代詩秒)인 무제시(無題詩)를 떼고 당시(唐詩)를 배우다 보통학교에 입학하였다 한다. 보통학교 입학 전에 배운 한시(漢詩)는 어린 마음에 풍부한 시정(詩情)을 심어주었다 한다. 당시 의당 선생님께서 문학적 소양을 가까이 하고 넓힐 수 있었던 것은 신문지국(新聞支局)을 운영한 사형(舍兄)의 영향이 크다고 보여 진다. 그 덕에 각종 신문의 연재소설을 접하고 서울에 와서 第2高普에 다닐 때에는 외국번역물과 일본소설을 많이 탐독했다고 한다.

일본에 건너가 舊制 松山高等學校 獨逸語科에 다닐 때에는 獨逸文化에 매혹되어 哲學·文學에 심취하여 특히 괴테(Johann Wolfgang Goethe, 1749.8.28~1832.3.22)를 탐독하여 그를 모방하여 詩·散文의 習作도 했다 한다.

---

33 『사회과학개론』은 동국대학교 출판부(1974년 2월 10일 초판 발행)가 출간한 것으로 교양교재편찬위원회 名義로 그 내용은 크게 제3부로 이루어진 바, 제1부와 제2부는 한상범 교수가 제3부는 장경학 교수가 집필한 共著이다.

고등학교는 다르나 1년 선배격인 김사양(金史良)씨가 1938년 무렵 일본문단에서 활약하고 있는데 힘입어 대학에서는 獨逸文學을 전공해 볼까 했으나, 당시 교포 인기작가 張赫宙씨가 文學은 취미만으로 大成할 수 없으며 天才래야 성공한다는 말에 겁을 먹고, 졸업 후 직장생활을 하면서 文學은 할 수 있다는 절충론을 취하여 法科를 택하였다[34]고 한다. "중학이후 계속해서 짝사랑해 온 文學은 이미 나와는 뗄 수 없는 것이 되어 法學교수가 된 후에도 文學은 늘 내 곁에 있었다."

의당 선생님은 문학을 당신의 삶에 활기를 불어 넣어 주고 격려해 준 또 다른 한명의 동반자(同伴者)였다고 이야기 하고 있다.

"문학(文學)이 늘 내 옆에서 지켜보고 있기 때문에 나의 法學은 문학과 공존(共存)하는 셈이다. 학문의 길은 외롭다. 법서(法書)를 대하다가 피곤할 때 옆에 지키고 있는 문학작품을 펴보면 그 곳에서 아름다운 여인이 웃으면서, 속삭이면서 나를 격려해 주며 내 생명에 활기를 넣어준다. 文學은 나의 法學의 꽃을 길러주는 아름다운 영원의 花園이다."[35]

라 쓰고 있다.

한편, 의당 선생님은 일본에서 학년이 올라가고 학문의 내용이 깊어지면 깊어질수록 大陸에의 통로를 메꾸고 있는 韓半島의 참혹한

34 장경학, 『法律과 文學』, 교육과학사(1991), 1면.
35 장경학, 『法律과 文學』, 교육과학사(1991), 3면.

민족적 현실을 목도하면서 갈등은 치열해갔다. 그 때 책으로 대면한 사람이 하이네(Heinrich Heine, 1797.12.13~1856.2.17)이다. 하이네를 통하여 의당 선생님은 의식(意識)에 일대 전환을 하게 된다. 이를 다음과 같이 회고 한다.

"그(하이네-인용자)가 流浪의 때에 젖은 스산한 몸으로 어머니를 찾아 한번 故國을 방문하였을 때, 國境의 驛마다 銃劍으로 지키고 있는 프랑스軍隊와 稅關員의 橫暴에 故國의 참상을 뼈저리게 느낀 悲痛한 심정을 부른 노래가 바로 『도이취-겨울이야기』라는 詩集이다. 나는 釜山港에서 연락선을 타고 日本을 來往할 때마다 이 詩集을 손에 쥐고, 젊은 하이네와 함께 나의 스산한 마음을 달래여 보려고 애를 쓰기도 했다. 이리하여 나는 베르테르의 슬픔과 고통을 동정하여 자기의 小冊子 「베르테르의 슬픔」을 마음의 벗으로 삼아달라고 원하는 괴테의 呼訴를 물리치고 「사랑의 노래」에서 脫皮하여 식민지의 참상을 이룬 故國의 슬픔과 고뇌를 노래한 『도이취-겨울이야기』 이후 社會詩人으로서의 새 境地를 타개한 하이네를 民族의 험한 受難을 참아가기 힘든 캄캄하고 차디찬 길고긴 不滿된 「겨울의 벗」으로 삼았다. 釜山과 下關의 양편에서 몰려든 경찰들이 連絡船 위에서 똥구멍까지 빨려는 듯이 끈덕진 야만적 심문, 수색을 감행하는 협공전을 이겨나가기 위해서는 베르테르의 눈물을 가지고서는 겨우 永嘆的 센티멘탈에의 逃避以上의 구실을 할 수 없었다."[36]라고 쓰고 있다.[37]

---

36 장경학, "나의 學窓時節③", 「사법행정」 1967년 11월호, 100면.
37 의당(義堂) 선생님이 하이네를 통하여 의식에 일대 전환을 가져왔듯이, 한상범 교수님

성장과정에서 문학을 접하지 않은 사람이 있을까 만은 문학, 그것은 의당 선생님에게 "문학=삶 자체"라 보여 진다.

"나는 소년시절부터 세계명작을 읽으면서 그 작가와 주인공을 따라 시베리아의 들판을 돌아다니기도 하고 기름진 프랑스의 노르망디 해안을 찾기도 하며 영국의 양치기 목장을 기웃거리기도 했다. 그 작가와 주인공들은 나에게 인생의 지혜를 가르쳐 준 스승이요 벗이다. 내가 오늘날에 있는 것은 그들의 가르침을 거울로 삼아 용기를 가지고 고난의 세월을 이겨내었기 때문이다. 이 작품(부활, 죄와 벌, 소포클레스 3대 비극, 이녹아든, 이방인, 검찰관, 여자의 일생, 어머니- 인용자 추가)들은 나를 잘 인도해 준 고마운 생활의 지침서이다."**38**

또한 대학시절 하이네(Heinrich Heine)를 만남으로서 "법학이란 세계로의 안내역"과 자유와 인권을 연구하는 헌법사회학(憲法社會學) 정립에 기초가 되었음을 회고하고 있다. "하이네의 팬이 된 나는 그의 작품은 구할 수 있는 대로 모조리 찾아 읽었다. 그를 통해 시민혁명의 산물이 근대법의 세계로까지 들어갈 수 있게 된 것이다. 결국 하이네는 나에게 법학이란 세계로의 안내역을 했다. 하이네가 나의 평생의 길을 결정짓게 계기가 된 것을 뚜렷하게 알게 된 것은 40년이 지나서이다. 나는 지금도 하이네의 심취자였던 것을 자유와 인권을 논구하는 학도로서 자랑스럽게 여기고 있다."(한상범교수강단40년기념출판준비위원회, 『한상범교수의 이상과 투쟁』, 푸른세상, 2001, 128면). "하이네와의 만남도 그런 우연에서인지 모른다. 처음에는 그의 연애시의 짜릿한 맛에 반하고 그의 『젊은 날의 고뇌』에서는 유대인 청년이 당시대의 사회적 제약에서 몸부림치는 괴로움, 고민에 공감을 느꼈다. 중학 시절은 하이네를 밤새워 읽으며 나 스스로를 하이네의 처지에 두고서 뜨거운 눈물을 흘려보기도 하였다. …중략… 그의 『독일의 종교 철학의 역사』는 프랑스 망명시절에 프랑스인 독자를 위해 쓴 것인데, 여기서 하이네의 안목으로 본 宗敎革命과 루터, 學問의 自由와 精神의 自由의 의미, 독일 고전철학자인 칸트에 대한 해석 등은 나에게 새로운 세계에의 눈을 돌리게 했다"(한상범교수강단40년기념출판준비위원회, 앞의 책, 163면).
38 장경학, 『법과 문학-소포클레스에서 카뮈까지-』, 교육과학사(1995), 서문(iii) 참조.

의당 선생님이 발표한 단편소설에는 再會(世代, 1977년 7월호)와 春雪(현대인, 1977.2)을 들 수 있다.

2. 법학자로서의 활동과 공헌

(1) 민법

의당 선생님은 "부산 피난시절 에를리히(Eugen Ehrlich)를 번역하는 등 法社會學에 몰두하다가 還都 후 民法案審議에 참여함을 계기로 解釋法學으로 돌아왔다"[39]고 쓰고 있다.

물권법의 세계와 채권법의 세계를 극과 극의 세계로 보면서, "물권법을 집필할 때는 마음이 고향산천에 묻혀 있는 듯 평온하였으나 채권법을 집필하는 동안은 낯선 고장에 온 듯 마음이 불안하였다."는 심정을 표현하기도 했다. 또한, "農業社會의 法의 모델이 옛 게르만法이라면, 商業社會의 法의 原型은 로마法이다. 나처럼 어린 시절을 흙의 향기속에서 보낸 사람에게는 옛 게르만의 農村共同體(Dorfgemeischaft)에 대하여 강하게 鄕愁를 느끼는 대신 守錢奴 샤일로크(Shylock)로 상징되는 옛 로마의 상업사회의 營利精神에 대해서는 소원함을 느낀다. 물권법 교과서를 펴낸 후 정들었던 牧歌的인 고향 같은 세계를 떠나서 生存競爭의 매서운 砲煙이 타오르는 債權法

---

39 장경학, 『民法總則』, 法文社(1984), 3면 머리말 참조.

의 세계에서 숨가쁘게 지내 왔다."며 채권법 탈고의 시원함과 섭섭함을 표현하고 있다. 특히, "債權의 세계는 인간과 인간 사이의 利害관계가 대립된 긴장된 마당에서 형성된다. 그곳은 홉스(Hobbes)가 말한 바 '만인의 만인에 대한 투쟁', 이리와 같은 인간들 사이의 弱肉强食의 마당이다. 賣買契約에서 볼 수 있듯이 만남과 이별이 한 없이 계속되며 어제의 친구도 오늘의 적으로 돌변한다. 詐欺 · 중상 · 모략 · 질투, 심지어 남의 생명까지 빼앗기를 서슴지 않는 냉혹한 경쟁의 장소이다. 그와 같은 경쟁상태에 秩序를 유지하려는 規範이 債權法이다."40라 표현하고 있다.

민법공부 방법론에서 ① 해석법학으로서의 방법과 ② 법률사회학으로서의 방법을 소개하면서, 민법의 공부를 통해서 '人間解放의 課業'을 수행하여야 한다41는 점도 강조하면서, 법학을 공부하는 사람들이 단순 법률기술자(法律技術者)에 그치는 것을 경계하고 있다.

우리 민법전 제정상의 특징은 첫째 민법전에 대한 제정의식이 박약했음에도 불구하고 성급하게 이루어지다 보니 일반 시민들의 법의식이나 관습 등에 대한 실태조사는 엄두도 내지 못하였으며 따라서 그동안 시민생활에 적용되었던 민사관행들이 방치되었다. 둘째, 민법전을 쉬운 일상어로 제정해달라는 학계의 의견이 있었음에도 불구하고 민법전 제정자들이 이러한 제안을 채택하지 않고 일본식 한자어와 난해한 법언어들로 제정하여 일상언어와 유리되어 민법전이 권위

---

40 장경학, 「債權總論」, 교육과학사(1992), 머리말 참조.
41 장경학, "民法工夫의 두 개의 面", 「法政」 제11권 제4호(1956.4), 12~15면 참조.

주의적·식민주의적 유산을 지니게 되었다. 이러한 특징들 때문에 우리 민법전은 법조법적인 성격을 지니게 되어 반민중적·반민족적인 요소를 포함하게 된 것이다.[42] 원래 법에 대한 사회과학적 연구는 법도그마틱(Dogmatik)만으로는 기대할 수 없고 법사회학·법사학·법경제학 더 나아가 법철학적 방법론을 통한 종합적인 것이 되어야 한다. 따라서 민법학 역시 이러한 여러 가지 연구방법론을 통해서 접근해야[43] 한다. 의당 선생님은 이러한 문제의식을 일찍 깨달아 법사회적 연구를 도입하신 것이라고 본다. 그러한 결실로는 "判例의 法社會學的 硏究"(省谷論叢 제2집, 1971)등을 들 수 있다.

특히, 法과 일상생활은 매우 밀접한 관계를 가지고 있다. 그러나 法條文이 풍기기 마련인 그 딱딱하고 어려운 法律用語에 압도되어 大衆生活은 法과 괴리되어 있는 것이 사실이다. 의당 선생님은 이 점에 관심을 두고 新聞이나 雜誌上에 「判例의 敎訓」 등 刑事나 民事判例를 평이하고도 호소력 있는 文章으로 풀이하여 일반 국민으로 하여금 法律知識에 쉽게 접근할 수 있도록 하여 法의 生活化에 크게 공헌해 왔다.[44] 의당 선생님은 이러한 저술활동을 통하여 민법전(民法典)의 권위주의적이고 반민중적인 문제를 극복하고자 애쓰셨다. 또한

---

42 윤철홍, "한국 민법학의 문제점과 개선방향", 「법과사회」 제3호(법과사회이론연구회),
   창작과비평사(1990), 192~193면.
43 윤철홍, 위의 논문, 198면.
44 義堂張庚鶴博士華甲記念論文集 『近代法思想의 展開』, 1977, 李瑄根 총장의 賀辭(iv)
   참조.

判例研究의 필요성과 중요성을 강조하였다.[45]

의당 선생님은 물권법과 채권법뿐만 아니라 가족법 등 민법 전반에 걸친 다양한 논문을 발표하였다. 『考試研究 創刊20周年 記念論叢』[46] 〈민법편〉에 의당 선생님께서 考試研究 1974년 5월호에 게재한 "信義誠實의 原則"이 다시 수록되어 있다(447~453면 참조).

(2) 법사회학

의당 선생님은 "법사회학(法社會學, sociology of law, Rechtssoziologie) 이란, 법현상을 사회학적 방법에 의하여 역사적인 사회현상의 하나로 파악하여, 隣接社會現象(종교, 도덕, 정치, 경제 등) 내지 隣接社會形

---

45 "法典主義국가에 있어서는 判例法主義국가의 경우보다 判例의 비중이 크지 못하다고 할지 모른다. 그러나 成文法規가 엄존한다 하더라도 분쟁의 승패를 결정하는 것은 소송에 의하여 가능하다. 學說이 아무리 타당한 法理論을 전개시킨다 해도 그것이 재판에서 반영되지 못한다면 實效를 거두지 못하는 것이다. 여기에서 중요한 것은 소송당사자들에게 커다란 이해관계가 있는 재판에 있어서 판결이 타당하고 공정하게 행해져야 한다는 것이다. 그러므로 오늘날 소송의 양적인 증가로 인해 매일같이 다량으로 나오고 있는 判例에 대해 學界에서는 보다 더 관심을 가져야 할 것이다. 學說은 判決에 대한 엄격한 批判者의 구실을 다해야 할 것이다."(장경학, "民法學의 回顧와 展望", 「考試界」1987년 1월호, 49면).

46 이 論叢은 「考試研究」 "창간 20주년을 맞아 그 뜻을 기리기 위해 記念論叢을 발간하게 된 연유도 그 인연에 대한 고마움의 표시입니다. 이 記念論叢은 지금까지 考試研究誌에 수록된 한분 한분의 소중스런 글을 필자들께서 직접 한편씩을 골라준 것을 한데 모아 엮은 것으로, 당초에는 전체 필자를 대상으로 작업을 시작했으나 故人이 되신 분 그리고 外國에 체류하여 연락이 닿지 않는 분, 한편의 논문을 선정해 주실 것을 통지하였으나 연락이 없으신 분을 제외하고는 모두 收錄하는 것을 원칙으로 했습니다."라고 간행 취지를 밝히고 있다(「考試研究 創刊20周年 記念論叢」, 고시연구사, 1994, 머리말 참조).

態(가족, 사회, 국가 등)와의 관련 속에서 그 성립·변화·발전·소멸의 법칙을 캐내려고 하는 경험과학으로 개념법학을 반대하는 과정에서 발전하였다. 법해석학이 법규의 의미내용을 形式論理的으로 해석하는 데만 열중한 나머지 법학을 개념의 유희로 전락시키고 법관을 법해석의 자판기로 만드는 폐단에 대해 반기를 들고 일어난 것은 예링의 目的法學과 칸트로비츠의 自由法運動이었다. 이것들이 법사회학을 발전시켰다."[47]고 설명하고 있다.

의당 선생님은 "法學의 科學性을 높이기 위하여 法律社會學을 終生의 研究"로 삼으셨다."[48] 이야기 하고 있다. 법사회학의 첫 출발점으로 그 동안 연구한 켈젠 法學의 연구 등을 묶어 단행본으로 출간한 것이 〈켈젠의 法理論〉이다. 이 책에는 思想界(1954.6)에 발표한 한스 켈젠(Hans Kelsen)의 純粹法學의 소개와 비판 중에서 취사선택한 내용과 共産主義法理論을 소개하고 있으며, 평화의 법적 해결 등을 담고 있다.

의당 선생님의 법사회학적 공헌으로는 우선, 독일·미국 학자들의 저서를 번역하여 국내에 소개했다는 점이다. 그 자체만으로도 학문적 불모지인 신생 독립국가인 대한민국에 기여한 바 크다 할 것이다. 1953년은 한국전쟁 직후이기 때문에 모든 것이 열악한 때라는 것을 고려하면 그것은 인고(忍苦)의 작업이었다.

1953년 한스 켈젠(Hans Kelsen)의 『법과 평화(Law and Peace)』(第一

---

47 장경학, 『法學通論(제7개정판)』, 법문사(2004), 132면.
48 장경학, 『켈젠의 法理論』, 新楊社(1953), 머리말 참조.

文化社)⁴⁹를 번역 소개하였다. 또한, 1955년 한스 켈젠의『共産主義 法理論』(原紀社)⁵⁰, Jerome Hall의『民主社會의 法理論』(乙酉文化社, 1960), O.W. Holmes의『普通法(Common Law)』(首都文化社, 1962) 등을 번역하였다.

---

49 의당 선생님은『법과 평화(Law and Peace)』를 번역하는 과정에서의 자식을 잃은 소회 등을 다음과 같이 밝히고 있다. "이 책의 번역을 시작하여, 오늘, 그 끝을 맺는 이 글을 쓰고 있는 이 시각 까지, 꼭 한해가 흘러갔다. 여전히 포탄은 국경을 넘어서 휘나라가 고, 종이 돈은 국경선 안에서 인푸레 광풍에 휘날리고 있다. 그동안 나의 생활에도 별 별 일이 많았다. 넷째 아들, 동환이가 난지 9개월 17일 만에, 죽어갔다. 장중적증(腸重積症), 그 병의 전형적인 경과 그대로, 발병한지 꼭 24시간 만에 죽어가는 네가, 주검 의 7시간 앞에서 최후의 목숨을 다하여 싸우고 있는 것도 모르고, 나는 이 책의 원서 로 82~88면의 곳을 보고 있었다. …중략… 법은 평화에의, 가시 덤불의 길일뿐, 평화 의 유도피아가 전개되는 날, 법은 봄 날의 눈처럼 녹아, 사라져야 할 것이다. 법을 공 부하려는 나의 나머지 생애, 그것도 네가 잠자는, 평화의 잔디밭 밑까지 찾아가는, 고 뇌와 서름과 야심과 반항과 싸움의 과정이 아니고 무엇이겠느냐?"(장경학,『켈젠의 法 理論』, 新楊社, 1953, 197면).
50 장경학 선생님께서 번역한 한스 켈젠의『共産主義 法理論』과 관련하여, 한상범 교수 는 "한스 켈젠의 비판이론은 그가 자유주의자로 시종한 법학자이고 또 순수법학이란 이름으로 자연법론을 거부한 법사상가로서 우리의 관심을 끌뿐만이 아니라, 우리에게 친숙한 법학자라고 하는 점에서도 그에 대한 흥미는 있다. 이보다도 나는 그가 공산주 의에 대한 그 법구조나 법이론의 문제성을 솔직하게 또한 깊게 따져든 현대의 사상가 로 우리에게는 그저 지나쳐 버릴 수 없는 사상가라고 보고 싶다. … 중략 … 좀 오래된 책이긴 하지만, 고전이고 바로 고전이기 때문에 공산주의에 관심을 가지는 독자에게 는 법학도가 아닐지라도 한번 집고 나갈 문헌이라고 본다. 20세기 후반 스탈린이 사망 한 이후에 공산주 법이론이나 법구조는 그 나름대로의 새로운 문제제기와 함께 이 른바 "전체인민의 국가이론"이라고 하는 모습으로 나타나고 있다. 그렇다고 할지라도 마르크스 레닌의 고전에 대한 비판과 러시아 혁명이후의 이론을 비판적으로 정리하고 넘어가지 아니하면 이 문제를 바로 보기 어렵다고 하는 점에서 이 책은 "고전"다운 가 치를 지니고 있다고 하겠다."라 서평(書評)하고 있다(한상범, "서평: 共産主義法理論－ 한스 켈젠 저/ 장경학 역",『동대신문』제850호, 1983년 3월 29일 참조).

의당 선생님은 호구지책(糊口之策)으로 민법을 주전공으로 선택하였으나, 마음은 여전히 법사회학을 향하고 있었다.

"환도 후 民法案審議에 참여함을 계기로 해석법학으로 돌아왔다. 民法案審議를 마치지 못한 채 미국유학시 다시 법사회학에 전념하다가, 귀국 후 국회를 통과한 민법에 의거하여 신민법총칙(1958.3.30, 三省文化社)을 출판했다. 4·19의 이른바「疾風怒濤」속에서 나는 1958년 판의 舊著의 産室이 되었던 法社會學 쪽으로 다시 기울게 되었다. 文學作品에서 法意識을 찾기도하고 혹은 新聞의 論說을 쓰면서, 法學과 社會의 두 영역을 來往하며, 혹은 저널리즘과 아카데미즘 사이에서 彷徨하면서 점차 解釋法學의 軌道에서 이탈하여 迷兒처럼 漂流하게 되었다."[51]

라며 1984년에 회고하고 있다.

의당 선생님의 법사회학 개척에 지대한 영향을 미친 책은 제롬 프랑크(Jerome New Frank, 1889.9.10~1957.1.13)[52]의 『법과 근대정신』(Law And The Modern Mind)이라 할 수 있다. 선생님은 "학문의 길에 있어서 어떤 책을 만나느냐 하는 것은 지극히 중요하다. 때로는 그 사람의 학문에 커다란 획기적 변화를 가져다주기도 한다. 이 책은 나에게

---

51 장경학, 『民法總則』, 法文社(1984), 3면 머리말 참조.
52 제롬 프랭크(1889.9.10~1957.1.13)는 법적 리얼리즘 운동에 선도적인 역할을 한 미국의 법철학자이자 작가였다. 또한 증권 거래위원회의 위원장 및 연방 항소 판사를 역임했다. 그의 저작으로는 Law and the Modern Mind (1930), Fate and Freedom (1945), Courts on Trial (1949), Not Guilty (1957) 등이 있다.

그러한 영향을 주었다", "6·25전쟁이 터진 후 유엔이 한국부흥을 위해 각 방면에 원조를 하기 시작하게 되자 미국법학서적도 대량으로 원조물자로서 부산으로 들어오게 되었다. 그렇게 들어온 책 중에서 발견한 것이 바로 이 책이었다."[53]라며 제롬 프랑크(Jerome Frank)의 『법과 근대정신』과의 인연을 이야기 하고 있다.

"우선 그 책의 제목부터가 나를 흥분케 할 정도로 관심을 가지게 하였다. '정신'이란 말을 붙인 법학저서가 적지 않다. '몽떼스큐'의 '법의 정신', '예링'의 '로마법의 정신' 등이 유명한 것이다. 그런데 '프랑크'는 '근대정신'이라고 '근대'를 첨가함으로써 나를 강렬히 자극하였다"라고 쓰고 있다. 그러면서도 "미국에 갔을 때 나는 인디아나 대학에서 공부하였다. 공부를 마치고 동부를 여행할 때 그가 있는 예일 대학에 들려 만나볼 예정이었으나 유감스럽게도 그는 내가 공부를 마치기전인 1957년 1월에 사망하였다."[54]

라며 당신의 법사회학 연구에 자극제 역할을 한 명저(名著)의 저자를 만나지 못한 심정을 안타깝게 드러내고 있다. 한편 의당(義堂) 선생님께서는 1998년에 "Gerome Frank論"[55]을 논문으로 발표하셨다.

의당 선생님은 본업인 법학 공부를 하면서도 중학 이후 짝사랑해

---

53 장경학, "世界의 名著散策: '제롬 프랑크'의 법과 근대정신", 「동대신문」 제631호(1976년 1월 6일) 참조.
54 장경학, 위의 글 참조.
55 장경학, "Gerome Frank論", 『法律文化研究』 창간호(1998), 한국법률문화연구원, 9-28면.

온 문학에 대한 관심을 버리지 못하였기에 고민도 했고, 창작(創作)을 한다는 것은 지나친 욕심으로 접어 두고 그러한 속에서 타협책으로 문학작품 속에서 법적인 요소를 찾아내는 일부터 시작하여 처음에는 서양문학을 다루다가 1953년에는 춘향전,[56] 1954년에는 민요(民謠)[57]를 다룬 것을 思想界誌에 발표하였다.

의당 선생님의 문학에 대한 관심과 사랑은 다른 한편으로 법사회학(法社會學)이라는 새로운 미개척 분야를 잉태하고 개척하게 된 것이다.

의당 선생님과 더불어 한국 법학계에서 법사회학(法社會學)과 헌법사회학(憲法社會學)을 개척한 학자는 한상범 교수이다. 그는 법사회학 개척 당시의 학계 사정에 대하여,

"1960년대 후반인가. 장경학(동국대), 조규갑(건국대), 이항녕(홍익대 총장) 등 선생님을 모시고 법사회학 모임을 가져보고, 저가 재직한 학교에서 법사회학 강좌도 창설해서 강의도 했습니다. 이것이 인연이 되어서 한국의 근대 법제에 대한 법사회학적 연구를 해서 1970년 초기에 학위논문[58]으로 제출하기도 했죠."[59]

---

56 장경학, "春香傳의 法律學的인 接近(上)", 「思想界」 제1권 제8호 (1953년 12월), 163–172면; 장경학, "春香傳의 法律學的인 接近(下)", 「思想界」 제2권 제1호 (1954년 1월), 94–105면 참조.

57 장경학, "民謠에 나타난 法意識", 「思想界」 제2권 제9호 (1954년 12월), 40–58면 참조.

58 한상범, "한국인의 법의식의 법사회학적 연구", 동국대학교 대학원 박사학위 논문, 1975.

59 "한상범 교수의 학계 회고–1960年代", 「亞·太公法研究」 제12집(2004), 148면.

라고 회고하고 있다.

의당 선생님은, "일본의 경우, 패전 후 종래의 官僚主義法學을 비판하고 法社會學이 民主主義法學의 중심이 되고 法學을 法解釋學에서 해방시켜 社會와의 관련을 꾀하게 되자, 文學과의 架橋를 중요시하는 경향에 접하자 나의 의도가 결코 허망한 것이 아님을 알게 되어 퍽 흐뭇하였다"[60]고 회고하면서 당신께서 지향하고 걸어간 길이 옳았음을 표현하고 있다.

민법학자 권용우 박사(단국대학교 명예교수)는 의당 선생님의 법사회학에 대하여 말하길,

"의당은 고전적 시대소설인 춘향전에 대한 법사회학적인 접근을 통해서 유교(儒敎)의 정치이념과 유교정신을 내포하는 법제도를 분석하였다. 그리고 춘향전에 나타난 양반계급의 폭정에 대한 항거와 계급타파를 부르짖는 서민들의 의식을 통해서 그들의 법의식을 발견하려고 노력하였다. 의당은 이러한 학문적 사고의 바탕 위에서 법사회학에 관한 논설을 헤아릴 수 없이 많이 발표함으로써 '살아 있는 법'(lebendes Recht)의 발견에 온 힘을 기울였다."[61]

라 평가하고 있다.

---

60 장경학, 『法律과 文學』, 교육과학사(1991), 2면.
61 권용우, "法社會學을 체계화한 法學者, 張庚鶴", d-voice.co.kr/news/articleView.html?idxno=12403; 권용우, 「세월에게 길을 묻다」, 줌(2014), 31~32면.

(3) 법철학과 법사상

의당 선생님께서는 "法思想이란, 법이 형성·적용되고, 그것으로 사회존재의 유지 등에 관하여 제기되는 문제에 대한 학문적 사고이다. 법사상에 의하여 법은 형성된다. 현실의 법질서의 형성에 관해 이를 움직이는 사상이다. 다수 法哲學者 내지 法學者가 이론적으로 구성하여 표현하려고 노력하는 사상이다. 법사상은 여론의 형식으로 입법을 좌우할 힘이 있고 법학의 성과를 통해 법의 정립, 적용상 직접·간접으로 영향을 미친다. 법사상은 시대와 사회의 변천에 따라 변천하며 발달한다. 그런 변천·발달의 역사를 탐구하는 것이 '法思想史'라 한다. 법철학(Philosophy of law, Rechtsphilosophie)은 실정법 전반에 걸쳐서 그 본질을 구명하며, 그 根本目的·根本理念을 탐구하고 법학 방법론을 확립하는 것을 임무로 하는 법학의 한 부분이다."[62]라 기술하고 있다. 특히 법철학과 법사상은 밀접한 관계가 있다. 법철학은 법사상을 지도하며, 법사상을 형성하며, 실정법 제도에 커다란 영향을 준다. 철학 없는 사상은 물 없는 강이나 마찬가지로 생명이 없다. 철학은 이념 내지 이상을 추구하는 데 대하여 사상은 현실성을 요구하며 실천을 추구한다. "이념적인 것이 현실적이다"는 명제는 "이념의 실천을 요구하는 것"이다. 철학과 사상은 한 철학자의 쌍둥이이다. 철학자의 사고는 이념으로는 철학이요, 현실로는 사

---

62 장경학, 『法學通論(제7개정판)』, 법문사(2004), 147면.

상이다.[63] 라고 설명하고 있다.

한상범 교수는 의당 선생님의 법철학 등의 공헌에 대하여 말하길,

"義堂 선생님은 한국 법학계의 산 표본이시고 증인이시기도 합니다. 日帝로부터 해방된 지 40여년을 지나면서 오로지 법학계에서 살아오신 선생님입니다. 제가 선생님과 인연을 맺은 것은 60년대 초입니다만, 선생의 저서나 글은 50년대에 우리에게 친근한 것이었습니다. 50년대 후반 60년에 이르면서 엘리히(Eugen Ehrlich)의 〈法律社會學의 基礎理論〉(Grundlegung der Soziologie des Rechts)[64]을 번역하셔서 법학이 法解釋 일변도에 치중하는 것에서 다른 세계에도 注意를 돌리도록 격려해 주셨습니다. 또 선생은 〈켈젠의 法理論〉에 대한 정리를 하셔서 한스 켈젠의 영향이 직접·간접으로 미치고 있는 한국 법학계에서 이정표를 세워주시는 역할을 하셨습니다."[65]

라고 회고 평가하고 있다.

또한 법사상사 분야를 독보적으로 개척하여 일가(一家)를 이룬 최종고 교수는 의당 선생님의 법사상에 대하여,

---

63 장경학, 법사상·법철학·법사회학 강의안(미간행), 1997년 참조.

64 〈法律社會學의 基礎理論〉은 1955년 9월 15일 原紀社에서 초판 발행되었고, 당시 책값은 '600환'이었다.

65 義堂 장경학 박사 고희기념 논문집간행위원회, 『民法과 法學의 重要問題』, 東國大學校出版部, 1987, 한상범 교수의 "간행사" 참조.

"민법학자요 법사회학자이며 법철학에도 조예를 갖고 있는 장경학은 1950
년대 초에서부터 한국적 법사상의 추구를 위해 노력해 온 학자이다. 그는
1950년대 초부터 한국의 민요와 문학에 나타난 한국인의 법의식과 법사상
을 분석하여 논문 형식으로 발표하였다. 그 중에서도 특히 『春香傳』에 대한
법학적 이해를 중심으로 「李朝 後半期의 법사상에 관한 연구」(동국대 박사학
위, 1967)와 『法律春香傳』(을유문고, 1970)으로 출간하였다. 그 후에도 장경학
의 한국법사상에 대한 관심은 몇 편의 논문으로 발표되었는데, <u>그의 관심은</u>
<u>한국의 문화사 내지 사회사 속에서 '법'의 관념과 역할을 법사회학적 내지</u>
<u>법사상사적으로 규명해 내려고 하는 데에 있다. 민법학자인 그는 통치자의</u>
<u>법기술보다는 민중과 일반인의 생활과 사고방식에 나타나는 법의 실체적</u>
<u>모습을 서술하려고 하였다.</u>"[66](밑줄 인용자 표시)

평가하고 있다.

의당 선생님은 국제적 감각과 새로움을 추구하는데 주저하지 않은
면을 가지고 있다. 그러한 것은 해외여행과 국제학회의 참가 등에서
그 이력(履歷)을 볼 수 있다.

1973년 12월초 韓國法學院 주선으로 뉴욕 소재 國際法學院(ILC)
초청으로 법조인 일행에 참가하여 미국을 여행하였다.[67] 또한 1976

---

66 최종고, 『韓國法思想史(全訂新版)』, 서울대학교 출판부(2001), 403~404면.

67 義堂 선생님은 이 여행을 다음과 같이 회고 한다. "미국여행중 Mr. Rogers 부처를 뉴
욕에서 만나, 봉고차로 보스톤에 가서 그의 집에 5일간 체제했다. 의당 선생님은 1967
년 平和奉仕團의 일행으로 한국에 온 Rogers와 친교를 가지고 있었다. 歸途 카나다 경
유, 영, 불, 서독, 이태리 등 방문하고, 32년 전 유학하려고 했던 독일에 여행한 것은 감

년 7월 3일 國際法學院(ILC)초청방문단의 일행으로 미·캐나다·영·
불·서독·오스트리아·스위스·덴마아크를 관광하기도 하면서 見聞
을 넓혔다. 이 여행중 서독 Freiburg에서는 崔鍾庫교수, 鈴木敬夫교
수 등을 만났다.

　의당 선생님은 62세 때인 1977년 8월 14일부터 21일까지 8일간
오스트레일리아에서 '世界哲學 및 社會哲學會議'(World Congresson
Philosophy of law and Social Philosophy)가 '法과 社會의 미래'(law and
the future Society)라는 주제로 개최된 세계학회에 참가했다는 것이다.
의당 선생님은 호주 시드니 법과대학 및 칸벨라호주國立大學 사회과
학연구소의 초청으로 '世界哲學 및 社會哲學會議'에 참석하였다. '세
계법철학 및 사회철학회'는 오래전부터 존재하였으며 이웃 나라인 일
본에서도 그 지부가 결성되어 있으나 한국에서는 아직 그 지부(支部)
도 결성되지 아니하였으며 당시 회의에 처음으로 혼자 참석하였다.[68]

　의당 선생님의 법철학, 법사상에 관한 업적으로는 "實學派와 近代
法精神"(법률행정논집, 제14집, 고려대, 1976), "正義의 理論과 現實性"
(동국대논문집 제16집, 1977), "實學의 法思想"(애산학보2, 1982), "法目的
에 있어서 Jhering과 Radbruch"(徐燉珏박사화갑논문집, 1981), "民法에

　　개무량이라 회고하고 있다. 또한 태국과 홍콩을 들렸고, 東京 大阪에서는 松山高의 동
　　기생들을 만나고 동경에서는 植村 교수댁을 방문하여 25년만의 再會를 하였다. 당신의
　　젊은날을 보낸 경도대학에 들렸으나 옛날 선생들은 이미 없고 낯모르는 後輩들이 자리
　　를 차지고 있었다. Alt Heidelberg!"("지나온 70년-義堂장경학박사 略傳", 981면).
68　의당 선생님의 "世界哲學 및 社會哲學會議 참가에 대한 단상(斷想)은 장경학, "世界
　　法哲學 및 社會哲學會議 參加記; 未來社會와 法哲學", 「동대신문」 제689호(1977년10
　　월 4일) 참조.

있어서의 自然法論과 歷史學派와의 對立抗爭"(考試와 銓衡, 1956.7) 등을 들 수 있다.

IV. 맺음말

의당 선생님은 南松 한봉희(韓琫熙) 교수님 화갑기념논문집 하사(賀詞)에서,

"'文은 人이다'라고 하지요. 學問은 단지 知識만이 아니라 그 사람 自身의 表現이라는 뜻이지요. 예컨대 Aristoteles는 용기는 비겁과 만용의 중간이라고 하였고, Kant는 쾌락과 금욕에 대응하여 현실과 이상을 준별하였으며, Hegel은 논리과정에 3分法을 도입하여 正反合에 대응하여 人倫體는 家族→市民社會→國家로 전개된다고 풀이한 것도, 그들의 人生觀에 반영된 것이지요. 이들에 견주어 볼 때 韓교수의 경우에는 학문과 인생관에 있어서 짐작컨대, Aristoteles의 中庸 또는 調和에 비길 수 있을까 합니다. … 중략… 예컨대 그의 연구범위에 있어서 財産法과 家族法, 그리고 實定法과 比較法의 두 켤레의 신발을 신고 빙판에서 스케이트를 타듯이 몸의 중심을 잃지 않고 學問의 軌道를 잘 달리고 있습니다."[69]

---

69 南松 韓琫熙教授華甲記念論文集 刊行委員會, 『現代民法의 課題와 展望』, 밀알(1994), 하사(賀詞) 참조.

라 남송(南松) 교수님을 평가하고 있다.

이는 의당 선생님 당신께서도 '法學과 文學', 그리고 '民法과 法社會學'이라는 두 켤레의 신발을 신고 인생이라는 '빙판'위에서 넘어지지 않고 평생을 살아오신 것을 달리 표현한 것이라는 생각이 든다.

연세대 국문과 마광수 교수는 1980년대 후반 수필집〈나는 야한 여자가 좋다〉, 시집〈가자, 장미여관〉 등으로 사회적 센세이션을 불러일으켰고, 1992년 '즐거운 사라'라는 소설이 외설(猥褻)논란[70]을 불러왔고 긴급체포 되어 구속되었다. 이 당시 선생님을 뵈었을 때 義堂 선생님께서는 법학자인 동시에 문인(文人)의 한사람으로서 마광수 교수를 변호(辯護)하고 싶어 하시면서도 연세가 많은 당신께서 馬교수를 변호하면 "나이 먹은 노인네가 주책이라고 하겠지?" 하시면서 당신의 일처럼 안타까워하시던 모습이 어제 일처럼 눈에 아른거린다.[71]

---

70 마광수 교수의 소설 '즐거운 사라'에 대한 음란성 유무에 대한 논평은 안경환, "문학작품과 음란물의 한계", 「법과사회」, 제9호(1994년 상반기), 창작과비평사, 235~251면 참조.

71 필자는 대학시절부터 의당 선생님께서 집필한 민법총칙과 물권법, 채권법을 가지고 공부했으며, 대학원에 진학하여 公法(憲法)을 전공했지만, 법철학 등 선생님의 강의를 수강하며 학과 조교를 한 덕분에 선생님을 가까이서 자주 뵐 수 있었다. 새해에는 삼청동 댁으로 세배를 가기도 했고, 선생님의 서재에서 펼쳐진 책과 원고를 쓰시던 모습도 볼 수 있었다. 대학원 재학 중 선생님의 원고를 타이핑 해드리기도 했고, 선생님의 원고를 제본하기도 했다. 또한 부산 모대학에 전임교수로 재직하다 어떤 이유인지 모르지만 해직된 제자 한명이 점심식사를 모시겠다고 약속하여 약속장소인 앰배서더 호텔에 갔더니, 자신은 식사를 하고 왔다며 혼자만 드시라고 하기에 "야, 임마 내가 돼지냐? 혼자 밥먹게!" 한마디 하고 그냥 오셨다며 언짢아 하시던 모습도 떠오른다. 소학교 시절 변소에서 오줌을 누며 누구 오줌발이 더 높이 올라가나 시합을 했노라며, "이

의당 선생님께서는 문학작품은 독자가 평가해야 할 문제이지, 국가 공권력의 잣대로 재단(裁斷)하는 것이 문학을 평생 사랑한 사람의 눈에는 못마땅한 것이었다.

의당 선생님의 인간적인 모습은 제자사랑에서도 읽을 수 있다. "강의 들어가기 전에 언제나 강의준비를 꼭 하고 들어가게", "돈 받고 글을 쓰지 말게", "머릿속에 연구에 관한 생각 외에는 하지 말고 열심히 연구만 하게" "그렇게 10년만 해도 한국에서 제1인자가 될 것이네...낭중지추(囊中之錐)가 될 것이네"[72]라고 당부해 주신 말씀을 떠올리며 초년생 대학교수 시절부터 26년간 교수생활을 했다는 늙은 제자의 회고(回顧)이기도 하다.

동국대학교 법과대학에서 정년퇴임 하신 가족법분야의 원로학자이신 南松 한봉희(韓琫熙) 선생님께서는 의당 선생님 살아 생전에 대학원생들이나 후학들에게 "의당 선생님의 말씀 한마디 한마디가 우리 현대사(現代史)며, 한국 법학사(法學史)이니 선생님을 뵐 때마다 녹음작업 같은 것을 해두면 좋을 것이네!"라고 말씀하셨는데, 의당 선

조교! 자네도 그런 경험 있나?" 하시며 해맑은 미소년의 미소를 지으시던 선생님의 얼굴이 어제처럼 눈앞에 어른거린다. 함경남도 함주 출신으로 나병으로 인한 고통과 슬픔을 노래하여 문단의 주목을 받으며 1949년 첫 시집〈한하운시초〉를 펴낸 후 '문둥병 시인'으로 널리 알려진 한하운(韓何雲) 시인에 대해서도 의당 선생님과 주고받은 언어의 편린들이 해마 저 밑바닥에서 스멀스멀 올라온다.

72 김재문, "[달하나 천강에] 학교의 발전을 기원하며", 「동대신문」 제1507호(2011년 4월 18일) 참조.

생님이 떠나고 보니, 후학의 한 사람으로써 그것을 실천하지 못한 것이 두고두고 아쉬움으로 남는다.

의당 선생님은 80연세에도 연서(戀書)를 보낼 정도로 20대 문학청년의 열정을 가진 1910년대 출생의 마지막 로맨티스트였다. 또한 의당(義堂)께서는 80이 넘은 연세에도 까페에서 커피를 마시며 책을 보시고, 증손자뻘되는 20대 초반의 젊은이들과도 두 시간 이상 이야기를 나누던 "열린 사고"(open mind)를 하셨던 분이다.[73]

---

73 인터넷상의 블로그에 "서대문역—그곳에 가면 세월을 머금은 한 교수가 있다"(2004년 4월 2일)라는 제목으로 올라 있는 선생님에 대해 쓴 글을 우연히 발견하게 되어 여기에 기록한다. " …전략… 그날은 일요일이라 그런지 사람들이 무척 많았다. 테이블이라 곤 고작 두 개가 다인데 그중하나는 청각장애인인 듯 한 분들이 수화로 대화를 하며 3~4명 정도 모여서 대화를 나누던 중이었고, 그래서 난 차마 그곳을 비집고 앉지 못했다. 그리고 다른 한 테이블. 그곳에는 노신사 분이 앉아 계셨는데, 청각장애인들을 마주 보고 앉아 그분들의 모습을 찬찬히 보고 있었다. 난 그래서 그 노신사분 옆에 앉았다. 그리고 중국어 교재를 꺼내 단어를 외웠다. 그리고 한 2분이 지났을까? 그분이 말을 거셨다. "중국어 공부해요?" "음… 나 때는 말야. 수학여행을 만주로 갔었지…" 그랬다. 아마 그때부터 였을꺼다. 장장 두 시간 넘게 이어진 우리들의 대화…"내가 봤을 땐 말이지. 학생은 말야 석사가 아니라, 박사도 능히 해낼 거야. 학생은 마음이 열려있단 말야. 거기다 말고.. 열정이 있고, 나랑 이렇게 두 시간 넘게 대화가 되는 걸 보면 모르겠나? 하하!! 내 나이가 80이 넘었지. 지금은 교수 퇴직하고 경기대 사회교육원에서 애들 강사하고 있는데, 매주 이맘 때 쯤 이면 여길 들러서 사람들을 봐.. 저 청각장애인들도 저렇게 밝은 모습으로 즐겁게 자신들만의 언어로 대화를 나누고 있질 않나? 그냥.. 사는게 느껴지네. 가만히 사람들을 봐보라고.. 난 매주 여길 온다네. 삼청동 집엘 가는 마을버스 타기 전에. 학생두 나와 다시 만나려거든 담(다음) 주에 이리로 오게나. 울 다시 대화 나눠보게.. 껄껄. 아직도 그 너그러운 웃음과 세월들에 대한 얘기를 난 소중히 기억하고 있다."(http://blog.daum.net/renjinan/537516).

의당 선생님은 평생을 책과 더불어 책속에 사는 것이 幸福이라고 여기며 생활하셨다. 한편으로는 책에 얽힌 불유쾌하고 슬픈 추억을 드러내기도 했다.

"書齋나 藏書에 관해서는 불유쾌한 추억이 얽혀져 있어서 생각하기 괴롭다. 고등학교시절의 책은 이북에 가져간 채로이고 대학시절의 책은 부산에 두었다가 다시 東京에 들어간 후 사 모은 책들은 京都에 두고 나왔고, 解放 후 다시 사 모은 책은 서울로 이사해올 때 육이오(6.25)가 터지던 날 아침에 부산역에서 철도화물로 탁송한 후 행방을 못 찾게 되고 서울서 다시 사 모은 책들은 일사(1.4)후퇴시 延大신촌舍宅에 둔 채 모두 잃어버리고 피난시 부산서 사 모으기 시작하여 환도 후 계속 사 모은 것이 지금 겨우 내 서재의 三面의 벽에 둘려 쌓여있다. … 중략 … 藏書의 盜難도 책에 대한 나의 추억을 슬프게 한다. 美國간 사이에 크게 외부로부터 도난을 당했고, 내부로부터의 도난은 쉴 새 없이 있었고 또 계속 중이다. 가족이 서재의 책을 훔쳐낸 수효만 해도 상당수에 달한다. … 중략 … 아이들의 생일과 나이는 혹 잊을 때도 있으나 書架의 책은 暗夜에도 찾을 정도이다. 보다 나은 글을 쓰기 위해 날마다 서재의 책을 뒤지고 살 수 있는 것은 나의 유일한 행복이며 나에게 이러한 개인적 행복을 가질 수 있도록 귀중한 資本을 投資해주신 부모님께 감사하는 마음 간절하다."[74]

---

74 장경학, "[나의 愛藏書] 책속에 사는 행복", 「동대신문」 제499호(1971년 9월 27일).

또한, 평생 '배움'을 소홀히 하지 않으셨다. 의당(義堂) 선생님 53세 때인 1969년 4월부터 한국법학원에서 개강하는 미국인 강사의 법률 영어회화, 영미법 강의를 2년간 수강하였으며, 더욱이 83세 때인 1999년에는 동국대학교 불교대학원 석사과정에 신입생으로 입학하여 불교를 새롭게 공부하시기도 하셨다. 또한 1999년에는 미국 위스콘신대학교에 유학중인 제자의 집에 방학동안 머무르며 40세(1956~57년)에 유학했던 인디애나대학을 방문하여 젊은 날로 다시 돌아가 도서관에 매일 나가 책을 보셨다는 후일담(後日譚)을 전해 듣고 의당 선생님은 어쩔 수 없는 평생 학자일 수밖에 없는 분이라 생각했다. 당시 1999년 케네디(John Fitzgerald Kennedy)대통령의 아들인 존 F. 케네디 주니어(John Fitzgerald Kennedy Jr.)가 아내를 태우고 직접 소형비행기를 조종하다 추락 사고로 숨졌다는 소식을 접한 의당 선생님께서는 "당신 아들이 죽은 것 같은 심정이라"고 표현하셨다 한다. 케네디 대통령이 1917년생으로 의당 선생님과 비슷한 시기에 태어나서 친구로 여기신 듯하다는 후문이다.

미국에서 의당 선생님을 잘 모신 그 제자는 의당 선생님께서 입원해 계시던 춘천의 '세윤병원'을 정기적으로 방문하여 외로운 말년을 보내고 계시던 선생님의 말벗을 해드리며 '제자의 도리'를 소리 없이 묵묵히 실천한 동국 법학의 아름다운 제자였다. 그런 제자가 있었음에 가슴이 따뜻해지고, 뭉클해진다. 또한 의당 선생님을 존경하는 동국법학(東國法學)의 제자들은 '민법 전공자'를 중심으로 의당 선생님 생전에 마음을 담아 정기적으로 '용채'를 전달한 미담(美談)도 있었음을 여기에 밝혀 기록한다.

의당 선생님은 당신 젊은 날의 學窓時節을 회고하는 글에서,

"소크라테스의 屍體를 火葬하였을 때, 埋葬된 사람을 소크라테스로 생각해선 안되다고 소크라테스는 弟子들에게 타일렀다. 왜냐하면 埋葬된 것은 그저 소크라테스의 屍體일 뿐 소크라테스 自身은 아니기 때문이라고 말했다. 나는 죽어갈 것이다. 그러나 나의 학창시절의 歷史는 죽지 않고 영원히 남을 것이다"[75]

라 쓰고 있다.

의당 선생님의 말씀처럼 의당 선생님의 학창시절과 발자취는 "나의 學窓時節"이라는 제목으로 지면에 발표된 지 49년이 지난 지금도 잊히지 않고 후학(後學)에 의해 읽히고 있다. 그렇다. 의당 선생님은 지금 우리 곁에 부재(不在)하지만 부재하지 않다. 목멱산(木覓山)에서 의당 선생님의 법학 강의를 듣고 배운 제자들 마음속에는 여전히 살아 계신다. 동국인(東國人)의 마음속에 영원하다. 의당 선생님께서는 죽지 않고 우리 곁에 영원히 함께 하고 있다.

의당 선생님의 90평생을 천학비재(淺學非才)하고 글재주가 무딘 이

---

75 장경학, "나의 學窓時節①", 「司法行政」 1967년 9월호, 88면.

가 어찌 제대로 정리할 수 있으리까. 탈고하고 보니, 의당(義堂) 이라는 거인(巨人)을 캔바스(Canvas)에 그리기는커녕 스케치를 시작하다만 참담한 심정이다.

이 글을 계기로 의당 선생님을 비롯하여 동국법학에 씨 뿌리고 가꾸신 옛 스승들에 대한 재조명의 마중물이 된다면 동국법학의 학은(學恩)을 입은 사람으로서 더없는 보람이겠다. 아울러 「동국 법학」의 중흥을 기원한다.

참고문헌

김기두, "형사법학계의 회고", 「법학」 제19권 제1호(서울대), 1978

국순옥 엮음, 『자본주의와 헌법』, 까치(1987)

김재문, "[달하나 천강에] 학교의 발전을 기원하며", 「동대신문」 제1507호(2011년 4월 18일)

박상규, 『철학자 정석해』, 사월의 책(2016)

배종대, "우리 법학의 나아갈 길-형법학을 중심으로", 「법과사회」 창간호(1989), 법과사회이론연구회

안경환, "문학작품과 음란물의 한계", 「법과사회」 제9호(1994년 상반기), 창작과비평사

윤철홍, "한국 민법학의 문제점과 개선방향", 「법과사회」 제3호(법과사회이론연구회), 창작과비평(1990)

장경학, "民法工夫의 두 개의 面", 「法政」 제11권 제4호(1956.4)

_____, "春香傳의 法律學的인 接近(上)", 「思想界」 제1권 제8호 (1953년 12월)

_____, "春香傳의 法律學的인 接近(下)", 「思想界」 제2권 제1호 (1954년 1월)

_____, "民謠에 나타난 法意識", 「思想界」 제2권 제9호 (1954년 12월)

_____, "法律社會學의 諸問題", 「法政」 1955년 11월호

_____, "나의 學窓時節①", 「司法行政」 1967년 9월호

_____, "나의 學窓時節②", 「司法行政」 1967년 10월호

_____, "나의 學窓時節③", 「司法行政」 1967년 11월호

_____, "[나의 愛藏書] 책속에 사는 행복", 「동대신문」 제499호(1971년 9월 27일)

_____, "世界의 名著散策: '제롬 프랑크'의 법과 근대정신", 「동대신문」 제631호(1976년 1월 6일)

_____, "民法學의 回顧와 展望", 「考試界」 1987년 1월호

_____, "世界法哲學 및 社會哲學會議 參加記: 未來社會와 法哲學", 「동대신문」 제689호(1977년10월 4일)

_____, "나의 청춘 나의 학문-쿄오도 대학 시절(1938~41)", 「법과사회」 제8호(1993.7)

_____, "Gerome Frank論", 『法律文化硏究』 창간호(1998), 한국법률문화연구원

_____, 『民法總則』, 法文社(1984)

_____, 『法律과 文學』, 교육과학사(1991)

_____, 『債權總論』, 교육과학사(1992)

_____, 『법과 문학-소포클레스에서 카뮈까지-』, 교육과학사(1995)

_____, 『法學通論(제7개정판)』, 법문사(2004)

장세윤, "일제하 고문시험 출신자와 해방후 권력엘리트", 「역사비평」 계간23호(1993년 겨울호)

義堂 張庚鶴博士華甲記念論文集刊行委員會, 『近代法 思想의 展開』, 1977

義堂 장경학 박사 고희기념 논문집간행위원회, 『民法과 法學의 重要問題』, 東國大學校出版部, 1987

최종고, 『韓國法思想史(全訂新版)』, 서울대학교 출판부(2001)

七十年史編纂委員會, 『東大七十年史』, 동국대학교 출판부(1976)

한상범, "한국인의 법의식의 법사회학적 연구", 동국대학교 대학원 박사 학위 논문, 1975.

_____, "한국법학계를 지배한 일본법학의 유산", 「역사비평」 계간 15호 (1991년 겨울호)

_____, "日帝시대의 法學이 한국 법학에 미친 영향-특히 1930,40년대의 파시즘화의 분위기와 관련하여", 「韓國敎育法硏究」, 1995(한국교육 법학회)

_____, "한상범 교수의 학계 회고담", 「亞·太公法硏究」 제11집(2003)

_____, "한상범 교수의 학계회고-1960年代(1960-1970)", 「亞·太公法硏究」 제12집(2004)

_____, "서평: 共産主義法理論-한스 켈젠 저/ 장경학 역", 「동대신문」 제 850호(1983년 3월 29일)

한상범 교수 강단40년기념 출판준비위원회, 『한상범교수의 이상과 투쟁』, 푸른세상(2001)

한상범 교수 문집 간행위원회, 『소중한 인연, 행복한 동행』, 보명 Books (2013)

南松 韓琫熙敎授華甲記念論文集 刊行委員會, 『現代民法의 課題와 展望』, 밀알(1994)

법학자 檀也 서정갑(徐廷甲)교수의
생애와 학문세계

요약

단야(檀也) 서정갑(徐廷甲)선생님은 1914년 7월 16일 태어나 1945년 일본 경도제대 법학부를 졸업하였고, 1952년 서울대학교 상과대학 교수, 1962년 한양대학교 정경대학 교수, 1963년 9월부터 동국대학교 법정대학 교수로 재직하면서 후학 양성을 시작하고 1979년 8월 31일자로 정년퇴임했다. 동국대 재직 중에는 1969년에 도서관장을 역임하였다. 그러나 동대신문 보도에 의하면, 단야 선생님께서는 1963년 이전부터 동국대학교 법학과와 인연을 맺고 강의를 해오셨다. 따라서 단야 선생님은 동국 법학의 역사와 함께 해왔다고 할 것이다.

동대신문은 선생님이 서울시 교육위원회가 수여하는 30년 근속상(勤續賞)을 받은 소식을 전하면서, "빈틈없고 휴강 없는 강의로 널리 알려져 있으며 '학점(學點)'에 철저하기로도 유명하다."고 단야(檀也)

선생님을 소개하고 있다.

동국대학교에서 평생을 같이한 동료교수는 "檀也선생께서는 學問하는 사람은 겸손하고 진지하게 하나의 길로 꾸준히 나가면서 성급하게 서둘지 않고 끊임없이 자기 力量을 쌓아나가는 길이 學究의 길이라고 하는 것을 실천한 분"이라 평가하고 있다.

I. 들어가는 말

1970년대를 마감하고 새로운 1980년을 앞두고 있는 시점에서 동대신문은 1979년 12월 21일 기자방담(記者放談)을 가졌다. 이 방담기(放談記)를 통해 볼 때, 서정갑 교수를 당시 동국대학교를 대표하는 교수 중에 한명으로 거론하고 있다.

"금년은 우리학교를 대표할만한 교수라 할 수 있는 분들이 많이 정년퇴임했지. 대충 꼽아도 서정주(徐廷柱) 서정갑(徐廷甲) 오석규(吳碩奎)교수 등 학계의 거두였던 교수들이 나가면 그에 대신하는 유능한 교수들이 모셔져야 하는데 그기 위해서는 교수공개채용 등 좀 더 적극적이면서도 신중한 채용이 이루어져야겠지."[76]

---

76 "70年代 終章 己未年을 돌아본다−本社 記者放談", 「동대신문」 제754호(1980년 1월 1일).

라고 활자화되고 있다.

또한, 동대신문은 선생님이 서울시 교육위원회가 수여하는 30년 근속상(勤續賞)을 받은 소식을 전하면서, "빈틈없고 휴강 없는 강의로 널리 알려져 있으며 '학점(學點)'에 철저하기로도 유명하다."[77]고 단야 (檀也) 선생님을 소개하고 있다.

단야(檀也) 서정갑(徐廷甲)선생님은 1914년 7월 16일 태어나 1945년 일본 경도제대 법학부를 졸업하였고, 1952년 서울대학교 상과대학 교수, 1962년 한양대학교 정경대학 교수, 1963년 9월 동국대학교 법정대학 교수로 재직하였다. 동국대 재직 중에는 1969년에 도서관장을 역임하였다. 그러나 동대신문 보도에 의하면, 단야 선생님께서는 1963년 이전부터 동국대학교 법학과와 인연을 맺고 강의를 해오셨다. 따라서 단야 선생님은 동국 법학의 역사와 함께 해왔다고 할 것이다.

---

77 본교 法政大 徐廷甲교수는 지난 12일 삼일당에서 서울市 敎育委員會가 수여하는 30년 勤續賞을 받았다. 河点生 서울시 교육감을 비롯한 관계인사다수와 진명여고학생 3백여 명의 축하 속에 徐교수는 상으로 금메달과 표창장을 받았다. 徐교수는 45년 京都帝大 法學部를 졸업한 이래 26년간 교육계에 봉직한 공로로 이번에 근속상을 받게 된 것이다. 63년도부터 본교 法政·經商大에서 10년간 商法을 강의하고 있는 徐교수는 빈틈없고 휴강 없는 강의로 널리 알려져 있으며 '學點'에 철저하기로도 유명하다. ◇약력 및 著書 ▲45년＝京都帝大 法學部졸 ▲47년＝檀國大강사 ▲49년＝延禧大교수 ▲58년＝서울商大부교수 ▲62년＝한양대 교수, 14회 고등고시 행정과위원, 동司法科의원 ▲63년 이래 본교 法政大교수. ▲著書＝新商法, 新會社法, 新어음, 手票法 ▲논문＝어음행위 독립의 원칙 理事와 代表理事, 주식의 양도, 어음의 이득상환 청구권 등 수편("徐廷甲교수 표창－市敎委서 30년 勤續賞", 「동대신문」 제535호, 1972년 10월 17일 참조).

동국대학교가 종합대학교로 승격된 것은 1953년이다. 종합대학교로 승격됨에 따라 법률학과, 정치학과, 경제학과로 구성된 정경학부(政經學部)가 법정대학(法政大學)이 되었다. 당시에 법정대학장(法政大學長)에는 해방 직후 한때 서울법대교수로 재직하다가 법조계(法曹界)에 들어가서 대법원판사직(大法院判事職)에 있던 김갑수(金甲洙)가 취임하였다. 김갑수가 학장(學長)으로 취임한 후에 50년대 후반까지 법률학과(法律學科)에는 김두일(金斗一, 刑法), 김증한(金曾漢, 西洋法制史), 조규대(曺圭大, 外國法), 김기수(金淇洙, 行政法), 안윤출(安潤出, 民法), 노용호(盧龍鎬, 刑事訴訟法), 주문기(朱文基, 商法), 서정갑(徐廷甲, 商法), 엄민영(嚴敏永, 哲學), 손주찬(孫珠讚, 商法), 박광서(朴光緒, 社會學), 오정근(吳貞根, 勞動法) 등이 새로이 보강되었다.[78]

동국대학교에서는 1972년 9월 2학기부터 지도교수제(指導敎授制)를 채택하였다. 지도교수제 시행전까지는 '단일(單一)주임교수제'로 운영되던 것을 학생과 교수간의 격의 없는 대화를 통해 건실한 학풍진작 및 건전한 학생활동 등을 지도할 목적으로 이에 따른 지도교수가 선임 되었다 한다. 이에 따라 선생님은 1972년 법학과 2학년 지도교수로 선임되어 학생들을 지도했다.[79] 방학 중에는 저술 작업과 전국의 사찰에서 사법고시(司法高試)를 준비하고 있는 법대생들을 찾아 격려

---

78 "[동국의 전통 ⑲] 법률·정치학 〈2〉 50년대 법조·학계진출 활발 새 방법론 도입, 논저도 다양", 「동대신문」 제445호, 1970년 3월 30일.

79 1972년 법학과(法學科) 학년지도 교수를 보면, 엄정철(1)·서정갑(2)·박준규(3)·한상범(4)교수 이다("指導敎授制 活用, 대화 幅 넓히고자", 「동대신문」 제532호, 1972년 9월 26일 참조).

하기도 했다.[80][81] 1978년 7월에는 일본에서 개최된 제8차 세계평화 국제회의에 참가차 7월 20일 출국하여 31일 귀국 예정[82]이라고 동대 신문은 기사화하며 단야 선생님의 동정(動靜)을 전하고 있다.

동국대학교에서 단야(檀也)선생님과 같은 해에 정년퇴임을 한 미당 (未堂) 서정주 선생님은

"檀君때의 박달나무

半萬年을 살아 번쳐

오늘의 햇빛 속에

한결같이만 젊었나니,

古稀 따로 있으리요

---

80 동대신문은 1972년 교수동정을 다음과 같이 전하고 있다. "▲徐廷甲교수=자택에서 '주식어음수표'를 집필 중이며, 7월 말경 1주일 예정으로 제주도로 피서. 또한 8月에는 공주 마곡사, 합천 해인사, 부산 범어사 등의 사찰을 찾아 司法高試 준비를 하고 있는 法大生들을 찾아 격려도. ▲廉政哲교수=현재 사법시험 교재로 쓰고 있는 '형사소 송법' 改訂版을 집필. 형사법학계의 刑法論文集을 공동 집필도. 7월27일부터 5일 동안 부산에서 피서 하신다. ▲韓相範교수=檢認定 高校 一般社會增補版준비와 文敎部 수 령연구비에 의한 '국민윤리교육연구논문'의 기초자료, '헌법교과서'의 보완자료를 수집 中. 8月中에는 서정갑 박사와 함께 전국사찰에서 사법고시 준비 중인 법과 학생들을 격려 차"("교수동정: 夏休를 어떻게 지내십니까?", 「동대신문」 제528호, 1972년 7월 24일 참조).

81 1976년 〈개교 70주년 장학금〉으로 법학과 교수님들은 ▲廉政哲(염정철)(법정대교수 · 3 만원) ▲韓相範(한상범)(법정대교수 · 2만원) ▲徐廷甲(서정갑)(법정대교수 · 3만원) ▲ 朴準規(박준규)(법정대교수 · 3만원) ▲李鍾麟(이종린)(법정대교수 · 3만원) 등을 기부한 것으로 당시 동대신문은 기사화하고 있다(「동대신문」 제637호, 1976년 3월 30일).

82 「동대신문」 제715호, 1978년 7월 29일 참조.

永遠 靑春하소서"

라며, 단야(檀也) 선생님의 고희를 축하하고 있다.

본고에서는 동국법학을 개척해 온 스승의 한 분인 단야(檀也) 서정
갑 교수를 「동대신문」에 실린 글들을 중심으로 정리하면서 선생님의
학문적 발자취를 조명해 보고자 한다.

Ⅱ. 서정갑 교수의 생애

단야(檀也) 서정갑 선생님은 1914년 7월 16일 충남 보령군 남포면
양항리 107번지에서 태어나셨다. 1934년 3월 배재고등보통학교(培材
高等普通學校) 졸업, 1939년 일본 좌하고등학교(佐賀高等學校) 문과(文
科) 을류(乙類) 졸업, 1942년 일본 京都帝國大學 法學部 法律學科(獨
法 專攻) 졸업했다.

광복 후 1946년 2월 과도입법의원(過渡立法議院)[83] 법제국 법무사(法

---

83 남조선과도입법의원(南朝鮮過渡立法議院)은 1946년 12월 12일 개원한 미군정시대의
   입법기관으로서 1946년 5월 미소공동위원회가 무기한 휴회하자 미군정(美軍政)에서
   구성한 과도입법의원이었다. 남조선과도입법의원은 미군정에 대한 한계에도 불구하고
   남조선과도입법의원법, 하곡수집법, 미성년자노동보호법, 부일협력자·민족반역자·전
   범·간상배에 대한 특별조례법률 등을 제정하였다. 남조선과도입법의원에 대한 참고할
   만한 문헌으로는 金赫東, "「南朝鮮過渡立法議院」의 設置背景과 運營實態에 관한 研
   究", 檀國大學校 大學院(1995.2); 김민성, "남조선과도입법의원의 활동과 성격에 관한

務士), 1947년 3월 國會法制 調査局 法務士, 1947년 12월 外務部 條約局 書記官, 1948년 5월 外務部 政務局 제1과장으로 공직생활을 하셨다. 이 중간 단국대학 법학부 강사(1947.3)와 연희대학교 상경대학 강사(1947.8)로 강의를 했다.

1948년 12월 연희대학교(延禧大學校) 법정대학 교수로 부임, 1951년 5월 全北 戰時聯合大學 교수 겸 학생처장, 1952년 2월 서울대학교 상과대학 조교수로 부임하여 1958년 7월 서울대학교 상과대학 부교수,[84] 1961년 4월 동국대학교 법정대학 강사, 1962년 한양대학교 정경대학 교수, 동국대학교에는 1963년 9월부터 재직하셨다.

1968년 2월 28일 동국대학교 대학원에서 법학박사(法學博士)를 취득하였다.[85] 법정대학회(法政大學會)에서는 서정갑(徐廷甲) 교수의 박사학위 수여축하 및 법학과 신입생 환영회를 1968년 3월 30일 오전 10시 신기주(申基珠) 법정대학장 및 다수의 교수와 학생이 참석한 가운데 교수식당에서 가졌다[86]고 동대신문은 전하고 있다.

단야 선생님은 1963년 동국대학교 법학과에서 후학 양성을 시작하고 1979년 8월 31일자로 정년퇴임했다. 같이 퇴임한 교수로는 서정주(徐廷柱), 오석규(吳碩奎)교수이다.

연구", 東國大學校 大學院(1996.2); 朴元浩, "右派勢力과 南朝鮮過渡立法議院 : 한민당세력의 전략적 잠식과정을 중심으로", 서울大學校 大學院(1997.2) 등을 들 수 있다.

84 서울대학교 60년사 부록. 935페이지. 2006년.

85 서정갑 교수는 동국대학교에서 9번째로 법학박사를 취득하였다(七十年史編纂委員會, 『東大七十年史』, 동국대학교 출판부, 1976, 661면 박사 학위 수여자 명단 참조).

86 「동대신문」 제384호(1968년 4월 1일).

서정갑 선생님은 퇴임 후에도 의당(義堂) 장경학 선생님과 더불어 동국대학교 〈인사규정〉 제2조에 의거, 임기는 1년으로 1983년 3월 2일자로 대우교수로 발령됐다.[87]

단야(檀也) 선생님은 제14회 高等考試 行政科 시험위원(1962.7), 제16회 高等考試 司法科 시험위원(1962.12), 제3회 사법시험 제2차 시험위원(1964.7), 제7회 사법시험 제1차 시험위원(1966.12), 제12회 3급공무원 공개경쟁채용 시험위원(1972.9), 제15회 사법시험 제1차 시험위원(1973.5), 제4차 군법무관임용시험 위원(1973.9) 등 각종 시험위원으로도 활동하셨다.

教育功勞賞 수상(서울특별시 교육위원회, 1972.10), 대통령표창(1974.3), 國民勳章 牧丹章을 수훈(1978.4)하였다. 기타 대외적으로는 國際人權擁護 서울특별시 指導委員(1967.3), 大韓商事仲裁院 仲裁人(1974), 법무부 자문위원(1985) 등으로 활동하시기도 했다. 교내에서는 1969년 1월 동국대학교 중앙도서관장을 역임하였다.

단야 선생님은 1986년 3월 24일 고희(古稀)를 맞아 후학들이 마련한 기념논문집 『商法學의 現代的 課題』를 서울 앰버서더호텔 19층에서 증정 받았다.[88]

---

87 ▲명예교수 徐廷柱교수 ▲대우교수 洪庭植교수(불교대) ▲대우교수 金思燁교수(문과대) ▲대우교수 韓相璉교수(문과대) ▲대우교수 徐廷甲교수(법정대)(밑줄 필자) ▲대우교수 張庚鶴교수(법정대) ▲대우교수 金熙坤교수(농과대) ▲대우교수 金聖培교수(사범대) ▲대우교수 吳碩奎교수(경주대) 등 이상 9명(「동대신문」 제849호, 1983년 3월 22일 참조).
88 「동대신문」 제935호(1986년 3월 25일).

III. 서정갑 교수의 학문 세계

1. 상법학자로서의 활동과 업적

한국정신문화연구원(현, 한국학중앙연구원)에서 펴낸 〈한국민족문화대백과사전〉의 '법학'부분에서 상법학(商法學)에 관한 소개를 보면, "광복이 되고도 예전의 상법을 그대로 사용하다가 1963년이 되어서야 상법을 제정하였다. 그러나 상법학은 그 전부터 상당히 활발한 연구 활동을 보였다. 1957년 9월 한국상사법연구회(회장 최태영)가 결성되었다. 주유순의 『상법총칙강의』(1950), 『회사법강의』(1950)가 최초로 나왔고, 이어서 최태영 · 차낙훈(車洛勳) · 박원선(朴元善) · 정희철(鄭熙喆) · 서돈각(徐燉珏) · 손주찬(孫珠瓚) · 서정갑(徐廷甲) 등이 저술한 책이 나왔다."[89]고 기술하고 있다. 그 이후 상법학계는 계속 학문적 · 현실적 문제들에 대한 연구를 기울여 1970년대 이후로 최기원 · 양승규 · 이범찬 · 박길준 등의 연구성과가 나왔다.

상법학은 상법이라는 법률의 한 분과를 연구하는 학문분야라고 할 수 있다. 그런데 상법은 '상법'이라고 이름 붙여진 상법전뿐 아니라 어음 · 수표법, 증권거래법, 신탁법, 은행법, 보험법 등 수많은 특별법으로 이루어져 있고 또 법률의 형태가 아닌 상관습법이나 국제조약 등 수다한 규범들을 포함하고 있기 때문에 상법학의 연구대상

---

89 한국정신문화연구원(한국학중앙연구원), 『한국민족문화대백과사전』, 웅진출판(1996), 582면.

을 어느 범위로 할 것인가 하는 점이 우선 문제가 된다. 이리하여 상법학자들은 상법이 포괄하고 있는 범위를 획정하기 위하여 법률상의 용어가 아닌 '기업'이라는 경제학상의 개념을 끌어들여 상법의 규제 대상을 기업으로 보고 상법을 기업법이라고 한다. 이러한 설명에 따르면 상법학은 기업에 관한 법을 연구하는 학문이라고 할 수 있다.[90] 단야 선생님은 상법학 전반에 걸친 284편의 논문을 연구 발표하셨고, 그 중에서도 박사학위 논문을 비롯하여 유가증권법(어음·수표법) 분야 논문이 141편에 이르고 있는 것으로 보아 유가증권법 분야에 천착(穿鑿)하였음을 알 수 있다.

서울대 법대 교수와 동국대학교 총장을 지내신 법학계의 초창기 학자인 서돈각(徐燉珏) 선생님은 "서정갑 박사님은 상법을 전공하시는데 특히 어음法·手票法의 權威로 알려져 있음은 다 아는 사실입니다. 1968년 東國大學校에서 받으신 法學博士의 學位論文도 「有價證券法理에 관한 研究－權利外觀理論을 중심으로－」로서 證券法에 관하여 獨步的인 見解를 가지고 여러 면에서 論證하고 있습니다. 주요 논문만 해도 商法全般에 걸쳐 수십 편이 되는데 역시 有價證券 특히 어음法·手票法에 관한 것이 많고 탁월한 것입니다."[91]라며 檀也 선생님의 학문적 업적을 평가하고 있다. 또한 "檀也先生님은 소탈하신

---

90 서헌제, "한국 상법학의 과제와 반성", 『법과사회』 제4호, 창작과비평사(1991), 252면.
91 檀也徐廷甲博士古稀 記念論文集 『商法學의 現代的 課題』, 三英社(1986), 7면, 서돈각 선생님의 賀序 참조.

人品에 항시 겸손한 姿勢로 生活하시기에 同僚들과 스스럼없이 잘 어울리시고, 弟子들의 生活指導에는 仁慈하신 분이지만 그 學問的 指導에서는 엄격하신 분으로 알려져 있습니다."[92]라며 檀也선생님의 인품을 기술하고 있다.

1960년대 초반부터 단야선생님의 동료로서 줄곧 함께 생활해 온 한상범 교수님은 "학문에서 엄격하신 면과 시종 어음法 분야에 파고 드시는 學究의 모습을 보게 되는 것이다. 그런데 한편으로는 학문에 치밀하고 엄격하신 면모만이 아니라 斗酒不辭의 호인을 뵙게 되는 면모가 있다. 강의가 끝나면 동료 교수나 후학들과 어울리셔서 벌어 지는 자리는 그저 술자리가 아니라 축소판 學術세미나의 자리가 되 는 것을 본다. 유머와 위트로 공부하는 것이 무엇인가, 학문하는 길 이 어떠한 것인가 하는 것을 격의 없는 담소로 일깨우시는 檀也선생 의 면모는 우리가 가장 즐거워하는 모습이기도 하다."[93]며 檀也 선생 님을 이야기하고 있다. 한상범 교수님의 글로 보자면, 어찌 보면 檀 也선생님은 소크라테스의 향연(饗宴)을 즐기신 것으로 보인다.

동국대학교 경영대학원에서 발행한 '경영논총'(經營論叢)이 개교 70 주년 기념호로 나왔다. 허위(許衛) 교수의 '産學協同에 대한 제도적 연구' 등 8편의 연구논문과 2편의 석사학위 논문 등 모두 10편의 논

---

92 檀也徐廷甲博士古稀 記念論文集『商法學의 現代的 課題』, 三英社(1986), 8면, 서돈각 선생님의 賀序.

93 檀也徐廷甲博士古稀記念論文集『商法學의 現代的 課題』, 三英社(1986), 11면 한상범 선생님의 發刊辭.

문을 싣고 있다. 여기에 단야 선생님의 "어음 할인(割引)의 법적 성질"의 논문이 수록되어 있다.[94]

단야 선생님의 저서(著書)로는 상법총칙(日新社, 1958), 商行爲法(日新社, 1960), 상법(Ⅰ)(日新社, 1960), 新商法(上)(日新社, 1962) 외 총 16권의 있다.

주요 논문으로는 상법총칙·상행위법 분야 "商法의 民法에 對한 自主性"외 28편의 논문을 발표하였으며, 회사법 분야의 논문으로는 "柱式의 讓渡"외 104편의 논문을 발표했다. 유가증권법 분야의 논문으로는 "어음法上의 利得償還請求權"외 141편의 논문을 발표했고, 海上保險 분야의 논문으로는 "損害保險에 있어서 損害防止義務"외 7편을 발표하는 등 총 284편의 논문을 발표하였다.

(1) 유가증권 법리에 관한 연구

「동대신문」은 〈연구, 그 결실〉시리즈 기사에서 단야 선생님의 유가증권법특수 연구를 "각고(刻苦) 20년, 보람 느껴 유가증권법의 개척자 '유가증권법리의 특수연구' 완성"이라는 타이틀로 다음과 같이 전하고 있다.

---

94 法政大學 學術論文誌인 '법정논총(法政論叢)' 제3집이 법정대학 법정연구소에서 발간되어 각과 소대장을 통해 배부 중이다. 이번 論文集에는 徐廷甲敎授(법과)의 '英國社會法上의 利益配當', 朴昌魯敎授(행정)의 'Problems Water Resources adminstration In the U.S' 등 무게 있는 敎授, 學生論文 11편이 실려 있다(「동대신문」 제707호, 1978년 5월 2일).

"가을이 지닌 그 상미적(象徵的) 의미가 '결실(結實)'의 미(味)에 있어서 가을은 온통 서정갑 교수(法政大·商法 專攻)의 것으로만 생각된다. 가을이 된지도 얼마 되지 않아 주렁주렁 열린 과실(果實)들과도 같은 연구의 결실을 얻는 徐教授. 이미 '商法' '新商法' '新會社法' '新어음수표법' 등 많은 저서를 냈고 일 년 전부터는 아시아재단 연구보조비로 연구를 계속 해온 서교수는 '유가증권상의 권리의 양도'라는 논문을 서울대학교 법학부연구소에서 발간한 '법학'에 발표했고, 박사학위 취득을 목적으로 '有價證券法理의 特殊研究'란 논문을 완성하였다. 20여 년간 자료 부족(도서) 경제난 등 갖은 애로를 극복하고 완성한 이 논문은 우리나라에서 아직까지 이 분야에 대하여서는 손댄 학자가 없었다. 특히 테마가 어려움에도 불구하고 이것을 완성하여 한층 더 연구의 보람을 느끼신다는 것. 황무지(荒蕪地)의 위치에서 벗어나고 있지 못하는 우리나라의 상법학계(商法學界), 그 중에서도 특히 유가증권법(有價證券法) 분야는 서정갑 教授가 명실 공히 선구적(先驅的)이라고 할 수 있다. 우리나라의 법이 다른 나라의 법에 의존하고 있는 것을 시정(是正)하여 우리나라에 알맞은 법을 만들기 위해서는 그 이론적 기초를 굳건히 닦는 게 徐教授의 꿈. 그러기에 徐教授는 여름이 지나고 가을이 되어도 계절의 감각을 모르고 서재에 파묻혀 연구에 몰두하고 있다. 유가증권법분야의 연구에 많은 성과를 거둔 徐教授는 문교부 연구조성비에 의해서 '미국주식회사법'을 지난 여름부터 연구하고 있다. 원래 우리나라의 회사법은 미국회사법의 많은 영향을 받았기 때문에 우리풍토에 적합하지 못하다. 이러한 모순을 수정하기위하여 徐教授는 미국회사법의 연구에 박차를 가하고 있다. 徐교수의 연구가 결실을 맺으면 침체상태에 있는 우리나라의 상법분야에 활기를 불어넣게 될 것이다. 아직도 많은 문제점을 내포하고 있는 우리나라의 회사법은 실증적으로 연구하는 일이라고. 지금까지 연구의 성과에 대한 회의나 허탈감을 느껴보지 못했다는 徐敎授. 그의 필생의 작업은 상법(商法)계통에 있어서도 우리나라의 상법분야 연구이다."[95]

단야(檀也) 선생님의 박사학위 논문인 "유가증권 법리에 관한 연구"의 내용을 당신께서 손수 요약한 내용을 아래와 같이 「동대신문」은 활자화하고 있다.

"본 연구는 자본주의 경제하에 있어서 재산권의 유통에 필요불가결한 유가증권(有價證券) 전반에 관한 법리(法理)를 통일적 체계적으로 해명(解明)하는데 주안점을 둔 것으로서 그 내용을 요약하면 다음과 같다. 자본주의 경제가 발전함에 따라 권리도 하나의 가치물로서 거래의 목적물이 될 수 있어야 함은 자연적 요청이라 할 수 있다. 이러한 요청에 적응하기 위하여는 권리가 안전하고 확실하게 유통할 수 있어야 하고 또 그 권리의 행사가 용이하여야 한다. 그렇게 하기 위하여는 무형의 권리자체를 기준으로 하여 권리관계를 정하지 않고 이 무형의 권리를 유형의 증권 물건에 결합시켜 이 증권에 물권법적 원칙이 적용되도록 하여야 한다. 이와 같이 하여 권리의 유통성(流通性)을 높이기 위한 새로운 법률기술적 제도가 곧 유가증권제도이다. 현대의 자본주의 경제하에 있어서는 이러한 유가증권제도를 이용함으로써

---

95 [연구, 그 결실3] 서정갑 교수, 각고 20년 보람 느껴 유가증권법 개척자; 유가증권법리의 특수연구 완성", 「동대신문」 제367호(1967년 9월 25일).

모든 재산권의 유통을 가능케 하며 따라서 유가증권제도가 현대의 사법체계에 있어서 얼마나 중요한 지위를 차지하고 있는가를 알 수 있다. 그러나 종래 우리나라의 유가증권이론에 관한 학설은 유가증권에 있어서의 권리와 증권과의 결합을 충분히 인식하지 못하고 증권면에 치중하는 입장에서 종래의 사법이론(私法理論)의 제약을 받으면서 유가증권에 약간의 변용을 가하고 있는데 지나지 않았었다. 즉 그것은 새로이 발생한 법률현상을 기존 개념의 범주에서 무리하게 해결하려는 결과로서 끊임없이 발달하는 경제현상의 소산인 유가증권제도를 의연히 '로마'법적 계약의 관념에서 취급하려는데 있었던 것이다. 그리고 우리나라에 있어서의 유가증권에 관한 법규는 민법과 상법에 부분적으로 산재하여 통일되어 있지 못하며 다만 '어음수표법'만이 독립된 법역을 형성하여 통일적인 자족성(自足性)을 실현하고 있을 뿐이다. 따라서 유가증권이론은 사실상 주로 어음법·수표법이론만을 중심으로 하여 전개되고 있을 뿐 유가증권 전반에 걸친 통일적 유가증권이론이 충분히 발달하지 못하고 있는 실정이었다. 그러나 본 연구에 있어서는 권리면보다 증권면에 치중하여 유가증권이론을 구성하여야 한다는 입장에서 증권에 대한 권리(Recht am Papier)로 하여금 증권이 표창하고 권리(Recht aus dem papier)의 소속을 정하는 기준으로 하여야한다는 이른바 소유권리론(所有權利論, Eigentumstheorie)에 입각하여 유가증권 전반에 관하여 통일적인 유가증권이론을 전개하였고 또 유통을 사명으로 하고 있는 유가증권의 법리의 해명에 있어서 독일에 있어서 지배적 학설인 권리외관이론(權利外觀論, Rechts schein Theorie)에 입각하고 있으며 이 이론만이 유가증권제를 가장 간명(簡明)하게 해결할 수 있다 생각하여 이 이론을 도입하여 우리나라의 유가증권법리의 해명을 기도하였다. 다음에서는 이 소유권리론(所有權利論)과 권리외관이론에 입각하고 있는 본 논문의 요지를 소개하기로 한다. 본 논문에서는 유가증권의 개념을 새로운 각도에서 정립하였다. 종래 우리나라에 있어서의 유가증권의 개념에 관한 학설을 보면 유가증권이란 권리의 발생·이전·행사의 전부 또는 일부에 증권이 필요한 것이라고 정의하고 있다. 이 설에 의하면 권리의 발생에만 증권이 필요하고 권리의 이전내지 행사에는 증권이 필요하지 않은 것도 유가증권으로 인정되어 그 개념이 모호하였다. 그러나 본 논문에 있어서는 유가증권의 개념을 한정하는 기준을 증권이 권리의 행사와 권리의 취득에 대하여 가지는 의의(意義)에 두는 방법을 취하는 한편 유가증권을 두 가지로 구분하여 증권에 대한 소득권(所得權)을 취득하여야 증권상의 권리를 취득할 수 있고 증권을 소지하여야 권리를 행사할 수 있는 증권을 좁은 의의(意義)의 유가증권이라 하고 권리의 행사에만 증권이 필요한 것을 넓은 의의(意義)의 유가증권으로 하여 전자에는 무기명증권(無記名證券)과 지시증권(指示證券)을 포함시켰다. 그리하여 좁은 의의(意義)의 유가증권과 넓은 의의(意義)의 유가증권이 구별되는 근거를 전자에 있어서는 증권상의 권리를 증권에 대한 권리에 따르고 (Recht aus dem Papier dem Recht am Papier folgt) 후자에 있어서는 증권에 대한 권리는 증권상의 권리에 따른다(Recht am Papier aus dem Papier folgt)는 증권상의 권리와 증권에 대한 권리를 동일인에 귀속시키는 방법의 차이에 구하였다. 이렇게 함으로써 종래 기명증권(記名證券)을 유가증권으로 인정할 것인가에 관하여 불명확 하였던 것을 기명증권도 유가증권으로 인정할 수 있도록 하였다. 본 논문에 있어서 유가증권이 권리 자체를 유통시키는 경우에 비하여 증권에 의하여 야기되는 권리 외관이 유가증권에 관계되는 권리취득자·증권소지인가권자(證券所持認可權者)를 위하여 어떠한 법률적 기능을 하고 있는가를 고찰하였으며 이것은 유가증권법리를 이해하는 데 있어서 가장 핵심이 되는 것이라 할 수 있다. 유가증권이론 중 가장 어려운 문제 중의 하나인 유가증권상의 권리와 그 원인관계에 관하여 유가증권을 유인증권(有因證券)·무인증권(無因證券)·문언증권(文言證券)으로 나누어 이를 유가증권에 있어서 표창(表彰)된 권리가 기초가 되는 원인관계에 의하여 어떠한 영향을 받는가를 고찰하였다. …중략… 유가증권상의 권리의 성립에 관하여는 많은 학설이 대립하고 있는데 본 논문에서는 교부계약(交付契約)을 원칙으로 한 권리외관이론(權利外觀論)에 입각하여 이 문제를 해명하였으며 특히 증권교부의 흠결에 관하여 선의자 보호(善意者 保護)의 주관적 요건과 귀책사유를 논술하였다. 유가증권상의 권리의 양도에 관하여 기명증권 상의 권리는 그 권리자체에 대하여 표준이 되는 양도의 방식에 의하여 양도할 수 있고 또 기명증권에 있어서는 증권에 대한 권리는 증권 상의 권리에 따름으로 증권상의 권리를 취득한자는 증권에 대한 권리도 취득하게 되며 따라서 양도인은 양수인에게 증권을 교부하여야 한다는 점을 논의하였고 또 지시증권의 양도방법인 배서(背書)에 관하여 그 개념을 정립하였으며 배서인(背書人)의 권리 이전적 효력에서는 배서인의 권리의 재취득에 관하여 종래의 학설과는 다른 이론을 전개하였다. 배서의 연속여부를 판단하는 전제로서 일자·장소 이외에 명칭적 순위도 그 기준이 된다는 점과 배서인과 직전배서의 피배서인과의 동일성은 반드시 증권과 배서만이 결정적인 해결을 할 수 있는 것은 아니고 증권외에서도 특별히 조사하여야 한다는 점을 강조하였다. 끝으로 선의취득에 관하여 본 논문에서는 그 근거 선의에 의하여 치료되는 하자의 범위, 채무의 성립과 선의취득에 관하여 종래의 학설과는 달리 소유권이론과 권리외관이론에 입각하여 해명하였으며 특히 선의에 의하여 치료되는 하자의 범위를 무권리에만 한정하였다."[96]

(2) 단야 선생님이 본 「상법과 종업원 지주제도」

자본주의가 고도화된 선진국에서는 일찍이 기업의 경영이 소유주인 주주로부터 경영자에게 이전되었고(경영자 지배) 현재는 여기에서 한걸음 더 나아가 기업에 종사하고 있는 노동자들에게 기업경영에의 참여를 보장하는 노동자의 경영참가를 이루어가고 있다. 이에 따라 자본가들만에 의한 자본민주주의에서 자본과 노동이 함께 참여하는 기업민주주의로의 전환을 이루어가고 있다. 노동자들의 경영참가라 함은 기업경영상의 여러 가지 문제에 관한 의사결정 및 운영에 노동자 또는 노동조합의 의견을 반영시키는 것이라 할 수 있는데 그 형태는 각국의 사회윤리와 정책에 따라 여러 가지로 나타나고 있다. 넓은 의미에서의 경영참가는 소유참가(예, 종업원지주제), 성과참가(예, 분배보너스) 그리고 의사경영참가를 다 포함하지만 진정한 의미에서의 경영참가는 의사결정참가만을 의미한다.[97]

단야 선생님은 "종업원 지주제도(employees stock ownership)라 함

---

96 서정갑, "유가증권 법리에 관한 연구", 「동대신문」 제382호(1968년 3월 18일).
97 서헌제, 앞의 논문, 258-259면.

은 종업원이 자기회사의 주식을 취득하는 경우에 회사측이 각종의 계획을 설정하여 특별한 편의주식취득금의 일부 부담, 그 취득에 요하는 비용의 부담, 적립(積立) 방식 등에 의한 대금지급의 편의 등을 제공함으로써 그 주식취득을 촉진하고자 하는 제도를 말한다. 일반적으로 이 제도의 효용으로서는 노사협조책(勞使協調策), 노동의욕(勞動意慾)의 증진, 노동자의 이동방지, 장기안정 주주(株主)의 확보, 주가의 안정, 기업자금조달의 편의 등 여러 가지를 들 수 있으나 그 중에서 중요한 것은 노동대책과 주주(株主)의 안정화(安定化)라 할 수 있다. 이 제도는 미국에서 1809년에 처음으로 시작되었으며 그 후 세계 각국에 전파되어 최근에 와서 우리나라에서 이 제도에 대하여 많이 논의되어왔고 또 많아져가고 있다. 다만 법률상 종업원지주제도에 관한 규정이 없기 때문에 그 운영에는 현행법의 제약을 받지 않을 수 없게 되어 여러 가지 문제점을 남기고 있다."[98]며 "從業員 持株制度와 商法−法律上의 基盤確立 시급"이라는 글에서 종업원지주제도의 상법상의 문제점을 검토하고 있다.

"종업원지주 제도를 운영하는데 있어서 첫째로 문제되는 것은 종업원에 취득시킬 주식의 공급원을 어디에서 구할 것인가이다. 이것은 신주(新株)와 기발행 주식의 두 가지로 대별할 수 있다. 먼저 신주에 관하여보면 종업원에 대한 신주 인수권 부여(제3자 배정) 실권주 또는 공모주에 대한 우선응모권

---

98 서정갑, "[學界의 焦點] 從業員 持株制度와 商法−法律上의 基盤確立 시급", 「동대신문」 제596호(1974년 11월 5일).

의 부여 등을 생각할 수 있다. 이중에서 종업원에 대한 신주인수권에 관하여 보면 우리나라 상법에서는 회사성립 후에 발행하는 신주에 대하여는 종래의 주주가 당연히 인수권을 가지며 제3자가 신주인수권을 갖기 위하여는 특별히 정관에 정하여야 한다(상법 418조). 따라서 종업원에 신주를 취득할 수 있게 하기 위하여는 주주총회의 특별결의를 거쳐 정관에 종업원에 대한 신주인수권 부여에 관하여 규정하여야 한다. 만약 주주총회에서 종업원에 신주인수권을 부여하지 않기로 부결된 경우에는 결국 이 방법에 의하여 종업원에 주식을 취득케 할 수 없게 된다. 다음에 기발행 주식에 관하여보면 자사주(自社株) 또는 관계회사 등의 지주의 분양 또는 시장에서의 취득용을 생각할 수 있다. 이중 자사주에 관하여는 상법은 원칙으로 그 취득을 금하고 다만 예외로 일정한 경우 그 취득을 인정하고 있다(상법 341조). 따라서 합병으로 인하여 자사주를 취득하게 되는 특수한 경우 등을 제외하고는 거의 이용할 수 있는 여지가 없다. 관계회사의 지주를 이용하는 경우를 생각할 수 있는데 모회사가 관계회사의 주식을 상당부분 보유하고 있는 경우에는 자기주식 취득의 탈법행위로서 규제를 받지 않는가의 의문이 생긴다. 자회사(子會社) 내지 관계회사도 독립한 법인격을 가지고 있는 이상 주식을 보유하고 있는 관계만으로 자기주식취득의 금지에 저촉된다고는 볼 수 없고 자본참가의 비율, 이사의 겸임, 손익면의 일체성의 유무등을 참작하여 결정하여야 할 것이다. 끝으로 시장에서 취득하는 경우에 관하여보면 이 경우에는 종업원의 희망에 따라서 증권회사를 통하여 매입하는 것이므로 설령 회사가 종업원의 주문을 받아 자사의 명의로 일괄발주를 한다하더라도 회사는 위탁매매인에 유사한 입장에 있다 할 수 있으므로 자기주식취득의 금지에 저촉된다고는 볼 수 없다. ······중략······ 종업원지주제도를 안정주주의 확보책으로 이용하는 경우에는 참가자 지주의 양도를 제한할 필요가 있다. 상법 제335조 1항에 의하면 주식의 양도는 정관에 의하여서도 이를 금지하거나 제한하지 못한다. 따라서 종업원의 지주의 양도를 정관으로 금지하거나 제한하지 못한다. 그러나 사계약(私契約)에 의하여 양도를 제한하는 것은 가능하다. 즉 회사와 종업원 또는 그 단체간의 계약에 의하여 양도를 제한하거나 양도를 희망하는 자(者)로부터 종업원단체가 지주(持株)를 매수하는 등의 방법을 들 수 있다. 또 종업원의 지주를 회사가 보관함으로써 사실상의 양도제한을 하는 방법도 생각할 수 있다. 회사가 주권(株券)을 보관하는 경우는 자기주식의 취득 또는 입질(入質)의 금지에도 저촉되지 않으므로 구입대금을 대부한 경우 등에 있어서 사실상의 담보로서 주권을 확보하여두는 방법으로서도 이용할 수 있다. 종업원 지주제도를 추진하여 나가는데 있어서는 현행상법상 여러 가지 난점이 있다. 미국에서는 일찍부터 각 주법이 일정범위 내에서 금고주(金庫株, Treasury Stock)로서 자기주식(自己株式)의 취득을 인정하고 있고 또 종업원에 주식 우선구입권을 부여하고 있다. 최근에는 구주(歐洲)에서도 종업원지주제를 추진하기 위하여 자본의 10%이내에서 자기주식의 취득을 인정하였고 종업원의 이익참가 또는 종업원에 대한 이익분배의 수단으로서 신주(新株)를 사실상 무가(無價)로 공여하고 있다. 우리나라에서도 이 종업원 지주제도를 촉진하기 위하여는 세법을 포함한 법률상의 기반을 확립하는 것이 시급한 과제라 할 수 있다."[99]

---

99 서정갑, "[學界의 焦點] 從業員 持株制度와 商法─法律上의 基盤確立 시급", 「동대신문」 제596호(1974년 11월 5일).

라며 상법과 종업원 지주제도 도입의 문제점과 입법조치를 논구(論究)하면서 종업원지주제도 도입의 법률적 기반 확립을 주장하고 있다.

(3) "株式會社 최저 資本額의 法定- 資本은 會社信用 기준"

"주식회사에 있어서는 주주(株主)유한책임의 원칙상 주주는 회사채권자에 대하여는 직접 아무런 책임을 지지 않으므로 회사채권자에 대한 변제(辨濟)의 담보가 되는 재산은 회사재산뿐이라 할 수 있다. 따라서 회사채권자를 보호하고 회사의 신용을 유지하기 위하여는 회사의 재산을 견실(堅實)하게 확보할 필요가 있다. 이러한 필요에서 회사가 보유하여야 할 일정금액을 '자본(資本)'이라 한다.……중략……상법은 회사가 존속하고 있는 동안 항상 이 자본액에 담당한 현실의 재산을 보유하도록 노력하고 있는 것이다. 주식회사에 있어서 자본을 중요시하는 이유도 여기에 있으며 이러한 점에서 자본은 회사채권자(會社債權者)에 대한 최소한도의 담보액이 되며 또 회사의 신용을 알 수 있는 기준도 되는 것이다. 주식회사의 자본액(資本額)에 관하여는 현행법상 일반적으로 그 최대한은 물론 최저한에 관하여도 특별한 제한은 없다. 주식회사는 대기업경영에 적합한 기업형태라 할 수 있으므로 법이 자본액의 최대한을 법정(法定)하지 않은 것은 타당하다 할 수 있다. 자본액의 최저한에 관하여는 특정기업의 안전을 기도하는 것이 공공의 복지를 위하여 필요한 점을 고려하여 특정종류의 기업, 예컨대 은행업ㆍ신탁업ㆍ보험업ㆍ증권업 등에 관하여는 특별법으로 자본액의 최저한을 정하고 있으나 모든 주식회사에 공통한 일반적 제한은 없다. …중략…현재 우리나라에 있어서 주식회사의 최저자본액을 법정하고 있지 않기 때문에 소자본을 가진 군소주식회사가 남설(濫設)되어 사회에 많은 해독을 끼치고 있음은 주지의 사실이다. 따라서 입법론으로는 주식회사의 최저자본액(最低資本額)을 상당한 고액으로 정하는 것은 시급한 문제라 하지 않을 수 없다. 중소기업 경영에 적합한 기업형태인 유한회사에 관하여도 법은 그 최저자본액을 10만 원 이상으로 정하고 있으므로(상법 546조 1항) 그 이하의 소자본을 가지는 주식회사를 인정하는 것은 균형을 잃고 있다 할 수 있다. 주주(株主)의 유한책임(有限責任)은 기업의 소유와 경영이 분리되어 있는 주식회사에 있어서 주주(株主)로 하여금 안심하고 출자(出資)를 하게 함으로써 대자본의 집중을 용이하게 하자는 데서 무한책임에 대한 예외로서 인정한 제도이다. 그러나 이러한 주주 유한책임의 제도는 주식회사의 최저자본액이 법정(法定)되어있지 않기 때문에 근소한 자본을 가진 개인 기업이 주식회사 형태를 이용함으로써 악용되고 있다. 개인기업의 경우에는 기업주는 무한책임을 지는 것이 원칙인데 개인이 그 영업을 현물출자(現物出資)하여 주식회사를 설립하는 경우에는 회사재산만으로 기업상의 책임을 지는 결과 유한책임을 지는 개인 기업을 인정하는 것이 된다. 더욱이 주식회사의 명의로 다액의 채무를 진 후, 이에 대한 책임을 빈약한 자본을 가진 회사에 미루고 주주가 책임을 면탈하게 된다면 이러한 주식회사를 상대로 거래한 제3자는 막대한 손해를 보아도 구제할 방법이 없다. ……중략…… 주식회사의 최저자본액을 법정(法定)할 필요는 주식회사의 회계감시의 문제와도 중요한 관련이 있다. 신상법(新商法)은 미국 법에 따라 새로 이사회제도를 채택한 결과 업무 상황을 잘 알고 있는 이사회로 하여금 업무감시의 기능을 담당케 하자는 데서 감사의 권한에서 업무감사의 권한을 제지하여 감사를 오로지 회계감사의 권한만을 가지는 기관으로 하였다(상법 제412조 제1항). 그러나 회계감사에 관한 전문적 지식 경험을 갖지 않은 감사가 복잡하고 기술적인 기업회계의 감사임무를 다 할 수 있을 것인가는 의문이다. 따라서 회계감사의 공정을 기하기 위하여는 전문적 지식과 경험을 가진 공인회계사(公認會計士)에 의한 회계감사를 받도록 할 필요가 있다. 회계감사에 관한 외국의 입법례를 보더라도 영국 법에서는 계산의 부정만을 감사하는 회계감사(Auditiors)라는 기관이 인정되고 있으며 그 자격을 공인회계사에 한정하고 있다. ……중략…… 신상법은 전술한 바와 같이 업무감사권을 이사회에 이양하고 감사에게는 회계감사권만을 인정하고 있으나 이사회라는 하나의 기관으로 하여금 사무집행의 결정과 사무집행의 감사를 담당케 하는 제도는 정실(情實)등으로 인하여 공정한 감사(監査)를 기대하기는 어렵다 할 수 있다. 또 전문적 지식을 갖지 않은 감사로 하여금 회계감사(會計監査)를 시키는 것도 회계감사를 유명무실화할 염려가 있다. 따라서 입법론으로는 사무감사기관을 별도로 두는 것이 적당하며 이러한 이유에서 독일법에 있어서와 같이 감사(監事)에 사무감사권(事務監査權)과 회계감사권(會計監査權)을 인정하는 한편 주식회사의 최저자본액을 담당한 고액으로 법정하여 이 최저자본액이상을 가진 주식회사에 대하여는 공인회계사(公認會計士)에 의한 외부감사를 강제하는 제도를 채택할 것을 주장한다."[100]

---

100 서정갑, "株式會社 최저 資本額의 法定 – 資本은 會社信用 기준", 「동대신문」 제481호 (1971년 4월 26일).

2. 대학구성원으로 본 대학

(1) 단야 선생님이 본 「대학자치」

플라톤은 아테네 교외에 있는 올리브 숲에 아카데미 메이아 (Academeia)라고 하는 학교를 세우고 기원전 347년 죽을 때까지 40여 년의 여생을 육영(育英)에 바쳤다. 유럽 대학의 기원이 된 이 아카데미는 529년 로마 황제 유스티니아누스(Justinianus)1세에 의해서 강제로 폐쇄되었다.[101] 대학의 생명은 자치(自治)에 있다. 정부나 권력의 지시나 종속은 대학으로서의 존재가치를 상실하는 것이다. 대학자치(大學自治)란 대학 본연의 임무(연구와 교육)를 달성하는데 필요한 사항은 가급적 자치 내지 자율을 존중하여야 한다는 의미이다. 우리 헌법은 제31조 제4항에서 「… 대학의 자율성은 법률이 정하는 바에 의하여 보장된다」고 하여 우리나라의 헌법사상 최초로 헌법의 차원에서 대학의 자율성 내지 대학의 자치제(自治制)를 보장하는 조항을 신설하였다. 대학자치의 주체가 누구냐에 대해서는 교수 기타 연구자의 조직이라는 견해와 학생을 포함한 대학의 모든 구성자라는 견해가 대립되고 있다. 학생들의 자치활동에 대해서는 학생회가 그 주체가 되어야 할 것이나 대학자치의 주체는 교수 등 연구자라 봄이 타당하다고 본다. 대학자치는 ① 인사에 관한 자주결정권, ② 대학의 관리

---

101 김삼웅, 『위대한 아웃 사이더-세상을 바꾼 지식인 70인의 수난과 저항』, 사람과 사람 (2002), 38면.

및 운영에 관한 자주결정권, ③ 학사관리에 관한 자주결정권을 그 주된 내용으로 한다. 대학내에서의 경찰권의 행사에 관하여 대학 스스로가 자주적인 가택권과 질서유지권 및 징계권을 갖는 것이 자유롭고 창조적인 연구와 교육활동을 위해서 바람직하다. 따라서 대학 내에서 문제가 발생한 경우에는 원칙적으로 대학이 연구와 교육의 차원에서 스스로 그에 대처하여야 하고 만일 대학이 가지는 능력의 한계를 벗어나는 것이라고 판단될 경우에 비로소 경찰권이 개입하여야 할 것이다. 물론 이때의 판단은 대학측에 우선권을 부여하여야 할 것이다.[102]

단야 선생님의 대학자치론을 정리하다 보니, 동국 법학자의 한사람인 義堂 장경학 선생님께서는 1950년 중반부터 대학자치를 주장하였다는 사실을 확인할 수 있다. 서울대학교 교수민주화운동 50년사 발간위원회가 펴낸《서울대학교 교수민주화운동 50년사》를 보면, 義堂선생님이 대학자치를 강하게 주장하고 있다는 것을 아래와 같이 기술하고 있다.·

1953년에 제정된 '교육공무원법'이 교수들의 신분을 보장하고 교수들의 대학운영에의 참여를 일부 보장하고 있었지만, 그것은 한편으로는 형식적인 것에 지나지 않았다. 아직도 교수들은 자유로운 학문탐구를 보장받을 수 있는 상황이 아니었다. 그러나 1950년대 중반

---

102 이철호 외, 『헌법강의』, 21세기사(2014), 152면.

을 거치면서 미네소타 계획에 의한 교육 내용 전반의 조정, 그리고 그간의 교육을 통한 교원 양성 등에서 상당한 진전이 있게 되면서 대학자치를 위한 논의가 교수들 사이에서 조심스럽게 나오기 시작하였다. 한 대학 교수는 1955년 「사상계」에 실린 글을 통해[103] 한국사회에서의 대학은 "정치적인 지배를 감수할 수밖에 없는" 상황임을 전제하면서도 "자치가 허용되지 못하는 날 대학은 사멸을 고하는 장사날이 될 것이다"라고 주장하면서 '대학자치'의 중요성을 강변하였다. 그는 대학의 시초였던 '우니베르시타스'가 '조합'의 성격을 가지는 것으로 '자유스러운 개인들의 자치의사를 모태'로 하여 이루어진 조직임을 강조하였다. 이러한 구성원이 중심이 된 자치가 보장되지 않을 때 학문의 장으로서의 대학은 사명을 다할 수 없다는 것이다. 그는 당시의 대학 실정에 대해, "아마 면사무소나 군청이나 마찬가지의 행정관청의 일단위에 지나지 않는 감을 느끼게 한다"라고 하면서 대학운영의 변화를 촉구하였다.[104]

단야 선생님은 "구주의 대학자치 연혁"이라는 글에서 대학자치를 다음과 같이 조망하고 있다. "대학의 자치·학원(學園)의 자유는 오랜 역사를 가지고 있다. 따라서 그 내용도 시대가 흐름에 따라 많은 변화를 하고 있다. 이 문제는 또 대학제도 그 자체의 역사와도 관련을

---

103 장경학, 〈대학의 사명〉, 『사상계』 1955년 6월호.
104 서울대학교 교수민주화운동 50년사 발간위원회, 『서울대학교 교수민주화운동 50년
　　사』, 서울대학교 출판부(1997), 23면.

가지고 있다. 구주(歐洲)에 있어서의 대학은 이태리와 불란서에서 처음으로 생겼다고 한다. 이태리에 있어서 최고(最古)의 대학은 '보로니아'와 '사레투노'대학이고, 불란서에 있어서의 최고(最古)의 대학은 '파리'대학이라고 한다. 이들 대학이 어느 때에 창립되었는가 정확히 알 수 없으나 대략 12세기경이라고 한다. 초기의 대학은 대학이라고는 하지만 오늘날의 대학과는 다른 점이 많았었다.[105] 즉 초기의 대학은 '플라톤'의 '아카데미'와 같이 학생들과 교사들로 구성된 '사적(私的)인 단체(團體)'에서 성장하여 온 것으로서 중세의 동업조합적(同業組合的)인 성격을 강하게 띠고 있었다. 또 대학의 명성은 때로는 거기에서 가르치는 교사의 학식과 인격에 달려 있기 때문에 학생은 저명한 학자에게로 몰려오는 일이 있었고 또 이 대학에서 저 대학으로 전전하는 경향이 있었다. 다른 중요한 단체와 동업조합(同業組合)에 있어서와 같이 대학에도 여러 가지 '특권'이 부여되고 있다. '보토니아'에서는 1158년에 '프리드리히1세'로부터 법과(法科)의 학생에게 '특별의 보호'와 '일반재판권의 적용면제'의 특권이 부여되었다. 그 후 다시 '병역면제' '식량·주류의 관세면제' 등의 특권이 부가되었으며 다른 지방의 대학에 있어서도 대략 같았었다. 당시의 '대학의 자치' '학원(學園)의 자유'의 중핵을 이루고 있었던 것은 대학에 독자적인 재판권이 인정되어 있었다는 이른바 치외법권적(治外法權的)인 성격이었다고 할 수 있다. 'Libertas Scholastlca'라는 말은 이미 1233년에 '쓰으루우즈'

---

105 대학 성립의 역사적 배경이나 볼로냐 대학, 파리대학 등에 대해서는 이광주, 『大學史』, 민음사(1997) 참조.

의 대학에서 사용하고 있었으나 연구의 자유, 교수(敎授)하는 자유를 내용으로 하는 '학원의 자유'의 개념은 훨씬 후세에 생긴 것이다.……중략……휴머니즘이 '인간의 가치'를 재발견하여 진정한 인간교육을 위하여 진력했는데도 불구하고 대학에는 큰 진보도 없고 자치·자유의 개념도 새로운 내용을 갖지 못하게 된 것은 어떠한 이유일까. 대학의 사명, 대학교육의 내용은 대학이 성립한 초기부터 '권위로 인정되어있는 지식, 학설을 강술하는'데 있었으며 독창적인 연구와 새로운 인식의 발견에 있었던 것은 아니었다. '르네상스'를 경과하여도 그 본질에 변화가 없고 교수는 강의를 하는데 있어서도 권위가 있다고 인정되는 교과서를 기초로 하여야 하였다. 이와 같이 오늘날 우리들이 생각하고 있는 'Akadische Freiheit'–연구·교수·배움의 자유를 중핵(中核)으로 한 학원(學園)의 자유의 개념은 아직 생겨날 기반을 갖지 못하였었다. 근대에 접어들었다고는 하지만 1520년부터 1750년의 대학은 19세기 이후의 근대의 대학과는 아주 달랐으며 대학에 관한 한 '중세'는 18세기의 계몽운동에 의하여 비로소 그 종말을 고하게 되었다. 1690년에 위험사상가라 하여 '라이프치히'대학에서 추방된 '크리스티안 토마지우스'(1655~1728년)는 1694년에 창립된 '하레'대학의 창건에 참여하였고 또 1706년에 계몽기의 대표적 학자로 불리었던 '크리스티안 우올후'(1679~1759년)가 수학교수로서 '하레'대학에 부임함으로써 '하레'대학은 최초의 '근대적 대학'이 되었으며, 18세기를 통하여 지도적 역할을 하였다. 1734년에 창립된 '겟딩겐'대학도 18세기 중엽에는 '하레'대학의 경쟁 상대로서 새 시대를 개척했고 1710년 이후는 '라이프치히'대학도 계몽사상을 받아들이게 되었다. 이들 근대적 대학의 사명은 교회에 의하여 공인된 학설을 조술(祖述)하는데 있는 것이 아니고 '독자의 연구'에 의하여 보편타당적인 진리를 발견하는데 있었다. 단순한 '권위'가 진리의 표식이 되는 것은 아니었다. 이와 같이하여 '하레'대학에 있어서는 '자유로운 연구야 말로 대학의 근본 원칙이다'라는 선언이 있게 되었다. 그리고 이 원리는 점차 다른 대학에도 영향을 미쳐 1910년에 창립된 '베를린'대학에 있어서 훌륭한 성과를 거두었다.[106] '베를린'대학에 있어서는 1807년에서 1809년 간에 걸쳐 '휘히데'·'쉬에링'·'슈라이엘마하'·'스데후엔스'·'훔볼트' 등 역사에 이름을 남겨 놓고 있는 위대한 학자·사상가가 각자 '대학론(大學論)'을 전개하고 있는 것은 참으로 장관이라 할 수 있다. 새로 창립된 대학은 '자유로운 학문적 연구'의 장소로서 생각하게 되었다. 전술한 바와 같이 '하레' '겟딩겐'의 대학창립 시에도 '독자의 연구'와 '교육·교수의 자유'가 기본이 되고 있었으나 양대학은 그 이외에 '고등교육기관'으로서의 성격을 강하게 나타내고 있었다. '베를린'대학 창립 당시에는 교육기관으로서의 사명 이외에 특히 대학은 '연구기관'이어야 한다는 점이 강조되고 있었다. 그리고 학문적 연구는 "완전한 자유"하에서만 가능하다는 이유에서 국가는 교육·연구의 내용에 간섭하는 것을 피하여야 한다는 주목할 만한 견해가 표명되고 있었다. '훔볼트'는 1910년의 '메모란담'에서 "국가는 대학을 고·중학

---

106 베를린 대학의 창립 배경에 대해서는 이광주, 위의 책, 369면 이하 참조.

교나 전문학교와 같이 취급하여서는 아니 된다. 국가는 직접관계가 있는 사항 이외에는 아무것도 대학에 요구하여서는 아니 된다. 오히려 국가는 대학이 그 최종 목적을 달한다면 그것은 국가의 목적을 보다 높은 견지에서 만족시키는 것이 된다는 확신을 갖도록 하여야 한다"고 말하고 있다. '휘히테'나 '슈라이엘마하'나 다 같이 대학을 연구와 교육과의 양면을 겸한 기관으로 생각하였다. 그리고 교육기관으로서의 면을 문제로 삼는 경우에도 단순히 기성지식이론을 전달하는 장소로서가 아니라 "자력(自力)으로 연구할 수 있는 능력을 양성하는" 장소 또는 "연구하는 것을 배우는" "배우는 것을 배우는" 장소를 대학으로 생각하고 있었다. ……중략……진리에 봉사할 수 있을 만큼 충분히 강력하지 못한 자(者), 또 탐구와 자기발전의 계율을 지킬 수 없는 자, 중대한 책임과 결부되어있는 자유를 최후까지 수호할 수 있는 힘을 갖지 못한 자는 학원(學園)의 시민이 될 수 있는 자격이 없다. 19세기 초엽 이후 오늘날까지 계속하고 있는 '학원의 자유'의 개념은 연구·발표의 자유, 교수의 자유, 배우는 자유 등 세 가지가 기본이 되고 있으며 그 중에서 연구의 자유는 주로 교사(敎師)에 관한 것이다. 이 이외에 개인생활의 자유를 첨가하여 네 가지 자유를 그 내용으로 하고 있다. 그리고 동시에 '어디까지나 진리를 탐구한다'는 대학 본래의 사명에 봉사하여야 한다는 강한 도덕적 책임을 모든 대학인에게 과하고 있다. 이 자유의 개념에는 이른바 '치외법권적'인 내용은 포함되어 있지 않으나 대학이 그 사명을 달성하고 대학인이 그 책임을 다할 수 있기 위하여는 대학의 자치가 존중되어야 하고 대학이 자주적으로 관리·운영되어야 한다는 점이 강조되고 있다."[107]

교육당국을 위시한 정부는 학령인구 감소를 앞세워 대학구조개혁이라는 이름아래 정원감축과 재정지원을 통하여 대학을 통제하기 시작했다. 이로 인해 학문은 위기를 넘어 고사(枯死) 직전이며, 대학의 자치권·자율권은 급속히 약화되고 있는 실정이다.

대학들이 재정을 국고에 의존하는 정도가 커지면서 대학의 자치가 크게 위축되고 있는 것이다. 재정자립도가 열악한 국내 대학의 경우 그 정도가 더욱 심해서 국립대는 물론 사립대에 대한 국가의 통제도 커지고 있다. 국가가 시민의 세금을 대학 통제 수단으로 활용하고, 교육부 간부가 대학을 퇴임 후 안식처로 여기는 현상까지 나타나고 있다.[108] [109] 대학과 학문이 국가와 자본에 통제당하고 종속되어 가

---

107 서정갑, "구주의 대학자치 연혁- 초기 재판권 가지고 자율적 운영 현대 연구·교수 배움의 자유", 「동대신문」 제409호(1968년 11월 28일).

108 [餘滴]한국대학의 위기, 「경향신문」 2016년 8월 2일, 26면.

109 대학의 자치는 대학을 대표하는 총장의 리더십과 의지가 매우 중요하다고 본다. 이와 관련한 일화로서 오래 전 자료이지만 한번 음미할 필요가 있다 할 것이다. 1970년대 동아일보에 실린 기사이다. "東國大 法政大의 韓相範 교수는 최근 大學總長과 교수와의 「미묘한 관계」에 대한 言及. 京都대학 民法담당의 「오까무라」(岡村)교수가 어느 날 강의중에 총장이 교실에 들어온 것을 보고 『오늘은 방해자가 교실에 들어왔으므로 강의는 이것으로 그칩니다. 그러나 아직 시간이 있으므로 대학의 총장이란 어떻게 처신해야 하는가에 관해서 평소의 지론을 말하겠읍니다』라고 말해 總長을 쫓아낸 事例를 들었다. 총장하면 독일에서는 아카데미의 심볼로 보고 미국에서는 관리자로 처신하는데 우리나라 大學의 총장은 경영자라할지 학자라할지 아무튼총장이 관청의 上司같은 인상을 풍기는 것을 교수들은 좋아하지 않는다고"(學者도 管理者도 아닌 韓國總長의 地位 미묘, 「동아일보」1970.5.29, 5면).

고 있다.

1960년대 후반 단야 선생님께서 조망한 유럽의 대학자치를 다룬 글을 읽다보니 오늘날 구조조정 등 격동기를 보내는 우리 대학들을 보면서 정부교육당국의 획일적 기준에 따라 순응하고, 신자유주의 사조에 의해 이른바 문사철(文史哲)로 대표되는 인문학을 외면하는 대학 분위기에 우리가 곰곰이 음미해야 될 글이다.[110] 단야 선생님께서 발표한 지 반세기가 되어가는 시점이지만 여전히 참고할 만한 글이다.

(2) 단야 선생님이 본 "대학도서관"

모교의 중앙도서관은 '정보의 숲, 미래의 빛'을 모토로 글로벌 지식사회의 미래가치를 선도할 창의적인 인재 양성과 학문연구를 지원하고 있다. 나아가 불교정신을 토대로 이상세계를 구현하고자 하는 건학이념의 실현을 위한 지성의 전당(殿堂)으로서 역할을 착실히 수행하고 있다.

필자가 대학과 대학원 재학 중에는 중앙도서관의 위치는 지금의 불교대학과 법과대학이 자리 잡고 있는 건물이었다. 도서관에 출입하며 다양한 책을 읽었고, 대학 4학년 때는 당시 에이즈(Acquired Immune Deficiency Symdrome)에 관한 논문을 준비하며 서고(書庫)를

---

110 대학과 학문이 국가와 자본에 통제·종속되어 가는 것을 비판한 책도 있다. 강명관, 『침묵의 공장』, 천년의상상(2013) 참조.

수시로 드나들었다.[111]

도서관은 지식에 목마른 사람들에게 샘물과 같다. 한상범 교수
는 한국전쟁 후 대학도서관에서 생활을 다음과 같이 회고하고 있다.
"6·25전쟁의 폐허 위에서 다시 공부를 할 수 있게 된 1955년이라고
기억된다. 당시에 「볼테르」「루소」「하이네」「마르크스」및「라스키」에
미치다시피 됐던 나는 법률학의 수강보다는 도서관에서 살았다. 점
심은 대게 거르고 혹은 용돈이 있는 학우들로부터 얻어먹는 처지였
다. 배가 고프니 점심을 사라고 하기가 쑥스러워서 막걸리 한잔을 사
라고 했는데, 운이 좋은 때는 대낮부터 얼굴이 빨개져 있었다. 그래
서 도서관 직원들이 대낮부터 술을 먹는 도서관애용자를 딱하게 쳐
다보는 눈초리를 피부로 느끼기도 했다. 그렇다고 변명을 할 수도 없
는 일이었다."[112]

앞서 이야기 했듯이 단야 선생님이 대학 재직 중에 맡은 유일무이
(唯一無二)한 보직이 도서관장이다. 단야 선생님은 '도서관유감'이라는
글에서, "내가 도서관장(圖書館長)이라는 보직(補職)을 맡은 뒤 어언

---

111 필자가 서고를 드나든 보람은 제16회 전국대학생학술연구논문발표대회(韓國學術振
興財團)에서 "AIDS法理에 관한 研究"라는 논문으로 최우수상(교육부장관상)을 수상
하는 기쁨을 맛보았다. 장학금과 부상으로 유럽(러시아, 독일, 프랑스 영국 등)을 여
행하는 특전(特典)도 누렸다. 교내에서는 앞의 논문에서 논문 분량 상 다룰 수 없었
던 輸血과 낙태문제를 정리하여 동대신문사가 주최하는 제29회 학술상에 "AIDS법리
에 관한 소고─輸血과 落胎問題를 중심으로"라는 논문을 제출하여 학술장려상을 수
상하였다.
112 한상범, "時間과 나", 「新東亞」1988년 3월호(제31권 3호) 참조.

철이 바뀌었다. 처음에 이 보직을 맡기로 수락한 그 이유는 거의 한 평생을 책에서 떠나본 적이 없는 나는 도서관이라는 그 말에 더 매력을 느꼈기 때문이다. 그러나 적으나마 한 대학의 도서 행정을 관할하고 보니 처음에 가졌던 꿈(?) 즉 도서관에 파묻혀서 지금 집필하고 있는 원고를 완성하려던 계획을 미루지 않을 수 없었고, 나에게는 너무나 생소한 도서행정에 관한 공부에 힘을 다하지 않을 수 없었다. 그것은 적은 예산으로 대학의 중심을 이룬 도서행정을 관할해야 되기 때문이었다. 어떻게 하면 적은 예산이나마 효율적으로 사용하여 최대의 효과를 거두냐는 것이다. 나는 여기에 나의 한 보람을 찾아보고 싶었다. 그러나 나로 하여금 크나큰 실망(失望)을 안겨준 것은 우리대학 아니 우리나라 대학의 거의가 교수나 학생들에게 도서관을 사용하여 연구할 수 있게끔 문교당국에서 강력히 외치는 '연구하는 교수 공부하는 학생'이라는 구호(口號)가 한낱 구호로 그치고만 큰 하나의 요인이 되고 있는 것이다. 도서관은 골동품수집처가 아닌데도 별로 효용가치가 없는 고서적(古書籍), 재정형편상 제때에 풍족히 구입 못하는 신간도서, 귀중한 몇 가지의 도서를 관외대출(館外 貸出)해 간 일부교수들이 기간이 지나도 반납치 않은 것…등등.[113] 이러한 것들이

---

113 대한민국 정부 수립 후 대학도서관의 실태는 열악하고 빈약한 상태로 대학도서관의 피폐한 현실은 단야선생님의 글뿐만 아니라 서울대학교 정광현 교수의 "서울대 도서관의 위기"(대학신문, 1958년 10월 20일자)라는 글에서도 당시의 시대상을 읽을 수 있다. "서울대학교 도서관이 우리나라에 있어서 가장 우수하고 제일 크다는 말도 한낱 이야기에 지나지 못하게 되었다. 왜냐하면 장서에 있어서 그 대부분이 제2차 세계대전 전의 도서이며 제2차 세계대전 후에 수입된 장서구성에 있어서는 질적으로나 양적으로나 어느 지방소대 국립대학 도서관, 더구나 사립대학 도서관 등과 비교도 할

빈약한 도서관을 만드는 요인인 것이다. 나는 봄맞이와 같이 온 새학기를 맞아 교수와 학생들에게 연구할 수 있는 자세와 마음이 생기게끔 내 모든 마음을 다하고자 마음먹어본다. 그러기 위해선 첫째로 학교당국은 학교의 화려한 겉치레보다 신간도서구입에 많은 예산을 책정해주길 바라며 둘째로 정부는 대학 감사다 하여 그 권위를 세우지 말고 대학은 한나라의 발전적 기초가 되고 있다는 것을 절감하여 대학에 보다 많은 연구보조비를 지출하여 주었으면 한다. 셋째로 관외대출해간 교수들은 대출해간 도서가 자기의 독점물로 생각 말고 다른 분들의 연구 활동을 위해서 기간 내에 반납하여 주길 바란다. 넷째로 학생들은 빈약한 도서시설이지만 최대로 활용해서 항상 밤늦게까지 열람실을 채워주었으면 한다. 그러므로 인해서 주위의 책임 있는 분들로 하여금 도서시설확장의 필요성을 더욱 절감하게끔 하고 싶다. 마지막으로 외부 인사들로 하여금 우리도서관에 도서를 기증하게끔 적극 권장하고자 한다. 나는 이글을 쓰면서 지난날 일본의 경도제대(京都帝大)에서 공부할 때 그 대학도서관의 풍부한 도서와 연구분위기를 그려보면서 우리의 대학도 하루빨리 연구할 수 있는 도서관이 되기를 간절히 마음속으로 기도한다."[114]며 마무리 하고 있다.

수 없을 정도로 빈약하다. 이렇게 볼 때 서울대 도서관은 사장된 도서관이다. 심지어는 케케묵은 더러운 박물도서창고라는 평가지 받게 되는 것도 무리가 아니다. 국가재정이 핍박한 현시에 여유 있는 예산은 감히 바랄 수도 없지만 도서관에 대한 당국의 인식이 다소나마 나아진다면 이 정도의 빈사상태에서는 구출할 수 있을 것이다."(최종고, 『韓國의 法學者』, 서울대학교출판부, 1989, 28면).

114 서정갑, "[대학한화] 도서관유감", 「동대신문」 제414호(1969년 3월 20일).

단야 선생님께서는 당시에 학교당국이나 문교당국 등에 실사구시(實事求是)의 정신으로 대학도서관 지원을 촉구하고 있다. 한편으로 도서관 도서의 관외대출에 의한 독점적 사용에 대한 지적은 지금도 유효하다.

광복 70년을 맞은 2015년 현재 우리나라의 대학도서관들은 장서 보유수나 열람실 환경 등이 양적 및 질적으로 성장했고, 말 그대로 학문의 요람(搖籃)으로 자리 잡아 가고 있다. 아쉬운 것은 학생들이 전공 교과서뿐만 아니라 다양한 인문학적 도서들을 읽고 그러한 책들을 도서관에 수시로 신청하는 문화를 만들어 가야하고, 대학 당국은 학생들의 도서신청이 있으면 즉시 구입하고 나중에 결재하는 절차로 학생들의 도서구입 수요에 부응해야 한다고 본다. 아울러 지역사회에 대한 공익적 공헌이라고 하는 면에서 지역주민에게 대학도서관을 개방하는 문제도 우리가 이해의 폭을 넓혀야 한다고 본다.[115]

(3) 단야 선생님이 본 "변호사"의 역할

우리 헌법은 신체의 자유를 제한하게 되는 체포·구속이나 처벌·보안처분에 관하여 적법절차와 영장주의 원칙에 따라 여러 절차적

---

115 대학 도서관의 지역주민에게 개방문제와 관련하여, 2014년 12월 '학벌 없는 사회를 위한 광주시민모임'은 "대학 도서관은 국가와 지방자치단체의 재정비용으로 만들어졌다. 또한 대학이 도서관을 지역 주민에게 개방하지 않는 것은 시민들의 알 권리, 교육받을 권리, 평등권, 행복추구권을 침해한 것이다"라며 헌법소원을 냈다.

권리를 보장하면서, 이를 실질적으로 구현하기 위한 중요한 수단으로서 변호인의 조력을 받을 권리를 명시하고 있다. 이처럼 그 조력을 받을 권리가 직접 헌법에 규정될 정도로 변호인은 형사절차에서 중요한 공익적 역할을 담당하고 있는데, 헌법과 형사소송법에 보장된 피의자 · 피고인의 방어권과 각종 절차적 권리를 실질적 · 효과적으로 행사할 수 있게 해 주는 법적 장치가 바로 변호사제도이다. 따라서 재판을 담당하는 법관이나 수사와 공소 제기 및 유지를 담당하는 검사와 마찬가지로 변호사도 형사절차를 통한 정의의 실현이라는 중요한 공적 이익을 위하여 협력하고 노력할 의무를 부담한다. 그렇기 때문에 변호사는 개인적 이익이나 영리를 추구하는 단순한 직업인이 아니라, 우리 사회의 법치주의 실현의 한 축으로서 정의와 인권을 수호하여야 하는 공적인 지위에 있다(대판 2015.7.23. 2015다200111).[116]

---

116 "변호사법은 법률사무 전반을 변호사에게 독점시키는 한편, 변호사는 기본적 인권을 옹호하고 사회정의를 실현함을 그 사명으로 하고, 공공성을 지닌 법률 전문직으로서 독립하여 자유롭게 그 직무를 수행한다고 선언하면서(제1조, 제2조), 변호사의 자격과 등록을 엄격히 제한하고(제4조 내지 제20조), 변호사에게 품위유지의무, 비밀유지의무 등의 각종 의무를 부과하며(제24조 내지 제27조 등), 광고 제한, 변호인선임서 등의 지방변호사회 경유, 연고 관계 등의 선전금지, 수임 제한, 겸직 제한 등의 규제를 하는 등(제23조, 제29조 내지 제35조, 제38조 등) 변호사 직무에 관하여 고도의 공공성과 윤리성을 강조하고 있다. 특히 변호사법은 변호사가 판사 · 검사, 그 밖에 재판 · 수사기관의 공무원에게 제공하거나 그 공무원과 교제한다는 명목으로 금품이나 그 밖의 이익을 받거나 받기로 한 행위와 위와 같은 공무원에게 제공하거나 그 공무원과 교제한다는 명목의 비용을 변호사 선임료 · 성공사례금에 명시적으로 포함시키는 행위를 한 경우에는 실제 그와 같은 용도로 금품이 사용되었는지 여부를 묻지 않고 형사처벌하는 규정(제110조)까지 두고 있다. 국가가 지난 수십 년 동안 사법연수원제도를 통해 사법연수생을 국가공무원으로 임명하여 일정한 보수를 지급하는 등 변호사 양성비용을 부담한 것도 이러한 변호사의 공공성과 사회적 책임을 잘 보여 주

법조삼륜(法曹三輪)이란 판사, 검사, 변호사를 일컫는 말이다. 법조삼륜의 한 축을 변호사가 맡고 있다. 대한변호사협회는 1952년 한국전쟁 중 임시수도 부산에서 창립되어 현재 등록회원수가 18,947명이다(2015년 2월 28일 기준). 변호사수가 늘어나는 만큼 불법과 탈법 변호사가 증가하고 있는 실정이다.[117]

단야 선생님께서는 동대신문에 실린 "名實不相符"라는 제하의 수필에서 변호사의 명칭과 변호사의 역할을 다음과 같이 이야기하고 있다.

"당연한 것으로 생각하고 있었던 것도 때로는 이상하게 생각되는 것이 있다. 변호사(辯護士)라는 명칭에도 그러한 점이 있는 것 같다. 변호사를 글자 그대로 읽는다면 변(辯)으로 지키는 것이라 할 수 있다. 예전에는 변호사가 법정(法廷)에서 대웅변(大雄辯)을 함으로써 법관이 감격하여 무죄로 하거나 감형하는 일이 있었다. 변호사라는 말은 이러한 경우에는 가장 적합한 것이 된다 할 수 있다. 그러나 오늘날은 형사소송(刑事訴訟)의 방법도 많이 달라지고 있으며 변설(辯舌)이 활약할 무대는 훨씬 좁아져 있는 것 같다. 하물며 민사소송(民事訴訟)에 있어서는 기일에도 준비서면을 주고받을 뿐 당사

_____

는 사례이다"(대판 2015.7.23, 2015다200111).

117 합법과 불법의 경계선상에서 줄타기를 하다 범법자로 전락하는 변호사가 크게 늘고 있다. 대검찰청 범죄 분석 자료에 따르면 형사사건으로 기소된 변호사 수는 2008년 314명에서 2012년 544명으로 늘었다. 하루에 변호사 한 명 이상이 '피고인'이 되는 셈이다. 변호사 윤리 및 품위유지 규정 등을 어겨 대한변호사협회에서 징계를 받은 건 수도 2008년 37건에서 지난해 49건으로 늘어났다(중앙일보, 2014년 1월 3일, 12면 참조).

자가 발언할 수 있는 기회는 증인신문(證人訊問)이외에는 없다. 따라서 변호사라는 말은 그 실체를 표현하는 것이 되지 못하고 있다 할 수 있다. 그리고 변호(辯護)의 '호(護)'라는 것도 소송의 경우 특히 형사피고인을 변호하는 경우를 생각하면 잘 이해가 되나 민사소송에 있어서 피고를 수호하는 경우는 위와 같이 할 수 있으나 원고를 심리하는 경우에는 자기편에서 소송을 추진시켜야 함으로 그 한도에 있어서 공격을 하는 것이 되며 방어 수호하는 편은 아니다. 더욱이 회사의 고문변호사(顧問辯護士)가 앞으로 체결하고자 하는 계약의 조항에 관하여 내부적인 상담에 응하고자 하는 경우와 같은 이른바 분쟁의 예방활동에 있어서는 이를 수호하는 것으로 본다 할지라도 그 양상은 대단히 다를 뿐만 아니라 '변(辯)'과는 그 거리가 멀다고 할 수 있다. 그러나 이와 같은 활동이 변호(辯護)라는 관념과는 거리가 멀다고 생각한다면 변호사의 변호가 아닌 활동에 치중하는 것이 되어 변호사라는 명칭은 더욱 그 실체를 표현하는 것이 되지 못하게 된다. …중략…진정한 변(辯)은 이(理)와 통(通)하는 것이어야 하며 진정한 변호사는 이(理)를 말로 표현하는 자(者)이어야 할 것이다. 미국의 Lawyer라는 말은 위에서 본 바와 같은 난점은 없으며 그러한 의미에서 좋은 명칭이라 생각되나 그것을 우리나라 말로 법률가 또는 법조라고 번역한다면 변호사의 직업내지 지위를 표시하는 명칭이 된다고는 할 수 없다. 법무사(法務士)라 번역하는 것도 일안(一案)이라 할 수 있으나 이것 역시 변호사의 직업을 충실히 표현하는 말로는 볼 수 없다. 또 의사(醫師)라 하는 것과 같이 법사(法師)라는 말도 생각할 수 있다. 이전에는 중국에서 변호사를 율사(律師)라고 한 적도 있었다. 필자로서는 결국 좋은 안(案)이 없으므로 변호사라는 말을 그대로 쓰는 수밖에 없다고 생각되나 근본문제는 실체이며 명칭은 아니다. 변호사에 대하여 중요한 것은 변(辯)이 아니고 이(理)라 할 수 있으며 또 분쟁이 생겼을 때에 당사자의 이익을 수호하는 것만이 변호사의 직무라고 생각하기는 어렵다. 즉 분쟁의 예방이란 변호사의 변호 아닌 영역에도 변호사의 활동이 금후 발전해 나가야 할 것이며 그러한 의미에서 더욱 명실이 상부하지 않기를 바라 마지않는다."[118]

권위주의 군사독재 시절 민주주의가 위협받고 인권이 유린되던 상황에서 변호사를 중심으로 한 재야 법조계는 민주주의 수호와 사회정의 실현을 위한 활동으로 국민들의 신뢰를 얻었다. 1947년 조선변호사시험령이 공포돼 현대 변호사 양성 체계가 구축됐고, 고등고시를 거쳐 1963년부터 사법시험을 통해 법조인이 배출되는 시스템이 정착됐다. 2009년 법학전문대학원 도입으로 법조인 선발 시스템은 큰 변화를 경험하고 있다. 2012년 1기 로스쿨 출신 변호사들이 재야 법조계에 발을 들여놓으면서 사법시험 출신과 법학전문대학원(로스쿨) 출신 간의 갈등도 본격화되고 있다. 재야 법조계를 바라보는 국민의 시선은 변호사들의 '밥그릇 챙기기'로 비쳐질 뿐 그 이상도 그 이하도 아니다. 단야 선생님의 '변호사'라는 명칭을 통해 변호사의 역할 즉, 분쟁이 생겼을 때에 당사자의 이익을 수호하는 것뿐만 아니라 분쟁의 예방이란 영역에도 변호사의 활동이 넓어져야 한다는 주장은 시

---

118 서정갑, "[教授隨筆] 名實不相符", 東大新聞社 編, 『大學의 理想−東大新聞論說選集』, 東國大學校 出版部, 1975, 424−425면; 「동대신문」 제562호 1973년 9월 25일.

대를 넘어선 선지자적(先知者的) 시각이었다.

(4) 단야 선생님의 '주체성'론

한 때 광고(廣告) 문구로 '우리 것이 좋은 것이여!'라는 말이 유행한 적이 있다. 이는 무분별한 외국 문물보다는 주체성을 가지고 전통적인 우리 것을 새롭게 보자는 것이었다.

단야(壇也) 선생님께서는 광복 30년을 맞는 1975년 동대신문에 '우리의 것'이라는 글에서 "우리는 그 동안 6·25동란을 비롯하여 북한 공산주의자들로부터 적지 않은 도전과 국내외적인 많은 시련에도 굴하지 않고 조국근대화를 위하여 힘차게 전진하여왔다. 그러나 이러한 과정에서 우리는 너무나 무분별하고 무비판적으로 서구의 제도나 사상을 도입하였고 이것에 맹목적으로 심취(心醉)하여 우리의 것을 찾고 지키는데 지나치게 소극적이고 피동적이었다. 그동안 내가 절실하게 느낀 것은 이제는 우리가 그 동안 '우리의 것'을 소홀히 취급했던 그 아쉬움을 회복할 용기와 노력을 발휘해야 할 시기에 처해 있다는 것이다.…중략…상법을 개정함에 있어서는 통제입법을 하기보다는 우리의 전통적인 기업사상이나 기업윤리의식에 점차적으로 서구의 기업사상이나 기업윤리의식이 조화를 이루어 토착화가 되는 방향으로 이루어져야 한다고 생각한다."[119] 또한 "지난 4월 8일 미 상원(上

---

119 서정갑, "[大學閑話] 우리의 것", 「동대신문」 제624호(1975년 10월 7일).

院) 외교위(外交委) 대외원조소위(對外援助小委)의 77년도 대한군원심의(對韓軍援審議)와 관련한 청문회에서 「도널드·프레이저」라는 하원의원이 외신을 통하여 국내에 전하여짐으로써 「프레이저」는 혹시 공산당의 간첩이 아닌가하는 의혹과 함께 우리 온 국민의 분노를 일으키게 하고 있다. 즉 그는 청문회에서 「한국이 적화(赤化)되어도 미일안보(美日安保)에는 아무런 영향이 없으며 한국은 미국의 안전에 중요한 것이 아니다」라고 발언을 한 것이다. 그는 하버드대학의 「라이샤워」 교수 등과 더불어 소위 반한적 인사(反韓的 人士) 중의 하나로서 한국문제에 대하여 자주 발언을 하여 우리의 주목을 끌게 하고 있으며 어떤 의미에서든지 우리의 문제에 대하여 관심을 가져준데 대하여 감사하게 생각하고 있는 터였다. 그런데 이번에 한 그의 발언을 듣고 느낀 것은 「프레이저」 그는 진정하게 한국을 위하여 한국문제를 거론한 것이 아니고 자신의 정치적 목적을 위한 하나의 제물(祭物)로서 한국을 이용했을 따름이라는 것이다. …중략… 임제록(臨濟錄)을 보면 「수처작주(隨處作主) 입처개진(立處皆眞)」이라는 말이 나온다. 어느 곳에서든지 주체성(主體性)을 갖는 주인공이 될 때 그것은 진실이라는 것이다. 이런 의미에서 볼 때 외국의 소위 반한적 인사들은 우리의 문제에 대하여 주인공이 될 수 없다. 따라서 그들의 발언은 진실일 수가 없다. 그들의 발언은 자신들의 정치적 목적을 달성하기 위한 수단으로서 진실을 가장한 채 한국문제를 거론하고 있을 따름이다. 이제 여기에서 우리가 생각하여야 할 것은 우리의 공통된 처지를 주체성을 갖고 파악하여야 한다는 것이다. 우리의 영원한 조국 대한민국의 현실은 북한 공산집단의 무력침략의 위험 속에 처하여 있다. 이러한 상황 하에서 우리들은 외국의 누가 무엇이라고 말하든 관심을 갖지 말고 또한 「사부조익야(蛇蚹蜩翼邪)」하는 태도를 버리고 우리의 조국을 지켜야할 사람은 우리 자신들 뿐이라는 각오 아래 수처작주(隨處作主)하여 나아가야 할 것이다."[120]

수처작주 입처개진(隨處作主 立處皆眞)은 '머무르는 곳마다 주인이 되라'는 뜻이다. 지금 있는 그곳이 바로 진리의 세계이니 자기가 처한 곳에서 주체성을 갖고 전심전력을 다하면 어디서나 참된 것이지 헛된 것은 없다는 뜻이다. 단야 선생님은 주체성을 이야기 하면서 우리 상법상의 제도는 서구의 제도를 도입하여 규정하고 있으면서도 이러한 제도의 기반이 되고 있는 기업사상 내지는 기업윤리 의식이 결여되어 있기 때문에 기업탈선이 발생한다고 보면서, 상법상의 제도에 맞는 기업윤리 의식이 형성되어야만 그 제도는 살아있는 제도라 말할 수 있다. 그러나 이러한 기업사상이나 기업윤리 의식을 어떠한 제도적 장치에 의해 이를 강제하기보다는 자연발생적인 것이 바람직하며 상법을 개정함에 있어서는 통제입법을 하기보다는 우리의 전통적인 기업사상이나 기업윤리의식에 점차적으로 서구의 기업사상이나 기업윤리의식이 조화를 이루어 토착화가 되는 방향으로 이루어져야 한다고 생각한다는 주장을 피력하고 있다. 또한 안보(安保) 문제와 관련해서도 현실을 직시하고 주체성을 가지고 대처해 나갈 것을 강조하고 있

---

120 서정갑, "[大學閑話] 隨處作主", 「동대신문」 제640호(1976년 4월 20일).

다. 대학인의 한사람으로서 탁상공론(卓上空論)하지 않고 현실인식이
확실함을 보여주고 있다 할 것이다.

Ⅳ. 맺음말

서정갑 선생님은 「동대신문」과 가진 정년퇴임 인터뷰에서 "40년 교
직생활이 서운하지 않다"고 회고하고 있다. 당시 동대신문은 선생님
과의 인터뷰 내용을 다음과 같이 기사화하고 있다.

"교직생활 40여년, 길다면 길고 짧다면 짧은 세월이다. 45년 경도상대(京都
商大) 법학부(法學部)를 졸업하고 63년 본교 법정대학 강단에 선 뒤 줄곧 동
악의 학문증진에 힘쓰신 교수님은 비록 정년퇴임이라는 제도가 있어서 물
러나지만 그다지 서운하지는 않다면서 짜여 진 시간 속에서 벗어나니 오히
려 참다운 연구와 좀 더 세련된 논문을 작성할 수 있어 좋을 뿐 아니라 후임
이 정해지지 않아 아직은 강의를 계속할 수 있으므로 퇴임했다는 느낌이 그
리 절실하지는 않단다. 등산을 매우 좋아해서 주일마다 근교의 산을 오른
탓인지 거의 半白(반백)이 된 교수님은 아직도 정정하시다. 학계에 몸담으면
서 한번도 교수라는 직업에 회의를 느껴보지 않은 교수님은 경제적인 면에
서는 타 직업보다 못하지만 정신적인 면에서 충분히 보상받을 수 있고 또
훌륭한 제자들이 속출될 때 누구보다도 보람을 느끼므로 교직은 천직(天職)
이라고 하신다. 그동안 '유가증권 법리', '주석어음수표법'등 14권의 책을 저

술한 바 있는 교수님은 69년부터 71년까지 도서관장을 역임하기도 했지만 관리직은 적성에 맞지 않는다는 전형적인 학자(學者)타입. 평소에 근면검소하고 남과의 타협을 모르며 강의시간에는 매우 엄격하지만 개인적으로 접촉해보면 그 인격을 존경하지 않을 수 없다는 것이 주변의 평인데 학점이 짜기로 유명하기도 했다고. 당신의 학창시절과 비교해 볼 때 요즘의 대학생들은 총명하고 실용적이지만 학문에 대한 진지성이 부족한 것 같다면서 '매사에 충실하고 학문에 열중해서 사회의 유능한 인재가 되기를 바란다.'고 퇴임인사를 대신하셨다. 체력이 허용할 때까지 연구 활동을 계속하시겠다는 교수님은 환갑이 넘은 얼굴에도 학문에의 의욕이 넘치고 있었다."[121]

단야 선생님의 제자 중 한 사람인 김진봉 교수는 "내가 동국대학교 대학원에서 박사과정을 이수할 때, 나를 받아 주시고 열과 성을 다하시어 제자의 앞날을 위하여 지도해 주시고 사랑을 베풀어 주신 고(故) 서정갑 박사님의 은혜를 결코 잊을 수가 없다."[122]며 檀也 선생님의 가르침과 사랑에 대한 속 깊은 마음을 드러내고 있다.

이 세상에 혼자 살아가는 사람은 없다. 부모와 형제, 스승, 친구 등 다양한 관계를 맺고 살아간다. 학교와 학계라는 세상도 모름지기 마찬가지다. 학문적으로 스승과 제자라는 관계를 맺고 살아간다.

이달균의 〈관계〉라는 시가 이를 잘 표현하고 있다.

---

121 「동대신문」 제746호(1979년 9월 4일).
122 김진봉, "내 인생의 전환점 – 세 분의 스승님", 「서원대 신문」, 2011년 9월 1일자 참조.

"혼자 이곳까지 걸어왔다고 말하지 말라

그대보다 먼저 걸어와 길이 된 사람들

그들의 이름을 밟고 이곳까지 왔느니

별이 저 홀로 빛나는 게 아니다

그 빛을 이토록 아름답게 하기 위하여

하늘이 스스로 저물어 어두워지는 것이다"

제자는 스승의 발자취를 따라 걷는 것이다. 도림 법전(道林法傳) 큰 스님은 "스승은 일상생활에서 인간이 걸어가야 할 바른 행동을 보여 주면 된다."[123]말씀하고 있다. 제자나 후학들은 스승들이 평소 보여 준 모습을 보며 배우고, 깨닫고, 성장한다.

대학시절과 대학원 시절 모교에서 큰 가르침을 주신 南松 한봉희(韓琫熙) 교수님께서는 청출어람(靑出於藍)과 관련하여 다음과 같이 이야기하고 계신다. "예링(Rudolf von Jhering, 1818.8.22~1892.9.17)은 그의 〈로마법의 정신〉(Der Geist des roemischen Rechts auf den verschiedenen Stufen seiner Entwicklung)에서 "로마법을 통하여 로마법 너머로"(durch Romischen Rechts hinaus Romischen Rechts)라고 하지 않았습니까? 후학은 스승을 통하여 그 스승을 넘어서야 합니다. 그래야 발전하는 것이지요."[124]

한상범 교수는 말한다. "檀也선생께서는 學問하는 사람은 겸손하

---

123 법전(道林 法傳), 『누구 없는가』, 김영사(2009), 100면.
124 남송(南松)선생님께서 필자에게 보낸 편지 중에서(2014.12.29).

고 진지하게 하나의 길로 꾸준히 나가면서 성급하게 서둘지 않고 끊임없이 자기 力量을 쌓아나가는 길이 學究의 길이라고 하는 것을 지금도 실천하고 계신다. 이는 그 분의 業績과 함께 後學 弟子들에게 주시는 다시없는 좋은 선물이라고 하겠다."[125]라고 말이다. 그렇다. 학문하는 사람은 모름지기 단야(檀也) 선생님의 자세를 삶의 전형(典型)으로 삼아 '학문의 길'을 걸어가야 한다. 단야 선생님이 걸어가신 길을 따라 걸어야 한다.

한편 이달균의 시(詩)처럼, 혼자 이곳까지 걸어왔다고 말하지 말자. 우리보다 먼저 걸어와 길이 된 은사님들. 은사님의 이름을 밟고 이곳까지 왔고, 또 앞으로도 그 이름을 밟고 걸어가야 한다.

동국 법학인(法學人)이여! "잘 것 다자고, 먹을 것 다 먹고, 시간 나면 잡담하고 그렇지 않으면 시비(是非)하고, 도대체 어느 겨를에 공부하겠는가?"[126]

단야 선생님의 학문세계와 대학생활을 접하다보니, 고즈넉한 메타세쾌이아(Metasequoia) 길을 걷는 기분이었다. 축령산의 편백나무와 삼나무 숲속에서 뿜어져 나오는 피톤치드 향이 은은히 코끝을 자극한다.

---

125 檀也徐廷甲博士古稀記念論文集 『商法學의 現代的 課題』, 三英社(1986), 12면(한상범 교수의 發刊辭).
126 법전(道林 法傳), 앞의 책, 252면.

참고문헌

김삼웅, 『위대한 아웃 사이더-세상을 바꾼 지식인 70인의 수난과 저항』, 사람과 사람(2002)

檀也徐廷甲博士古稀記念論文集『商法學의 現代的 課題』, 三英社(1986)

東大新聞社 編, 『大學의 理想-東大新聞論說選集』, 東國大學校 出版部(1975)

법전(道林 法傳), 『누구 없는가』, 김영사(2009)

이광주, 『大學史』, 민음사(1997)

이철호 외, 『헌법강의』, 21세기사(2014)

七十年史編纂委員會, 『東大七十年史』, 동국대학교 출판부(1976)

최종고, 『韓國의 法學者』, 서울대학교출판부(1989)

한국정신문화연구원, 『한국민족문화대백과의 법학』, 웅진출판(1996)

김진봉, "내 인생의 전환점- 세 분의 스승님", 「서원대 신문」, 2011년 9월 1일자

서울대학교 교수민주화운동 50년사 발간위원회, 『서울대학교 교수민주

화운동 50년사』, 서울대학교 출판부(1997)

서정갑, "[대학한화] 도서관유감", 「동대신문」 제414호(1969년 3월 20일)

서정갑, "유가증권 법리에 관한 연구", 「동대신문」 제382호(1968년 3월 18일)

서정갑, "[學界의 焦點] 從業員 持株制度와 商法-法律上의 基盤確立 시급", 「동대신문」 제596호(1974년 11월 5일)

서정갑, "株式會社 최저 資本額의 法定- 資本은 會社信用 기준", 「동대신문」 제481호(1971년 4월 26일)

서정갑, "[大學閑話] 우리의 것", 「동대신문」 제624호(1975년 10월 7일).

서정갑, "구주의 대학자치 연혁- 초기 재판권 가지고 자율적 운영 현대 연구·교수 배움의 자유", 「동대신문」 제409호(1968년 11월 28일)

서정갑, "[大學閑話] 隨處作主(수처작주)", 「동대신문」 제640호(1976년 4월 20일)

서정갑, "[敎授隨筆] 名實不相符", 「동대신문」 제562호 1973년 9월 25일.

서헌제, "한국 상법학의 과제와 반성", 『법과사회』 제4호, 창작과비평사 (1991)

장경학, "대학의 사명", 『사상계』 1955년 6월호

"70年代 終章 己未年을 돌아본다-本社 記者放談", 「동대신문」 제754호 (1980년 1월 1일).

한상범, "時間과 나", 「新東亞」 1988년 3월호(제31권 3호)

學者도 管理者도 아닌 韓國總長의 地位 미묘, 「동아일보」 1970.5.29

[동국의 전통 ⑲] 법률·정치학 〈2〉 "50년대 법조·학계진출 활발 새 방법론 도입, 논저도 다양", 「동대신문」 제445호, 1970년 3월 30일

[餘滴] 한국대학의 위기, 「경향신문」 2016년 8월 2일

법학자 한상범(韓相範) 교수의

학문세계

요약

한상범 교수는 동국대학교 법과대학 교수와 명예교수, 민족문제연구소 소장과 대통령 소속 의문사진상규명위원회 위원장을 역임했다. 또한 한국법학교수회 회장, 참여연대 고문 등으로 활동했다.

한상범 교수는 평생 학자로서 학문적 입장과 삶의 궤적이 일치하는 보기 드문 지식인이며, 법학계의 대표적인 '반골'이라 평가받고 있다. 1964년 한일협정반대교수단으로 서명했고, 반대시위에 동참했으며, 1969년 박정희의 3선개헌에 반대했다. 1991년 《역사비평》에 "한국 법학계를 지배한 일본 법학의 유산"을 발표해 일제 잔재 청산을 공개적으로 문제화했다.

한상범 교수는 많은 법학자들의 압력에도 일제 잔재 청산 작업과 실천 및 계몽운동과 시민운동을 해 왔다. 또한 일제 법제가 남긴 권위주의 · 관료주의 · 군국주의 · 파시즘의 병폐와 한국 법학자와 법조인의 의식구조를 분석하고, 친일파의 부정 축재와 재산 문제 등을 폭로해 일제 잔재 청산에 큰 업적을 남겼다.

한상범 교수는 사회문제와 사회소외계층에 대한 문제제기와 한국 헌법학에서 '법사회학적 방법론'을 최초로 도입하여 연구한 학자이다. 또한 '한상범 교수의 헌법학'은 우리 헌법과 헌법학계가 구미 제국의 학설과 이론수입에 자족하고, 수입 헌법학이 문화권력으로서 우리 학계를 지배하고 있을 때, 보편적 논리와 세계사적 일반성을 유지하면서 한국 근현대사에 뿌리를 두면서 한국헌법학을 발전시켰다. 한상범 교수의 학문적 업적은 헌법학, 인권론, 법사회학, 여성론, 불교론 등 다방면에 걸쳐 있다.

I. 들어가는 말

동대신문(東大新聞)은 동국대 재학시의 도서관 생활[127]을 통해 학

---

127 한상범 교수는 한국전쟁 후 대학도서관에서 생활을 다음과 같이 회고하고 있다. "6 · 25전쟁의 폐허 위에서 다시 공부를 할 수 있게 된 1955년이라고 기억된다. 당시에 「볼테르」 「루소」 「하이네」 「마르크스」 및 「라스키」에 미치다시피 됐던 나는 법률학의 수강보다는 도서관에서 살았다. 점심은 대게 거르고 혹은 용돈이 있는 학우들로부터 얻어먹는 처지였다. 배가 고프니 점심을 사라고 하기가 쑥스러워서 막걸리 한잔을 사라고 했는데, 운이 좋은 때는 대낮부터 얼굴이 빨개져 있었다. 그래서 도서관 직원들이 대낮부터 술을 먹는 도서관애용자를 딱하게 쳐다보는 눈초리를 피부로 느끼기도 했다. 그렇다고 변명을 할 수도 없는 일이었다. 아직도 생각으로는 20대의 기분이

계(學界)로 진출한 사람은 한원구(韓元九, 馬山大교수), 이봉주(李鳳柱, 東大강사), 이상배(李相培, 前 東大강사), 한상범(韓相範, 東大 敎授) 등이다. …중략… 박명호(朴明浩)[128]도 국제법을 전공하고 외무부(外務部)

고 「하이네」에 대해서는 전공과 직접 관계가 없지만, 그 자유와 혁명에의 정열에 공감한다. 「나의 무덤에 칼을 얹어다오. 나는 자유의 전사였기에」라는 그의 말은 잊혀지지 않는다. 「하이네」를 서정시인이나 연애시를 쓴 사람으로만 아는 젊은이에게 그의 『독일 古典哲學의 本質』(원제: 독일의 哲學과 宗敎의 歷史)를 보라고 말한다. 시대의 아픔을 몸소 느끼면서 그 과제를 몸으로 표현했던 위대한 시인을 생각하면서, 스스로의 부끄러운 모습에 자책을 하기도 하면서."(한상범, "時間과 나", 「新東亞」 1988년 3월호 제31권 3호).

128 박명호 前대사는 한상범 교수에 대하여 다음과 같이 회고하고 있다. "1989년 중반이다. 나는 오랜 외교관 생활을 정년퇴직 하고 한가롭게 다음 할 일을 생각하고 있었다. 이때 대학원 법학교실에서 같이 지낸 적이 있는 한상범 교수를 만났다. 그런데 한 선생은 그 동안 여러 권의 주옥같은 전문서적을 저술하는 등 법률분야 특히 인권분야에서 많은 업적을 남기고 이 분야에서 독보적인 학자로서 존경을 받고 있었다. 나는 너무나 반가웠고, 자랑스러웠고, 존경스러웠다. 그 이후 많은 시간을 한선생과 같이 했다. 한선생과 같이 교보문고, 영풍문고 등 서점을 돌아다니면서 책을 고르고 한선생의 경우 강연 자료도 수집하면서 이야기하는 것이 거의 일과가 되기도 했다. 일서, 양서의 경우 주문하면 쉽게 받아 볼 수 있었다. 한 선생은 책을 많이 샀다. 그래서 그해에 책을 가장 많이 산 독자로 선발되기도 했다. 한 선생은 신문기자 인터뷰도 서점에서 하는 경우가 많았다. 점심도 그 근방 음식점에서 같이 했다. 나는 한선생의 깊은 지성에 매료 됐다. 우리들은 학창시절에 당대 석학인 양주동 선생의 박식함에 감탄하고 존경한 바 있는데 양 선생은 문학 분야이고, 사회과학 분야에서는 오늘의 한 선생도 그러한 수준이 아닌가 생각된다. 인권신장, 그리고 정치, 사회 개혁을 위한 한선생의 집념은 한 선생을 저술이나 대학 강의에 머무르게 하지 않았다. 일반 시민에게 직접 호소하고 나선 것 이다. 강연에 그의 정열을 쏟았다. 그 대상도 종교단체, 교육자단체, 변호사단체, 시민단체 등 거의 모든 분야에 걸쳤다. 한 선생은 강연의 기회가 주어지면 한반도 남단의 여수, 제주도 등 전국 어디에나 달려갔다. 겨울 칼바람이 몰아치는 여의도 한강변에도 주저하지 않았다. 한 선생의 강연이 있을 때에는 나도 저 멀리 논산이나 여수까지 같이 가서 방청하기도 했다. 한선생의 강연은 항상 깊은 지성과 고매한 인격이 바탕이 되고 소신에 차있는데다가 철저한 준비를 거친 것이었다. 그래서 강연의 격조가 높고 언제나 청중에게 감동과 용기를 주는 것 이였다."(미간행원고).

에 들어간 후에 해외사정 분석에 종사하다가 현재는 '샌프란시스코'
부영사로 근무 중이다. 한상범(韓相範)은 인권(人權)관계 중에서도 표
현(表現)의 자유를 계속해 연구하여 오고 있고 '축조한국헌법(逐條韓國
憲法)', '헌법(憲法)', '법사상사개설(法思想史槪說)', '법률입문(法律入門)',
'신법제대의(新法制大意)' 등의 저서가 있다[129]고 소개하고 있다.

모교에서 한상범 교수님은 학생처장과 법정대학장, 독립된 법과대
학 초대 학장을 지냈다. 1970년대 초 서돈각 총장 재임중에 학생처장
을 지냈다. 당시 동대신문은 한상범 교수님의 학생처장 발령을 다음
과 같이 기사화하고 있다.

"이제까지 大學에 몸을 담고 지내는 동안 '外道'를 했다면 新聞에 몇 년 관
여한 것뿐이다. 대학에서 행정직도 거의 맡아 보지 못했다. 따라서 학생처
의 무거운 짐을 걸머지게 되니 그 중압감(重壓感)을 곧 느끼는 듯하다. 앞으
로 할 일은 어떤 기발한 구상을 가지고 나아간다기 보다는, 무엇보다 總長
님을 보좌하는 행정책임자로서 성실히 봉사하고자 한다"고 취임소감을 밝
힌 韓相範 學生處長. "대학이 학생들의 보금자리로서 참으로 대학다운 분
위기를 조성하여야 한다는 것은 우리들 모두의 소망이다. 한 가지 한 가지
할 수 있는 일부터 밀고 나아가야 하겠다고 생각한다" 따라서 말부터 앞세
우는 거창한 계획을 말하지는 않고 당면과제로 생각되는 "학생의 후생(厚
生) · 복지(福祉) 및 취업(就業) · 수험(受驗)등의 문제를 가능한 한도 안에서

---

129 [동국의 전통 ⑲] 법률 · 정치학 〈2〉50년대 법조 · 학계진출 활발 새 방법론 도입, 논저
도 다양, 「동대신문」 제445호(1970년 3월 30일).

착실히 실마리를 풀어 나가시겠다"는 것. 본교 法政大 法學科와 大學院을 졸업한 '동대(東大)맨'. 조선대(朝鮮大)교수를 거쳐 본교 재직 10여년을 헤아리는 韓처장은 '法社會學' '法律思想史' '逐條憲法'등 다수 역저로 널리 알려진 헌법학자(憲法學者)이다."[130]

한편, 헌법재판소 재판관과 모교의 총장을 지낸 김희옥 동문은 한상범 교수님과의 추억을 "교수들과의 인연도 잊을 수 없는 추억이다. 대학 재학시절 법학과 한상범 교수의 연구실에서 살다시피 했다. '내가 교수님 조교를 자청했다'며 '교수님 연구실에서 법에 대해 많은 토론을 나눌 수 있었다'고 말했다. 그러면서 교수님의 말씀이 아직까지도 판결을 내리는 데 많은 도움을 준다고 전했다."[131] 또한, "헌법수호와 국민의 기본권 보장기관인 헌법재판소의 재판관으로 국가 최고의 기본권 관련 판결문을 작성하면서 선생님께서 인권에 관하여 쓰신 글을 언제나 참고하고 들여다보았다"[132]고 회고하고 있다.

동국 법학은 대한민국 정부 수립 이후 1949년에 개설되어 70년의 성상(星霜)을 앞두고 있다. 그 속에서 동국 법학은 법조계의 우수 인재를 배출하였고, 법학계의 견인차 역할을 하는 학자들을 양성 배출

---

130 [새얼굴 인터뷰] 한상범(韓相範) 學生處長: 誠實한 奉仕로, 동대신문 제539호 1973년 1월 9일.
131 "사람 위한 법, 법 지배 받는 사람 그 기로에서 고민한다" 재판 앞두고 '인연(因緣) 사상'생각하는 독실한 불자, 「동대신문」 제1491호, 2010년 4월 12일, 15면.
132 김희옥, "한상범 교수님－기본적 인권과 소중한 인연", 「소중한 인연, 행복한 동행」보명Books(2013), 277면.

하면서 우리 현대사의 한 축을 담당하고 있다.

한상범 선생님의 40여 년 교육과 학문 세계를 간단히 표현한다면, '인권과 민주' 및 '일제 식민잔재의 청산'을 일관되게 주장하면서 강단법학(講壇法學)에 머물지 않고 그 주장을 현실에서 행동으로 실천한 실천법학·시민법학의 전형을 보여주었다고 평가할 수 있다. 또한 한상범 선생님의 학문적 업적은 헌법학에 머물지 않고 인권론, 법사회학, 사상사, 여성론, 불교론 등 다방면에 이르고 있다 할 것이다.

본고는 대한민국 2세대 헌법학자로서 헌법학을 일구고, 동국법학(東國法學)을 가꾸신 한상범 교수의 학문적 업적에 대한 평가와 재조명의 계기가 되기를 기원하는 시론(試論)적 연구이다. 우선 교수님을 소개하고 정리하는 데 그 의의를 두고자 한다.

II. 한상범 교수의 활동과 지성사(知性史)적 위치

한상범(韓相範. 1936.9.26~)교수님은 현재 동국대학교 명예교수로서 송도중학교(5년제), 동국대학교 법학과 졸업, 동국대학교 대학원 법학과 졸업, 한국교수불자연합회 회장, 불교인권위원회 공동대표, 한국법학교수회 회장, 정의로운 사회를 위한 시민운동 협의회 공동대표, 대통령 소속 의문사진상규명위원회 위원장[133], 민족문제연구소

---

133 헌법학자로서 40년 학계를 지킨 한상범 선생님이 장관급 공직에 나선 것을 다음과 같이 전하고 있다. "40년 동안 학자의 외길을 걸어오며 퇴임후 민족문제연구소 소장으

소장 등을 역임하였다.

한상범 선생님은 1970년대부터 시대를 대변하는 실천적 지식인으로 분류되었다. 〈뿌리깊은 나무〉[134]에 "시민혁명과 농민해방"(1979년 1월호)을 발표하였다. "시민혁명과 농민해방"은 뿌리깊은 나무가 1970년대를 마감하면서 "…전략… 이 책 속에는 한국 칠십년대의 정치, 경제, 사회, 문화, 예술, 교육, 환경의 상황들을 분석하고 평가하고 거기에 따른 의견을 제시한 글 예순한개가 실려 있습니다. 이 예순한 개 중에서 스물네개는 저희가 뿌리깊은 나무의 머리에 놓았던

로 재직하기까지, 한 교수에게 '공직에 나와달라'는 부름도 간간이 있었지만 그것만은 한사코 거절해왔다. "미시적 과거사를 연구하는 학자가 종합적 통찰력을 요하는 정치 공무를 수행하기에는 부적합하다"는 것이 거절의 이유였다. 하지만 사실 그러한 이유보다는 반골교수라 불리 우며 군사독재 정권에 맞서 항거해온 만큼, "독재 정권 또는 그 잔존 정권 하에서 공직에 나가고 싶지 않았기 때문이었다"고 한다. 그런 한 교수가 지난(2012년—필자) 4월 의문사진상규명위원회의 위원장직에 대한 요청을 받았을 때에는, "과거 청산과 민주사회 발전이라는 대전제를 수행하겠다"며 이를 수락했다. 과거 독재 정권의 폭압으로 희생되고도 의문사 처리된 사건의 진상을 밝혀내는 일이야말로 한 교수가 소명의식을 갖고 임할 수 있는 적격의 일이었을 듯하다."("감춰진 것은 드러나고 비밀은 알려지게 마련이다", 『LOWLAW』2002년 11월호, 19면).

134 잡지 〈뿌리깊은 나무〉는 1976년 3월 1일 한국브리태니커회사가 창간했으나 1978년 8월에 한국브리태니커회사에서 독립해 출판사 뿌리깊은나무에서 계속 발행하다가 1980년 7월 전두환 신군부의 출판물 통폐합 때 등록이 취소되어, 같은 해 8월 통권 50호를 마지막으로 종간되었다. 편집 겸 발행인은 한창기(韓彰璂)였다. 그는 창간호를 발간하기 위하여 5년 동안 연구하여 착수했다고 알려져 있다. 월간 종합잡지 중 한국 최초로 한글전용과 가로쓰기를 했고, 전문 미술인이 편집에 참여했다. 발행취지는 전통의 규범문화에 치이고, 외래 상업문화에 밀린 토박이 민중문화에 물길을 터주려고 애쓰는 사람들을 거들기 위해서였다(김근수, 『한국잡지사연구』, 한국학연구소, 2004; 강운구와 쉰여덟 사람, 『특집 한창기』, 창비, 2008; 한창기, 『뿌리깊은나무의 생각』, 휴머니스트, 2007참조). 필자는 2001년 동국대학교 총장과 조계종 총무원장을 역임한 지관 큰스님 그 제자스님 일행을 따라 전남 보성의 한창기선생의 생가 등을 둘러본 경험이 있다.

글들이며, 서른일곱개는 바로 뿌리 깊은 나무 지난 세해 동안의 논설들입니다. …중략…이렇게 하여 이 책은 한국 칠십년대를 정리하고 평가하는 작업에 중요한 단서를 제공함으로써 새로운 십년을 향해 건너가는 오늘의 한국 민중에게 뚜렷한 시대 의식을 제시합니다."[135]며「칠십년대의 마지막 말」의 이유에서 말하고 있다.

청람논단(4)『이십세기 현대사』에 "제3世界의 挑戰"[136]이라는 글이 수록되어 있다. 또한 한국문학사(韓國文學社)가 발간한 『名講義노우트』[137]에 선생님의 "兩性 平等의 思想과 입센의 《人形의 집》"이란 글이 실려 있다. 名講義노우트는 "문예종합지「韓國文學」이 특별기획으로 연재한 명강의 노우트를 묶은 것이다. 이 시대의 상아탑(象牙塔)의 대표적 석학(碩學)들이 오늘의 세대에게 들려주고 싶은 하나의 主題講義를 글로 쓴 것으로써 27인의 글은 이 나라 最高知性의 學問과 思想의 精華이다."라고 소개하고 있다. 名講義노우트에 수록된 학자들은 김동길, 김성식, 김태길, 양주동, 유진오, 이숭녕, 피천득 등이다.[138] 이 책은 당시 선생님께서 어떤 이들과 같은 반열의 학문적 위

---

135 뿌리깊은 나무, 『칠십년대의 마지막 말』, 1979, 405면 이하 참조.

136 盧明植·李光周편, 『二十世紀 現代史』, 청람(1981), 241-260면 참조.

137 한국문학사, 『名講義노우트』, 1981, 288-299면 참조.

138 高永復(사회구조론), 金東吉(歷史의 意味), 金成植(禁慾主義란 무엇인가), 金烈圭(꿈
꾸는 죽음), 金鎭萬(남의 文學, 우리 文學), 金泰吉(傳統과 創造), 金亨錫(마르크스主
義 史觀批判), 成慶麟(國樂이야기), 成來運(지금의 자기 속을 보게), 金貞欽(始末書 傑
作集), 梁柱東(西京別曲), 呂石基(外國文學을 왜 하는가), 俞鎭午(人類의 運命), 柳洪
烈(民族史의 再發見), 尹泰林(知識人과 良識), 李箕永(네가지 중생, 네가지 교훈), 李
萬甲(批判과 創造), 李崇寧(詩人 燕山君의 새 開拓), 李恒寧(正義에 관하여), 全光鏞
(大學講壇의 回顧), 鄭炳祖(反유토피아 小說), 趙東弼(社會科學에 있어서의 歷史感

치를 차지하고 있는가를 보여준다 할 것이다. 이들이 한국 知性史에서 차지하고 있는 위치를 볼 때 당시 한상범 선생님의 학문적 위치를 평가할 수 있다.

경향신문은 우리시대 스승들의 '마지막 수업'이라는 제목으로 2000년대 초에 정년퇴임하는 대가(大家)들을 조명하고 있는 기사에서 "학문과 사회활동에서 굵직한 자취를 남긴 학자들이 대거 강단을 떠나고 있다.", "한국적 학문 정립은 식민통치와 전쟁, 분단의 상처 속에서 학계에 갓 진입한 학자들에게 가장 중요한 시대적 과제였다. 이들 세대는 지금과 달리 역사학이 학계에 큰 영향력을 행사했으며 식민사관 극복이라는 과제와 민족주의라는 치열한 문제의식을 가지고 있었다. 서구이론을 수용하기에도 바쁜 상황이지만 줄곧 한국사회의 현실을 설명하는 이론화 작업의 중요성을 강조한 것이다.…중략… <u>법학자인 한상범 교수가 친일청산에 앞장선 것도 이 같은 문제의식의 연장선상이라고 볼 수 있다.</u>(밑줄 필자 강조)"[139]라며 한상범 선생님에 대하여 기술하고 있다.

한상범 선생님을 비롯한 2세대 학자들의 학문적 특징에 대하여 "세

覺), 趙炳華(나의 詩論, 나의 스타일), 趙宇鉉(잃어져 가는 人間의 힘), 皮千得(두 自然詩人), 韓相範(兩性 平等의 思想과 입센의 《人形의 집》), 韓完相(人道主義社會學) 순으로 수록되어 있다.
139 우리시대 스승들의 '마지막 수업', 경향신문 2002년 10월 22일.

대론적 특징을 찾아볼 수 있다. 자신의 전공분야에서 이론적 패러다임을 확립하고 한국현실에 적용하기 위해 노력했다는 것, 학문과 연계된 대사회적 발언과 활동을 활발하게 했다는 것, 이를 통해 학계의 좁은 울타리를 벗어나 한국사회의 '교사'로 자리매김됐다는 것이다. 이들은 1930년대 후반에 태어나 1960년대 학계에 자리 잡았고 1970~80년대 지식담론을 주로 이끌었다. 본격적인 서구학문을 수용하기 위해 본토로 유학을 갔던 첫 세대이기도 하며 분단과 전쟁의 혼란이 수습되면서 식민적 사고에서 벗어나 우리의 정체성을 심각하게 자문했던 학자군이기도 하다. 요즘처럼 세분화·전문화된 학문영역에 머물지 않고 큰 틀의 사유를 했다는 것이야말로 이들의 가장 큰 변별점이다."[140]라 평가하고 있다. 정말 선생님은 '세분화·전문화된 학문영역에 머물지 않고 큰 틀의 사유를'했고 학문을 몸소 실천한 지행합일(知行合一)의 학자였다.

월간 『말』 잡지는 1997년 신년호 별책부록으로 〈21세기 움직일 한국의 진보인사〉인명록을 발간했다. 월간 『말』 사장(조양진)은 발간사에서 한국사회 최초의 진보인사 인명록을 펴내는 이유에 대하여, "진보인사인명록을 발간한 것은 일반적인 인명록과는 달리 역사의 진보를 위해 힘을 기울여 온 사람, 지금도 여전히 역사발전의 주춧돌 역할을 하고 있는 사람들을 동시대의 사람들이 기억하게 하기 위함이

---

140 우리시대 스승들의 '마지막 수업', 경향신문 2002년 10월 22일.

다. 민주화의 열기가 전 사회를 압도하던 80년대와는 달리 90년대에는 진보인사들의 이름과 얼굴을 접할 기회가 많지 않다. 독립운동가들이 해방 이후 홀대 당했던 것처럼 근래에는 자기의 안일을 돌보지 않고 수 십년 동안 사회민주화를 위해 헌신해 온 인사들이 시대에 뒤떨어진 사람으로 취급하는 경우가 종종 있다. 그러나 우리 사회가 이만큼의 정치적 자유를 누리고 있는 것도 바로 이들의 노고가 있었기에 가능한 일이며, 다가올 21세기에도 보다 행복한 인간 사회를 만드는 데 있어 진보인사들의 역할은 지대하리라고 본다."고 말하고 있다. 이 진보인사인명록은 한상범 선생님을 학술 · 언론분야의 진보인사로 소개하고 있다.[141] 또한 문화일보(文化日報)는 2003년 7000만 겨레 위한 '생활속 씨알'로 갈라진 사회에 희망을 심은 '평화인물 100인'을 선정했다.

문화일보는 폭력과 대결의 문화를 평화와 공존의 문화로 바꾸어나가기 위해 벌이고 있는 '6월의 하나됨, 7월의 평화로' 캠페인의 일환으로 '평화인물 100인'을 선정했다. 한국언론사상 최초로 시도된 '평화인물 100인'선정은 이들이 보여준 평화 지향의 삶과 활동을 우리 사회 구성원 모두에게 확산시키고 평화를 우리 중심가치의 하나로 가꾸어나가기 위한 것이라고 밝히고 있다.

---

141 월간 『말』 1997년 신년호 별책부록, 『21세기 움직일 한국의 진보인사』, (1997.1), 122면.

'평화인물 100인'은 대부분 우리 주변의 평범한 사람들이다. 하지만 그들은 우리가 '평화롭지 못한' 우리 사회의 모순을 외면하고 그 한계에 안주하고 있을 때 이를 극복하기 위해 자신의 몸을 던져 치열하게 살았던, 결코 평범하지 않은 삶의 궤적을 그려온 사람들이기도 하다. 문화일보는 '평화인물 100인'을 선정하기 위해 몇 가지 기준을 마련했다. 첫째, 냉전과 분단 그리고 분열과 갈등의 질곡에 갇히고 찢겨온 지난 50년 역사에 화해와 공존의 문화가 싹트게 하고 희망의 네트워크를 만들기 위해 애를 쓴 사람. 둘째, 모두가 당연하다고 여겨온 것들이 사실은 눈에 보이지 않는 폭력문화의 소산임을 깨닫게 하고 우리 스스로를 부끄러워하게 한 사람. 셋째, 낯설고 서먹서먹했던 옆 사람이 바로 서로의 형제자매임을 확인 할 수 있도록 우리 모두를 열린 광장으로 이끌었던 사람. 넷째, 자신의 주장만을 앞세우기보다는 서로의 이익을 존중하면서 화해에 이르도록 관용과 이해의 미덕을 깨닫게 한 사람. 다섯째, 소외된 이웃과 차별받는 사회적 약자들, 외국인 노동자나 탈북주민들과의 나눔을 실천한 사람. 이들이 실천해 온 '평화의 삶'의 정신은 다시 '역동' '재발견' '공존' '화해' '나눔'의 가치로 표상되어 문화일보가 시작한 5부작 기획속에 녹아들었다. 이 같은 기준에 따라 문화일보는 모든 취재기자들이 총동원돼 각계인사들로부터 '우리 시대 평화인물'후보를 추천받았다. 불과 며칠 만에 국내외 인사 수 백명의 명단이 간단한 소개서와 함께 후보 리스트에 올랐다. 이 가운데 한국에 거주하지 않는 외국인을 먼저 제외했다. 세계를 무대로 보편적 가치로서의 평화를 실천에 옮겨온 인물들이 적지 않았지만 기획 취지를 감안, 어쩔 수 없이 '지금, 이곳'으로 범위를 제한할 수 밖에 없었다. 또 각 분야의 대표성을 고루 반영될 수 있도록 하는데 유의하는 한편 이미 잘 알려진 명망가보다는 자기 자리에서 묵묵히 한 길을 걸어온 사람들을 우선 배려했다.[142]

한상범 선생님은 평화인물 100인 중에 한사람으로 선정되었고, 그 선정이유로 "법학자로 유신시절부터 국내 인권문제에 천착. 친일잔재 청산작업 등도 전개"[143]를 들고 있다.

2001년 11월 설립된 국가인권위원회 인권위원 후보로 시민단체(인권단체연대회의)에 의해 추천되기도 했다. '시민단체인 「인권단체연대회의」는 2001년 7월 19일 창립대회부터 국가 인권위원 추천에 대한 내부 논의를 시작으로 긴급 대표자회의를 통해 선정된 것으로 알려졌다. 인권연대의 인권위원 인선을 위한 기준으로 인권관련활동 여부, 도덕성, 강직한 품성, 최소한의 지명도, 활동력 등을 제시했다'[144]고 당시 신문은 기사화하고 있다. 당시 시민단체인 「인권단체연대회의」가 학자 · 종교 · 법조인 중 품성과 경력 등을 고려하여 선정 추천한 인사로는 한상범 선생님을 비롯하여 문정현 신부, 홍근수 목사, 문재인 · 김칠준 변호사, 곽노현 교수, 양승길(원진직업병재단 이사), 임기린(민가협 상임의장), 이금연(이주여성인권연대 공동대표), 최민(민주화운동국민연대 집행위원장) 10명이다.

---

142 문화일보, 2003년 5월 31일, 5면.
143 문화일보, 2003년 5월 31일, 5면.
144 시민의신문, 2001년 8월 6일, 2면(제403호).

碩愚 車鏞碩 선생님께서는 선생님에 대해 "누군가가 표현했듯이 '그는 학문의 입장과 삶의 궤적이 일치하는 드문 지식인'으로서 통설과 평범한 선례에 반항하는 '반골'학자라는 말이 그를 잘 표현한다고도 하겠다. 소위 학계의 '마베릭'(maverik …… a person who takes an independent and queer stand apart from his associates)이라고 해도 좋을까. 그는 대부분의 당대의 교수와 법조인이 일제시대 이래의 권력자와 지배체제 및 그 체제아래의 법학이론과 법집행에 추종하여 선례에만 매어달려 창의성을 잃은데 대하여 강한 불만과 혐오감을 품어왔고 따라서 그들과 대립된 입장을 취해 왔기 때문이다. 그는 군사독재시대의 통치체제에 대하여 이론으로나 행동으로 반대해왔고 1964년 한일협정 반대,[145] 1969년의 3선 개헌 반대, 1972년 유신반대 운동에 참여하는 한편, 이론면에서는 '수형자의 인권 및 세계의 인권' 등에 관하여 매년 다수의 논문을 발표하면서 실천·이론 양면에서 활발한 현실 참여를 해왔다. 학문영역에서는 근세 자유주의 헌법에 관련되는 여러 영역에 걸쳐 한국의 인권상황과 관련 지워 수많은 비판적인 책과 글을 발표하였다. …중략… 실로 민주화 및 헌법이념실현을 위하여 조금도 쉬지 않는 다산 다작의 부지런한 이론을 겸비한 실천적 지식인이라고 할 수 있다. 한상범 교수는 친일법조세력 뿐만 아니

---

145 한상범 선생님께서 친일청산 작업을 평생의 과업으로 삼았고, 그에 대한 소주제로서 연구한 것이 '한일협정'이다. 그 동안 한일협정을 분석하고 개정방향을 제시하며 발표한 논문·논설을 모아 단행본으로 출간되었다. 한상범, 『박정희와 한일협정』, 21세기사(2015) 참조.

라 기성 한국 지식인을 포함한 기득권을 누려온 자들을 가리켜 '지적으로 지레 늙어 시들어버린 보수반동의 무리'라고 규탄하였다. 따라서 본인도 교수사회에서 보직 등으로 생긴 교수들 간의 알력이나 다툼을 철저히 외면해왔다. 그러다가 교수의 평소의 이념이나 뜻을 실현할 수 있는 기회라고 판단한 때에는 기꺼이 가야할 실천 무대에 발을 들여 넣기도 하였다. 한국법학교수회 회장, 민족문제연구소 소장 그리고 의문사진상규명위원회 위원장 등의 자리를 차지한 면에서는 한교수의 이념과 평소의 소신에 적합한 곳에서 실천적 지식인의 업적을 쌓으려고 노력한 궤적을 보이기도 하였다. 이러한 자리도 그 당시의 시대적 요청에 따른 것이겠지만 많은 동시대의 보수적 입장과는 다른 '골수 반동'의 결단이라고도 볼 수 있었다. 그가 걸어온 발자국들을 보면 일관된 지행일치의 인생관의 표현이라고 할 수 있을 것 같다."[146] 적고 있다. 碩愚선생님께서는 韓선생님을 보면 미국의 유명한 대법관 Oliver Wendell Holmes가 연상되며,[147] 또 한편으로는 한

---

146 차용석, "한상범 교수의 교수생활의 편린을 더듬어 보면서", 『소중한 인연, 행복한 동행』, 보명Books(2013), 214–215면.

147 "한교수의 교수로서 또는 실천적 지식인으로서의 그의 궤적을 비유로서의 적합성은 있을지 모르겠으나 몇몇 면에서의 유사성을 찾아보건대 미국의 유명한 대법관 Oliver Wendell Holmes를 연상케 한다. Holmes 판사는 Harvard 법과대학 교수로서 41세 때 메사추셋츠 주 최고법원판사로 전임한 1882년에서 1932년 퇴임 시까지 50년 동안 판결에서 다수의견에 반대한 자 곧 위대한 반대론자(great dissenter)로서 세상의 관심을 모았다. 법률가로서 같은 전문법조인 세계에서 뿐만 아니라 널리 일반 국민들로부터도 존경을 받은 아주 드문 인물이었다. 그는 학자나 법률가로서 매력을 품겼고 더욱이 그의 거대함에 있어서 그 유례를 찾기 어렵다고 평가되고 있다. 1918년의 Toledo Newspater vs. U.S에서 그는 법정모욕죄의 성부에 관하여 신문의 자유를 옹호하면서 반대론을 폈다. 1928년의 U.S. v. Schwimmer에서는 부전평화주의자의 귀

화신청을 거부한 다수의견에 대하여 '우리들의 동의하는 사상의 자유가 아니고 우리들이 증오하는 사상의 자유를 보장할 것'을 주장하면서 반대의견을 폈다. 같은 해의 Olmstead v. U.S에서는 '도청은 헌법상의 부당한 압수·수색 금지에 위반한다는 원고의 주장에 대하여 다수의견은 주거나 사무실에 들어가서 증거를 수집한 증거가 없으므로 위법이 아니라고 판시한데 대하여 그는 반대하였다. 다수의견은 피고인이 어떤 집으로 들어가는 공지에서 도청한 사건이었으므로 주거 등에 대한 침해가 없다는 이유로 합법화 했다. 이에 대하여 '어떤 범죄인이 도망을 치더라도 이것은 정부가 비열한 역할을 하는 것 보다는 해가 적다'고 주장하면서 범인을 수사하기 위해서라도 전화도청을 하는 것은 'dirty business'라고하면서 다수의견에 반대론을 폈다. 1905년의 Leckner v. N.Y에서는 다수의견은 노동시간 10시간 법을 계약자유에 대한 과잉간섭이라고 하면서 경영자에게 유리한 판결을 내렸다. 여기에 대한 Holmes의 반대의견이 그 뒤의 다수의 반대론의 선구적 역할을 하였다. 그는 명백한 헌법위반이 없는 한 새로운 입법의 시도라든가, 악법이라고 여기는 법관의 판단을 기초로 하여 위헌판결을 내려서는 아니 된다고 주장하였다(사법자제론). 그의 내면에서는 항상 회의적인 법적사고가 작용하였다고 느껴진다. 반대의견을 펴는 대법원 판사 중에서도 그 소수의견을 펴는 논리과정에서 의견이 갈리는 경우가 있었을 것이다. 이런 경우에는 그의 내면에서는 회의적인 정신의 작용으로 고독한 고뇌의 투쟁이 더욱 심하였을 것이다. 역사를 더듬어 보면 각각의 사회적 풍토에 따라서 전통적으로 수용되어온 법리나 법개념을 그대로 수용하면서 회의를 품지 않는 법률가가 대부분이다. 그러나 Holmes의 반대의견의 대부분은 그의 사후 뉴-딜 입법을 둘러싼 소송을 계기로 연이어 미국최고 법원의 다수의견으로 인정받기에 이르렀다는 것은 잘 알려진 사실이다. 법정은 선례를 파기하고 최저임금법을 지지하게 되었고 법정모욕죄와 신문의 자유에 대해서, 그리고 종교적. 양심적 확신에 따라서 무장하는 것을 거부한 사람도 귀화를 허용받기에 이르렀다. 많은 쟁점문제에 관하여 Holmes의 소수의견이 연방대법원의 법정을 지배하게 되었다. 그의 재임당시의 보수적인 사법부에 대한 반대와 새로운 시대에 맞는 입법정책이 승리를 거두게 되었다고 할 수 있다. 소수의견이 다수 의견으로 바뀐 판결에 대해서는 여기서는 더 이상 거론 않기로 한다(1037년의 West Coast Hotel v. Parsh, Nardan v. U. S.-도청사건, 1941년의 Nye v. U.S. , Girourad v. U. S.). 기성의 지식체계와 선례 그리고 보수적인 전통에 대한 추종이 아니고 법적판단을 요하는 문제에 대하여 끊임없는 회의와 반론을 내면화하면서 고독한 고뇌를 겪은 것으로 여겨진다. 이러한 몇 가지 면에서 외로운 골수 반동이라고 자평하는 한상범 교수의 학문생활의 궤적을 연상해 본다. 필자는 전공분야를 달리하기 때문에 한상범 교수의 심오한 헌법이론은 접할 수는 없지마는 그의 소위 골수 반동적 입장에서 내려지는 반보수적이고 반전통적인 이론이나 사상이 언젠가는 지배의견이 되고 통설적 위치를

외교 평론가인 Noam Chomsky(미국 M.I.T교수)교수와 상통하는 점이
있다[148]며 부언하고 있다.

차지하기를 기대해본다."(차용석, "한상범 교수의 교수생활의 편린을 더듬어 보면서",
  215-217면).

148 "교수의 사상과 생활태도에서 추측은 되지마는 어디에서인가 언급한 적이 있는
  것 같은 미국의 당대의 대표적인 언론 메디아 및 정치 · 외교의 평론가인 Noam
  Chomsky(미국 M.I.T교수)를 칭송한대 대하여 몇 마디만 언급하려한다. 동서고금을
  통하여 같은 시대적 배경아래에서는 장소 여하를 떠나서 유사한 사상과 사고는 맥을
  같이하면서 유사한 인물들에 의하여 공유되는 현상은 하나의 진리 인듯하다. 현재의
  미국은 민주주의의 초대국(super power)로서 미국민주주의를 세계에 강제하는 제국
  주의로 변모되고 있다고 보는 자도 있다. 1960년대부터 네오 콘(신 보수주의)으로서
  미국정치에서 아는 사람은 아는 존재이었지만 그 이름을 세계로 알리기 위하여 그들
  이 꾸며낸 이름은 '선제공격전략'(preemtive attack strategy)이었다. 이것이 부시 정
  권의 외교 · 안보 전략의 지초가 되었다. 그 쟁쟁한 기수가 '람스펠드, 체니, 울포빗
  츠' 등의 네오콘(neo-con)이었다. 이들을 배경으로 하여 부시 대통령은 날조된 정보
  를 바탕으로 이라크에 대한 선제공격을 감행하였다. 이에 대하여 가장 강력한 비판을
  제기한 자가 촘스키 교수 이었다. 그는 부쉬 대통령은 날조된 언론을 동원하여 이라
  크 침공을 정당화하였다고 비판하였다. 날조된 선전 전략과 기묘한 검열방법을 동원
  하여 언론을 통해서 국민의 눈을 어둡게 하여 국민의 여론을 조작해서 다수의 지지를
  배경으로 이라크를 침공하였다는 것이다. 이러한 비판의 선봉에 선자가 촘스키이었
  다. 아주 노골적으로 공공연하게 미국의 네오콘과 부시 정권을 비판한 평론가가 바로
  촘스키이었다. Harvard를 비롯한 명문대학은 교육을 통하여 그러한 제국주의적 미
  국민주주의를 호도하고 미국 엘리트를 훈치시켜서 미국의 신 보수주의의 횡포를 호
  도하는 역할을 한다는 비판을 가한 자가 바로 촘스키이다. 그 주장의 진실 여하를 떠
  나서 어쩌면 부분적으로 한상범 교수의 사상 및 비판과 상통하는 점이 있지 않을까
  하는 생각이 들어 몇 마디 부언하였다."(차용석, "한상범 교수의 교수생활의 편린을
  더듬어 보면서", 217-218면).

III. 한상범 교수의 학문세계

1. 헌법학과 '헌법의 법사회학적 방법론'의 도입

한국 헌법학계의 계보를 살펴보면, 해방 후 대학강단에 선 헌법학 제1세대는 대부분 일제관료출신이었다. 따라서 그들이 이론적 주도 권을 장악하고 있던 시기에 헌법학계를 압도적으로 지배한 것은 개념법학적 법실증주의와 칼 슈미트(Carl Schmitt)류의 결단주의적 헌법 이론이었다. 외견적 입헌주의(外見的 立憲主義)[149]나 파시즘의 법 이데 올로기였던 그 같은 반민주적 헌법이론들이 활개치는 학문적 풍토에 서 헌법학이 민주적 헌법문화의 정착을 위하여 기여한다는 것은 애 당초 불가능한 일이었다.[150] 헌법학 제1세대가 정치권력으로부터의 부름만 있으면 그 질에 관계없이 무차별적 친화성을 보인 것도 결코 우연이 아니었다.[151]

헌법학 2세대는 서독이나 국내에서 학문적 수련을 쌓은 학자들이

---

149 외견적 입헌주의에 대해서는 한상범, "韓國憲法과 外見的 立憲主義", 「月刊考試」 210(1991.7), 73~88면 참조.

150 헌법학 1세대의 주요 교수들은 주로 서울대에서 배출됐다. 헌법 분야만 살펴보면 한태연, 박일경, 문홍주 등이 1세대의 대표주자로 꼽힌다. 한태연의 헌법이론은 '정치학적 헌법론'이라 해서 독일나치정권의 헌법이론인 칼 슈미트의 결단주의를 도입한 것으로서 자유민주주의와는 거리가 먼 것이었다. 박일경은 관료출신으로 '법실증주의'를 충실하게 고수한 학자였다. 문홍주는 미국헌법을 도입했다는 점에서 선구자적 역할을 했다는 평가를 받고 있다. 그러나 이들 1세대 헌법학자 모두는 유신정권의 협력 혐의에서 자유롭지 못하다.

151 국순옥, 「자본주의와 헌법」, 까치(1987), 5면.

그 주축을 이루고 있다. 그들은 앞의 세대에 비하여 이론적 정향에서 보다 선택적인 합리주의 정신의 소유자들이다.[152] 헌법학 2세대는 이강혁(한국외대), 배준상(한양대), 안용교(건국대), 권영성(서울대) 등이 제1세대 헌법학자 한태연 계열로 분류되며, 특별한 계열없이 김철수 서울대 교수, 한상범 동국대 교수 등이 2세대 학자로 불린다.

로스쿨(법학전문대학원) 출범 전 대한민국 법학교육의 7−80년대 당시 법학 교육은 수입법학, 교과서 법학, 수험법학이었다. 학문으로서의 법학은 외국의 '추상적인' 법이론을 소개하는 것이 주종이었다. 많은 저명한 법학교수는 법학교과서의 출판과 개정에 삶을 바쳤다. 대학에서의 교육도 수험준비 수준을 넘지 않았다.[153] 그러나 당시 저명한 법학교수중의 한 사람인 한상범 선생님은 강의나 연구·저술 작업은 수험법학을 넘어섰었다.

한상범 선생님은 우리의 규범구조와 생활은 다층구조, 구체적으로 3층구조라고 보았다. "첫째, 겉으로는 서양의 근대법제나 근대 시민윤리를 갖추고 있는 듯 행동으로 외면을 장식하고 있습니다. 그런데 한 꺼풀을 벗기면 유교적인 가부장적(家父長的) 신분윤리가 실천지침으로 작용합니다. 제사지내는 가정의례뿐만이 아니고 국가관념도 나라님 = 천자(天子) 의식이 도사리고 있고, 높은 사람을 대체로 따르는 체질입니다. 그런데 아주 속을 비집고 보면 민간신앙으로서나 인

---

152 국순옥, 위의 책, 5면.
153 이상수, "법학전문대학원의 현황과 과제", 「한국 법학교육의 현황과 과제」, 한국법학교수회 2015년 정기 심포지엄 자료집(2015.10.2), 11면.

생철학에 역학(易學)의 사주팔자 점복술(占卜術)로부터 무당에 이르기까지 기묘한 것에 의지합니다. …중략… 정치에서 역학점복술인의 여론 조작이 통합니다. 이 장벽을 넘어야 3대 연고주의(혈연·지연·학연)나 패거리 문화를 극복할 수 있을 것인데, 쉬운일이 아니지요. 이 사회규범의 다층구조 문제는 〈한국의 법문화와 법치주의〉[154]란 논제로 한국법제연구원 제1회 세미나에서 발표한 바 있다."[155]

연세대학교 법과대학에서 정년퇴임한 허경(許慶)교수는 "헌법은 민중이 자기의 자유와 권리를 지키기 위한 정치제도이다. 우리헌법도 그렇게 되어야만 우리는 노예가 아닌 자유인이 될 수 있다. 바로 그러한 헌법인식을 가지고 쓴 책이 한상범 교수의 '헌법이야기'이다. 한교수는 헌법을 알려는 사람을 비롯해 헌법을 공부하려고 하는 독자에게까지 자연스럽게 헌법정치의 세계로 안내하는 책을 썼다. 헌법교과서나 참고서가 많이 있으나, 너무 방대하고 서술이 둔중해서 읽기도 전에 질려버린다. 이러한 폐단을 제거하고 시민법학의 권리장전(權利章典) 안내로서 헌법책을 써달라고 하는 주문이 많았다. 이 책 서문에서 밝히고 있듯이 많은 현역 교수나 독자로부터 그러한 주문이 한교수에게 직접 있었다. 40년에 이르는 헌법 연구의 실적과 날카로운 정치 비판의 감각 및 평생을 민권을 위해 지조를 굽히지 않고 싸

---

154 한국법제연구원 세미나 자료집(91-12), 1991.8월.

155 한상범, "인권과 민주를 위하여"-법제와 법학에서의 일제 잔재 청산을 위해, 『사람은 꽃보다 아름다운가』(시사인물사전(8), 인물과사상사(2000), 339-340면. 한국사회의 '사회규범의 3층 구조'에 대한 자세한 내용은 한상범, 『官僚主義와 基本的 人權』, 교육과학사(1992), 156-160면 참조.

워온 한상범 교수에게 그러한 기대를 한 것은 당연했다. 그가 1968
년대 박정희의 영구집권 음모인 3선 개헌을 헌법학자로서 홀로 반대
한 결단과 그 후 그의 행적이 이를 실증한다. 그러한 의미에서 이 책
은 그가 몸으로 쓴 헌법 이야기임을 그 내용을 읽어 가면서 실감할
수 있다. 그는 이 책에서 자기 체험까지도 서슴지 않고 그려내 헌법
의 실상을 파헤치고 있기 때문이다. 지금 시기적으로 어려운 그리고
중대한 기로에 있는 우리가 헌법 정치의 현장을 바로 보고 옳은 참여
를 하기 위해서도 읽어 볼만한 책이다. 이 책에 대해선 구구한 해설
소개보다 직접 한번 들춰보라고 말하고 싶다. 그러면 한교수 말대로
우민정치 조작에 의해 노예모습이 된 남이 아닌 자기의 모습도 볼 것
이고, 권력이란 '필요악'을 어떻게 규제해야 하는가 하는 인류 공동의
유산인 정치기술도 엿보게 될 것이기 때문이다."[156]며 한상범 선생님
이 쓰신 〈헌법이야기〉를 서평하고 있다.

일본의 시오츠(塩津徹)[157]교수는 "학문적 업적을 돌아봐도 헌법학
의 연구성과 뿐만 아니라 수많은 계몽적 저작이 있으며 권위주의와
투쟁하고 인권을 옹호하는 정신이 넘쳐 흐른다"[158]고 평가하고 있다.

강경근(姜京根) 교수는 한태연교수를 다룬 글에서 "한상범 교수는
확실히 한태연 선생과는 또 다른 의미에서의 한국 헌법학의 양대 산

---

156 허경, "서평-헌법이야기; 시민법학의 권리장전 역할", 「동대신문」 제1233호(1997년
　　10월 13일).
157 日本 創價大學교수로서 비교헌법, 독일법을 연구 강의하며, 저서로는 『現代ドイツ憲
　　法史』成文堂(2003), 『世界から見た日本國憲法』(第三文明社) 등이 있다.
158 塩津 徹, "韓相範 선생과 한국 제6공화국 憲法", 「亞・太公法硏究」, 제8집(2000), 36면.

맥을 이룬다. 헌법에 대한 대단히 광범한 사회과학적 접근과 비교사학적 천착은 한국 헌법학자들 중에서도 압권을 이룬다. 비교할 수 없이 다양하고 깊은 독서의 양은 한국 헌법학의 전체 학문사적 위치를 정확하게 자리 매김하여 줄 수 있는 유일한 분이 아닐까 하는 것이다"[159] [160]라고 평가하고 있다.

강산이 변한 기간 동안 병상에 계시면서도 현역 학자이상으로 책을 보시는 선생님을 뵈올 때마다, 토정 이지함은 병중에도 독서를 게을리하지 않은 성혼(成渾)에게 "공의 독서벽은 마치 여색(女色)을 탐하는 성벽(性癖)과 같다"고 했다[161]는 말이 떠오른다.

일본의 법학자인 스즈키 게이후(鈴木敬夫)[162] 교수는 한상범 선생님

---

159 강경근, "한태연-일찍이 신화가 된 천재의 헌법학", 『한국의 공법학자들-생애와 사상』, 한국공법학회(2003), 71면.

160 한상범 선생님의 다양한 독서와 관련하여 동국대학교 법과대학에서 학자로서의 후반기를 보낸 南松 한봉희(韓琫熙) 선생님은 "한교수는 대학시절 독서광이었으며, 그 습관이 한평생 계속되어 한상범 헌법학의 대업적을 이루었다고 생각된다. …중략… 독서광하면 조선왕조 정조 때의 실학자 이덕무(1741-1793)가 떠오른다. 그는 평생을 독서에 미쳐서 살았다고 하며 '책만 보는 바보; 간서치(看書癡)'로 불릴 정도였다. 이덕무는 실학자이며 한국의 셰익스피어라고 불리어진 "열하일기"(1783)의 저자 박지원(1737-1805)을 스승으로 모셨다고 한다(권정원 편역, 책에 미친 바보, 마더스북스). 이덕무는 평생 책 2만 여권을 읽은 서치(書癡)였다고 한다. 아마도 한 교수는 이덕무 이상의 서치가 아니었을까?"라고 기술하고 있다(한봉희, "동행", 『소중한 인연, 행복한 동행』, 보명BOOKS, 2013, 220면).

161 〔여적〕책벌레의 종말, 「경향신문」 2015년 11월 17일, 30면 참조.

162 스즈키 게이후(鈴木敬夫) 교수는 일본인이면서도 일제강점기 朝鮮植民地統治法의 實相과 運營이 얼마나 不法한 것인가를 1980년대 중반부터 일본에서 "法을 통한 支配－朝鮮에서의 日本植民地統治法의 成立過程", "治安維持法에 의한 植民地支配－戰前 朝鮮에서의 統治法의 一側面" 등의 논문을 통하여 실증적으로 糾明하고 受難民族에 대한 日本의 歷史的 責任을 問責한 일본내 양심적 학자이다. 이러한 논문을 전체적으

의 한국의 법문화 논구(論究)와 관련하여 "한상범 교수의 한국법문화의 과제를 제시하여 「封建的, 植民地的 法律文化의 殘滓」 즉 「식민지적 통치문화」와 「제국주의에의 예속한 식민지 지배문화」를 버리는 것(청산하는 것)이라고 주장한다. 이것이 논문 《한국의 법문화─서구법의 계수와 한국의 법사상 및 제문제》의 전체를 일관하는 한상범 교수의 사상이라고 해도 과언이 아니다. …중략… 한상범 교수자 지적하는 「植民統治文化」와 「帝國主義에 예속당한 식민지 지배문화」는 문화의 自律(Autonomie)을 부인당한 수난의 문화다. 한상범 논문에 경청할 만한 점은 바로 일본의 식민지 지배에 따르는 책임의 문제라고 해도 과언이 아니다."[163]라 평가하고 있다.

한상범 선생님은 사회문제와 사회소외계층에 대한 문제제기와 한국 헌법학에서 법사회학적 방법론을 최초로 도입하여 시행한 학자였다.[164] 또한 '한상범 헌법학'은 우리 헌법과 헌법학계가 구미 제국의 학설과 이론 수입에 자족하고, 한국 현실 헌정에 대한 애정과 고뇌도

로 새로 편성하여 고려대학교에서 박사학위논문으로 제출하였다. 鈴木敬夫, 『法을 통한 朝鮮植民地 支配에 관한 研究』, 高大民族文化研究所 出版部(1989) 참조.

163 鈴木敬夫, "식민지 통치법에 의한 사법행정─한상범 교수의 〈한국 법문화론〉과 관련하여", 「판례월보」 제266호(1992.11) 참조.

164 필자는 2000년 11월 14일 일본 창가대학(創價大學) 비교법문화연구소와 숭실대학교 법학 연구소 등이 공동주최한 "한국법과 일본법의 관계"라는 주제의 한일법학학술심포지움(장소: 일본 창가대학 본부동 10층 학술회의실)에서 "한(상범) 선생은 人權과 民主와 日帝 植民殘滓에 대한 淸算의 주장으로 일관해서 학문을 하여 옵니다. 따라서 社會問題와 社會疎外階層에 대한 문제 提起와 한국 헌법학에서 법사회학적 방법론을 최초로 도입하여 시행하는 학자입니다"라고 토론하였다("韓日法學學術심포지움: '韓國法과 日本法의 관계'討論 要旨", 「亞·太公法研究」, 제8집, 2000, 47면 참조).

결핍된 수입 헌법학이 문화권력으로서 우리 학계를 지배하고 있을 때 보편적 논리와 세계사적 일반성을 유지하면서 한국 근현대사에 뿌리와 토양을 두면서 한국현실과 유리(遊離)되지 않은 한국헌법학을 발전시켰다.

한상범 선생님은 헌법은 '자유에의 기술(技術)'이라고 불리우 듯 정치권력을 헌법의 규제·통제아래 둠으로써 시민의 인권을 보장하려는 법제도라고 정의하며, 법률이 자유와 권리를 규정하고 있더라도, 향유주체가 그 권리를 찾아 지켜야만 자유와 권리는 보장된다고 하는 것을 생활 속에서 실천하도록 인권 계몽 교육과 인권운동을 현실 속에서 실천하여 한국의 인권향상에 기여하였다.

한국의 법문화는 일제시대의 천황제 신권주의가 한국의 법문화에 영향을 미쳤다. 법률이 나라님의 명령이고 관료는 국민 위에 군림하는 등 권위주의가 온존하였고, 그러한 가운데 노예도덕과 집단최면의 토양에서 한국의 관료법학이 자라났고, 그러한 면에서 시민법학(市民法學)이 불모지대로 남아있었다.

한상범 선생님은 일제 식민 잔재가 한국의 법문화에 시민의 자유로운 정치참여와 법률통제를 가능하게 하는 시민법학이 성장하지 못하게 하고, 국민에 대한 기득권층의 억압과 통제를 위해 효과적인 도구가 되어온 관료법학만을 성장시켰다는 문제의식을 가지고서 지속적으로 사회에 문제제기를 하였을 뿐만 아니라[165] 그러한 문제를 해

---

165 관료주의와 관료법학에 대한 비판에 대해서는 한상범, "官僚主義와 官僚法學的 學風 -민주화를 위한 관료주의에 대한 비판적 고찰", 동국대학교 행정논집 제17집(1988),

결하는 대안으로서 「일제잔재청산」을 주장하며 〈한국법학계를 지배한 일본 법학의 유산〉 등 학문적 성과를 발표하였고, 그러한 노력이 시민법학의 씨앗을 뿌리고 한국의 법문화를 한차원 성숙시켰다. 특히, 한상범 선생님의 『한국의 법문화와 일본 제국주의 잔재』가 증명하고 있다. 이 책은 '강단법학을 시민법학에로 발돋움시켰다'는 평을 받으면서 1994년 제1회 한국법학교수회(韓國法學敎授會)의 '현암법학 저작상'[166]을 수상하였다.

2. 법철학과 법사상

선생님은 의당 장경학 선생님 번역서의 하나인 한스 켈젠(Hans Kelsen, 1881.10.11~1973.4.19)의 《공산주의 법이론》을 소개하는 서평

275-292면; 한상범, 『官僚主義와 基本的 人權』, 敎育科學社(1992) 참조.

166 현암법학저작상(玄岩法學著作賞) 제정에 대하여 제1회 玄岩法學著作賞 수상식 팜프 렛에 다음과 같이 소개하고 있다. "'韓國法學敎授會'는 旣刊行된 우수한 법학 연구서를 선정하여 시상하는 '玄岩法學著作賞'을, 재원을 출연하는 현암사와 이사회와의 수차례 협의 끝에 제정하였다. 이 상은 '玄岩 法典'의 편찬자인 趙相元 선생께서 우리나라가 선진 여러 나라에 비해 法學분야 연구서 발간이 일천함을 지적하고, 본격적인 法學 분야 저술 활동의 지원 방안으로 법학 저작상 기금 출연을 '韓國法學敎授會'에 제안하여 제정된 것이며, 명칭은 趙相元 선생의 아호를 따 정하였고, 재원은 玄岩社에서 매년 1500만원 씩 '玄岩法學著作賞' 운영 기금으로 출연하게 된다. 수상 자격은 당연히 法學 硏究 업적이 탁월한 사람의 기출간된 저술서여야 하며, 수상 후보자는 法學 관계 학회장과 法學敎授會에서 추천할 수 있다. 심사는 法學敎授會 회장단에서 추천하는 6인의 심사위원과 玄岩社가 추천하는 1인의 심사위원이 하고, 상금은 본상 수상자에게 1000만원, 본상 수상자가 없을 때에는 공로상 수상자에게 500만 원을 수여한다. 제1회 '玄岩法學著作賞' 본상은 대상작이 없고, 공로상으로 김형배교수와 한상범교수가 각각 받게 되었다."(제1회 玄岩法學著作賞 시상식 팜플렛 참조).

(書評)에서 "마르크스 레닌주의 또는 공산주의라고 하는 이론체계는 마르크스 자체만을 따져 볼지라도 방대하고 치밀하며 현학적인 이론 체계라고 하는 것은 다들 알고 있다. 그 가운데서 법이론이라고 하면 마르크스 레닌주의에서 차지하는 비중이 경제이론에 압도당하고 있으므로 일반 독자에게는 선뜻 접근하기 어려운 듯한 이론체계이기도 하다. 그러나 한편 따지고 보면 마르크스의 1844년대의 문제접근은 헤겔법철학·국가론에 대한 비판적 접근에서 자기이론과 문제 구상에서 출발하였음은 아는 분들은 알고 있다. 1844년의 〈독불연지〉에서 〈헤겔법철학 비판서설〉과 함께 실린 〈유대인문제〉는 마르크스의 본격적인 부르주아 시민국가에 대한 비판이기도하다. 그 후 1848년의 〈공산당선언〉에서 마르크스 엥겔스의 국가법이론은 전개되고 그의 말년에 가까운 시절인 1870년대의 파리 콤문에 대한 논문인 〈프랑스의 내란〉은 엥겔스의 《가족사유재산 및 국가의 기원》과 함께 마르크스이론의 국가. 법이론으로서 1916의 레닌의 《국가와 혁명》이란 저작에서 계승된다. 그 이후 러시아혁명이후의 공산주의 법이론은 그러한 계보를 이루고 있는 것이다. 러시아 혁명이후 스탈린시대에 이르기까지 공산주의 법이론이 어떠한 계보 속에서 그 이론을 어떻게 정립해왔으며 그 문제점이 무엇이었는가 하는 것은 많은 비판자들에 의해 제기되어 오고 있다. 그 가운데서도 한스 켈젠의 비판이론은 그가 자유주의자로 시종한 법학자이고 또 순수법학이란 이름으로 자연법론을 거부한 법사상가로서 우리의 관심을 끌뿐만이 아니라, 우리에게 친숙한 법학자라고 하는 점에서도 그에 대한 흥미는 있

다. 이보다도 나는 그가 공산주의에 대한 그 법구조나 법이론의 문제성을 솔직하게 또한 깊게 따져든 현대의 사상가로 우리에게는 그저 지나쳐 버릴 수 없는 사상가라고 보고 싶다."[167]라 기술하고 있다. 또한 사법계의 실상과 개혁의 과제를 주장하면서, 우리 법학계의 태두(泰斗)라고 불리는 초창기 법학자들이 민주주의 정신이 결여되어 있다는 점을 솔직하게 밝히고 있다. "헌법을 기초하고 대학총장과 교수를 한 유진오를 비롯한 많은 중견 법학자는 일제 제국대학 출신으로 1930년대 파시즘 분위기와 학계의 파시즘화 풍조 속에서 자신도 모르게 오염되었다. 그래서 패전 이후 일본에서 민주주의 법이론이 모색될 당시에도 전쟁 전이나 전쟁 중에 자기가 배운 파시즘법학이 법학정신의 고향으로 삼았다. 이를테면 오다카 도모(尾高朝雄) 경성제국대학(京城帝國大學) 교수의 제자를 자처하며 그의 법철학을 계승했다는 황산덕의 법철학은 오다카 법철학의 복제 축소판이었다. 자연히 그의 법철학에는 민주주의 정신이 거의 결여되어 있었다. 오다카 도모오의《실정법구조론(實定法構造論)》과《법철학개론》이란 책 일부를 모작하고, 오다카가 사사한 오스트리아의 법학자 한스 켈젠의《순수법학》의 이론을 받아들였다. 그런데 그의 주장은 켈젠의 민주주의 법철학과 이론의 정신은 빼먹은 채 그의 법실증주의의 한 쪽 면으로 경사된 것이었다. …중략… 황산덕이 소개한 켈젠과 칼 슈미트의 헌법의 수호자 논쟁에서도 왜 슈미트가 나찌스 편이 되었고 켈젠의 민주

---

167 「동대신문」 제850호, 1983년 3월 29일 참조.

주의 이론이 높이 평가되어야 하는지, 뚜렷한 지적이나 강조가 부족했다."[168] 한편 "켈젠의 《순수법학》의 독일어 원서의 복사판과 영문판 《법과 국가의 일반이론》의 복사판을 가지고 1950년대의 법학도는 원서강독의 교재로 사용했었다. 그런데 그의 민주주의 법철학이 켈젠시대에 지니는 역사적 배경과 정치적 의미를 뚜렷하게 부각시켜 가르친 교수는 별로 뚜렷이 기억에 떠오르지 않는 것이 유감이고, 우리 법학계의 빈곤한 민주주의 법철학과 황무지 상태는 결국 출세주의 고시파(高試派)만을 길러내어서 그들이 수험경쟁에서 남을 앞질러 출세했고, 결국 이들 수험 수재들 중에 상당수는 군사독재의 법기술자이고 독재의 하수인으로 전락하게 되었다"[169]며 안타까워하고 있다.

3. 인권론

인권이란 인간이 사회에서 인간답게 살기 위해 누려야 할 기본적인 권리를 말한다. 시민사회에서 천부인권의 주장은 전제권력의 자의적(恣意的)인 통치와 특권 계급제도의 차별에 대한 「안티 태제」로서 시민층에 의해 제기되었고, 그 이론적인 근거는 신의 피조물로서의 인간의 존엄이라는 데 있었다.[170]

인간의 자유와 권리라는 인권보장의 문제는 결국 권력의 통제 문

---

168 한상범, 『박정희와 친일파의 유령들』, 삼인(2005), 235−236면.
169 한상범, 위의 책, 236면.
170 한상범, 『現代佛敎와 社會科學』 동국대학교부설 역경원(1981), 19면.

제이며, 권력과의 싸움 없이 거져 쉽게 이루어지는 것은 아니라는 것을 일찍이 터득한 선생님께서는 권력과 줄타기 하는 아슬아슬한 숱한 고비를 넘으며 인권을 주장하고 인권을 위해 사회과학에 종사하는 사람으로서 책무를 소홀히 하지 않았다. 선생님의 인권 사상은 자연법(自然法)에 기초하고 있다.[171]

자유와 권리는 법률문서에 기록된 것만으로 자동적으로 보장되는 것은 아니다. 권리의 성문화는 보장의 '가능조건'이지 '보장' 그 자체를 의미하는 것은 아니다. 그것은 현실 생활에서 부단하게 지키려고 노력하는 과정에서 보장되는 것이다.

선생님은 "평생의 소원이 있다면 인간이 인간답게 존중되는 사회의 건설에 있고, 또 그것을 위해 사회 과학을 공부하는 사람으로서 조금이나마 무엇인가 공헌하는 데 있다"[172]고 밝히고 있다. 그러한 소원을 이루기 위해 평생을 올곧게 살아오면서 권력과 지난한 투쟁을 해 왔다. 그러한 인권 투쟁의 절정은 대통령 소속 의문사진상규명위원회 위원장이라는 중책을 맡아 일하면서 국가보안법 개폐 첫 권고와 전향제도(轉向制度)와 관련한 결정이라고 본다.

의문사진상규명위원회는 2002년 7월 9일 국가보안법 제7조(이적 단

---

171 한상범, "자연법이론과 기본권", 『公法의 諸問題』(문홍주박사 화갑기념논문집), 1978; 한상범, "法的 正義와 自然法的 遺産", 『現代의 大課題 50選』(월간중앙 1976년 신년호 특별부록), 90~94면 참조.
172 한상범, 『人間의 權利』, 正音社(1976), 머리말 참조.

체 가입 등)를 국제인권규약 기준에 맞게 신속히 개정·폐지할 것을 정부와 국회에 권고했다. "국가보안법 제7조가 우리나라가 가입한 유엔의 '시민적·정치적 권리에 관한 국제인권규약'이 규정한 표현의 자유 및 그 제한에 관한 규정을 위반하고 있다" "이에 따라 국가보안법의 이적단체 규정이 정부 비판세력에 대해 폭넓게 오용·악용되고 있어 이 부분에 대한 개정 또는 폐지 조치가 있어야 한다"고 밝혔다."[173]

제2기 대통령 소속 의문사진상규명위원회는 2004년 6월 30일 비전향 장기수 손윤구·최석기·박융서씨가 강제 전향공작(轉向工作) 폭행 및 가혹행위 등 위법한 공권력의 행사로 인하여 사망하였다고 인정하고, 비전향장기수 3명에 대한 민주화운동 관련성 인정 결정을 했다.[174] 이 결정에 대해서 일부 극우인사들이 강하게 반발을 하였고, 이 문제가 사회문제로 이슈화되었다.[175]

사상전향제도(思想轉向制度)는 1868년 명치유신(明治維新)으로 근대화의 길에 들어선 일본이 대정시대(大正時代)를 거치면서 노동운동, 사회운동이 활발해지자, 이에 위기감을 느낀 지배층들이 국민들의 사상을 통제하기 위하여 시행한 제도이며, 우리나라에서 시행된 사

---

173 "국가기관, 보안법 개폐 첫 권고", 「한겨레신문」, 2002년 7월 10일, 1면.
174 손윤규·최석기·박융서에 대한 대통령소속 의문사진상규명위원회 결정은 대통령소속 의문사진상규명위원회 보고서, 『진실을 향한 험난한 여정(II)』, 2004, 529-610면 참조.
175 강제전향과 관련한 의문사진상규명위원회 결정의 배경과 편향보도의 문제점에 대하여는 "강제전향에 반항하다가 피살된 장기수 사건에 대한 결정을 둘러싸고 일어난 사태에 대하여", 「의문사진상규명위원회 소식」 제8호(2004년 8월 25일), 1-2면 참조.

상전향제도는 일본제국주의 유산이다.[176 177 178]

의문사진상규명위원회는 민주화운동 관련성을 논함에 있어 위원회 출발 초기 워크숍에서 최대한 탄력성 있고 폭넓게 인정하자는 기조를 설정한 바 있었다. 특히 사상전향 공작과 관련하여 사상전향을 거부하다가 온갖 가혹행위 끝에 자살하거나, 사상 전향 공작을 거부하면서 단식을 벌이다가 강제급식 과정에서 사망한 옥중 사망 사건을 놓고 야만스런 국가 폭력에 의한 희생으로서 위법한 공권력이 개입되었다는 사실에 대하여는 위원들 사이에 이견이 없었다. 그러나 과연 이들의 행위가 민주화운동 관련성이 있는지를 놓고는 의견 대립이 있었다[179]한다.

당시 수구기득권 세력과 수구언론들은 간첩을 민주화 인사, 민주인사로 둔갑시키고 있다고 의문사진상규명위원회를 공격했다.

의문사진상규명위원회가 비전향장기수이 전향강요공작과정의 고문에 의해 목숨을 잃은 사건을 '민주화운동과 관련하여 공권력의 직·간접적인 개입에 의해 사망'으로 인정한 결정을 두고 보수언론의 여론몰이로 온 나라가 떠 들썩 했을 때, 선생님은 당시 대외협력홍보팀장에게 원고지에 직접 쓰신 보도자료를 발표하라고 주셨다 한다.

---

176 洪景嶺, "思想犯 轉向制度의 合憲性 與否에 관한 硏究", 서울대 대학원 석사논문 (1990), 12면.
177 日本의 사상통제와 전향제도에 대해서는 리차드 H. 미첼, 김윤식 옮김, 『日帝의 思想統制－思想轉向과 그 法體系』, 一志社(1982) 참조.
178 한상범, "사상·양심의 자유 짓 밝아온 일제 치안유지법의 잔재", 「역사비평」, 1993년 여름호(21호), 278－296면 참조.
179 김희수, 『법도 때로는 눈물을 흘린다』, 삼인(2005), 48면.

2004년 7월 2일 당시 발표된 내용을 보면 "1. 의문사진상규명위원회의 결정은 독재정권하의 정치탄압에서 발생했다고 문제된 의문사사건을 조사 심의 결정하여 어두웠던 과거의 잘못과 모순을 시정, 민주화에 기여코자 하는 것이다. 따라서 과거폭정 하에서 명백히 법률에 반하여 강제전향의 과정에서 사망한 피해자의 사망사건도 조사 규명하게 된다. 그런데 문제된 좌익 활동의 경력이 있는 의문사한 사람들도 그 한 가지 사실을 주로 하여 그의 모든 행위가 인간적 품위와 존엄의 문제를 비롯해 생존과 인권 및 그것을 존중하는 인권과 민주주의와 무관하다고 단정할 수는 없다. 2. 과거 문민정부 시절에도 모 장관이 "공산당은 고문을 해도 된다"는 주장을 한 적이 있다. 그러나 인간에 대해서 그 대상이 누구이든 고문해선 안 된다. 그리고 인간은 누구이고 인권과 민주주의를 주장해선 안 된다는 논리도 안 된다. 더욱이 개인의 전력 때문에 그가 주장하거나 행한 행위가 모두 인권과 민주주의와 무관하다고 할 수도 없다. 위와 같은 정신에서 의문사진상규명을 해온 것이고 그 중에서 문제된 사건도 포함되어 있다. 만일 위원회가 조사 심의 결정한 사항에 대해서 이의나 의문이 있으면 누구나 비판하고 논평하며 검토해서 문제점을 제기할 수 있다."[180]

당시 의문사진상규명위원회 보고서팀에 근무한 김성수 박사(역사학)는 공개토론회에서 선생님의 소신이 담긴 발언을 다음과 같이 적고 있다.

---

180 한상범 교수 문집 간행위원회, 『소중한 인연, 행복한 동행』, 보명BOOKS(2013), 316-317면.

토론 중 한상범 위원장님은 위원회를 빨갱이로 몰아붙이는 극우인 사들에게 조금도 주눅이 들거나 기가죽지 않고 당당하게 아래와 같은 의미의 주장을 하셨다.

"이 비전향 장기수분들은 전력이 빨갱이든 흰둥이든 검둥이든 이미 우리 정부로부터 처벌을 받았습니다. 그리고 그 분들의 과거 전력이 어떻든 그 분들은 우리와 같은 인간입니다. 그리고 인간의 권리는 보호받아야 합니다. 이 분들도 여러분과 저와 같이 대한민국 법률의 보호 안에 있는 분들이고, 대한민국이 법치·민주국가라면 그에 따라 이 분들을 처우해야 합니다. 김영삼 정권 때 내무장관이 '공산당은 고문해도 좋다'고 했는데 이것은 아닙니다. 자유민주주의의 핵심은 인간의 존엄성을 존중하는 것입니다. 그리고 그 뿌리는 인격의 이성적인 자유를 보장한다는 겁니다."

당시 나는 자유민주주의 핵심을 인간에 대한 존엄성을 존중하는 것으로 정의한 한상범 위원장님의 흔들림 없고 확고한 발언에 큰 감동을 받았다. 극우인사들의 소란한 아우성에도 불구하고 한상범 위원장님은 차분하게 영국 사상가 존 밀턴과 독일의 법학자 칼 슈미트의 예도 이렇게 들었다.

"자유민주주의 원조격인 영국 사상가 존 스튜어트 밀은 그의 명저 '자유론' 에서 사상, 양심, 신앙에 대해서는 국가권력이 심판자가 아니라고 합니다. 그는 '자유로운 논쟁에서 진실한 것은 살아남고 잘못된 것은 도태된다'고 주장했습니다. 20세기 최고 헌법학자인 칼 슈미트도 국가권력이 도덕적인 권위를 가진 심판자가 아니라고 했습니다. 자유주의 법치국가론에서는 권력을 필요악으로 보고, 권력이 간섭하는 것은 질서유지와 복지증진에 한하는 것이지 신앙과 학문적인 논쟁 사항을 심판하는 것은 아니라고 했습니다. 이것이 상식이고, 자유민주주의 국가의 기본입니다."

나는 당시 인간의 사상, 양심, 신앙에 대해서 국가권력은 심판자가 아니라는 밀의 주장을 흥분한 극우인사들에게 한 치의 당황함도 없이 논리정연하게 설명하는 한상범 위원장의 모습을 보면서 지성의 중요성을 실감했다. 아울러 국가권력은 질서유지와 복지증진에만 간섭 할 수 있고 신앙과 학문적인 논쟁 사항을 심판하는 것은 아니라고 꿋꿋이 주장하는 한상범 위원장님을 지켜보며 군력(群力) 앞에 당당한 헌법학자의 면모를 느낄 수 있었다."[181]

2004년 의문사진상규명위원회의 전향공작 관련 결정은 김성수 박사가 기술 바에서 볼 수 있듯이, 비전향 장기수분들이 우리나라 민주화에 의도적으로 기여했다기보다 전향제라는 비인간적인 악습에 목숨을 걸고 항거했고 사회적 파장을 미쳐서 한상범 위원장과 진보적인 위원들은 이들이 민주화운동에 기여 한 것이라고 인정한 것이다. 결국 그 말은 이 비전향 장기수 분들이 민주투사이고, 민주제도 수립에 기여한 게 아니라 인권의 질곡이었던 반인륜적 제도의 폐지에 직

181 한상범 교수 문집 간행위원회, 위의 책, 322-323면.

간접 영향을 미쳤다는 것을 인정한 것이다.[182] 당시 의문사진상규명위원회 상임위원이었던 김희수 변호사는 "사상 전향을 거부한 이들은 결과적으로 사상전향제도 폐지와 준법서약제 폐지를 이끌어냈다. 죽음을 불사한 그들의 투쟁은 그리하여 이 나라 민주화를 한 단계 발전시키는데 기여했다. 그래서 위원회는 그 공로를 인정해주려고 했던 것이다. 그렇다고 그들을 민주화 인사 또는 민주인사라고 말한 적은 없다."[183]라 쓰고 있다.

위의 선생님 발언에 선생님 인권론의 정수(精髓)가 녹아 있다고 본다.

4. 불교계 인권 운동

한상범 선생님은 종립학교인 동국대학교 졸업생으로 불교와의 인연은 '필연적'(必然的)이었다 할 것이다. 선생은 불교와의 인연에 대하여 다음과 같이 밝히고 있다. "원래 나는 솔직히 말해서 종교적인 분위기 보다는 고려의 서울이던 개성에서 〈샤만〉적인 분위기 속에서 자라났다. 굿을 하고 고사를 드리는 것을 많이 보았고, 점을 치고 관상 사주를 보고 얘기하는 것을 어렸을 때에 많이 들었다. 그런데 6·25 동란은 사람을 극한적 상황으로 몰아넣어서 내 스스로가 순간순간 자기 생명의 결단을 내려야 하게 하였다. 죽을 고비는 누구나 넘었다고 하지만, 내 나름으로 인간생명의 모습이랄까, 사람의 허망한 발

---

182 한상범 교수 문집 간행위원회, 위의 책, 324면.
183 김희수, 앞의 책, 55면.

버둥질을 보고, 나도 그 속에서 살았다. 그 후 우연히 내 스스로 조용히 명상하고 젊은 시절의 고뇌를 안고 고민하는 시절에 절에서 공부하는 기회를 가졌었다. 그 때에 누가 시킨 것은 아니고 스스로가 목적의식이 있었던 것은 아니지만, 불경을 보고 종교가 뭣인가를 깊이 생각해 보게 되었다"[184]

또, 안성 칠장사(七藏寺)에서의 생활을 다음과 같이 회고하고 있다. "「당시는 이승만의 "대처승은 절에서 나가라!"는 담화가 유시처럼 법령의 효력을 지닌 불교정화의 불을 당겨서 대처와 비구의 싸움이 시작되었던 시기이다. 학교에 나가서 강의를 들어도 노트필기나 시키고, '명강의'라는 법학의 대가의 강의가 대개 일본교과서를 암송해 고문합격을 한 이력을 유일한 밑천으로 출세한 일제시절 판검사출신의 강의도 별로 내키지 않았다. 대법관인 김두일은 마키노(牧野英一)의 형법 교과서를 암송하는 것을 자랑했고, 황산덕의 법철학은 오다카도모(尾高朝雄)의 몇 권의 저서를 발췌 요약한 것이었다. 김증한의 민법은 와가즈마사카에(我妻榮)의 교과서 번역을 한 것을 그대로 옮긴 것이라고 실토했다. 나는 1950년 초기 피난시절에 일본의 사회경제체계의 시리즈 전집을 통해 그들의 이론 입문정도는 하였다. 일본에서 패전후에 마키노의 형법이 아니라 그 후세대의 히라노(平野龍一) 단토오(團藤重光) 기무라 가메지(木村龜二)가 나와서 파시즘시절을 탈피하고 있었고, 오다카의 법철학은 그의 『법의 궁극에 있는 것』과 『실

184 한상범, 『現代佛敎와 社會科學』, 동국대학교부설 역경원(1981), 8면.

정법질서론』이 자세한 내용은 모르나 고서점에서 돌아다녀서 보아서 대개 그 윤곽엔 낯이 익었다. 와가츠마 책은 하도 유명해서 여러 종류가 거리의 고서점에서 굴러 다녔다. 그래서 우선 오다카 도모가 사사한 한스 켈젠의 영어판『법과 국가의 일반이론』의 사진판서적을 구하고, 春秋社思想全集의 켈젠의『법학적 국가개념과 사회학적 국가개념』을 함께 가지고 갔다. …중략… 절에선 고시공부학생이 들어 온 것으로 봐서 마땅치 않아 했다. 거처할 적당한 공부방이 없다는 것이다. 그래서 나는 스님과 똑같은 생활을 하고 방은 아무대고 빈방 하나면 된다고 했다. 사정을 한 끝에 간신히 어느 기녀가 기부해서 그의 사당으로 지은 외따로 떨어진 독채에 들었다. …중략… 당시 절은 대처승이 물러가고 비구승이 차지하고 있었다. 쫓겨난 대처승은 절 아래 마을에서 가족과 함께 살고 있었다. 양쪽은 은연중 서로가 대립하고 있었다. 대처승 주지는 내가 비구승측의 주먹패로 아는지 눈을 부라렸다. 한편 비구승은 내가 자기들의 생활의 감시자 비슷하게 의식을 하는지 불편해하고 경계했다. 내가 없는 사이에 나의 책을 와서 뒤지고 조사하는 사찰계(査察係) 형사가 어른거리는 것을 어느 날인가 알게 되었다.」[185] 회고하고 있다.

이후 1960년 조선대학교 법학과 교수를 거쳐 모교인 동국대학교 전임교수가 되면서부터 불교신문 주필 겸 주간으로 활동하면서 사설 등을 집필하였다. 또한, 한국교수불자연합회 창립 멤버로서 회장을 역

---

185 한상범 교수 문집 간행위원회,『소중한 인연, 행복한 동행』, 보명BOOKS(2013), 70-72면.

임하였다.[186] 선생님이 평생을 천착(淺酌)한 주제의 하나인 인권 문제를 불교 쪽에서 "불교인권위원회"를 창립하여 불교계의 인권 운동의 초석을 놓았다.[187] 1990년대부터 이 단체들의 공동대표로 활동했다.

한국불교 조계종은 1994년 극렬한 분쟁과 혼란의 소용돌이에 휩싸였다. 1994년 사건은 종단 내 권력 다툼에 그치지 않고 집권당 정치자금과 결부되어 복잡한 사건이 되었다.[188] 1994년 2월26일, 불교계는 큰 충격에 빠졌다. 정대철 민주당 의원이 전날 국회에서 "상무대 이전 공사 과정에서 검은 돈이 대구 동화사 대불조성 불사에 흘러 들어갔다"고 폭로했기 때문이다. 한겨레신문(1994년 2월26일자 1면)

---

186 동대신문은 교불련 발족을 다음과 같이 기사화하고 있다. "이지관(李智冠)총장 등 본교 교수 60여 명이 참가하는 한국교수불자(韓國敎授佛子)연합회(회장=高瀋煥, 경기대 법정대학장)가 지난 2월 27일 남산 대원정사에서 창립총회를 갖고 발족됐다. '오늘날 침체와 무기력에 빠진 불교(佛敎)를 중흥, 생활에서 실천되는 불교문화를 구현함으로써 조국의 통일과 민주화를 쟁취하는 민주통일정토(民主統一淨土)를 이루는데 지성적 기초를 마련하는 것'을 그 창립취지로 하고 있는 '교불련(敎佛聯)'은 전국대학의 전임강사 이상 교수 5백여 명을 그 회원으로 하고 있다. 이 모임에 본교에서는 李총장과 서돈각(徐燉珏)전총장이 고문을 맡고 있는 것을 비롯, 오형근(吳亨根)(불교) 조용길(曺勇吉)(불교) 최창술(崔昌述)(선학) 한상범(韓相範)(법학) 연기영(延基榮)(법학) 김병기(金炳奇)(경주 무역)교수가 이사를, 송재운(宋在雲)(국민윤리) 오국근(吳國根)(영문)교수가 각각 편집위원회·학술위원회의 위원장을 맡고 있다. 특히 오형근, 연기영 교수가 학술부장과 섭외부장을 맡고 있기도 한 교불련은 연간 주요사업으로 '선법회(禪法會) 대중 강좌' '불교관계학술 심포지엄' '불교논문집 발간 및 국제교류 추진' 등을 계획하고 있다."(「동대신문」, 제991호, 1988년 4월 26일 참조).
187 선생님은 불교인권위원회 인권운동에 어떻게든 초석을 놓기 위해《인권문제 입문》(석림출판사, 1995)를 출간하여 이 책자가 불교인권위원회 운동기금으로 활용되어지도록 인세 전부를 기부하시기도 했다.
188 이에 대한 자세한 내용은 원행(遠行) 지음, 『10·27불교법난』, 에세이스트사(2015), 321-330면 참조.

에 따르면 정 의원은 이날 광주 상무대 교외이전사업 시공업체인 청우종합건설 조기현 회장이 1992년 대선 직전 공사대금 5800억 원 가운데 227억 원을 유용했다고 주장했다. 이중 80억 원은 대구 동화사 대불 건립비에 시주하고, 40억 원은 정치자금으로 여권 고위층에 전달됐다는 것이다. 당시 조 회장은 조계종 전국신도회장으로 의현 총무원장과는 막역한 사이로 알려져 있었다. 종단 내부에서 의혹이 증폭될 수밖에 없었다. 이 무렵 의현 스님은 선거 때마다 여당 후보를 지원하면서 정치권력과의 유착 의혹이 꾸준히 제기되고 있었다. 이런 상황에서 대선 직전 상무대 비자금 일부가 동화사 대불 불사금으로 전달됐다는 것을 순수하게만 볼 수 없었다. 이 사건은 정치권의 최대 이슈로 부각됐고, 불교계에 적지 않은 파장을 몰고 왔다. 철옹성 같았던 의현 총무원장 체제가 무너지게 된 결정적인 원인으로 작용했다.[189] 한편으로는 조계종 개혁의 계기가 되었다. 당시 선생님께서는 종립학교인 동국대학교 교수인 동시에 한국교수불자연합회 회장직을 수행하고 있었다. 종립학교로서 조계종단과 불가분의 관계인 동국대 분위기는 서로가 조계종단의 눈치를 보며 향후 추이가 어떻게 되나 계산기를 두드리며 보신에 급급하던 때였다. 대학원생이던 내 눈에도 그리 보였다. 선생님은 A4 두 장 분량으로 〈조계종 폭력사태와 불교 개혁에 대한 우리의 의견〉이라는 성명서를 발표했다.[190]

---

189 권오영 기자, "13. 상무대 비리의혹 사건 −개혁세력에 명분 실어준 의현 총무원장의 '비리 커넥션'", 「법보신문」 2014년 5월 6일 참조.
190 당시 성명서의 내용은 다음과 같다. "한국불교 조계종 종권을 둘러싼 폭력난동은 오

1994년 종단 개혁의 과도기에 조계종전국중앙신도회 준비위원장을 맡아 불교개혁을 위한 밑알 역할을 했다.

5. 한국 군부와 세지마 류조(瀬島 龍三)와의 관계를 발굴하고 알린 공적(功績)

세지마 류조(瀬島 龍三)[191]는 한·일 현대사에서 빼놓을 수 없는 인

늘에 비롯된 것은 아니다. 이 점을 솔직하게 시인하고 불교도는 참으로 부끄러운 마음으로 그 원인을 과감하게 적출해서 문제점을 분명히 해야한다. …중략… 유감스럽지만 이 점은 인정하고 그에 대처해 나갈 것을 전 불교도에게 호소하는 바이다. 여기서 우선 당장 시급한 당면과제를 다음과 같이 제시한다. 1. 이번 난동사태에 관련된 승려는 즉시 퇴진하라. 1. 이번 사태의 근본해결은 불교도 자체의 힘에 의하도록 해야한다. 사직당국의 수사결과에 기대를 걸고만 있어서는 예전 사태의 되풀이만이 있을 뿐이다. 1. 종무행정의 부조리와 모순의 실태를 조사해서 시정 방향을 제시할 「조사대책기구」를 즉시 구성하라. 위 기구는 승려와 신도가 함께 참여하는 민주적 기구이어야 한다. 1. 이번 기회에 인사 및 재무관리 구조를 비롯한 종무행정의 제도개혁을 과감하게 추진하라. 1. 장기적인 안목으로 조계종 「재산의 법인화」를 위한 기본대책을 서둘러야 한다. 재산의 유실과 사유화를 막는 길은 법인화의 법적 조치 이외에 다른 방도가 없다 . …중략… 1994년 4월 7일 한국교수불자연합회 회장 한상범". 당시 성명서는 필자가 보관하여서 그 내용을 자세히 알 수 있었다. 자료 보관의 중요성을 다시 느끼며, 반독재투쟁과 민주화운동과정에서 각종 성명서 작성, 구속인사에 대한 변론자료 준비와 구명운동 등 한국 민주화 과정에서 자료를 잘 보관하여 책으로 발간한 재야민주화운동의 대부로 알려진 김정남 선생의 위대함을 다시 생각해 본다. 김정남, 『진실 광장에 서다 : 민주화운동 30년의 역정』, 창작과비평사(2005) 참조.

191 일본의 인명사전에 수록된 '일본 군국주의의 신화적 인물' 세지마 류조의 프로필을 정리하면 다음과 같다(산세이도, 콘사이스 일본인명사전 참조). 1911년 출생. 육군사관학교 우등졸업, 육군대학 수석졸업. 1939년 다이홍에이(일본 최고통수부)부원 2차 세계대전 등 작전기획 참여담당. 1945년 만주관동군 참모(중좌) 박정희 등 만군 하급장교인 한국인 일제군인의 최고상관이 됨. 이 관계는 한국군 군대의 일제군 출신 모두의 장로로 그가 예우되게 됨. 츠아무개는 일군출신으로 예비역 예편으로 박정희 밑에서 주일한국대사가 되었는데 세지마 앞에서는 앉지도 못하고 부동자세로 그의 말

물이다. 일본 육사 후배인 박정희 전 대통령 등 한국 군사정권과는 밀월을 유지했다. 1965년 한·일 국교정상화 회담 때는 '김종필-오히라' 공식 라인 뒤에서 막후 해결사 역할을 했다. 동시에 박정희 전 대통령에게 수출 드라이브와 압축 성장 전략 등을 조언하는 등 朴정권의 개발독재 과정에도 영향을 미쳤다. 이 때문에 일각에서는 '박정희의 정신적 스승'으로 불리기도 했다. 포항제철(현 포스코) 설립에도 깊이 관여해 타계하기 전까지 박태준 전 회장과도 교류를 가져왔다.[192]

세지마 류조는 박정희, 전두환, 노태우로 이어지는 한국 군사정권을 비롯하여 삼성그룹의 창업주인 이병철 회장 등과 긴밀한 관계로 한 일 외교 막후에서 활동한 인물이다. 심지어 박정희 전 대통령의 재혼(再婚)까지 조언할 정도였다는 것에서 세지마와 한국 대통령들과의 밀월 관계를 알 수 있다.

국회의장을 지낸 김재순의 회고록에 의하면, 김 전의장이 1975년

───────────

을 경청하는 정도였음. 일본제국주의의가 패전하자 세지마는 소련군 포로가 되어 시베리아 억류. 일본 전범재판 당시에는 소련군 측 증인으로 출석 증언. 그 일에 대해선 소련 정보기관과의 석연치 않은 설이 분분하다(호사카 마사야스(保阪正康), 세지마류조 참모(參謀)의 소화사(昭和史), 문예춘추사, 2000年. 23쪽 및 63쪽 이하 참조). 시베리아에서 귀국 후 1958년 이토추상사 취직. 1972년 부사장, 1978년 회장, 1981년 상담역. 그는 제국군대의 전략 전술을 기업경영에 적용해 성공한 사례로 인정되고 있음. 나카소네 수상시절 임시행정개혁추진심의회 회장으로 활약. 나카소네 수상(1982-1987년)의 정책참모이고 일본 우익 군국주의 수구의 장로격(한상범, "박정희-전두환-노태우는 日 우익 거두 세지마의 충복들" 폭로, 「데일리 서프라이즈」, 2005년 4월 12일).

192 '한·일 현대사의 막후 실력자' 이토추상사 前회장 세지마 류조 타계, 「경향신문」 2007년 9월 5일 참조.

신병치료차 일본에 있었고, 김재순 의장의 병문안을 온 세지마가 "박 전 대통령에게 '반드시 재혼을 하시라' 당부해 달라"고 했다. 김 전의 장이 귀국직후 청와대에 들어가 세지마의 말을 전했더니 박 전 대통령이 "근혜 때문에…"라며 말끝을 흐렸다는 것이다.[193]

한상범 교수님은 세지마 류조(瀨島 龍三)와 한국 군사정권과의 관계를 발굴하고 국내에 지속적으로 알리고 한국 군사정권의 친일성(親日性)을 밝혀내었다.

"특히 세지마가 주목받는 것은 박정희의 자문역으로 활약했고 수출주도형 종합상사체제의 개발 드라이브를 박정희에게 직접 제시하고 지도했기 때문이다. 뿐만 아니라 전두환에게는 5·18광주민주화운동에 대한 민심 수습을 위한 '올림픽유치'를, 노태우에게는 대통령제의 문제점에 관한 대책강구(내각제)를 조언했다." 박정희–전두환–노태우로 이어지는 한국 군사정권의 전임 대통령들은 모두 일본우익의 거두 세지마 류조(瀨島龍三)의 충복이었다. 한상범 동국대 명예교수(전 의문사진상규명위원장)는 2005년 3월 21일 가진 데일리 서프라이즈와의 인터뷰에서 이런 사실을 공개하고 한국의 보수우익을 '부패기득권'으로 규정했다. 한 교수는 △세지마 류조와 한국의 친일수구 부류와의 관계와 △제국주의에 대한 세지마의 변호를 조목조목 지적하고, 주일한국대사가 세지마 앞에서 앉지도 못하고 부동자세로 있었

---

193 김재순·안병훈, 『어느 노 정객과의 시간여행』, 기파랑(2016), 267–268면 참조.

다는 충격적인 일화를 밝히기도 했다.[194]

전두환은 세지마 류조(瀨島龍三·관동군 참모 대좌(대령))를 충실히 모셨다. 세지마가 박정희의 스승이고 대부인 것은 알 만한 사람은 다 안다.[195] 전두환은 심지어 1979년 12·12쿠데타 때도 당시 일본대사(스노베 류조, 須之部量三)에게 거사를 미리 통고하는 식으로 충성심을 보였다.[196] [197] 그 후 그는 세지마 류조의 충고와 교시를 받들어 민심 수습을 위해 올림픽 개최라는 계획을 세웠으며, 집권 당시 일본 현직 수상 나카소네를 초청하기도 했다.[198] [199] 한편 노태우의 경우는 세지

---

194 한상범, ""박정희-전두환-노태우는 일본 우익 거두 세지마의 충복들" 폭로", 「데일리 서프라이즈」 2005년 3월 21일자.

195 한상범, 〈군사정권 3대에 걸친 대통령을 지도한 군국주의자 세지마 류조 대좌(대령)〉, 「서프라이즈」 2005년 3월 21일자 참조.

196 박선원, 〈냉전기 한일협력의 국제정치 ; 1980년 신군부 등장과 일본의 정치적 영향력〉, 《國際政治論叢》제42집 3호(2002) 韓國國際政治學會, 258쪽 이하 참조.

197 "스노베(須之部量三)대사 등의 증언에 따르면 10·26사태 직후인 1979년 11월말 전두환(全斗煥) 당시 보안사령관 겸 계엄사령부 합동수사본부장과 허문도(許文道) 주일 한국대사관 수석공보관이 주한일본대사관 인근 보안사령부 안가에서 스노베 대사와 비밀접촉을 갖고 "정승화(鄭昇和)계엄사령관을 곧 체포할 것"이라며 12·12 군부 쿠데타를 사전통보하고 협조를 부탁했다. 스노베 대사는 이에 앞서 박정희(朴正熙)전 대통령 서거 불과 이틀 후인 10월 28일 허씨가 계엄사령부 합동수사본부 수사발표장에서 자신을 만나 "전두환 장군이 새로운 체제를 만들 것"이라고 말했다고 증언했다"(신군부, "日측에 협조·지원 요청했다", 한국일보 2000년 5월 18일자 참조).

198 한상범, "전두환은 박정희의 유일무이한 '정통계승자'", 「오마이뉴스(OhmyNews)」 2005년 6월 3일자; '전두환 체제의 나팔수들' 펴낸 의문사위 한상범 위원장, 「노컷뉴스」 2004년 6월 13일자 참조.

199 "그(세지마)는 자신의 회고록에서 당시의 한일관계정상화 내막에 대해 나카소네 총리의 밀명을 받고 日帝시대부터 알고 지내던 權翊鉉민정당사무총장과 부산에서 비밀리에 만나 엔차관 18억5천만달러, 수출입은행 융자 21억5천만달러(기간 7년, 금리 6%) 등의 경제협력자금을 한국측에 제공키로 합의함으로써 83년 1월 全斗煥대통령과 나카소네총리간의 한일 정상회담이 전격 성사됐다고 밝히고 있다."([박스]5共 한일밀사

마에게 대통령 퇴임 후 자기가 무엇을 어떻게 해야 하는지 직접으로 지도를 청했으며, 세지마의 방한 시 술좌석에서 일본의 인기 여가수 미소라 히바리의 노래를 열창해 칭찬을 받기도 하는 등 '한심한 수준'의 충복노릇을 한 것으로 알려지고 있다.[200]

우리 사회 일부에서는 세지마 류조에 대해 '전쟁을 반성하는 양심적인 군인'이라 치켜세우기도 했다.

"세지마 류조(瀬島龍三)는 회상록에서 "영역과 세력권 확대에 집착한 게 패망의 길로 들어선 결정적 원인"이라고 전쟁을 반성했다. 그는 전쟁을 반성하는 양심적 군인으로 꼽히는 인물이다."라며 세지마 류조를 추켜세우기도 했다.[201] 그러나 세지마는 전쟁을 특히, 한반도 침탈을 반성하지 않은 인물이다. 그는 자신의 회고록 「이쿠산가(幾山

－－－－－－－－－－

세지마, 한반도침탈등 합리화, 연합뉴스, 1995년 9월 23일).

200 한상범·이철호, 『법은 어떻게 독재의 도구가 되었나』, 삼인(2012), 40면; 한상범, ""박정희-전두환-노태우는 일본 우익 거두 세지마의 충복들" 폭로", 「데일리 서프라이즈」 2005년 3월 21일자.

201 "…전략… 세지마 류조(瀬島龍三)대좌는 45년 7월 만주 관동군 참모로 발령받았다. 종전 뒤 11년간 소련에 억류됐다 56년 8월 돌아왔다. 그는 58년 이토추상사에 입사해 고속 승진을 거듭, 78년 회장이 됐다. 파란만장한 경력 때문에 일본의 소설 '불모지대'의 주인공이 될 정도였다. 그는 회상록에서 "영역과 세력권 확대에 집착한 게 패망의 길로 들어선 결정적 원인"이라고 전쟁을 반성했다. 그는 전쟁을 반성하는 양심적 군인으로 꼽히는 인물이다. 둘 중 누가 오늘 일본의 진짜 정서를 반영할까. 시사점이 있다. 88년 12월 7일 나카사키 시의회의 한 의원이 모토지마 히토시 시장에게 천황의 전쟁책임에 대한 견해를 물었다. 시장은 단호히 "책임있다"고 했다. 후폭풍이 닥쳤다. 자민당 시의원들이 발언철회를 요구했고 당은 그를 고문직에서 내쫓았다. 협박편지도 쇄도했다. 90년 1월 그는 우익단체 간부의 총에 맞았지만 살아났다. 일본에서 '양심적'이라는 게 얼마나 위험한 일인지 보여주는 대표적 실례로 꼽힌다."(안성규,〔분수대〕두 일본인, 중앙일보 2005년 3월 15일 참조).

전경련 자문위원 日극우파 위촉 말썽

"한일합방 침략 아니다" 주장 세지마 류조씨 포함돼

세지마 류조씨

전국경제인연합회가 최근 국제자문단 자문위원으로 위촉한 일본의 이토추상사 세지마 류조(瀬島龍三)고문이 일본의 대표적 극우인사로 알려져 학계의 비난 여론이 거세다.

학계에 따르면 세지마 고문은 2차대전 당시 일본군 대본영 참모장교로 침략전쟁에 주도적 역할을 했으며 한일합방에 대해서도 침략임을 부인하는 입장을 피력해 왔다고 한다. 동국대 법학과 韓相範교수는 "세지마고문이 지난 96년 펴낸 자서전 '기산하(幾山河)'에서 '1910년 한일합병을 침략내지 식민지화라고 정의하는 것은 역사적 사실을 감안할 때 부적당하다는 것이 나의 생각'이라고 주장했다"고 밝혔다.

세지마 고문은 일본육사를 최우등으로 졸업했으며 2차대전말 관동군 장교로 있다가 러시아군에 포로로 잡혀 시베리아에서 10년간 수형생활을 겪기도 해 일본우익들로부터 신화적 인물로 추앙받고 있는 것으로 알려졌다.

수형생활을 마치고 고국으로 돌아와 이토추상사의 자문역에 취임, 동남아시아 등지를 상대로 상품판매나 해외발주에 남다른 수완을 보여 회사를 일으켰다.

韓교수는 "전경련이 국가경제의 어려움을 극복하려는 차원에서 외국 유력인사들을 자문위원으로 기용한 뜻은 알겠지만 세지마같은 사람을 포함시킨 것은 민족적 자존심에 먹칠을 하는 일"이라고 개탄했다.

전경련 고위관계자는 "세지마고문을 영입한 것은 이데올로기와는 무관한 것"이라면서 "그가 일본재계에 미치는 영향력이 지대한 만큼 우리 경제에 보탬이 되리라고 보고 추천했다"고 해명했다.

● 金煥龍

dragonk@daehanmaeil.com

대한매일, 1999. 3. 24. ⑩

河)」 출간(산케이신문 발행)에 즈음해 마련된 대담에서 "청일, 노일전쟁은 조선문제가 발단이다. 조선반도에 강력한 제3국이 존재하는 것은 당시 일본의 안전보장상 대단한 위협이었기 때문에 양전쟁이 일어났던 것"이라고 일제의 한반도 침탈을 합리화한 인물이다.[202]

---

202 5共 한일밀사 세지마, 한반도침탈등 합리화, 「연합뉴스」 1995년 9월 23일.

2005년 4월 16일 KBS 〈미디어포커스〉는 '세지마 류조로 본 한일 극우 커넥션과 언론'에서 일본 관동군 참모 출신으로 전후 일본 사회에서 정·재계의 막강한 배후 조종자로 손꼽이는 '세지마 류조'를 한국 언론이 어떻게 '미화'했는지 보도했다. 세지마 류조가 박정희에서부터 노태우에 이르는 군사정권 시절 한일관계에 어떠한 영향력을 행사했는지 집중조명하며 한일 정·재계에 형성된 '극우 커넥션'을 파헤쳤고, 언론도 일정부분 역할을 담당했음을 밝혔다. 세지마 류조는 2차 세계대전 당시 일제의 패망 직전 관동군 참모로서 박정희의 직속 상관에 해당하는 사람이었다. 이 인연을 계기로 세지마는 박정희 등 육사 출사의 한국 군인들을 등에 업고 지난 3공화국에서 6공화국까지 한일 외교를 막후에서 조정했다. 세지마의 역할은 80년대 이후에도 한국 내 일본육사출신 인맥을 통해 한일외교의 막후 실력자로 영향력을 이어 갔으나 세지마 류조를 매개로 이뤄진 한일외교관계에서 한국은 한 차례도 일본으로부터 과거 침략과 식민지배에 대한 진심 어린 사과를 듣지 못했다. 〈미디어포커스〉는 이 때문에 "세지마 류조는 진정한 역사 청산을 가로막아 온 인물"이라고 지적했다. 세지마는 1999년 전경련의 '국제자문단 위원'으로 위촉받았을 정도였지만 전경련의 결정에 대해 비판을 가한 신문은 당시 대한매일신보(현 서울신문)[203]뿐이었다. 그나마 전 의문사진상규명위원회 위원장이었던 한상

---

203 "전국경제인연합회가 최근 국제자문단 자문위원으로 위촉한 일본의 이토추상사 세지마 류조(瀨島龍三)고문이 일본의 대표적 극우인사로 알려져 학계의 비난 여론이 거세다. 학계에 따르면 세지마 고문은 2차대전 당시 일본군 대본영 참모장교로 침략전쟁

범 동국대 명예교수가 세지마와 한국 군부의 관계를 끈질기게 발굴했고 인터넷 매체들이 알려왔기에 〈미디어포커스〉의 심층보도가 있을 수 있었다(밑줄-필자).[204]고 기술하고 있다.

Ⅳ. 맺음말

한상범 선생님은 「동대신문」과 가진 정년퇴임 인터뷰에서 학생들에게 "사회와 타협하지 않고 진리와 정의 위한 순수한 감각을 가져야 해"라는 말을 하고 있다. 동대신문은 선생님과의 인터뷰 내용을 다음과 같이 기사화하고 있다.

에 주도적 역할을 했으며 한일합방에 대해서도 침략임을 부인하는 입장을 피력해 왔다고 한다. 동국대 법학과 韓相範교수는 "세지마고문이 지난 95년 펴낸 자서전 '기산하(幾山河)'에서 '1910년 한일합병을 침략내지 식민지화라고 정의하는 것은 역사적 사실을 감안할 때 부적당하다는 것이 나의 생각'이라고 주장했다"고 밝혔다. 세지마 고문은 일본육사를 최우등으로 졸업했으며 2차대전말 관동군 장교로 있다가 러시아군에 포로로 잡혀 시베리아에서 10년간 수형생활을 겪기도 해 일본우익들로부터 신화적 인물로 추앙받고 있는 것으로 알려졌다. 수형생활을 마치고 고국으로 돌아와 이토추상사의 자문역에 취임, 동남아시아 등지를 상대로 상품판매나 해외발주에 남다른 수완을 보여 회사를 일으켰다. 韓교수는 "전경련이 국가경제의 어려움을 극복하려는 차원에서 외국 유력인사들을 자문위원으로 기용한 뜻은 알겠지만 세지마같은 사람을 포함시킨 것은 민족적 자존심에 먹칠을 하는 일"이라고 개탄했다. 또 "일부 학자들은 이 문제에 대해 공식적인 대응움직임을 보이고 있다"고 밝혔다. 전경련 고위관계자는 "세지마고문을 영입한 것은 이데올로기와는 무관한것"이라면서 "89세의 나이에도 불구, 그가 일본재계에 미치는 영향력이 지대한 만큼 우리 경제에 보탬이 되리라고 보고 추천했다"고 해명했다(전경련 자문위원 日 극우파 위촉 말썽, 「대한매일」 1999년 3월 24일, 10면).
204 박진형, "역사 공부하지 않는 언론인", 「미디어 오늘」 2005년 4월 23일 참조.

" "아직도 연구할 것이 많은데 현역에서 물러난다는 것이 섭섭하지." 40여 년 동안 지켜왔던 연구실을 떠나는 한상범(법학) 교수. 학생들과 함께한 '현역시절'이 벌써부터 그리운 듯 퇴임의 아쉬움을 표한다. …중략… 한교수는 평생을 인권과 일제잔재청산을 하나로 묶는 학문에 몸담았다. 그런 그에게 제자들이 붙여준 별명은 '한청년'이다. 늘 학생들과 같은 눈높이에서 생각하고 모든 일에 젊은이보다 더한 정열을 쏟는다는 의미에서다. …중략… "법을 공부하면서 일제잔재청산이 되지 않으면 민주주의도 이뤄지지 않고 인권도 보장될 수 없다는 것을 깨달았네. 그래서 일제 잔재 청산이 한국 법학에서 참다운 민주주의를 정립하는 길이라고 믿고 노력했지"라며 사회활동참여를 당연한 일이라고 말한다. 한상범 교수는 퇴임을 앞두고 "동국인으로 학교에 좀 더 봉사하지 못한 것이 아쉽다"며 "앞으로 동국 발전을 위해 모두가 본연의 임무를 다해줬으면 한다"고 전한다. 특히 학생들에게는 "시대가 변해도 학생들은 사회와 이해관계가 얽히지 않고 진리와 정의를 위해 순수한 감각을 가져야 해"라는 '한청년'다운 충고도 잊지 않는다. 정부가 장기 근속 교원에게 수여하는 훈장을 정중하게 사양한 한교수. 형식적인 훈장은 낭비라며 끝까지 실천적 지식인의 모습을 보여준 그는 이후에도 못다 이룬 연구를 마무리할 예정이다. 퇴임의 또 다른 출발선 앞에 선 한청년의 완주를 기대해 본다."[205]

선생님은 평생을 "법학은 인간을 아끼는 사람 사이의 관계를 따지

---

205 「동대신문」 제1335호(2002년 2월 15일, 7면).

는 인류의 생활상을 다루는 현장이고 바로 거기서 정의(正義)를 추구하려는 이념(理念)이 있는 세계이기도 하다. 법학은 사람에 대한 깊은 이해와 애착을 간직하지 않고서는 참으로 그 뜻을 모른다고 할 정도로 사람의 구석구석을 문제시하는 인간학(人間學)이기도 하다"[206]라는 시각으로 학문을 하였다. 이런 시각을 가졌기에 권력에 아첨하거나 굴종의 길을 걸은 법학자와 법률기술자들을 혐오했고 학술적으로 비판했다.

선생님은 문제의식을 뚜렷하게 지닌 학자이다. 그래서 헌법이 집권자의 도구로 전락하는 것을 용납하지 않고 투쟁현장에 일찍부터 나설 수밖에 없었다. 선생님은 1964년 굴욕외교반대 투쟁에서 한일협정의 밀실 외교를 반대하는 일에 나섰다. 당시에 반대서명과 시위를 한 것을 비롯해 1969년 박정희의 3선개헌이란 영구집권 시도에도 반대했다. 1972년 유신쿠데타 당시는 협조를 거부해 수모를 당했다. 당시 유신헌법 홍보에 모든 교수가 동원되었다. 거기에 헌법학자로서 협력을 전혀 안한 분이 누구인가를 살펴보라! 선생님은 1979년 10·26 박정희 피살이후 신군부의 집권에도 반대하여 1980년에 검거돼 합동수사본부로 연행 심문당했다.[207] 김영삼정부 하에서도 불교

---

206 한상범, "憲法의 學習은 어떻게 할 것인가", 월간고시 1988년 11월호.
207 선생님은 전두환 등 신군부세력이 1979년 〈10.26 박정희 대통령 피살 사건〉후 〈12.12군사반란〉과 〈5.17쿠데타〉를 일으켜 실권을 장악해 가는 과도기에 1980년 모교에서 법정대학 학장이라는 보직을 맡고 있었다. 1980년 〈서울의 봄〉이라 불리는 민주화의 격동기에 모교 대학생들이 서울역 앞 고가도로로 진출하여 시위를 하자 학생들을 걱정하고 염려하는 마음에서 시위대를 따라다니고, 시위하던 학생들이 늦은 밤 교정으로 돌아오자 빵과 음료 등을 제공한 적이 있는데, 이를 빌미삼은 전두환 신군

인권위원회 사건과 오익제 천도교 도령의 입북사건을 기화로 야당세력에 대한 압력의 일환으로 안기부(현 국정원)의 조사를 받았다. 선생님의 생애는 시련과 항거의 연속이었다고 할까? 선생님은 굽히지 않고 독재의 망령과 싸웠다. 특히 선생님은 민족문제연구소 소장으로 일제잔재청산이란 구기득권세력과의 대결투쟁에서 일선 사령탑에 섰다. 대통령 소속 의문사진상규명위원장으로서는 독재정권의 살인공작과 탄압의 실상을 밝히는 작업을 해 독재정권의 덕을 본 구기득권 부류의 미움을 샀다.[208] 온갖 비방과 매도에도 홀로 당신의 길을 걸

부에 의해 계엄사령부 합수부(합동수사본부)로 연행당하여 며칠 동안 조사를 받는 고초를 겪었지만 다행히 풀려나올 수 있었다. 합수부에 연행 당하여 조사를 받고 풀려난 며칠 후 약속이 있어 종로에 나갔다가 평소 가깝게 알고 지내던 Y대학교 법과대학의 S교수가 맞은편에서 걸어오기에 손을 들어 반갑게 아는 체하는데 외면하더라는 것이다. 시국(時局)이 아무리 어수선한 시절이라지만 S교수는 누군가에게서 한(韓)아무개가 신군부의 합수부에 연행되어 조사받고 왔다는 소식을 접하였던지, 아는 체하고 인사라도 나누었다가는 자신의 신상에 어떠한 불똥이라도 튈까하여 애써 외면하고 바삐 지나갔다고 한다. 그 후로 선생님께서는 S교수와 교류를 단절했다는 이야기가 떠오른다.

208 2001년으로 기억된다. 필자가 대학에 전임교수가 되어 정신없이 적응하고 있을 때다. 李아무개라는 독재정권의 하수인 노릇하던 법률기술자가 한글학회를 어슬렁거리고 기웃거리며 '외솔상'을 넘보고 있다는 것이다. 우리 말글이 왜 중요한지도 전혀 모르는 문외한(門外漢)이 자신의 출세가도에 '외솔상'이라는 간판이 필요했던지 평생을 군사정권의 권력 그늘아래서 양지바른 곳만 다니며 나쁜 짓만 일삼아 온 인사가 설치고 있다는 것이다. 한글학회 어른들은 그의 실체를 모르니 그의 '외솔상' 수상놀이에 휘둘리는 것 같았다. 그의 실체를 편지에 작성하여 재단법인 외솔회 이사장님을 비롯한 임원분들께 보내어 그의 외솔상 수상이라는 거대한(?) 꿈을 좌초시키기도 했다. "그치의 실체도 모르고, 외솔상이라는 뜻 깊은 상을 주어 망신을 당할 뻔했고, 외솔상의 신뢰도를 떨어뜨릴 뻔 했다"는 후일담(後日譚)이 한글학회로부터 들려왔다. 이처럼 독재권력의 후예들은 자신(들)에게 이득이 되거나 자신들의 출세가도에 도움이 되는 일이라면 물불 가리지 않고 후안무치한 얼굴을 들이민다는 것이다.

어가신 분이다.

한상범 선생님의 학문적 발자취를 더듬다 보니, 선생님을 따라 걸으며 함께한 여러 일화들이 생각난다. 먼저, 선생님의 현암 조상원 회장님과의 교류기이다. 선생님께서는 대한민국에서 법전(法典)으로 유명한 (주)현암사를 창업한 현암(玄岩) 조상원(趙相元, 1913-2000)회장님[209]과도 나이를 떠나 교유하셨다. 1990년대 초반 필자가 대학원 재학중일 때, 선생님을 따라 마포구 아현동에 위치한 현암사를 여러 차례 방문

---

209 현암 조상원 회장은 1945년 10월 대구에서 민족정론을 표방하는 〈건국공론〉의 창간을 추진하기 위해 '건국공론사'를 창립했다. 시사종합지 〈건국공론〉 창간호 3만부를 발행하다. 2도 옵셋인쇄로 된 흰 창호지 표지의 이 잡지는 B5판 32쪽 분량에 정가 4원 50전이었다. 이 잡지는 해방 직후의 혼란기 속에서 휴간과 속간을 반복하며 1949년 11월까지 통권 28호를 발행했다. 1949년 12월 잡지 〈건국공론〉을 〈한국공론〉으로 개제하여 발행. 잡지 〈한국공론〉은 한국전쟁의 와중에서도 전시호를 내며 휴간과 속간을 거듭하다가 1952년 5월까지 통권 12호를 발행했다. 1951년 12월 24일 한국전쟁이 한창이던 무렵 잡지를 내는 틈틈이 도서출판 '현암사'를 대구에서 등록 (1082호). 1959년 4월 일본식 '육법전서'라는 이름을 탈피한 대한민국 법령집 〈법전〉 편찬작업을 시작한지 3년만에 대망의 탄생을 맞이하다. 제호의 신선함과 관련조문참조를 삽입한 편찬방법의 독창성으로 〈법전〉 초판은 발매와 동시에 매진되면서 정가 4천환짜리가 6천환으로 암거래되는 기현상이 일어났다고 한다. 계속하여 1961년 3월 〈포켓법전〉, 〈상공법전〉 출판. 1964년 8월 〈법전월보〉 창간. 〈사법행정시험용법전〉, 〈경찰법전〉, 〈소법전〉 출판. 우리나라 최초의 법률전문잡지 〈법전월보〉는 이후 〈월간법전〉으로 개제하여 지령 100호가 넘도록 발행했다. 1972년 11월 국무총리 표창 (문화유공)을 받았고, 1979년 11월에는 '서울시문화상'을 수상했다. 1985년 10월 '국민문화훈장'(보관장)을 받다. 1985년 11월 〈도해법률용어사전〉(조상원 편) 출판. 1989년 2월 법률소식을 정기적으로 제공하는 〈내외법률뉴스〉 창간. 이 소식지는 〈오늘의 법률〉로 개제하여 지금까지 발행하고 있다. 1994년 5월 한국법학교수회와 함께 '현암법학저작상'을 제정, 제1회 수상자로 한상범 교수를 선정, 시상식을 프레스센터에서 개최하였다. 조상원 회장님의 일생을 이해할 수 있는 책으로는 〈처세철언〉, 회고록 〈책과 30년〉(1974), 수상집 〈삶에 이르는 삶〉(1989.10) 등이 있다.

하였고, 두 어른께서 나누는 대화를 들으며 해방 전후사와 한국 현대사 고비 고비를 이해하는 시간을 갖기도 했다. 현암 회장님과 선생님께서 연배를 뛰어 넘어 교유할 수 있었던 공통점은 무엇이었을까?

현암 회장님은 제작이 잘못된 책은 초쇄 전체를 폐기할 만큼 철두철미한 장인정신을 가지고 계셨고 근면과 검약이 몸에 밴 분이셨다. 그래서일까 현암 회장님 평생의 좌우명은 "勤者之主人"이었다. 회장님은 1959년 '법전'을 창안하여 요즘말로 대박을 냈다. 법전 대박의 비결은 시장의 허점을 파악하고, 당시 육법전서(六法全書)가 있었으나 육법은 일제의 잔재이고 해방된 조국의 법을 한자리에 모은 법령집은 '법전'으로 개칭하는게 옳다고 소신을 세우고 그것은 반드시 판매 면에서도 육법전서를 이긴다고 확신, 기획을 시작하여 주조까지 하며 편집을 완료하고 서적 도매상에서 선금을 받아 제작비를 해결하였다. 제작 판매 그날로 매진되면서 정가 이상으로 팔리는 이변을 만들어 내기도 하셨다.

시간이 흐른 지금 생각해 보면 책만드는 장인 · 법전 창시자와 법학자가 '법'을 다룬다는 공통점도 있지만, 더 중요한 것은 두 분이 '일제 잔재'를 극복 · 청산하는 정신을 같이 공유한 것이라고 판단된다.[210]

학문하는 사람들에게 은사와의 인연과 추억을 다 가지고 있기 마

---

210 선생님께서는 현암사에서 출간하는 「오늘의 법률」 권두언을 쓰시기도 하셨고, 현암 회장님께서 기획한 『憲法答案例S-E』(1991년 초판 간행)에 강평(講評)을 하셨다.

련이다. 어떤 이는 은사와 주유천하(周遊天下)나 술집순례(酒遊天下)를 이야기 할 것이다. 필자는 지도교수인 은사님과의 추억을 묻는다면 책방순례기 이름하여 '周遊書店'을 이야기 하고 싶다. 특히 일본 헌책방 순례기다. 학술세미나 발표와 토론으로 몇 차례 일본을 방문할 때마다 들른 진보초 책방 순례를 들 것이다.[211] 선생님은 평소 만나던 교보문고에서 일본 헌책방 거리인 진보초(神保町) 책방에 관한 지도와 서점에 관한 자료를 복사해 주셨고, 일본 책방순례계획을 주고 받았던 것이 아련한 추억으로 남아 있다. 일본서점에서 필자에게 도움이 될 만한 책인데도 지나칠 때면 손수 책을 집어 손에 쥐어주셨다. 헌책방에서도 마찬가지였다. 당신은 이미 읽으신 책이지만, 필자가

---

211 일본 진보초 서점 순례기를 주덕규 박사는 다음과 같이 회고하고 있다." 일본 도쿄 중심부 메이지(明治)대학 근처에는 진보초(神保町)라는 세계 최대를 자랑하는 고서점가가 있다. 에도(江戸)시대부터 형성된 이 서점가에는 약 180개의 고서점을 비롯하여 신간서점 30여개와 도서관이 들어서 있으며, 전문자료관이라 해도 손색없는 고서점, 맛있는 전통 음식점, 그리고 역사적 가치가 높은 유적지와 근대 고층건물 등을 하나의 테마로 이어놓은 산보길이 잘 발달되어 있다. 이 산보길을 발품을 팔며 걸어보면 의외의 놀랄만한 책들을 만나게 되고, 지적호기심을 충족시키는 '발견'을 기대하는 재미가 쏠쏠하다. 약 10년 전 한국정보보호진흥원이라는 IT보안관계 공공기관에서 정보법제 연구로 바쁜 일상을 보내고 있던 필자에게 새로운 발견의 재미를 알려주신 분이 바로 한상범 선생님이다. 2000년 3월 한일 법학교류를 위한 연구회의 일원으로 創価(SOKA)대학에서 개최된 세미나에 참가하게 된 필자는 한상범 선생님을 비롯하여 강경근 교수님(숭실대학교), 이철호 강사(현 남부대학교 교수)와 함께 동행하면서 진보초를 처음 방문하게 되었다. 다소 쌀쌀한 날씨에도 불구하고 고서점가 거리를 걸으시면서 문예, 사회과학, 자연과학 등 저마다의 전문서적을 소장하고 있는 서점들의 특색과 가지각색으로 진열된 책들을 손쉽게 찾는 방법을 동행한 후학들에게 자상하게 일러주시던 모습이 아직도 인상이 깊게 남아있다"(주덕규, "한일 법문화 창조의 선구자 한상범 선생님", 『소중한 인연, 행복한 동행』, 341면).

꼭 읽고 봐야 할 책이면 골라 권하셨다.[212]

언론인 고종석은 "제 교만함 탓이기도 하고, 평탄치 않았던 학창시절 탓이기도 합니다"라며 스승이 없는 이유를 이야기하며 "스승이 있는 친구들이 저는 늘 부러웠습니다."라고 하면서, "스승이 있다는 것은, 그 스승이 살아계시든 돌아가셨든, 마음을 기댈 커다란 나무가 있다는 뜻입니다."[213]라고 쓰고 있다. 그렇다 인생 선배의 자기 고백적 표현이지만, 공감한다. 스승이 계신다는 건 마음을 기댈 커다란 나무가 있다는 것이다. 스승은 마을 입구의 고목나무와 같은 존재이다. 누구나 와 기댈 수 있고, 쉬었다 갈 수 있는 곳이 고목나무 그늘이듯 스승은 제자들의 성장을 자극하며 올바른 길로 갈 수 있도록 가르치며 말없이 제자들을 품는 고목나무 같은 존재라 생각한다.

---

212 대학원 과정을 수료하고 경향각지에서 많은 시간 강의를 했다. 강의가 없는 날은 선생님의 대학원 강의를 청강하기도 했다. 하루는 선생님께서 여러 장의 복사물을 나누어 주셨다. 도서목록이었다. 단순한 법학 서적 안내가 아니었다. '현대 주요 사상 문헌 연표'라는 제목으로 연도별 주요 서적이 적혀있었다. 선생님께서는 저자와 책의 내용을 설명하시며 수강생들에게 필독(必讀)을 권하였다. 또한 '전후 세계에 영향을 미친 100권의 책'목록을 풀어 놓으시면서 글자그대로 수강생들에게 박사(博士)가 되기를 바라셨다. 우물 안의 개구리처럼 쥐꼬리만한 지식을 가지고 자기 전공세계에 갇혀 생활하지 않기를 바라신 것이다. 이는 박사(博士)가 아니라 협사(狹士)가 되어가는 제자들을 깨우치시기 위함이었다. 전임교수가 되고 박사학위 취득 후에도 뭐가 그리 바빴던지 선생님께서 소개해주신 문헌들을 다 읽지 못하고 있다가 몇 해 전부터 선생님께서 공병우타자기로 손수 타이핑하여 나누어 주신 도서문헌을 옆에 두고 없는 책은 헌책방에서 구하여 그 서적들을 차분히 읽기 시작했다. 지천명(知天命)을 앞두고서야 협사(狹士)가 아니라 '넓게 공부하는' 진정한 박사(博士)가 되기를 바라셨던 선생님의 깊은 뜻을 이제야 실천하고 있다. 참 어리석은 제자이다.
213 고종석의 편지, "최일남 선생님께", 「경향신문」 2015년 11월 30일, 29면.

선생님의 발자취를 더듬다 보니, 오래전 읽은 송암스님의 시봉일기(侍奉日記)가 떠오른다. "그해 겨울은 유난히도 눈이 많이 내렸다. 눈이 오면 산 아래에서 절까지 올라오는 계단의 눈을 치우는 것이 큰일이었다. 그날도 오후부터 눈이 내렸다. 저녁 9시쯤 눈을 쓸었는데 밤 11시쯤 나가보니 또 그만큼 쌓여 있었다. 눈길을 쓸고 또 쓸었다. 꼬박 밤을 밝혀 눈길을 틔우고 새벽 예불을 올리는 스님이 그 길을 따라 왔다. 미끄러지지도 않고 신발에 눈을 묻히지도 않고 스님은 편안하게 법당에 이르렀다. 나는 그것으로 감사했다. 예불을 마치고 스님이 나를 바라보았다. 나는 얼른 허리를 숙여 아침 문안을 올렸다. 세월이 지나 생각해보니 그처럼 무조건 고개 숙이고 따를 수 있는 스님이 내게 있었다는 것 자체가 그대로 행복이고 법열이었다."[214] 나에게도 무조건 고개 숙이고 따를 수 있는 은사님이 계신다는 것 자체가 그대로 행복이다.

---

214 송암스님, 『광덕스님 시봉일기』, 도피안사(2001)

참고문헌

국순옥, 『자본주의와 헌법』, 까치(1987)

김정남 『진실 광장에 서다 : 민주화운동 30년의 역정』, 창작과비평사
　　(2005)

김희수, 『법도 때로는 눈물을 흘린다』, 삼인(2005)

盧明植 · 李光周편, 『二十世紀 現代史』, 청람(1981)

송암스님, 『광덕스님 시봉일기』, 도피안사(2001)

『사람은 꽃보다 아름다운가』 시사인물사전(8), 인물과사상사(2000)

강경근, "한태연-일찍이 신화가 된 천재의 헌법학", 『한국의 공법학자들-
　　생애와 사상』, 한국공법학회(2003)

"감춰진 것은 드러나고 비밀은 알려지게 마련이다", 『LOWLAW』 2002년
　　11월호

이상수, "법학전문대학원의 현황과 과제", 「한국 법학교육의 현황과 과
　　제」, 한국법학교수회 2015년 정기 심포지엄 자료집(2015.10.2)

鈴木敬夫, "식민지 통치법에 의한 사법행정-한상범 교수의 〈한국 법문화

론〉과 관련하여", 「판례월보」 제266호(1992.11)

塩津 徹, "韓相範 선생과 한국 제6공화국 憲法", 「亞·太公法研究」, 제8집 (2000)

원행(遠行) 지음, 『10·27불교법난』, 에세이스트사(2015)

월간 『말』 1997년 신년호 별책부록, 『21세기 움직일 한국의 진보인사』, 1997

리차드 H. 미첼, 김윤식 옮김, 『日帝의 思想統制-思想轉向과 그 法體系』, 一志社(1982)

한상범, "時間과 나", 「新東亞」 1988년 3월호 (제31권 3호)

한상범, "韓國憲法과 外見的 立憲主義", 「月刊考試」 210('91.7)

한상범, "憲法의 學習은 어떻게 할 것인가", 월간고시 1988년 11월호

한상범, "사상·양심의 자유 짓 밝아온 일제 치안유지법의 잔재", 「역사비평」, 1993년 여름호(21호)

한상범, "자연법이론과 기본권", 『公法의 諸問題』(문홍주박사 화갑기념논문집), 1978

한상범, "法的 正義와 自然法的 遺産", 『現代의 大課題 50選』(월간중앙 1976년 신년호 특별부록)

한상범, 『現代佛敎와 社會科學』 동국대학교부설 역경원(1981)

한상범, 『人間의 權利』, 正音社(1976)

한상범, 『官僚主義와 基本的 人權』, 敎育科學社(1992)

한상범, 『박정희와 친일파의 유령들』, 삼인(2005)

한상범 교수 문집 간행위원회, 『소중한 인연, 행복한 동행』, 보명 BOOKS(2013)

한상범, 『박정희와 한일협정』, 21세기사(2015)

김근수, 『한국잡지사연구』, 한국학연구소, 2004

강운구와 쉰여덟 사람,『특집 한창기』, 창비, 2008

뿌리깊은 나무,『칠십년대의 마지막 말』, 1979

한국문학사,『名講義노우트』, 1981

한창기,『뿌리깊은나무의 생각』, 휴머니스트, 2007

허경, "서평–헌법이야기; 시민법학의 권리장전 역할",「동대신문」제1233
    호(1997년 10월 13일)

洪景嶺, "思想犯 轉向制度의 合憲性 與否에 관한 硏究", 서울대 대학원
    석사논문(1990)

[동국의 전통 ⑲] 법률·정치학 〈2〉50년대 법조·학계진출 활발 새 방법
    론 도입, 논저도 다양,「동대신문」제445호 1970년 3월 30일.

"사람 위한 법, 법 지배 받는 사람 그 기로에서 고민한다" 재판 앞두고 '인
    연(因緣) 사상'생각하는 독실한 불자,「동대신문」, 제1491호(2010년
    4월 12일, 15면).

법학자 南松 한봉희(韓琫熙) 교수의
학문세계

요약

남송(南松) 한봉희(韓琫熙) 교수는 전북대학교 법학과를 졸업하고 같은 대학에서 석·박사 학위를 취득한 후 지난 1963년부터 1987년 2월까지 24년 동안 전북대 법대 교수로 재직하고, 교수생활의 후반기를 1987년 3월부터 1999년 9월까지 동국대학교 법과대학에서 민법 교수로 재직하며 가족법과 제조물책임법에 대한 연구에 천착(穿鑿)하면서 외국법제연구의 기틀을 마련했고, 미국과 독일 등의 유명 법과대학에서 세계 각국의 법제도를 비교·연구해 우리나라 법학 및 법률 문화 발전에 공헌해왔다.

남송 선생님은 가족법분야에서 크나큰 업적을 남기셨다. 특히 남송 선생님의 박사학위 논문〈傳統的 離婚原因과 破綻主義에 관한 研究〉는 지금까지 가족법학계에서 선구적인 연구업적으로 높이 평가되고 있다. 남송 선생님의 가족법관(家族法觀)은 "人間愛에 터잡은 가족 개개인의 人格的 保護라고 할 수 있을 것이다."라 고별강연에서 밝히 고 있다.

남송 선생님은 가족법 분야 외에도 "제조물 책임에 관한 고찰", "미국 제조물책임법의 동향" 등을 연구 소개함으로써 소비자 보호를 위한 커다란 학문적 성과를 보여 주셨다. 선생님은 1980년대 초에 태 동된 제조물 책임의 법리를 국내에 집중적으로 소개하고 연구한 '한 국 제조물책임법의 개척자'라 할 수 있다. 또한 가족법 개정운동에도 적극적으로 참여한 지행합일(知行合一)의 실천적 지식인이었다.

선생님 문하에서 배우고 학과 조교생활을 하며 대학에 전임교수가 된 이후 가끔씩 뵈올 때마다 이제껏 남송선생님께서 누구의 허물을 잡거나 들추고, 누구를 폄하하는 것을 보지 못했다. 남송 선생님의 인품은 괴팍한 성품의 소유자마저도 부드럽고 온화하게 만드는 마력 을 가지셨다.

I. 들어가는 말

南松 한봉희(韓琫熙) 교수는 전북대학교 법학과를 졸업하고 같은 대학에서 석·박사 학위를 취득한 후 지난 1963년부터 1987년 2월 (1963.6-1987.2)까지 24년 동안 전북대 법대 교수로 재직하고, 교수생 활의 후반기를 1987년 3월부터 1999년 8월(1987.3-1999.8)까지 동국

대학교 법과대학에서 민법교수로 재직하며 가족법과 제조물책임법에 대한 연구에 천착(穿鑿)하면서 외국법제연구의 기틀을 마련했고, 미국과 독일 등의 유명 법과대학에서 세계 각국의 법제도를 비교·연구해 우리나라 법학 및 법률문화 발전에 공헌해왔다.

장자크 루소(Jean-Jacques Rousseau, 1712.6.28~1778.7.2)는 "지식인 (intellectual)[215]이란 사회 깊숙이 들어가 살면서 사회에서 멀찍이 떨어진 비판자"라 봤다고 프랭크 터너(Frank Miller Turner, 1944~2010) 교수는 전한다.[216] 남송(南松) 선생님은 루소가 본 지식인처럼 우리 사회 깊숙이 들어가 생활하면서도 사회에서 멀찍이 떨어져 비판적인 자세를 견지해 왔다. 학자(學者)가 가야할 길 이외에는 쳐다보지도 않고 학문 밖으로 기웃거려본 적이 없는 분이다.

남송 선생님은 1960년대 초 교수직에 입문하면서 시작한 논문으로부터 1999년 정년하기 전까지 발표한 가족법 논문 중에서 엄선하여 모아놓은《家族法論》[217] 머리말에서 "나의 연구생활을 평가한다고 하면 그 동안 서툴지만 比較法的 研究에 傾注하여 왔다고 생각한다. 우리 법의 母胎가 大陸法이고 거기에 영미법이 가미되지 않았는가? 일찍이 예링은 법학연구에 있어서 「로마법을 통하여 로마법을 넘어로」라고 하지 않았는가? 이러한 比較法的 研究의 필요성을 일찍이 인식

---

215 지식인과 선비에 대해서는 조동일, 『한국학의 진로』, 지식산업사(2014), 97–119면 참조.
216 한겨레신문, 2016년 2월 12일, 23면.
217 《家族法論》에는 남송 선생님의 주옥같은 가족법 논문 45편이 실려 있다. 선생님은 1999년 정년 전까지 가족법을 비롯하여 제조물 책임법 등 총 230여 편의 연구논문을 발표했다.

하였음에도 불구하고, 결과적으로 그 성과는 어설프기 그지없는 것으로 되고 말았다." 쓰고 있지만 이는 선생님의 겸손(謙遜)의 표현일 뿐이다. 선생님은 가족법과 제조물책임법 분야에서 비교법적으로 한국 법학에 지대한 공헌을 하였다.

의당(義堂) 장경학 선생님은 한봉희 교수 화갑기념논문집 하사(賀詞)에서, " '文은 人이다'라고 하지요. 學問은 단지 知識만이 아니라 그 사람 自身의 表現이라는 뜻이지요. 예컨대 Aristoteles는 용기는 비겁과 만용의 중간이라고 하였고, Kant는 쾌락과 금욕에 대응하여 현실과 이상을 준별하였으며, Hegel은 논리과정에 3分法을 도입하여 正反合에 대응하여 人倫體는 家族→市民社會→國家로 전개된다고 풀이한 것도, 그들의 人生觀에 반영된 것이지요. 이들에 견주어 볼 때 韓교수의 경우에는 학문과 인생관에 있어서 짐작컨대, Aristoteles 의 中庸 또는 調和에 비길 수 있을까 합니다. …중략… 예컨대 그의 연구범위에 있어서 財産法과 家族法, 그리고 實定法과 比較法의 두 켤레의 신발을 신고 빙판에서 스케이트를 타듯이 몸의 중심을 잃지 않고 學問의 軌道를 잘 달리고 있습니다."[218]라 남송(南松) 교수님을 평하고 있다.

남송 선생님의 제자는 "선생님은 전북대 사무국에 근무하게 된 부친을 따라 전북대와 인연을 맺은 이후 덕망 높고 역량 있는 선생님으로서 많은 사람의 존경을 받아 왔습니다. 언제나 잔잔하고 온화한 눈

---

218 南松 韓琫熙敎授華甲記念論文集 刊行委員會, 『現代民法의 課題와 展望』, 밀알(1994), 하사(賀詞) 참조.

빛으로 대하는 선생님에게서 어떤 꾸밈도 원망도 찾을 수가 없습니다. 선생님의 세속을 뛰어넘은 人品은 학문에도 그대로 반영되어 넓고 깊은 학문세계의 길을 열어 놓으셨습니다. 당연히 많은 제자들이 조심스럽게 선생님의 길을 따르기 위해 각고의 노력을 하였습니다. 선생님은 학문의 길을 택한 제자들에게 학문의 자세를 망각치 않도록 늘 깨우쳐 주시고, 학문에 대한 의지와 열정이 어떤 것인지를 몸소 실천함으로써 제자들이 느낄 수 있도록 해주셨습니다. 이러한 배움은 어렵고 두려운 학문의 길을 걷고자 하는 제자들에게 한없는 기쁨이었고, 인생에 있어 더 없는 행운이었다고 생각합니다."[219]라고 회고하고 있다.

본고는 대한민국 2세대 민법학자로서 한국 가족법을 발전시키고, 제조물 책임법을 개척한 한봉희 교수님의 학문적 발자취를 정리하는 시론적(試論的) 연구이다. 남송 선생님의 학문적 평가는 전공분야 후학들의 몫으로 남기며, 남송 선생님의 학문적 발자취를 정리하고 소개하는데 그 의의를 두고자 한다.

---

219 南松韓琫熙敎授停年紀念論文集 刊行委員會, 『家族法論集』, 도서출판 찬글(1999), 김민중 교수의 "간행사" 참조.

Ⅱ. 한봉희 교수의 연보와 학회 활동

1. 한봉희 교수 연보(年譜)

남송 한봉희(韓琫熙, 1934.5.7~) 교수님은 1999년 8월 31일 동국대학교 법과대학에서 정년퇴임하신 후, 전북대학교 명예교수로서 활동하고 계신다. 선생님은 1934년 5월 7일(음력 2월 13일) 충북 보은군 회남면 巨橋里[220] 124번지에서 출생하였고, 슬하에 1남 3녀를 두고 있다.[221] 대전 삼성초등학교 졸업(1947.6.1), 대전중학교 졸업(1947.9-

---

220 남송 선생님은 故鄕과 外家에 대하여 다음과 같이 회상하고 있다. "거교리는 일명 거떠리라고도 부르며 나의 出生地이자 故鄕이고 백화리(白華里)는 나의 外家 동네이다. 거교리는 충북 보은군 회남면에 위치하고, 백화리는 전북 진안군 안천면에 위치하여 두 동네의 공통점은 감·밤·대추·호도 등 과일이 많은 山間奧地에 위치하고 있다는 것이다. 또한 두 동네는 근대화에 영향받아 대청댐과 용담댐의 건설로 다같이 水沒地域이 되어 이제는 동네의 옛모습이 사라지고 추억으로 존재하는 동네가 되었다. …중략… 外祖父께서도 漢學에 조예가 깊어 그 고을의 선비셨고 外從祖父께서는 新學問에 눈뜨시어 日本에서 대학을 나오신 진안고을의 명사이셨다. 소학교에 들어가기 전 엄격하신 외조부로부터 나와 동갑인 외사촌 弟와 함께 한글과 千字文을 공부하면서, 먹을 가는 날들이 많았다. 외모도 엄하셨거니와 교육방법도 엄격하셨다. 외조부께서 기거하시던 사랑채의 방과 마루청소는 나와 外四寸弟의 일상의 의무가 되었다. 사랑채는 앞의 전망이 좋아 나지막한 앞동산은 봄에는 철쭉꽃이 만발하였고, 그래서 그 동산이름을 꽃바탕이라고 하였는지도 모른다. 지금도 때로는 그 아름다운 기억이 생생하게 떠오르기도 한다."(한봉희, 『가족·인간·사회』, 도서출판 찬글, 2000, 251-252면 참조).

221 우리사회는 저출산·고령화의 심각한 사회문제에 봉착해 있다. 격세지감이다. 남송 선생님은 1980년에 多産의 고충(?)을 이야기 하고 있기도 하다. " …전략… 庚申年엔 큰 놈이 대학, 둘째 놈이 고등학교에 진학할 예정이고 셋째 놈이 中學에 들어가게 된다. 그리고 끝에 놈까지 합치면 초·중·고·대의 4역의 학부모가 되게 생겼으니 어깨가 저절로 무거워 진다. 이 길을 먼저 걸어온 선배들의 노고에 새삼 존경의 마음을 금치 못한다. 새해에는 아비 노릇하기도 힘들게 생겼다. 후배(?)들이여. 나같은 다산(多

1950.5), 대전고등학교 졸업(1950.6-1953.3), 1950년 6.25로 인하여 부친께서 전북대학교 사무국에 근무하게 되어 전주에 이사하게 되자 전북대에 인연을 맺어 전북대학교에 입학하였다. 전북대학교 법학과 졸업(1953.4-1957.3)[222], 전북대학교 대학원 석사학위 취득(1957.4-1958.3), 전북대학교 대학원에서 법학박사학위를 취득(1976)하였다.

1958년 전북대학교 법정대학 법학과 조교(1958.4-1960.3)를 거쳐, 1960년 4월부터 전북대 법학과 강사(講師)로 대학강단에서 후학들을 가르치기 시작하였고, 1963년 6월 전북대학교 법학과 전임강사(專任講師)로 임용되어(1963.6-1965.12), 동 대학 조교수(1966.1-1972.1), 부교수(1972.1-1977.3), 교수(1977.4-1987.3)까지 재직하셨다. 모교인 전북대학교에서 재직하시는 동안, 전북대학교 법정대학 학생과장 · 교

產)의 전철을 밟지 마시길 이것은 사회적으로나 국가적인 요망사항이니까 말이지."(한봉희, "새해의 생각 - 歲暮와 새해사이", 「전북대신문」 제640호, 1980년 1월 18일, 8면).
222 한승헌 변호사(전북대학교 법정대학 정치학과 졸업)와 대학생활을 같이 한 남송선 생님은 그의 화갑을 기념하는 글에서 대학생활을 다음과 같이 회고하고 있다. "…전략… 회고해 보면 산민(山民, 한승헌 변호사의 호-필자 주)과 나의 만남은 40년 전으로 거슬러 올라가 1953년 4월 아직 6.25 전란의 포성이 멈추지 않았던 全北大學校 法政大學 新入生시절에 시작된다. 산민은 정치학과였고 난 법학과였으나, 그때만 해도 대학의 초창기라서 비록 과는 달라도 강의를 같이 듣고 어울리는 기회가 많아 경계를 모르고 지냈다. 말하자면 법정학과라고나 할까. 1953년 7월 휴전이 성립되어 포성은 멈추었지만 전란의 상처는 너무도 커서 무엇 하나 온전한 것 없이 폐허 위에 새로 시작하는 마당이었고, 대학의 어려움도 마찬가지였다. 校숨가 제대로 되어 있나, 敎授가 제대로 확보되어 있나, 敎科書가 갖추어져 있나, 그야말로 황량하고 어수선한 분위기에서 대학이랍시고 다녔으니, 지금의 대학과 비교하면 隔世之感이 교차한다. 그러나 우리는 이러한 와중에서도 캠퍼스에서 아카데미즘을 논하고 우정을 다지면서 인생의 황금기를 보냈다."(한봉희, 그와 함께 한 대학생활, 韓勝憲先生華甲紀念論文集刊行委員會 編,『한 辯護士의 肖像』, 범우사, 1994, 282-285면 참조).

무과장, 학생생활연구소 운영위원, 전북대학교 발전기획위원회 위원, 전북대학교 교육대학원 사회교육과 주임교수, 전북대학교 신문사 편집위원, 법학과 학과장(1977.4-1979.4), 전북대학교 인사위원회 위원, 전북대학교 대학원 법학과 주임교수(1981.9-1983.2), 전북대학교 초대 법과대학 학장(1983.3-1985.2), 전북대학교 소비자조합 이사(1985.10-1987.2) 등으로 대학발전을 위해 다양한 봉사를 하셨다. 또한 전북대학교에 재직하시는 동안 대외활동으로는 전라북도 공무원 임용시험위원, 전북교육연구소 전문위원, 전주 三南日報 논설위원(1965), 전주지방법원 가사심판 조정위원(1974.2-1986.2), 전라북도 소청심사위원회 위원(1976.2.27-1980.8.14), 법무부 민·상법 개정특별심의위원회 위원(1981.12.11-1982.12.10), 1982년도 韓國放送通信大學 법학과 전북지역 지도교수, 제14회 고등고시 시험위원(1973.8.20), 제27회 행정고시 시험위원(1983.9.26), 제1회 공인중개사 시험위원(1985.8.1), 제30회 행정고시 시험위원(1986.8.11)으로 활동했다.

1987년 3월부터 동국대학교 법학과로 대학을 옮겨 1999년 8월 31일에 정년을 하셨다. 동국대학교에서는 교무연구위원(1988.3-1990.2), 고시지도위원회 지도교수(1988.5-1990.8), 동국대학교 도서관 운영위원, 법학과 학과장과 대학원 학과장(1993.3-1995.2), 법과대학 내 학술모임인 사법학회(私法學會) 지도교수 등으로 봉사하셨다. 동국대학교 법과대학에 재직하시는 동안, 대외적으로는 제29회 사법시험 시험위원(1987.4), 제8회 軍法務官 시험위원(1988.10.14), 제33회 행정고시 시험위원(1989), 제34회 행정고시 시험위원(1990), 제32회 사법시험

시험위원(1990. 10), 5급 시험문제 출제위원(1991.1), 제34회 사법시험 시험위원(1992.10), 工産品 品質管理 전문위원(製造物責任分野), 법무부 민법개정 특별분과위원회 위원(1993.6-1994.6), 서울가정법원 가사조정위원(1989.1-)으로 사회에 기여했다.

2. 학회 활동

남송 선생님은 1963년부터 한국 民事法學會 회원 및 이사(1963.1-현재), 한국가족법학회 회원 1963.12-현재), 부회장과 회장(1985-1991)을 역임하였다. 韓國法學敎授會 회원 및 상임이사, 한국재산법학회 회원 및 부회장, 손해배상법학회 부회장, 국제 가족법학회(Int'l Society on Family Law) 회원 및 집행이사를 역임하셨다.

1988년 홍콩 中文大學(Chinese Univ. of Hong Kong)에서 '한국의 제조물책임'(Product Liability in Korea)의 논문을 발표하였고, 1991년 5월 13일부터 18일까지 유고에서 개최된 제7차 國際 家族法學會(Yugo, Croatia, Opatija)에서 'The Revised Korean Adoption Law of 1990'을 발표하였다. 제2회 韓·日家族法學會(1994.11.5. 日本 福岡市 西南學院大學)에서 '한국의 成年養子制度'를 발표했다. 또한 日本 創價大 亞細亞問題研究所에서 '韓國女性의 家族法上의 지위'를 中央大 比較法研究所에서는 '韓國의 離婚法과 離婚實態'를 발표하였다. 韓·日比較家族法研究會(1995.7.31, 東京 私學會館)에서 '近親婚의 範圍'를 발표하였고, 國際家族法學會 서울地域會議(1996.10.4-5, 서울대 호암학술문화회관)

에서 'Impact of The United Nations Convention On The Rights of The Child On The Korean Family Law'발표, 제6회 韓·日家族法學會(1996.11.4, 日本 山口縣立大學)에서 '扶養相續分·寄與分制度에 관한 小考'를 발표하였다.

3. 해외연수 및 상훈

선생님은 미국 Princeton대 美國法 오리엔테이션 참가(OPAL) (1966.7.1~1966.8.30)[223], 미국 Northwestern Univ. Law School연구(1966.9.1~1967.8.30)[224], 미국 Connecticut Univ. Law School연

---

[223] 남송 선생님과 함께 국내에서 이 프로그램에 참가한 사람들을 '프린스턴大의 추억'이라는 글에서 소개하고 있다. "美國法 오리엔테이션(Orientation Programme in American Law: 略稱 OPAL)을 받기 위하여 1966년 7월 1일부터 8월말까지 두 달간 뉴저지주 프린스턴 대학의 대학원 기숙사에 체류하였다. 당시 외국에서 미국법 교육을 받으러 온 외국인 교수, 판사, 검사, 변호사들이 거의 프린스턴대에 모였기 때문에 프린스턴대 기숙사는 UN村을 방불하였다. 우리 나라 참석자들은 김철수 교수(서울대), 차용석 교수(당시 경북대), 양승두 교수(연세대) 그리고 본인(당시 전북대) 등 4인의 교수와 김진억 판사(현재 변호사), 故 강구진 교수(서울대), 김영무 변호사(현재 김&장 국제법률사무소), 그리고 신응식 변호사 등 8명이었다"(한봉희, 『가족·인간·사회』, 327면).

[224] 남송 선생님은 Northwestern 대학교 Law School에서 연수시절을 다음과 같이 회상하고 있다. "나는 16년 전인 1966년 9월부터 1967년 8월까지 1년간 연수차 미국의 중서부의 최대도시인 시카고에 머물고 있었다. 내가 수학하였던 노스웨스턴대학교 법과대학과 숙소였던 24층의 웅장한 기숙사「Abbot Hall」이 바로 미시간 호반에 위치하고 있었고 이곳에서 1년을 지내면서 망망대해와 같은 미시간호는 항상 나의 정다운 벗이 되어 주었다. …중략… 나는 春夏秋冬 1년 4계절을 미시간호와 벗하며 숙소인 기숙사「Abbot Hall」에서 살아왔다. 아침 일찍 호반을 산책하기도 하였고 휘영청 달 밝은 밤에 끝없이 전개되는 잔잔한 수면을 바라보며 깊은 사색에 잠겨보기도 하였

구교수(1980.8.15~1981.5.31)[225], 獨逸 Heidelberg Univ. 및 Max Planck(Hamburg) 外國私法 研究所 研究教授(1981.6.1~1981.7.30), 미국 Arkansas Univ. Law School研究教授(1986.12.20~1987.1.20)[226]로 외국에서 연구를 하여 한국 법학 발전에 기여 공헌하셨다.

상훈(賞勳)으로는 전북대 10년 근속 표창(전북대 총장)을 받았으며, 1999년 8월 국민훈장 동백장(冬栢章)을 수상하였다. 아울러 한국 여성단체 협의회(韓國 女性團體 協議會) 창립 20주년 기념과 제17회 전국 여성대회에서 1977년 가족법개정에 대한 공로로 수상하였다.

고 아득히 먼 고향의 가족과 벗들의 모습을 回想하기도 하였다. 호반에 면한 아득하고 부드러운 기숙사 식당에서 아름다운 음악의 선율과 함께 아침, 점심, 저녁식사를 미국 및 외국인 친구들과 더불어 연중 즐기기도 하였다. 외롭고 삭막하고 고된 외국의 연수생활에서 미시간호는 나의 따뜻한 마음의 벗이 되어 때로는 닥쳐오는 倦怠와 虛脫感을 씻어주었다. 지금도 생각하면 얼마나 다행스러웠던 숙소였는지 모른다. 미시간호는 4계절마다 특징이 다양하다. 코발트색깔보다 더 파란 봄, 가을의 잔잔한 수면에 수 없이 떠 있는 요트와 크고 작은 배, 그리고 그 위에서 레저를 즐기는 수많은 사람들의 평화스런 풍경도 볼만하거니와 차디 찬 겨울의 물결 위에 나는 갈매기떼들의 모습도 일품이다."(한봉희, 미시간 湖畔의 浪漫, 「全北大新聞」 1983년 9월 26일).

225 "코네티컷대 法大의 재니스(Janis)교수 부부는 서양인치고는 무척이나 소탈한 사람이다. 그는 프린스턴대학과 하버드 로스쿨, 그리고 영국의 그레이스 인(Gray's Inn)을 나온 國際法 교수였다. 일주일에 한 두 번씩 있었던 점심의 동행과 구수한 대화, 이따금 초대된 그의 자택에서의 만찬 등 코네티컷大 1년생활에서 세심하게 보살펴 준 그의 인정을 잊지 않고 있다. …중략… 뉴잉글랜드의 가을은 정말로 아름답다. 하늘 맑고 紅葉이 붉게 물든 길고도 긴 山野는 탄성을 낼 정도로 아름답다. …중략… 지금도 나는 저녁노을 붉게 물든 이 지방의 단풍의 물결을 잊을 수가 없다. 하트포드 체류 1년간 주변의 흐뭇한 인정과 아름다운 풍광은 내 일생의 아름다운 추억으로 남아 있다"며 코네티컷大 時節을 추억하고 있다(한봉희, 『가족·인간·사회』, 323~325면).

226 "나의 세 번째 해외연수는 비록 단기였지만 1986년 겨울방학동안 아칸소(Arkansas) 주립대의 Law School이었다. 이때는 단기체류를 하여야 하였기 때문에 한국에서 미리 체크해 간 학술자료를 구입하고 논문 등을 복사하는 일로 거의 모든 시간을 소비하였다"(한봉희, 『가족·인간·사회』, 343면).

Ⅲ. 한봉희 교수의 학문 세계

남송 선생님께서 학문의 길에 들어선 동기에 대하여 "내 자신의 적성도 그렇다고 판단되었거니와 재학시절 나를 눈여겨본 두 분 은사님의 권유가 결정적 원인이었다고 생각한다."[227] 밝히며,

"무더운 여름방학에 선풍기 하나 없는 연구실에서 독일의 신간을 입수하시고 소년처럼 기뻐하시며 독서에 여념이 없으셨던 선생님의 모습이 지금도 눈에 선합니다. 선생님의 獨逸語 法律原書 讀解力은 경탄할만한 것이었고 항상 새로운 학문의 추구에 전념하셨기에 뭇 제자들이 선생님을 더 존경하고 가까이 했던 원인이었습니다. 제가 학문의 길을 택하였던 것도 분명 여기에 원인이 있었습니다."[228] 또한, "선생님은 또 드물게 보이는 愛酒家이셔서 정오가 되면 가끔 학교근처의 허수룩한 술집에서 텁텁한 濁酒를 드시고 상기된 얼굴로 오후 강의에 임하셨던 것이 지금도 인상적인 기억으로 남아있습니다."[229]

며 학문의 길로 들어서게 인도하신 은사님을 추억하고 있다.

학문의 길로 권유하고 인도한 은사님의 영향이었을까? 남송 선생님께서도 6-70년대 여름 더위를 물리치기 위해 연구실 책상 밑에 물

---

227 한봉희, 『가족 · 인간 · 사회』, 찬글(2000), 340면.
228 한봉희, 잊을 수 없는 恩師 -故유태규 선생님, 全北每日新聞, 1969년 5월 15일.
229 한봉희, 위의 글.

을 떠 담은 세수 대야에 발을 담그고 부지런히 책을 보았다고 대학원 시절 말씀하신 것이 새록새록 생각난다.

한국정신문화연구원이 발행한 《한국민족문화대백과사전》에서 민법학을 다음과 같이 기술하고 있다.

"광복 후 민법학계는 민법의 제정작업에 다수의 학자들이 참여함으로써 활기를 띠었다. 1957년 6월 민사법연구회(회장 李熙鳳)가 창립되어 〈민법안 의견서〉를 제출하였다. 1958년 2월에 민법전이 제정·공포되고, 1960년 1월 1일부터 시행되자, 거의 모든 교수와 실무자가 강의서를 출간하였다. 김용진(金容晉)·방순원(方順元)·김증한(金曾漢)·안이준(安二濬)·이희봉·김기선(金基善)·장경학·정범석·김현태·최식 등이 저술한 책이 많이 읽혔다. 그러나 아직도 상당한 양이 일본민법학의 체계와 이론에 의존하고 있었다. 1960년대에 들면서 독일·프랑스의 민법이론이 소개되기 시작하였으며, 이론적 기초가 다져지는 정돈기에 접어들었다. 현승종·곽윤직·김용한·이태재·김주수·이근식·한봉희(韓琫熙) 등이 저술한 연구서가 나왔다. 정광현이 쓴 《한국가족법연구》(1967)는 민법학의 발전에 크게 기여하였으며, 그의 영향 아래 이미 1963년에 한국가족법학회가 창립되었다. 이를 중심으로 이태영(李兌榮)·김주수·한봉희·박병호·이근식·최달곤·배경숙 등의 연구업적이 나왔고, 가족법개정운동에 기여하기도 하였다."[230]

---

230 『한국민족문화대백과사전(9)』, 한국정신문화연구원(1996), 582면.

사회에서 논쟁(論爭)이 된 사안은 당대의 현안과 당대 사람들이 고민하고 논란을 벌였던 문제이다. 1960-70년대 한국사회에서 법학(法學)과 관련한 논쟁이 여러 차례 있었다. 1960년대에는 '死刑廢止論 是非(1962~1963)', '國際法에 있어서의 戰爭'과 관련하여 이한기·박재섭(朴在灄) 두 교수간의 논쟁, 가족법 분야에서는 '結婚前 不貞行爲도 離婚事由가 된다'는 서울가정법원 판결을 두고서 정범석·정광현·김주수 교수간 논쟁이 있었다. 1970년대에는 '존속살해가중처벌규정'을 두고서 한상범(헌법)과 박동희(형사법) 교수 사이에 논쟁이 있었다.[231]

1965년 가족법학계 대가(大家)들 사이 논쟁의 대상이 된 판결은 '결혼 전의 不貞行爲도 離婚의 원인이 된다'는 판결로 일반에 알려져 있으나, 실은 서울가정법원의 "事實婚關係解消로 인한 損害賠償請求事件"에 대한 판결(1964년 11월 29일 서울家庭法院審判事件 64드320호)로서

---

231 1973년 4월 4일 일본 최고재판소는 종래의 입장을 변경하여 존속살해죄에 대한 형의 가중규정은 부분적으로 위헌(違憲)이라고 판시하였다(高橋和之 外 編, 『憲法判例百選(Ⅰ)』, 有斐閣(2007), 62~63면 참조). 동국대학교 한상범 교수가 사법행정(司法行政)에 「평등의 법리와 전근대적 가족질서」라는 논문을 발표하여 존속살해가중처벌의 문제를 제기했다. 이에 건국대학교 박동희 교수가 반론을 제기했고, 이에 다시 한상범 교수가 사법행정(司法行政)에 「평등의 법리의 곡해(曲解)와 전근대적 가족질서에 대한 오해— 박동희 교수의 반론을 보고」를 발표했다. 그 이후 많은 시간이 흘렀지만, 존속살해가중처벌 규정은 한국사회에서 여전히 논쟁의 대상으로 남았다(한상범, "평등의 법리와 전근대적 가족질서", 「사법행정」, 1973년 7월호(14권 7호); 박동희, "과연 존속살해죄는 위헌인가", 「사법행정」 14,6(1973.6), 52~57 및 박동희, "다시 한번 존속살해죄에 대하여 : 위헌론을 재강조하는 한상범 교수의 7월호 새법정과 사법행정을 보고", 「새법정」 제30호(1973년 8월), 32~40면; 한상범, "평등의 법리의 곡해(曲解)와 전근대적 가족질서에 대한 오해— 박동희 교수의 반론을 보고", 「사법행정」 1973년 9월호(14권 9호)참조).

판결요지는 "서로 初婚인 부부의 경우 결혼 전의 不貞行爲를 고백하지 않고 있다가 그 사실이 판명됨으로써 가정이 파탄되고 혼인을 계속시키기 어려운 경우에는 離婚原因이 될 수 있다"는 내용이었다.[232] 이 판결에 대하여 鄭範錫 교수가 법률잡지 「法曹」에 "結婚前의 不貞行爲와 事實婚解消問題"(「法曹」1965년 4·5월호)를 발표하고, 鄭光鉉 교수가 "結婚前의 不貞行爲에 관한 審判-世稱「結婚前의 不貞行爲도 離婚原因이 된다」는 判決-"을 「法曹」1965년 7월호에 발표하였다. 金疇洙 교수는 "事實婚解消의 正當事由로서의 結婚前 男女關係에 基因한 家庭 破綻"을 「法曹」1965년 9·10월호에 발표하였다. 이에 다시 鄭光鉉 교수는 "金疇洙 교수의 身分法判例研究에 대한 異議-結婚前의 男女關係에 基因한 事實婚解消로 인한 損害賠償請求事件에 대하여"를 「法政」1965년 9·10월호에 발표하여 論駁하고 있다. 이러한 논쟁을 통하여 대한민국 가족법의 초석(礎石)이 놓여졌다 할 것이다.

정광현(鄭光鉉) 교수는 "結婚前의 不貞行爲에 관한 審判-世稱「結婚前의 不貞行爲도 離婚原因이 된다」는 判決-" 논문에서 당시 서울가정법원 판결의 문제점으로 9가지를 들고 있다. 그 중 '第9點 有責配偶者의 離婚請求의 認容문제'부분에서 유책배우자의 이혼청구 허용여부에 대한 학설을 검토하며, "韓琫熙교수는 유책배우자의 이혼청구에 대하여 소극적인 견해를 취하고 있다. 즉,『積極論에서 주장하듯이 객관적인 파탄 있는 곳에 離婚은 부득이하다. 혼인의 자유가

---

232 1965년 가족법 논쟁에 대한 자세한 내용은 손세일 編,『韓國論爭史(Ⅲ)』, 淸覽文化社(1980), 393-435면 참조.

있는 것처럼 離婚의 자유도 있다. 「파탄인 사실을 확인해서 法과 사실과를 일치시키기 위하여는 有責者이건 無責者이건 가릴 것 없이 破綻事實의 신청을 인정하는 것이 法의 內在的 正義가 요구하는 것이다」라고 한다. 그러나 이와 같은 論旨로 본다면 文學上이나 形式論理的인 견해로서는 훌륭할지는 모르나 결과적으로는 追出離婚 등이 나오게 되어 혼인의 도의성 내지 사회의 통념에 지극히 위반되는 것이다. 더욱이 우리나라에서는 사실상 여성의 지위가 아직도 남성의 그것에 비하여 劣位에 있고 또 이혼 후에 있어서의 여러 가지 보호문제가 불충분한데 이를 적극적으로 보는 것은 약자보호라는 법의 이념에도 반하는 것이다. 외국의 대다수의 立法例에서는 離婚에 있어서 協議離婚도 인정하지 않고 있는 경향인 것이다. 요컨대 파탄 있으면 離婚하여야 한다는 積極論과 적어도 有責配偶者의 離婚請求에 대하여는 혼인윤리나 社會常規上 제한하여야 한다는 두 견해 중 어느 편이 객관적 타당성을 띠고 있는가는 명약관화한 사실이다」라고 논하고 있다(韓琫熙 교수 論稿 〈有責配偶者의 離婚請求〉, 「法曹」 제13권 1964년 9월호 53면)."[233] 기술하고 있다.

여기서 보는 바와 같이 남송 선생님은 1960년대 초 소장학자로서 민법학 1세대 학자들과 어깨를 나란히 하면서 학문 활동을 활발하게 전개하였다.

---

233 손세일 編, 위의 책, 409-410면.

1. 가족법

남송 선생님은 법률 분야 중에서도 민법을 전공하게 된 동기에 대하여, "석사학위 지도교수였던 全承範교수(民法 담당; 京城帝大 法學部 1회 졸업)의 영향이었다. 全교수는 「進步하는 것만이 人生이다」라고 말한 Kohler 교수와 같이 매우 진보적이고 학구열이 왕성하였던 분이었으며 50년대 후반과 60년대 초의 매우 어려운 상황 속에서도 독일, 일본의 法律書 新刊을 늘 옆에 같이 하고 있었다. 전 교수는 또한 진보적인 사고에다 어학에도 능하여 비교법 연구에도 많은 관심을 집중하고 있었다. 평범한 동기에서 나의 전공이 결정된 것이다."[234]라고 동국대학교 법과대학 정년퇴임 告別講演會에서 밝히고 있다.

남송 선생님은 가족법분야에서 크나큰 업적을 남기셨다고 본다. 특히 남송 선생님의 박사학위 논문〈傳統的 離婚原因과 破綻主義에 관한 研究〉는 지금까지 가족법학계에서 선구적인 연구업적으로 높이 평가되고 있다. 남송 선생님의 가족법관(家族法觀)은 "人間愛에 터잡은 가족 개개인의 人格的 保護라고 할 수 있을 것이다."[235] 소개하고 있다.

남송 선생님은 1965년 『新親族相續法』을 이근식(李根植) 교수와 공저로 일조각(一潮閣)에서 출간하였다. 위의 책 머리말에 "斯學의 新進 學者인 全北大學校의 韓琫熙教授의 全幅的인 協力에 의해서 우선 急

---

234 한봉희, 等外 敎授의 退任講演−家族法과 함께 한 40년−, 『가족 · 인간 · 사회』, 찬글(2000), 341면.
235 한봉희, 『가족 · 인간 · 사회』, 찬글(2000), 346면.

한 대로 敎材用으로 이 책을 共著로 내는 바이다"[236]라고 기술되어 있다. 당시 연세대학교 이근식 교수와의 공저로 출간되었지만, 실은 남송 선생님이 전부 집필한 것이다. 당시 지방의 젊은 소장학자가 책을 출간한다는 것은 감히 엄두도 낼 수 없었고, 젊은 소장학자의 책을 출간할 출판사도 없었다. 그러다 보니 서울에 소재한 대학의 학자의 이름을 빌어 책을 출간하게 된 것이다.

"나는 만용이지만 34년 전 1965년에 李根植 교수(전 연세대 민법 교수)와 공저로 一潮閣에서 나의 첫 작품인 「新親族相續法」 교재를 출간하였다. 지금의 기준에서 보면 유치하기 이를 데 없는 책이다. 이 책을 공저로 내게 된 동기는 당시 地方大學의 無名의 소장교수가 單獨著書로 교재를 낸다는 것은 어림도 없는 일이어서, 하는 수 없이 내가 쓰고, 이교수와 같이 共著로 출판하게 되었다."[237] [238] 소회를 밝히고 있다. 이근식 · 한봉희 공저의 《新親族相續法》책은 가족법 분야의 대부(代父)인 정광현(鄭光鉉) 교수께서도 몇 해 동안 교재로 사용하였다는 후문이다. 대학원 때로 기억된다. "교수님! 60년대 공저로 출간하신 「新親族相續法」을 손질하여 가족법 교재로 출간하는 것이 좋을 것 같습니다."라고 말씀드렸더니 묵묵부답하셨다.

---

236 李根植 · 韓奉熙 共著, 『新親族相續法』(제5판), 一潮閣(1974), 1면.
237 한봉희, 『가족 · 인간 · 사회』, 찬글(2000), 343-344면.
238 남송 선생님은 "그 후 나는 이 책을 보완하여 단독으로 내려고 여러 차례 마음먹었으나 너무도 오랫동안 실행에 옮기지 못하고 오늘에 이르고 있다. 이유야 어떻든 이렇게 된 원인은 전적으로 나의 게으름과 無能의 소치로 밖에 볼 수 없다. 지금 이 책은 1982년 增補版을 끝으로 절판상태에 있으며 그 내용을 보면 부끄럽기만 하다"(한봉희, 『가족 · 인간 · 사회』, 363면)라고 소회를 밝히고 있다.

1976년에는 『비교이혼법』(1982년 증보판 발간)을 출간하셨다. 또한 1990년에 『改正 家族法論』(대왕사)을 출간하셨다.[239] 《비교이혼법》은 남송 선생님의 박사학위 논문인 〈傳統的 離婚原因과 破綻主義에 關한 硏究−外國法을 中心으로〉을 중심으로 한국의 이혼법과 美國各州의 離婚原因 및 世界諸國의 離婚率을 부록으로 추가한 것이다. 특히 이 책은 영국·미국·독일·프랑스 등 외국법에 있어서의 傳統的 離婚原因의 槪況을 음미하고 왜 현대 이혼법에서 破綻主義 이혼원인이 요청되는가를, 그리고 破綻主義 離婚原因에 있어서 離婚事件의 처리를 治療法的으로 다루어야 하는 것인지에 대하여 注意를 기울인 勞作인 동시에 力作이라 할 것이다.

《改正 家族法論》은 1989년 12월 정기국회에서 호주제도폐지, 동성동본불혼제도폐지 등 핵심적인 문제를 제외하고, "대폭적으로 개정되거나 신설된 가족법의 내용은 국민 가족생활에 대한 기본법인 만큼 그 내용을 서둘러 알릴 필요성이 있기 때문에 개정가족법의 내용을 정리하여 책자로 내놓게 되었다"고 머리말에서 밝히고 있다. 또한 "1990년은 현행 가족법이 시행된지 30년이 되는 해이다. 가족법시행 30년을 맞으면서 家族法改正이 단행되었다는 것은 어느 때보다도 의

239 南松 韓琫熙 교수님의 著書를 정리하면 다음과 같다. 『新親族相續法』(공저, 초판, 1965.12.12, 一潮閣), 『民法 제4편 親族, 제5편 相續 改正法案理由書』(공동집필, 1974.8.5, 汎女性家族法改正促進會), 『比較離婚法』(1976, 一潮閣/ 再版 1982), 消費者保護關係法의 槪觀(공동집필, 『法과 消費者保護』, 韓國法學敎授會, 1980.11.20, 三英社), 『新親族相續法』(共著, 1982, 一潮閣), 『註釋 債權總則(下)』(공동집필, 1984.6.11, 韓國司法行政學會), 『註釋 債權各則(Ⅳ)』(공동집필, 1987.1.5, 韓國司法行政學會), 『改正 家族法論』(1990, 大旺社/ 增補再版 1991.8.25), 『製造物責任法論』(1997, 大旺社) 이다.

미깊은 일로 생각되며, 특히 이번의 가족법개정은 단순히 改正의 정도를 넘어 家族法의 일대개혁이라는 점에서 더욱 그러한 생각이 든다. 현행 가족법의 근간이 되고 있는 강제적인 身分相續으로서의 戸主相續制度가 任意的인 戸主承繼制度로 개정된 것은 우리 가족제도의 일대변화라고 생각되며, 앞으로 우리 사회에 커다란 충격을 주리라고 예상된다"며, 향후를 전망하고 하고 있다.

《가족법》은 도서출판 푸른세상에서 2005년, 2010년까지 제3판에 걸쳐 출간되었고, 3판이 나온 후 출판사 사정으로 절판되었다. 그런 사연으로 三英社로 출판사를 옮겨 제자인 백승흠(白承欽)교수와 공저로 출판하였다. 선생님은 2013년 삼영사에서 발간된 가족법 책의 서문에서 "1960년 현행민법이 시행된 지 벌써 반세기가 넘었다. 그 동안 우리 사회는 격동적 사회변화를 겪어 왔으며 가족법도 개정의 개정을 거듭하여 왔다. 특히 우리 가족법은 20세기 말과 21세기 초에 가히 혁명적 변화를 겪었다. 우리 가족법의 두 기둥을 이루어 왔던 동성동본불혼제도와 호주제도가 폐지됨으로써(1997년과 2005년) 가족법혁명을 가져왔기 때문이다. 우리 가족법은 이 두 제도가 폐지됨으로써 비로소 양성평등에 터 잡은 민주적 가족법의 구조를 갖게 되었다. 21세기 초에 들어서면서 가족법의 코페르니쿠스적 대전환을 맞게 되었으며, 개인의 존엄과 인격의 평등에 터잡은 신가족의 시대를 맞이하게 되었다. 대가족제도는 붕괴되고 보편화된 핵가족이 가구구조면에서 개별화되는 경향이 나타나고 있다. 한편으로는 인구재앙이라고 부를 정도로 저출산 사회를 우려하고 있는데, 다른 한편으로는 급격한 고령화

사회에 진입함으로써 인구구조의 큰 변화가 일고 있다. 우리나라에서 양성평등은 1970년대, 1980년대만 해도 가족법의 '키워드'가 되고 있었는데, 이제는 진부한 용어가 될 정도로 우리 사회가 크게 발전하였다. 새로 개정된 가족법이 금년(2013) 7월 1일부터 시행되고 있다. 성년 연령이 19세로 인하되었고 개정된 양자법과 친권법이 시행되었다. 민법의 한 기둥을 이루고 있었던 획일적인 무능력자제도가 폐지되고 성년후견제도가 시행되었다. 이에 따라 친족회제도가 폐지되고 가정법원의 후견적 기능이 대폭 강화되었다. 그리고 가사소송법 등 관계법령이 개정되었다. 새로 도입된 성년후견제도는 생활밀착형제도이기 때문에 이 제도가 정착되기까지는 많은 우여곡절을 겪게 될 것이다."[240] 전망하고 있다. 또한 삼영사에서 출간한 《가족법》을 제자인 백승흠교수와 공저로 출간하게 된 인연을 다음과 같이 적고 있다.

"백승흠 교수는 이 책의 초판부터 깊은 인연을 맺어 왔으며…중략…백승흠 교수는 신진학자로서 특히 성년후견제도 전문가로 왕성하게 활동하고 있다. 위와 같은 백 교수와의 돈독한 인연으로 이번에 이 책을 공저로 출판하게 되었다"

남송 선생님께서는 破綻主義 離婚原因下에서 이혼사건의 처리는 종래의 司法的 方法(Judicial Approach) 대신에 "治療法的 方法"

---

240 한봉희·백승흠, 『가족법』, 三英社(2013), iii면.

(Therapeutic Approach)이 요청되고 있음을 국내에서 처음으로 주장하고 이를 도입하여 정착시키자고 일관되게 주장하였다[241]는 점이다. 또한 헌법학자 이상으로 양성평등을 주장하였다는 점이다. 가족법을 연구한다고 하면 보수적이고 유림(儒林)의 입장을 대변할 것 같은데, 남송 선생님은 그 벽을 뛰어 넘으셨다는 것이다. 민법학자들 중에는 유림의 입장에서 학술활동을 한 교수들도 여럿이다.

약혼연령이나 혼인연령에 차등을 두고 있을 때, "남녀간에 혼인연령에 있어서 차등을 두는 것은 헌법정신에도 반하고 또한 그렇게 할 필요성도 없다고 생각된다." "혼인연령에 차등을 두는 것은 오늘날의 민주주의 시대에 맞지 않는 시대착오적인 사고라고 생각된다. 때문에 婚姻年齡은 헌법정신으로 보거나 오늘의 실정에서 볼 때 남녀 다 같이 성년이 되는 20세로 상향조정하는 것이 합리적이라고 본다"[242]며 양성평등을 주장하고 있다.

2005년 개정되기 전 민법은 離婚한 여자는 婚姻關係의 종료한 날로부터 6개월을 경과하지 아니하면 혼인하지 못한다(민법 제811조)고 규정하여, 남자에게는 再婚禁止期間을 두지 않고, 여자에게만 이러한 제한을 과하는 것이 합리적인가 문제점이 있었다.[243] 이는 여성 차

---

241 한봉희, "家族法과 家庭法院"「전북대신문」1965년 5월 27일; "各國의 婚姻法을 硏究",「전북대신문」1969년 4월 29일; 한봉희, "離婚事件의 治療法的 硏究"(문교부 제출논문, 1970.3.31); 한봉희, "離婚事件의 治療法的 處理-結婚相談과 家庭生活敎育",「法曹」1970년 3월-4월호; 한봉희, "家庭法院의 當面課題",「法曹時報」1972년 3월 15일 참조.
242 한봉희, 『가족·인간·사회』, 찬글(2000), 49-52면 참조.
243 여자의 嫡出推定이 重複되는 것을 방지하기 위한 合理的인 差別이라고 보는 견해도

별적인 요소를 담고 있었다. 남송 선생님은 민법 제811조가 여성에게 재혼금지기간을 규정하여 시행하고 있을 때 "현행법하에서도 재혼금지기간은 회피 할 수 있는 길이 열려져 있다. 즉 前婚解消 후 事實婚狀態에 있게 되면 이를 방지할 수 없게 된다. 오히려 事實婚의 증가를 초래하게 되어 이로 인한 婚外子의 증가 문제가 제기될 수 있다. 또한 민법제정 당시와는 달리 현재의 의학수준은 고도로 발달되어 姙娠判定, 親子與否의 감정이 용이하게 되었으며, 受胎와 出産에 대한 사회일반의 지식도 종전과 달리 높아진 것이 현실이다. 또한 婚姻權은 사람의 기본권의 일종으로서 헌법상의 幸福追求權(헌법 10조)에 저촉될 수 있다."[244]며 여자에게만 적용되는 재혼금지기간을 두는 것을 폐지할 것을 주장하였다.

2005년 민법 개정으로 여성에 대한 재혼금지기간은 폐지되었다. 이는 父性推定의 衝突을 피할 목적으로 여성에 대하여 6월의 재혼금지기간을 두고 있는 것은 여성에 대한 차별적인 규정으로 비쳐질 수 있고, 친자관계감정기법의 발달로 이러한 제한 규정을 둘 필요성이 없어졌으므로 이를 폐지한 것이다.

한상범 교수는 남송 선생님의 학자의 길과 학문에 대하여 말하길,

있으나 嫡出推定을 방지하기 위하여는 100일간의 再婚禁止期間으로 정하고, 만약 嫡出推定이 重複되는 경우에는 親子關係 確認의 審判을 찾으면 되므로 필요 이상의 禁止期間을 두는 것은 女性의 人格 및 人間으로서의 尊嚴과 價値를 侵害하는 것이며 再婚의 自由를 부당하게 制限하는 것이라고 본다. 특히, 出産能力이 없는 여성의 경우에는 명백히 違憲이다(김계환, 『男女平等權論』, 박영사, 1982, 62~63면).
244 한봉희, 앞의 책, 53면.

"학자로서 사회정의에 대해 자기 의지를 다해 고뇌하고 노력하지 못한 사람은 진정한 학자 소리 듣기는 틀린 것이다. …중략… 사회과학자로서 불의가 있는 것을 방관하면 때로는 직무유기가 된다. 특히 자기 전공에 관련된 사항에 대해 일신상 이유로 침묵이나 방관으로 도피하는 것은 비겁한 죄악이다. 시대와 사회의 과제는 학자에게도 어려운 과제를 짊어지게 한다. 한봉희 교수가 전공하는 가족법분야는 보수와 자유, 시대성과 과거회귀의 수구성, 봉건성과 근대성 등이 날카롭게 충돌하는 분야이다. 봉건적 전근대사회가 근대적 시민사회로 태어날 적에 법제개혁에서 근본문제는 전제왕권의 민주화개혁, 신분지배의 타파와 평등 법치사회와 함께 봉건적 토지제도의 개혁과 혈연중심대가족의 가부장제 가족제도의 인격평등의 소가족제도제도로의 개혁이다. 가족법이 해당하는 분야가 가족제도의 재편이다. 봉건적 신분사회의 지연공동체와 혈연적 씨족 공동체의 근대적 개혁은 우리 사회에서는 어려운 과제이다. 지금도 지연·지역차별과 폐쇄적 지역중심의 파벌의식이 있고 족벌주의적·파벌적 인맥구성이 관행이 되고 있다. 그래서 가족제도의 근대법제 수립과정에서는 일제가 우리의 후진적 가족제도를 미풍양속이란 이름으로 악용해서 식민통치에 악용했다. 그래서 이 잔재는 뿌리 깊다. 1957년 민법 제정 당시부터 수구적 구시대의 가족윤리를 옹호하는 세력의 완강한 반대에 부닥쳐왔다. 이 갈등과 투쟁은 아직도 끝나지 않았다. 그래서 가족법학자로서 자기 소신을 밝히고 스스로 앞장서 싸워야 한다. 한봉희 교수가 가족법개정위원으로서 어려운 활동의 사정은 여기서 일일이 말하기 어렵다. 당해보지 않은 사람은 그 속사정을 조금도 알 수 없다. 한교수께서는 부드럽고 유순한 인품속에서 자기의 소신을 지켜나가고 정의를 추구하는 질긴 인품을 간직하고 있다. 학자라고 해서 그러한 자세를 모두 가질 수 있는 것은 아니다. 이 점에서 한교수님은 정의를 알고 실천하는 드문 학자이다."[245]라 평하고 있다.

南松 선생님은 정년퇴임 이후에도 서울가정법원 가사조정위원으로 왕성한 활동을 하셨고,[246] 가족법학회의 학술대회에 참석하여 학계의 최신동향과 흐름을 파악하여 당신의 《가족법》[247] 책에 반영하고 업데이트(Up-Date)하는 개정 작업을 여전히 하고 계신다.

---

245 南松韓琫熙敎授停年紀念論文集 刊行委員會, 『家族法論集』, 도서출판 찬글(1999), 한상범 교수의 "하사(賀詞)" 참조.

246 남송 선생님은 고등학교 畏友의 고희를 맞아 賀辭 글에서 정년 후의 생활을 다음과 같이 쓰고 있다. "사랑하는 윤기한 교수에게– 정년한지 3년이 되었지만, 평생을 책보고, 가르치고, 글 쓰는 직업에 종사하였던 탓으로 이러한 습관이 몸에 배어 정년이라는 이름으로 제도권에서 해방되었을 뿐 생활습관은 전임시절과 거의 비슷하지. 책보고 강의하고 글 쓰고 학회 참석하여 주기적으로 동료였던 교수 만나 한담 나누고 전문서점에서 정기적으로 들러 북리뷰하고 때로는 주머니 사정에 관계없이 비싼 외서도 사보고 본능적으로 〈아카데믹 소사이어티〉를 벗어날 수 없는 생리에 고착되어 있는가 봐. 아마 이러한 생활은 기력이 다하여 무덤에 갈 때까지 계속될 것이 아니겠는가"(한봉희, "물질을 넘어 정신으로 –코펜하겐 · 오슬로 통신–", 尹基漢敎授古稀記念論文集 『學問과 生活의 空間』(2002.12.19), 155면).

247 《가족법》책은 출판사 푸른세상에 이어 2013년부터는 三英社에서 愛弟子인 백승흠 박사(현, 청주대 법학과 교수)와 공저로 발간되고 있다. 백승흠 박사는 스승과 공저 발간에 대하여 "옛날에 스승님의 그림자도 밟지 않는다고 했는데, 천학비재한 제자가 그 업적에 흠집을 내지 않을까 염려가 크다. 공저로 출간하도록 허락해 주신 은사를 비롯하여 스승님께서 베풀어 주신 학은에 다시 한 번 감사드리며, 변함없이 건강하셔서 제자들의 게으름을 질책해 주시기를 거듭 소망한다."표현하고 있다(한봉희 · 백승흠, 『가족법』, 三英社, 2013, 서문 참조).

2. 가정법원 발전에 기여

서울가정법원은 1963년 가사·소년사건을 그 특성에 맞게 재판하도록 하기 위한 전문법원으로 개원하여 2013년 10월 11일 개원 50주년을 맞이했다.

1963년 3월 4일 가정법원 실치를 위한 법안기초위원회가 설치되었고, 같은 해 6월 18일 '하급법원의 설치와 관할구역에 관한 법률' 개정(법률 제1361호), 가사심판법 제정(법률 제1375호), 소년법 제1차 개정(법률 제1376호), 호적법 제2차 개정(법률 제1377호), 같은 해 10월 1일 서울가정법원이 개원하였고(서울 서대문구 서소문동 57 소재 건물), 10월 10일 개원식을 가졌다.[248] 서울가정법원 초대 법원장으로는 기세훈(奇世勳) 법원장이 부임하였다.

남송 한봉희 교수께서 집필한 《비교이혼법》(1976)은 학계에서는 이혼원인의 연구에, 실무계에서는 가정법원제도의 연구에 하나의 자료를 제공하였다고 판단된다. 남송 교수님의 가족법교과서(2013, 삼영사)의 이혼법 분야도 이러한 '지도 원리'에 터 잡고 있다할 것이다.

남송 교수는 1963년에 발족한 우리나라의 가정법원제도에 대한 개선책에 대하여 일찍부터 관심을 가지고 있었다. 처음으로 발표된 글이 가정법원제도에 대한 고찰(사법행정 64권 5, 8호, 1963.7.15)이었으며 가정법원이 발족한지 근 10년이 지나도록 아무런 변화가 없기에 당

---

248 1963년 10월 10일 서울가정법원 개원식은 전(前) 서울지방법원 소년부지원 광장에서 있었다.

시에 과감하게 법조시보(法曹時報)에 "가정법원의 당면과제"라는 제목으로 가정법원의 개선책에 대한 글을 썼다(법조시보, 1972.3.15, 7면). 이 논문에서 가정법원의 모델이 어떠하여야 할 것인가를 호소하였으나, 법조를 비롯한 우리 사회의 아무런 반응이 없었다 한다. 그 때가 1972년 초이다. 앞에서 언급한 봐와 같이 1976년 한봉희 교수님의 《비교이혼법》에서도 가정법원이 갖추어야 할 모델을 제시하였으나, 학문적 탁상공론이 되어 세월이 흘렀다. 한봉희 교수님의 이러한 생각은 가정법원이 발족한지 40년이 흐른 2000년대에 와서 나타나고 있는 것 같다. 독립된 가정법원이 전국적으로 확대되고 있고(부산, 대구, 광주, 대전 등), 조사관제도와 조정위원제도가 강화되고 있는 듯하다. 이러한 변화는 바람직한 가정법원의 모습으로 볼 수 있다.

법원에서 수석부장판사로 근무하면서 가정법원 창설의 주역이었던 권순영(權純永)변호사(1963년 당시 서울가정법원장 직무대리)[249] [250]가

---

249 권순영(權純永)변호사는 경성법전(京城法專)을 졸업한 후 1949년 서울지방법원 판사로 법조계에 투신, 서울아동상담소장, 서울지방법원 소년부지원장, 가정법원 수석부장판사 등을 역임했으며 1964년부터 변호사개업을 해왔다. 1977년 1월 26일 숙환으로 별세(향년 58세)했다(경향신문, 1977년 1월 27일, 7면). 1963년 9월 24일 대법원은 가정법원 수석부장에 권순영(權純永)을 발령했다(동아일보, 1963년 9월 25일, 7면). 가정법원이 개원후 1963년 12월 17일 서울가정법원에서 「가족법연구회」가 출범하였고 회장에는 당시 서울가정법원장이 부회장에는 당시 수석부장판사였던 권순영 판사와 장경학 교수가 맡았다.

250 가정법원 출범 당시의 운영 방향 등을 알기 위해서는 당시의 관계자 인터뷰 기사를 참조할 필요가 있다. 가정법원 출범 당시 실무책임자였던 권순영 수석부장판사(서울가정법원장 직무대리)의 인터뷰도 法制史的으로 의미가 있다 할 것이다. 경향신문은 "「고도로 발달한 문화의 갈등이 가져다주는 20세기의 인간관계, 이것은 슬픈 일이지만 현대의 必要惡으로 등장했습니다. 이 필요적악은 권리나 의무를 가지고 따지는 법

비교이혼법을 접하고 남송 선생께 보내온 편지를 통하여 당시 가정
법원의 출발과정에서 법조사회 내부에 가정법원에 대한 강한 저항과
반발이라는 우여곡절이 있었음을 간접적으로 알 수 있다.

"한교수께서 저술한 비교이혼법의 책광고가 신문에 나오자 그날로 책을 구
하여 다 읽었습니다. 不毛地인 家族法을 꾸준히 硏究해 주신데 대하여 尊敬
과 感謝를 들입니다. 讀後感을 新聞에 써 볼까 생각하였으나 안하기로 결심
하였습니다. 그것은 한교수의 著書를 찬양하면 도리어 독자가 줄것 같아서

률만으로는 해소할 수 없으며 가정법원의 예방치료를 통해서 가능합니다.」 10월 1일
을 기해 처음 문을 연 서울가정법원장 직무대리 수석부장판사 權純永씨는 가정법원
의 필요성을 이렇게 역설했다. 권씨는 소년범이나 가정불화 부부생활에 갈등과 같은
집안싸움은 법률관계가 아니고 인간관계이며 사회인으로써의 적응성을 상실한 것이
므로 사회적인 모든 자원을 총동원해서 법 아닌 인간관계로서 치료해야한다고 말했
다. 이러한 치료를 위해 가정법원은 법관뿐만 아니라 정신의학, 심리학, 사회학, 교육
학 등의 전문가들이 필요하다는 것이다. 그러나 현재까지 서울가정법원은 정신의학
등의 전문가들로써 구성되어있지 못하기 때문에 가정법원에 「심포니」는 당분간 이루
어지기 힘들 것이라고 권씨는 말하면서 그러나 자체내의 교육과 조정관들에 외국유
학 등을 통해 최대의 노력을 하겠다고 다짐하였다. …중략… 가정법원 설치의 필요
성을 느끼고 가정법원을 위해 일생을 보내겠다고 결심한 것은 1958년 일본 동경에서
열린 국제사회 사법회의에 참석한 때였다. 당시만 해도 소년범죄사건에만 몰두했던
권씨는 동경회의 때 일본 동경가정재판소장 미조구찌(溝口)씨의 안내로 이혼사건의
조정과정을 보고 가정법원의 필요성을 절감했다는 것이다.…중략… 귀국 후 권씨는
1960년 11월 건국대학에서 열린 판·검사 특별교육에서 「가정법원의 설치를 요망함」
이라는 논문을 발표했고 이 논문이 기점이 되어 대법원과 여성단체의 건의 등을 통해
우리나라에도 동양에서는 일본 다음으로 가정법원이 마련되어 선진국(?)임을 과시하
게 되었다는 것이다…후략…"("가정법원 따뜻한 人間裁判", 「경향신문」 1963년 10월 3
일, 6면)라고 기사화하고 있다. 또한 사실상 가정법원 운영 책임자인 권순영 수석부
장판사를 인터뷰하고 있는 동아일보 기사도 참고할 필요가 있다. "家庭法院 運營방
침診斷, 「동아일보」 1963년 10월 1일, 6면 참조.

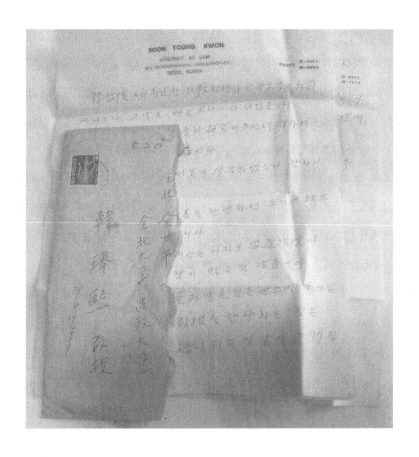

였읍니다. 우리나라의 法曹界에서는 아직도 家庭法院에 抵抗을 느끼는 사람이 많은 것 같습니다. 내가 한교수의 意見과 같은 것은 世上이 다 아는 사실이니까 내가 한교수를 찬양하는 것은 마치 自畫自讚하는 格이 되는 것 같이 느껴집니다. 내가(권순영 변호사-필자) 13년 전에 家庭法院을 만들었을 때와는 다른 方向으로 가정법원은 運營되고 있으며 다만 家事審判이 非公開 · 報道禁止로 운영되고 있는데 이것마저도 法院實務者들의 改正意見은 없애자는 것이니까 내가 家庭法院을 創設한 意義는 없어져가고 있습니다. 行

動科學이니 카운스링 같은 것은 傳統的인 法曹人이 第一 싫어하는 것입니다. 나는 이런 것에 대하여 말하고 싶지도 않아서 沈黙을 지키고 家庭法院 創設의 歷史의 罪人으로 自處하고 있는데 한교수의 著書를 보고서 同志가 있구나 하고 慰勞가 됩니다. …중략… 먼 後日 家族法에 理解가 있는 사람들이 要職에 있게 되는 날을 기다리면서 啓蒙이나 해야 할 것으로 생각합니다. 내가 글을 쓰는 것보다는 學界에 있는 분이 쓰는 것이 實務界에서 덜 抵抗을 느낄 것으로 생각합니다. 나는 이미 붓을 놓았으니 역량하신 한교수께서 많은 글을 내 代身써 주시기를 付託들입니다. 서울 오시는 길에 나의 事務室에 電話 좀 걸어주시기 바라면서 餘不備札 1976.4.17"

가사사건의 처리방법에 있어서 종래의 사법적 접근방법(judicial approach)에서 이른바 치료법적 접근방법(therapeutic approach)으로의 변화이다. 이 용어는 한봉희 교수님께서 1966년 9월~1967년 8월 미국연수중 이혼법 자료에서 본 것이 바탕이 되어 우리 이혼법의 추세에도 타당할 것 같아 그대로 번역하여 사용하게 된 것이다. 그러나 근 반세기가 지나도록 이 용어에 대하여 학계, 실무계 모두 별 감각 없이 지내오고 있는 것이 오늘의 현실이 아닌가 생각된다. 이러한 용어는 학문적 용어로 정착되었으면 하는 것이 이 글을 쓰는 필자의 생각이다. 수십 년이 지난 후 같은 학문을 연구하는 후학들은 용어의 흐름에 대해서도 깊은 관심을 가질 필요가 있다고 생각한다.

남송 교수께서는 전북대 재직시 15년 동안 전주지방법원 가사조정위원으로 활동했으며, 서울로 대학을 옮긴 후에도 서울가정법원에서

20년 가까이 가사조정위원으로 활동했다. 서울가정법원 명예조정위원 직을 마칠 때까지 30여년에 걸쳐 실제적으로 봉사하였을 뿐만 아니라 학문적으로도 기여하였다. 서울에서 조정위원으로 활동 중 가정법원 장과 저녁식사를 같이 하는 자리가 있었는 바, 가정법원장이 이근식·한봉희 공저의 《新親族相續法》책으로 배웠고, 그 책을 저술한 남송 선생님을 뵙게 되어 반가웠다는 인사를 전해왔다는 후문이다.

3. 가족법 개정 운동의 참여와 기여

1948년 대한민국 헌법이 제정·공포되고, 같은 해 9월부터 법전편 찬위원회가 구성되어 민법 중 친족상속법편의 기초를 마련하지만, 헌법이 남녀평등을 규정하고 있음에도 불구하고, 하위법인 민법의 내용은 가부장적 권위주의와 관습존중론에 치우쳐 부계혈통과 남계 혈통을 중심으로 한 여성차별적 요소가 주를 이루고 있었다. 이런 내 용의 민법 초안을 두고 여성계와 유림 등 보수세력과의 대립속에서 여성계는 불평등한 입법안에 적극적으로 대처하여 신민법에 남녀평 등을 구현하는 내용을 담기 위한 노력을 기울였다.

신민법은 1957년 12월 국회에서 통과되어 1958년 2월 22일 법률 제471호로 공포되었다. 그리고 1960년 1월 1일부터 시행되었다.

정부수립 이후 10년 가까이 진행된 민법제정 과정에서 헌법이 규 정하고 있는 남녀평등 이념을 완전히 구현하지는 못했지만, 새로 제 정된 민법은 종전에 비하여 여성의 법적 지위가 향상된 것 또한 사실이다. 그러나 불평등한 봉건적 잔재 규정들이 남아있어 여성계를 중심으로 한 가족법 개정운동은 필연적이었다 할 것이다.

가족법 개정운동은 신민법 제정과정에서부터 6차에 걸쳐 이루어졌다.[251][252] 가족법 개정운동은 '범여성가족법개정촉진회' 결성을 계기로 공동전선이 형성된 1970년대부터 본격적으로 전개되었으며, 남송 선생님은 가족법을 연구하는 바, '가족법 개정'이라는 시대적 과제에 맞서며 학자로서 실천적 삶을 이어가게 된다.

1973년 5월 21일 대한 YWCA연합회 회의실에서는 27개 여성단체가 참가한 가운데 '가족법개정추진위원회(가칭)' 구성을 위한 제1차 준비위원회가 열렸고, 가족법 개정을 위한 범여성운동으로 확대하자는 제의에 따라 동년 6월 8일 한국여성단체협의회 회의실에서 13개 단체 대표가 모인 2차 회의에서는 가족법개정촉진회 결성 준비위

---

251 한국 가족법 개정운동에 대한 자세한 내용은 이태영, 『가족법 개정운동 37년사』, 한국가정법률상담소(1992); 한국가정법률상담소 출판부 편, 『가족법 개정운동 60년사』, 2009; 『한국가정법률상담소 50년사』를 참조.

252 李兌榮박사의 『가족법개정운동 37년사』에 대하여 남송 선생님은 다음과 같이 쓰고 있다. "평소에 李 박사님의 家族法에 대한 學問愛, 그 改正運動에 대한 끈질기고 정열적인 집념이 없었더라면 도저히 이룰 수 없는 結晶體라고 보지 않을 수 없습니다. 가히 이 책은 韓國 家族法史와 女權運動史에도 남게 될 金字塔的 記念物이라고 하지 않을 수 없습니다. 이 책의 구성내용을 요약하면 1948년 憲法制定에서부터 1989년 12월 가족법의 대개혁에 이르기까지 3단계로 시대 구분하여 가족법 개정의 경위를 소상하게 다루고 있고, 후반부 자료편에서는 가족법 개정을 위한 意見書, 陳述書, 理由書, 建議文, 改正案, 家族法 改正運動年表, 新·舊 家族法 對比表 등 그동안 半世紀 가깝게 쌓아 온 가족법 개정에 필요한 각종 자료를 총 망라하여 가족법 개정사에 없어서는 아니 될 귀중한 資料를 소개하고 있습니다. …후략… "(한봉희, "'가족법개정운동 37년사'를 읽고 나서", 「가정상담」 1992년 4월호 참조).

원회를 구성하는 한편, 7개 단체 대표로 소위원회를 결성하여 준비 일체를 위임하였다. 1973년 6월 11일에 7개 단체 소위원회 제1차 회의가 열리고, 그 후 몇 차례의 모임 끝에 6월 16일에는 김주수·김용한·박병호·한봉희·이근식·이태영 등 법학자 6명과 몇 명의 여성 대표가 모여 10개의 개정 항목을 선정하였다. 그리고 운동세력의 명칭을 가칭 '범여성가족법개정촉진회'로 결정하고 결성대회 실무에 대해 논의했다. 한편 이날 모였던 가족법학자들은 앞으로 이론을 뒷받침할 자문위원으로 위촉되었다.[253]

가족법 개정운동의 핵심이라 할 수 있는 '가족법 개정안 작성'이 주된 임무인 자문위원회는 1973년 9월 1일부터 2일까지 1박 2일 동안 수유리 아카데미 하우스에서 제1차 회의를 열고 개정안 마련에 들어갔다. 민법중 친족상속편 개정법률안을 기초하는 일에 초점을 둔 이 작업은 자문위원인 박병호 교수(서울대학교 법과대학), 김주수 교수(경희대학교 법과대학), 김용한 교수(건국대학교 법정대학), 한봉희 교수(전북대학교 법과대학), 이태영 부회장 등 5명이 맡고 있었으며, 제1차 모임에서 친족상속편 345개 조문을 검토한 결과 개정해야 할 120여 조문을 가려냄으로써 본격적인 초안 작성이 시작되었다.[254] 토론회 직후인 7월 6일과 7일 이틀에 걸쳐 자문위원들은 다시 수유리 아카데미 하우스에서 제3차 회의를 갖고 법안 작성 마무리 작업에 들어갔다. 4명의 자문위원들이 분담하여 345개 조문 중 120여 관련 조문에 대해

---

253 한국가정법률상담소 출판부 편, 『가족법 개정운동 60년사』, 2009, 82면.
254 위의 책, 88면.

개정·수정 및 삭제하는 작업이었다. 김주수 교수는 '호주제와 혼인', 김용한 교수는 '유류분과 상속', 한봉희 교수는 '친권·후견·이혼', 박병호 교수는 '친족·부양·친자양자(적모서자)' 등을 각각 맡았는데, 자문위원들은 각자 맡은 항목을 조문별로 검토하여 법안 초안을 작성하는 작업에 착수하였다.[255]

　가족법개정촉진회는 1974년 7월 18일 코리아나 호텔에서 법안 작성 자문위원들이 참석한 자리에서 여성 국회의원들을 초청, 법안 전달 모임을 가졌다. 한편, 촉진회 자문위원들은 이 자리에서 '가족법학회'를 재구성(가족법학회는 1960년대에 발족하였으나 그 후 유명무실한 상태였음), 가족법학회의 활성화를 다짐하고 즉석에서 회장단을 인선하였는데, 회장에는 김주수, 부회장에는 이태영·최달곤(고려대 교수) 등을 선출했다.[256]

　3차 가족법 개정 운동과 관련한 역사를 살펴보면, 여성연합회는 개정 법안까지 만들어 주어야 비로소 국회에서 개정 논의가 있겠다는 판단 아래 법안 작성을 서둘렀다. 법안 작성을 위한 자문위원으로는 가족법학자들인 박병호 교수(서울대), 김주수 교수(연세대), 김용한 교수(건국대), 배경숙(인하대), 한봉희 교수(전북대), 곽동헌 교수(경북대) 등 6명을 위촉하고, 1984년 9월 15일 그 첫 위원회를 열었다.[257] 이날 회의에서는 1977년 개정 당시 통과되지 않은 부분들을 다시 주

---

255 위의 책, 89면.
256 위의 책, 90면.
257 위의 책, 125면.

장하기로 하고 법안 작성의 대표 집필은 김주수 교수에게 위임하는 한편 분야별로 임무를 나누어 맡아 작업을 진행했다.[258]

민법 제809조 제1항 동성동본 금혼규정은 헌법상 인간의 존엄과 행복추구권을 침해하며, 평등에 기초한 혼인생활의 성립과 유지라는 헌법 규정에 정면 배치되는 조항으로 가족법이 개정될 때마다 개정 요구가 있어 왔다. 1995년 '동성동본 금혼조항 개정을 위한 당사자모임'이 위헌법률심판제청을 신청하였고, 서울가정법원이 이를 받아들여 위헌제청이 결정되었다. 1996년 4월 25일 헌법재판소로부터 동성동본 금혼규정 관련 '위헌법률심판제청'에 관하여 첫 번째 출두 연락이 왔다. 재판은 6월 30일 오후 3시 30분으로 정해졌다. 곧이어 5월 22일에는 헌법재판소로부터 변론기일 통지서를 전달받았는데, 민법 제809조 제1항 위헌제청 사건에 관한 변론 기일에 출석하여 연구결과를 진술해 달라는 내용이었다. 참고인으로는 가정법률상담소의 곽배희 부소장과 동국대학교 한봉희 교수, 서울대학교 이정주 교수가 지정되었다.[259]

1996년 6월 13일 헌법재판소 대심판정에서 동국대 법학과 한봉희 교수는 헌법의 남녀평등 조항을 들어 동성동본 금혼규정의 법적 불합리성을 주장하며 "민주주의 국가에 있어서 법률은 국민의 공공재산으로서 모든 사람에게 평등하여야 한다. 지나치게 넓게 금혼범위를 규정하고 있는 현행 민법 제809조는 시대적 조류에 상응하게 재

---

258 위의 책, 284면.
259 한국가정법률상담소 출판부 편, 위의 책, 202면.

검토·조정되어야 할 것이다. 따라서 검토·조정은 근친혼 금지범위로 조정되어야 할 것이다. 그리고 동성동본불혼제도는 종래의 관습에 맡겨야 할 것으로 생각된다."고 진술했다.[260] [261] 헌법재판소에서 참고인으로 공술한 후 유림들의 협박전화가 빗발쳤지만, 남송 선생님은 굳건히 이겨내셨다.

1997년 7월 16일 헌법재판소는 동성동본 금혼 규정에 관한 위헌법률 심판제청 사건에서 헌법불합치를 결정했는데, 이는 사실상의 위헌 결정이었다.

이처럼 남송 선생님은 가족법 개정운동에도 적극적으로 참여한 지행합일(知行合一)의 실천적 지식인이었다.

韓勝憲 변호사(前감사원장)는 남송 선생님의 가족법 개정 운동 참여와 활동에 대하여, "그는 1974년에 발족한 범여성가족법개정촉진회의 자문위원이 되어 민법 중 친족·상속편의 개정에 큰 몫을 다함으로써 1977년의 획기적인 가족법 개정에 큰 공헌을 하였다. 종래의 가부장적인 틀을 벗어나지 못했던 우리나라 가족법을 남녀평등의 진보적인 입법으로 끌어올리는 일에 한교수님이 심혈을 기울였다는 것은 많은 사람들이 공인하는 사실이다. 그가 어찌나 여권향상에 기념비적인 개정안을 마련하였던지, 언젠가 나는 "그렇게 여성쪽에 유리한

---

260 한국가정법률상담소 출판부 편, 위의 책, 204면.
261 한봉희, "同姓同本不婚制度再論", 「考試界」 498(1998.8), 48-63면; 한봉희, "同姓同本不婚制度再論", 「家族法研究」 10(1996.12), 43-58면; 한봉희, "同姓同本不婚法 '건너지 못할 강' 아니다", 「주부생활」 1982년 12월호 참조.

개정안을 만든 것은 (남성의 입장에서 보면) '이적행위'가 아닌가"라고 그에게 심술궂은 농담을 건넨 일도 있었다."[262] 회고하고 있다.

知性은 실천을 결여할 수 없다. 그 실천은 항상 現實 참여를 숙명으로 한다.[263] 남송 선생님 또한 지식인으로 그 현실 참여를 게을리하지 않았고, 회피하지 않았으며 시대정신에 따라 가족법개정운동에 학자로서 열과 성으로 임했다는 것이다.

4. '제조물 책임법'의 개척자

製造物 責任은 현대의 경제구조하에서 전통적인 책임법리가 갖고 있는 한계를 극복하려는 시도의 하나로서 미국 판례법에 의하여 형성되어 왔다. 그 후 유사한 경제사회구조를 가지고 있는 대부분의 나라에서 제조물책임에 관한 법리는 적극적으로 수용되었다. 1985년 EC는 제조물책임에 관한 지침을 제정하였고, 이 지침에 따라서 독일, 영국, 프랑스를 비롯한 EC회원국들은 제조물책임의 법리를 입법적으로 수용하였으며, 일본과 같은 아시아 국가에서도 제조물책임에 관한 성문의 규율이 나타나기 시작하였다. 이와 같은 세계적 추세와 우리나라 자체에서 드러나기 시작한 입법의 필요성에 따라서 우리나라에서도 2000년 1월 제조물책임법을 제정하기에 이르렀으며, 동법은

---

262 한승헌, "그의 선비다운 삶을 흠모하며", 南松韓琫熙教授華甲紀念論文集 刊行委員會, 『現代民法의 課題와 展望』, 밀알(1994), 祝辭 참조.
263 金鍾均, 『梅泉·萬海·芝薰의 詩人意識』, 박영사(1985), 160면.

2002년 7월부터 시행되었다.[264]

남송 선생님은 가족법 분야 외에도 "제조물 책임에 관한 고찰" (1977), "미국 제조물책임법의 동향" 등을 연구 소개함으로써 소비자 보호를 위한 커다란 학문적 성과를 보여 주셨다. 선생님은 '한국 제조물책임법의 개척자(開拓者)'라 할 수 있다. 1977년 6월 4일 조선대학교에서 열린 한국민사법학회 학술대회에서 '製造物責任에 관한 考察'을 발표하였다. 이 발표가 국내 최초로 학회에서 제조물책임이 거론되었다. 남송 선생님의 표현처럼 '이 때만 하여도 우리나라에서 제조물책임론의 요람기였다고 볼 수 있다.'[265]

"經濟가 成長되고 國民生活水準이 높아지게 되자 1970년대 후반부터 消費者保護法에 관심을 갖게 됐다. 그것이 바로 製造物責任의 法理이다. 필자는 황무지에 놓여있던 이 문제에 대하여 1977년 韓國民事法學會 學術大會에서 製造物 責任의 必要性을 문제점으로 提案했다. 제조물책임의 본산지는 미국이며 미국의 법이론이 EC를 비롯한 세계 각국의 製造物責任法理에 영향을 미치고 있다. 필자는 이 법리의 본산지에서 연구하기 위하여 1980년 8월부터 일년간 미국의 코네티컷대학교 법과대학의 연구교수로 체류했다. 귀국 후 공업선진국 10여개국의 製造物責任을 國內에 紹介했으며 그 후 10여년이 지난 오늘, 우리나라에서도 製造物責任의 研究가 활발하게 전개되

---

264 권오승 外, 『제조물책임법』, 법문사(2003), 1면.
265 韓琫熙, 『製造物責任法論』, 大旺社(1997), 555면. 당시 한국민사법학회 주제 발표에 대한 토론 내용은 같은 책 555-568면 참조.

고 있고 그 立法의 必要性이 서서히 대두되고 있다."[266] [267]

남송 선생님께서 우리나라 제조물책임법의 개척자라는 사실은 그 동안 발표한 논문이 이를 증명하고 있다. 선생님께서 발표한 제조물책임관련 논문을 기술해 보면, 製造物責任에 관한 考察(사법행정, 1977.8), 소비자보호와 피해자구제의 법리(변호사협회지, 1979.1), 製造物責任과 責任保險(문교부 정책과제, 1979.2), 製造物責任에 관한 考察(민사법학, 1979.8), 消費者保護法에 관한 考察(전북대 논문집, 1980), 製造物責任과 消費者保護에 관한 法理硏究(전북대 사회과학연구, 1982.2), 製造物責任에 있어서 缺陷의 意味(전북대 논문집, 1982.7), 오스트레일리아 製造物責任法의 槪要(경북대 법대논총, 1982.11), 독일 製造物責任法(연세대 법률문제연구소 법률연구, 1983.7), 미국의 製造物責任法(상·하)(변호사협회지, 1983.7-8), 영국 製造物責任法(상·하)(법조, 1988.1.4), 프랑스 製造物責任法 개요(상·하)(사법행정, 1984.3-4), 벨기에 製造物責任法 槪要(상·하)(변호사협회지, 1985.1-2), 이탈리아 製造物責任法(곽윤직 교수 회갑기념 논문집, 1985.12), 캐나다 製造物責任法(법조, 1986.1-4), 스위스 製造物責任法(문인구 박사 회갑논문집, 1985.12), 네

---

266 한봉희, '法解釋'과 '比較法學'으로 일궈온 學問의 길, 「교수신문」 1994년 6월 1일.
267 남송 선생님의 제조물책임법을 정리하다 보니, 민법학계의 누군가 동국법학은 '불법행위법(不法行爲法)의 메카'였다고 표현한 것이 떠오른다. 그리고 보니 국내 제조물책임법을 개척한 남송 선생님을 비롯하여 독일에서 제조물책임법을 연구하고 이 분야의 논문을 지속적으로 발표하여 온 연기영 교수, 안동대에서 정년퇴임한 권영준 교수 등 불법행위법을 전공한 학자들이 많다.

덜란드 製造物責任法(김기선 박사 고희기념 논문집, 1987.12), Product Liability in Korea(영문)(한국법학원 저스티스, 1988.12), 製造物責任의 出現과 國內外立法動向(공장관리, 1990.3), 스웨덴 製造物責任法(황적인 박사 회갑논문집, 1990.10), 製造物責任의 立法動向과 그 適用法理(재산법연구, 1990.11), 미국의 製造物責任(월간고시, 1991.4), 製造物責任의 接近法理(고시연구, 1993.6), 製造物責任과 缺陷(고시연구, 1993.8), 판례평석-製造物責任(법률신문, 1993.8), 미국 製造物責任의 최근 動向(김형배 교수 화갑기념논문집, 1994.10), 製造物責任의 立法動向(월간 포장산업, 1994.3), 韓國製造物責任法의 立法論的 課題(한국재산법학회 학술대회, 1995.6), 製造物責任法의 世界的 動向과 韓國의 立法方向(보험법률, 1996.6), 미국 製造物責任法의 새로운 展開(저스티스, 1996.6) 등이다.

1997년에는 제조물책임과 관련하여 1970년대 후반 이후 학회, 논문집, 법률잡지 등에 발표한 것을 종합하고 새로이 쓴 논문을 추가하여 『製造物責任法論』(大旺社)을 출간하였다.

선생님께서는 정년으로 학교를 떠난 이후에도 국내에서 제조물책임법이 제정된 후 월간 《JURIST》라는 법률잡지에 "새롭게 맞게 된 제조물책임법 시대"[268]라는 논문을 발표하여 소비자주권 시대의 제조물책임법을 조망하고, 제조물책임보호제도의 도입 등을 촉구하고 있다.

남송 선생님께서는 국내 제조물책임법 분야를 개척하고 발전시킨 학자로서 국내에서 제조물책임법이 제정되어 시행되는 것을 지켜보

---

268 한봉희, "새롭게 맞게 된 제조물책임법 시대", 월간 『JURIST』 2002년 6월(Vol. 381), 17-23면.

며, "1970년대 후반에 필자가 한국민사법학회에서 제조물책임의 법리에 관해 발표할 때만 하더라도 법리의 소개뿐만 아니라 "제조물"이라는 용어 자체도 학계에서 생소하였으나, 필자가 1980-1981년에 제조물책임의 본산지인 미국에서 연구하고 귀국한 이후에는 국내에서 여러 학자들의 연구로 제조물책임이론이 성숙되고 사회적 여건이 형성되어 이제 제조물책임법이 제정되어 실시를 보게 되었으니 감회가 새롭다."[269]며 그 소회를 밝히고 있다.

IV. 맺음말

한봉희 선생님은 「동대신문」과 가진 정년퇴임 인터뷰에서 "아직 몸이 건강한데 나이가 많다고 퇴임을 해야한다는 것이 섭섭하지. 하지만 한편으로 퇴임을 한다는 것 자체가 축복받은 일이라고 생각하네."라며 정년을 맞이하는 소회를 표현하고 있다. 동대신문은 선생님과의 인터뷰 내용을 다음과 같이 기사화하고 있다.

"정년퇴임이 아쉽기도 하고, 고맙기도 하다며 지금의 묘한 심정을 담담히 담아내는 법학과 한봉희 교수. 그는 수 십년간 연구실 책장에 꽂혀있던 책들을 정리하며, 서서히 자신도 그 자리를 떠날 준비를 했

---

269 한봉희, 위의 논문, 23면.

다. 전북대에서 민법을 전공, 석·박사과정을 수료하고, 교수님들의 권유와 자신의 적성을 고려해 계속 학교에 남기로 한지 40여년. 한번도 학교를 떠나본 적이 없어서 그의 주변사람들은 그를 '나이먹은 대학생'이라고 부른다. 그리고 늘 시간을 아껴 학문정진의 길을 걸으며, 제자들에게도 항상 "성실한 법학도가 될 것"을 주지시킨다고 한다. "나는 시냇가에 서있는 나무와 같지. 수많은 제자들이 내 앞을 시냇물처럼 흘러갔어. 그들이 큰 바다로 나가 각자의 분야에서 자기 몫을 잘 해내고 있을 때 가장 큰 보람을 느껴." 학생들을 극진히 사랑한다고 말하는 한교수에게는 학생들과 대화하고 지도하는 그 자체가 즐거움이었다. "민법 중 가족법연구에 일생을 바쳤지. 업적이랄건 없고. 77년과 90년의 가족법 개정과 올해 가족법 개정안이 국회상정된 것이 내 연구의 결실이랄까." 한국가족법학회 전회장, 서울가정법원 조정위원 등을 역임하기도 한 그는 가족법에서 남녀평등·여성지위향상을 위해 노력했으며, 그 결과 가족법이 많이 개정되었다. 또한 국제가족법학회와 한일가족법학회 등의 국제학회에도 적극적으로 참석·의견을 개진하여 가족법의 국제교류에도 '새로운 다리' 역할을 했다. 이렇듯 일생을 학문연구에 충실했던 그는 학생들에게 "어떤 가치를 가지고 사회를 살아갈 것인지 결정하는 곳이 대학"이라며, "황금같은 젊음의 시절을 헛되이 보내지 말고, 탐구에 게으르지 말 것"을 당부하는 것도 잊지 않았다. 학문연구와 학생지도의 한평생을 살았고, 학문연구는 앞으로도 변함없을 것이며, 다시 태어나도 똑같은 길을 걷겠다는 한교수. 40여년 동안 나가지 않았던 학교 밖으로 한걸음 내딛는 한교수의 모습은 '자신감' 그것이었다."[270]

　남송 선생님의 華甲紀念論文集인 《現代民法의 課題와 展望》에는 가족법 논문 40편, 재산법 논문 27편, 특별기고 10편 등 총 77편의 국내외 저명 학자들의 논문이 수록되어 있고, 무려 1,515페이지 분량의 방대한 논문집이다. 이 중 외국인 학자로는 Erwin Deutsch(獨逸 Göttingen大學 敎授), Jane w. Ellis(School of Law University of Washington 교수), 浦川道太郎(日本 早稻田大學 敎授), 小島武司(日本 中央大學 敎授), 尹龍澤(日本 創價大學 敎授), Jochen Taupitz(獨逸 Mannheim大學 敎授), Peter Gottwald(獨逸 Regensburg-Zürig大學 敎授) 등 독일·미국·일본 각 나라를 대표하는 저명학자들이 玉稿를 보내주어 수록되어 있다. 화갑기념논문집에 수록된 논문편수를 보더라도 평소 남송 선생님의 국내외 학자들과 폭넓은 학문적 교류 및 인품의 넓이와 깊이를 엿볼 수 있다.

　최대권 교수 정년기념논문집 《憲法과 社會》를 펼쳐보면, 최교수님께서 직접 그린 그림 여러 장이 실려 있다. 그 중에서 두 그림에 대하여 제자들은 "언젠가 선생님께서 오늘의 법학자를 묘사하는 그림을 직접 그리시며 그 눈을 곁눈질 하는 것으로 그려놓으셨습니다. 지나간 학설, 다른 사람의 주장, 남의 견해를 곁눈질하지 말고 자신의 학문 경지를 개척하라는 가르치심으로 저희 제자들은 받아들였습니

---

270 퇴임교수 인터뷰 - "제자들이 큰 바다로 나갈 때가 보람", 「동대신문」 1999년 8월 30일, 4면.

다."[271]라 간행사에 쓰고 있다. 필자가 이 기념논문집에서 두 그림을 접했을 때 대학가의 '폴리 페서(Polifessor)'들이 생각났다. 그들은 대학에 몸을 두고서도 끊임없이 정치권을 기웃거리고 추파를 던지며 자리하나 얻기 위해 동분서주 하는 사람들이다. 또 한편으로는 남송 선생님이 떠올랐다. 학자(學者)가 가야할 길 이외에는 쳐다보지도 않고 그 곳을 기웃거려본 적이 없이 '일관 된 삶'을 살아오신 것이다. 남송 당신께서는 어느 글에서 "제 자신도 여유롭지 못한 선비로서 탁수에 빠져들지 않고 송죽(松竹)의 기개로 현재까지 살고 있음을 만족하고 있습니다."[272]라 표현하고 있다.

연암 박지원은 '선비에 대하여(原士)'에서 "무릇 선비란 아래로 농부 · 장인과 같은 부류에 속하나, 위로는 임금과 벗이 된다. 지위로 말하면 등급을 매길 수 없을 정도로 미미하지만, 덕으로 치면 임금이 평소 섬기는 사람이다. 선비 한 사람이 글을 읽으면 그 혜택이 사해(四海)에 미치고 그 공은 만세(萬世)에 남는다."[273]했다. 동탁(東卓) 조지훈은 '의기론(意氣論)−선비를 대접하는 법'[274]이라는 글에서 선비, 학자를 제대로 대접하지 않는 우리 사회를 질타하고 있다. 시간이 흐른 지금도 학자, 대학교수 알기를 우습게 아는 분위기다. 이러한 책임의 일부분은 적극적으로 현실 정치에 뛰어들어 정계(政界)나 관계(官界)의 고

---

271 崔大權 教授 停年記念論文集 刊行委員會, 『憲法과 社會』철학과 현실사(2003), 11면.
272 건국대학교 법학연구소, 『一鑑法學』(양병회 교수 정년기념호) 제8권(2003), 賀詞중에서.
273 [옛글의 숨결] 지식인, 경향신문, 2006년 9월 6일.
274 조지훈, 『내일을 위한 지성』, 어문각(1986), 94−99면.

위직 자리하나 얻거나 차지하려는 '폴리 페서(Polifessor)'라고 불리 우는 대학교수들에게도 일말의 책임은 있다. 아무튼 대학사회도 마찬가지다. 학자에 대한 대우가 하찮다. 정년하는 교수에 대한 예우나 선배교수들에 대한 후배교수들의 처신도 문제가 있다할 것이다.

선생님께서는 대학원생들에게 '직화만사성(職和萬事成)'을 강조하셨다. 사회학 용어인 '세컨드 패밀리(second family)'를 빌어 이야기하시면서 "여러분이 졸업후 대학이나 연구소등에 진출할 것인데, 사회생활은 가족과 보내는 시간보다 직장 동료와 보내는 시간이 더 많다"며 직장동료들과 잘 지낼 것을 항상 가르치셨다. 또한 인간은 모름지기 항상심(恒常心)을 가져야 하며, 사회생활에서 '독창(獨唱)도 잘해야 하지만, 하모니(harmony)를 이루는 합창(合唱)도 잘해야 한다.' 지도하셨다. 필자는 지금도 남송 선생님의 그 가르침을 생활의 지침으로 삼으며 대학에서 생활하고 있다.

남송 선생님은 괴팍한 성품의 소유자마저도 부드럽고 온화하게 만드는 인품을 가지셨다. 이것이 곧 '인향만리(人香萬里), 덕향만리(德香萬里)'이리라. 선생님 문하에서 배우고 학과 조교생활을 하며 대학에 전임교수가 된 이후 가끔씩 뵈올 때마다 이제껏 남송선생님께서 누구의 허물을 잡거나 들추고, 누구를 폄하하는 것을 보지 못했다.

'일시적으로 패배한 정의는 승리를 거둔 악보다 강하다(Right temporarily defeated is stronger than evil triumphant)'라는 말이 있다. 당시 다른 사람들 눈에는 남송 선생님이 '패배한 정의'처럼 보였을 것이다. 추사 김정희의 대표작으로 꼽히는 그림에 세한도(歲寒圖)가 있으며, 제주도에서 귀양살이를 할 때 '세한도'를 그렸다. 그림 안에 '세한연후지송백지후조'(歲寒然後知松栢之後彫)라는 공자(孔子)의 글이 적혀 있다. '날씨가 추워진 뒤에야 소나무와 잣나무가 시들지 않음을 안다'라는 뜻이다. 교수, 학자도 마찬가지다. 교수도 시간이 지난 후 누가 진정한 대학교수이며 '학자의 삶'을 살았는지 알 수 있다. 세월이 흐른 지금은 남송 선생님께서 '위대한 학자'로서 '진정한 대학교수의 삶'을 사신 것이다.

필자가 남녘에서 초임 전임교수 시절 "어디에서 공부했느냐?"는 질문을 많이 받았다. 동국대학교 법대 출신이라고 답하면 "한봉희 교수님을 아느냐?"고 물었다. "교수님께 배웠고 가르침을 받았으며, 남송 선생님 밑에서 학과 조교생활도 했다"고 하면, 남송 선생님을 알고 있는 그 분들 말씀이 "전주에서 농사 다 지으시고 추수할 때 서울로 가신 분"이란 소리를 많이 했다. 그 소리는 '전북대 모교에서 총장을 지내실 분'이란 의미였다. 이는 남송 선생님의 인품과 학덕을 알고 계시는 분들이 서울로 대학을 옮긴 것을 안타까워하는 표현들이었다.

남송 선생님은 남산의 '사막(沙漠)같은' 생활 속에서 그래도 마음을 두고 생활할 수 있었던 것은 대학원생들과 법과대학 학술 동아리인 사법학회(私法學會) 학생들이 있어 마음을 붙일 수 있었다고 말씀하셨다.

"사법학회 출범이래 指導敎授를 맡아 10여년이 흐르는 오늘에 이르기까지 지내는 동안, 여러분과 학회를 거쳐 간 여러분의 선배들과 깊은 情이 들었던 …중략… 東國大 法大라는 象牙塔 밖에서 私法學

會의 활동을 지켜보게 될 것이다. 늘 말하였던 바와 같이 사법학회는 모범적인 학회로서 東國大學校 法科大學의 學風을 진작하는데 一助를 담당하여 왔고, 또한 先後輩間의 友情도 두터워 나는 사법학회의 지도교수가 된 것을 보람으로 생각하고 있다"고 남다른 감회를 표현하고 있다.

남송(南松) 선생님은 2007년 평생을 애장(愛藏)해 온 법학전문 도서 총 1만권을 모교인 전북대학교 도서관에 기증했다. 전북대는 성원법학전문도서관 내에 '남송문고'를 개설했다.[275] 필자는 동국대 법대를 졸업한 사람으로 남송 선생님의 장서(藏書)를 동국대에 기증받지 못했음을 못내 아쉽게 생각한다. 수원수구(誰怨誰咎), 누구를 탓하고 누구를 원망하는 것이 아니다. 다만 동국 법학을 발전시킬 수 있는 밑거름을 놓쳤다는 것이다. 남송 교수님의 책을 기증 받았다면 동국 법학도서관이 더 풍요로워질 수 있었을 텐데... 지나간 아쉬움을 가져본다.

우리나라의 출산율은 매우 빠른 속도로 저하되고 있다. 또한 생활수준의 향상과 의료기술의 진전으로 대한민국이 전세계적으로 가장

---

275 "전북대 측은 평소 모교 발전에 남다른 애정을 가지고 있던 한 교수가 최근 대학가의 최대 관심사로 떠오른 법학전문대학원(로스쿨) 유치를 위해 모교인 전북대도 총력을 기울이고 있다는 소식을 접한 후 소장 도서를 기증하겠다는 의사를 전해왔다고 밝혔다. '남송문고' 개관식에서 한 교수는 "나의 분신이라 할 수 있는 이 책들이 전북대 법학도서관에 영구 보존될 수 있도록 학교 측이 배려해 줘 오히려 감사하다"며 "전북대 로스쿨 유치에 소중한 밑거름이 되길 바란다."고 말했다고 뉴스는 전하고 있다(연합뉴스 2007년 8월 10일; 뉴스와이어, 2007년 8월 10일 참조).

빠르게 고령화가 진행되고 있다. 고령화사회는 기대수명의 연장이라는 긍정적인 면도 있지만 치매환자의 증가로 치매환자 등의 장기간에 걸친 간병으로 간병살인이나 간병자살과 같은 간병범죄는 심각한 사회문제로 등장하고 있다.[276] 이처럼 저출산 고령화 문제는 국가위기의 아젠다(agenda)이다.

남송 선생님은 2010년도 서울가정법원 조정위원 세미나에서 "가족법과 21세기 신가족의 시대"라는 제목으로 발표를 했었는데 그 내용은 가족법이 바뀌고 21세기 신가족(新家族)은 어떨 것인가에 대한 전망을 이야기 하고 있다. 특히 결론부분에서 우리 사회의 저출산과 노인문제 대책의 시급함을 지적하고 있다. "스웨덴에서 제2차대전 후 오늘에 이르는 동안 가장 큰 사회변화는 '가족'이라는 글을 읽은 적이 있다. 오늘의 가족문제는 참으로 복잡하고 다양하다. 이밖에도 현재 우리사회가 당면하고 있는 저출산으로 인한 인구감소(인구재앙 이라는 표현도 있다)와 고령사회의 노인문제 모두 시급히 해결하여야 할 과제가 되고 있다. 이 두 문제는 한시도 방치할 수 없는 범국가적 과제가 되고 있다."[277]는 점을 강조하고 있다.

가족법학계의 거두(巨頭)이신 박병호(朴秉濠)선생님께서는 "남송은

---

276 이철호, "고령화 사회와 간병범죄", 「한국민간경비학회」 제15권 제1호(2016.2), 101-129면 참조.
277 한봉희, "가족법과 21세기 신가족의 시대", 「가사조정」 제10호(2010.12), 서울가정법원 조정협의회 간행, 81-94면.

아직 담배를 피우나 술은 맥주 한 컵도 못 마신다. 20수년 전부터 술을 啓蒙하면서 한 잔이라도 마실 수 있도록 노력하며 喚起시켰으나 다른 권유는 들어 주되 飮酒勸誘만은 失敗하였다"[278]고 회고하고 있다. 남송 선생님은 술은 못하셨지만, 담배는 피우셨다. 정년퇴임 후 가족들의 반협박(?)에 금연하셨지만, 필자의 대학원 시절에 "세상에서 배신하지 않는 유일한 친구가 담배"라고 말씀하신 적이 있다. 담배에 대하여 고별강연원고에서 다음과 같이 이야기 하고 있다. "실은 나는 담배를 늦게 배웠다. 33세 때 1966년 미국 대학에서 연수 중 너무 외로워서 한 가치씩 입에 댄 것이 흡연의 동기가 된 것이다. 밤늦게 자는 것이 습성화되었고, 서재에 혼자 앉아 긴 시간 있다 보면 이제는 자연스럽게 담배가 따뜻하고 다정스런 벗이 되고 있다"[279]고, 그러면서 "나의 사랑하는 학생 여러분! 나의 담배사랑을 잘 기억해 두고 있다가, 여러분이 사회에 진출하여 어느 날 생각이 나거든 담배 한 보루쯤 사 가지고 오면 기꺼이 받겠다는 것을 약속하네."라고 하시며 제자들과 만남을 기약하고 있다. 이젠 금연하셨으니 담배는 필요 없을 성 싶다.

남송 선생님은 평생 체질화된 독서생활에다 '나이 먹은 대학생'이란 별명처럼 건강을 위하여 댁근처 도서관에 매일 출근하고 있다는

---

278 南松韓琫熙博士華甲紀念論文集 刊行委員會, 『現代民法의 課題와 展望』, 밀알(1994), 賀詞 중에서.
279 한봉희, 等外 敎授의 退任講演-家族法과 함께 한 40년-, 『가족 · 인간 · 사회』, 찬글 (2000), 347면.

소식이다. 가족법학회에도 참석하고 있으시단다. 그리고 댁근처 일

자산 산책을 즐기신다고 한다.

선생님과의 인연을 떠올리니 "꽃이 꽃을 향하여 피어나듯이, 사람

과 사람이 서로 사랑하는 것은, 그렇게 묵묵히 서로를 바라보는 일이

다"로 시작되는 문병란(文炳蘭, 1935~2015) 시인의 '인연서설'[280]이라

는 시가 떠오른다.[281] 남송 선생님께서 지금처럼 강건(康健)하시고 만

수무강(萬壽無疆)하시기를 기원 드린다(2016.7.30).

---

280 문병란 대표 시선, 『내게 길을 묻는 사랑이여』, 도서 출판 모던(2009), 104~105면 참조.
281 어쩌면 남송 선생님은 필자의 인생에 있어 잊을 수 없는 은사님이다. 대학에 입학하
   여 4년간 지도교수님으로 뵈었고, 대학원생도 아닌 대학 3학년부터 선생님 연구실에
   서 대학원생 형들과 함께 생활하였다. 대학원에 진학하여서는 학과장을 맡으신 선생
   님 밑에서 학과 조교로 2년간 활동하며, 선생님의 인품과 학자적 자세를 몸소 체험하
   였다. 선생님께 대학원 진학에 대하여 상의 드리자 가족법 전공으로 입학을 권하셨지
   만, 필자의 학문에 대한 열망은 헌법이었는 바, 선생님께 완곡히 헌법전공의 의사를
   말씀드렸더니 선생님께서는 학문은 평생해야 되는 것인데 자신이 하고 싶은 것을 해
   야 한다며 헌법전공으로 지원을 격려해 주셨다. 대학원 재학 중 전공은 헌법이지만,
   민사법 전공 대학원 모임이 있을 때 민사법을 전공하는 선배 형들이 같이 가자고 하
   면 염치불구하고 모임 자리에 합석할 때마다, 남송 선생님께서는 "철호 왔구먼!", 하
   시면서 "전공은 달라도 내 연구실에서 생활했으니 실질적인 민사법 전공이나 다름없
   지!"하시면서 항상 반겨주셨다.

참고문헌

김계환,『男女平等權論』, 박영사(1982)

권오승 外,『제조물책임법』, 법문사(2003)

金鍾均,『梅泉・萬海・芝薰의 詩人意識』, 박영사(1985)

문병란,『내게 길을 묻는 사랑이여』, 모던(2009)

손세일 編,『韓國論爭史(Ⅲ)』, 淸覽文化社(1980)

이철호, "고령화 사회와 간병범죄",「한국민간경비학회보」제15권 제1호
　　　(2016.2)

윤철홍, "한국 민법학의 문제점과 개선방향",「법과사회」제3호, 1990

南松韓琫熙博士華甲紀念論文集 刊行委員會,『現代民法의 課題와 展望』,
　　　밀알(1994)

南松韓琫熙博士停年紀念論文集『家族法論集』, 찬글(1999)

조동일,『한국학의 진로』, 지식산업사(2014)

조지훈,『내일을 위한 지성』, 어문각(1986)

崔大權 敎授 停年記念論文集 刊行委員會,『憲法과 社會』철학과현실

사(2003)

한국가정법률상담소 출판부 편,『가족법 개정운동 60년사』(2009)

한국가정법률상담소 출판부 편,『한국가정법률상담소 50년사』(2009)

한국민족문화대백과사전(9), 한국정신문화연구원(1996)

한봉희,『가족 · 인간 · 사회』, 찬글(2000)

韓琫熙,『製造物責任法論』, 大旺社(1997)

韓勝憲先生華甲紀念論文集刊行委員會 編,『한 辯護士의 肖像』, 범우사
    (1994)

李根植 · 韓琫熙 共著,『新親族相續法』(제5판), 一潮閣(1974)

한봉희 · 백승흠,『가족법』, 三英社(2013)

한봉희, "離婚事件의 治療法的 處理-結婚相談과 家庭生活敎育", 「法曹」,
    1970년 3월-4월호

한봉희, "歲暮와 새해사이", 「전북대신문」 제640호(1980년 1월 18일)

한봉희, "물질을 넘어 정신으로 -코펜하겐 · 오슬로 통신-", 尹基漢 교수
    古稀記念論文集『學問과 生活의 空間』(2002.12.19)

한봉희, 잊을 수 없는 恩師 -故유태규 선생님, 全北每日新聞, 1969년 5월
    15일.

한봉희, "同姓同本不婚制度再論", 「考試界」 498(1998.8)

한봉희, "同姓同本不婚制度再論", 「家族法研究」 10(1996.12)

한봉희, "새롭게 맞게 된 제조물책임법 시대", 월간『JURIST』 2002년 6월
    (Vol. 381)

한봉희, "가족법과 21세기 신가족의 시대", 「가사조정」 제10호(2010.12)

한봉희, '法解釋'과 '比較法學'으로 일궈온 學問의 길, 「교수신문」 1994년
    6월 1일

퇴임교수 인터뷰 -"제자들이 큰 바다로 나갈 때가 보람", 「동대신문」

1999년 8월 30일, 4면

한상범, "평등의 법리와 전근대적 가족질서", 「사법행정」, 1973년 7월호 (14권 7호)

한상범, "평등의 법리의 곡해(曲解)와 전근대적 가족질서에 대한 오해– 박동희 교수의 반론을 보고", 「사법행정」, 1973년 9월호(14권 9호)

어느 노 정객과의 시간여행

友巖 김재순이 말하는 한국 근현대사	어느 노 정객과의 시간여행
	대담 · 안병훈

기파랑

김재순 의장과의 대담對談은 2015년 11월 16일부터 2016년 5월 7일까지
십여 차례에 걸쳐 진행됐다. 대체로 매주 월요일 서울 종로구 대학로
샘터사 대표실, 또는 주말 김재순 의장의 경기도 하남 자택에서 이뤄졌다.
〈기파랑〉은 대담 지원팀을 구성해 일제 강점기, 해방 직후, 6·25전쟁기,
환도還都 직후, 그리고 현재까지의 학제學制, 지리地理, 정치 단체,
근현대 대소사大小事, 주요 인물 등을 사전 조사했다.
기록의 정확성을 기하기 위해 김재순 의장의 부인 이용자 여사와의
사전 인터뷰도 실시했다.
〈기파랑〉 안병훈 대표는 이러한 사전 조사와 인터뷰를 토대로
김재순 의장과 대담을 진행했다.

책을 펴내면서

정확한 시점은 알 수 없으나 내가 김재순金在淳 전 국회의장을 처음 본 것은 〈조선일보〉 간부로 있을 때였다. 그에 대한 평판은 익히 들어왔던 터였다. 평생의 친구인 이상우李相禹 전 한림대 총장과 최병렬崔秉烈 전 한나라당 대표는 김재순 의장을 일러 수준 있고 품격 있는 정치인이라고 했다. 정치부 기자들의 평도 비슷했다. 혼탁한 정치계에서 그는 돋보이는 정치인이었다.

어쩌다 보니 그와 식사를 함께할 기회가 더러 생겼다. 물론 술도 약간 곁들였다. 그는 방우영方又榮 〈조선일보〉 회장, 노신영盧信永 전 총리처럼 평안도가 고향인 실향민이었다. 세 사람이 식사를 하는 자리에 어줍지 않게 내가 낄 때가 있었다. 가까이서 본 그의 모습은 내가 들은 평판과 똑같았다. 그가 쓰는 표현이나 어법, 자세와 행동에서 뭐라 설명할 수 없는 그만의 향기가 났다는 것이 솔직한 나의 심정이다.

그는 평생을 읽고 썼다. 누구보다도 성실한 독서인이자 누구보다도 정열적인 작가였다. 그가 뿜어내는 일이관지一以貫之의 언어들은 염량炎凉한

세태世態를 통렬히 꿰뚫었다. '못 살겠다 갈아보자', '황금분할', '토사구팽' 같은 시대의 유행어가 그의 작품이었다는 것을 안다면 더는 설명이 필요 없을 듯하다.

그는 피가 뜨거웠다. 아니라고 생각하면 주저 없이 나서는 행동가였다. 그래서 정치는 그의 숙명이었지만 그가 인정할 수 없는 정부에는 참여하지 않았다. 간혹 주체할 수 없는 시심詩心이 솟아나면 어떤 자리에서건 김소월의 「초혼」을 토씨 하나 틀리지 않고 암송하곤 했다.

그리고 무엇보다 그는 따뜻하고 유머러스했다. 그것은 그가 사람을 끌어들이는 마법과도 같은 것이었다. 그를 떠난 사람이 아주 없는 것은 아니지만 그를 아는 절대다수가 그를 사랑하고 그의 곁을 지켰다. 나는 그중 가장 낮은 자리에 있는 한 사람일 뿐이다.

개인적으로 나는 김재순 의장의 은혜를 입었다. 10여 년 전, 내가 출판에 대해 아무것도 모르면서 도서출판 〈기파랑〉을 차렸을 때, 그는 나의 가장 든든한 지원자였다. 그는 〈샘터〉 50년을 이끈 원숙한 출판인이었다. 〈기파랑〉은 그런 그로부터 많은 도움을 받아 성장의 기틀을 다졌다.

그와의 만남이 거듭될수록 그의 삶을 기록으로 남겨야 한다는 사명감 비슷한 생각이 들었다. 그의 삶에는 나라 잃은 백성의 애환이, 해방과 분단과 전쟁과 가난을 겪은 민초의 고난이 녹아 있었다. 그것뿐이 아니었다. 그는 대한민국의 건국과 경제개발, 민주화 과정의 중심에 서 있었다. 이것만으로도 의미는 충분했다.

하지만 그는 자서전이나 회고록을 체질적으로 싫어했다. 이 나라에서 나온 자서전과 회고록 대부분이 자기 합리화, 자기 미화로 가득 차 있다고 여겼던 그였다. 그는 특유의 평안도 사투리로 묻고 또 물었다.

"내 삶의 기록이 세상에 무슨 의미가 되갔어?"

나는 그 의미를 수없이 되풀이했지만 그는 반신반의했다. 그렇다면 제3자가 당신의 삶을 객관적으로 기록하면 어떻겠느냐, 주제넘지만 내가 대담자가 되어 당신이 살아온 삶을 이끌어내면 되지 않겠느냐고 했을 때 그는 비로소 이 책의 출간을 허락했다.

하지만 내가 게으르고 어리석었다. 좀 더 빨리 이런 책을 내자는 생각이 들었다면, 그래서 좀 더 일찍 그를 설득했다면 그의 따스한 두 손에 이 책을 전해드릴 수 있었을 것이다. 그러나 이제는 그의 앞에 놓인 차가운 묘석墓石 위에 이 책을 놓아드릴 수밖에 없다.

작년 11월 16일, 김재순 의장과 첫 인터뷰를 시작해 6개월여 만에 이 책을 펴낸다. 〈기파랑〉 지원팀과 제작팀의 헌신과 노력, 무엇보다 군더더기 없이 깔끔하게 대담을 정리해 준 정윤재 작가와, 뒤에서 소리 없이 많은 도움을 주신 윤석홍 교수가 없었다면 불가능한 일이었다. 진심 어린 찬사와 감사를 보낸다.

김재순 의장께서 떠난 것은 5월의 아름다운 어느 날이었다. 부인 이용자李龍子 여사의 생일이기도 했다. 아내에게 미리 생일 축하 노래를 불러주고 난 이튿날, 온 가족이 지켜보는 가운데 그토록 평온하고 편안하게, 자는 듯이 눈을 감으신 고인故人의 영전靈前에 이 책을 바친다.

2016년 눈부신 5월에

안병훈

글 싣는 순서

네 번째 여행 1988. 5
인생이 던져준 희비喜悲의 시간들

다섯 번째 여행 1993. 3. 29
조국이 허락한 여생餘生의 시간들

안병훈 안녕하십니까? 오랜만에 뵙는데도 전보다 훨씬 혈색이 좋아 보이시네요. 혹시 의장님만 아는 특별한 건강 비결이 있으십니까? 있으시면 제게도 가르쳐주십시오.

김재순 비결이라야 뭐 있나요. 집사람이 주는 삼시 세끼 제시간에 맞춰 먹고 집사람이 하라는 대로 하는 것이 비결이면 비결이라고 할 수 있죠.(웃음) 그래, 요즘 안 선생이 하시는 통일과 나눔 일은 잘되십니까?

안병훈 네, 도와주는 분들이 많아 잘되고 있습니다.

김재순 지금 안 선생이 하시는 일, 정말 대단한 일 하신다고 자부하셔도 됩니다. 일제 치하에서 많은 독립지사들이 조국의 광복을 위해 고귀한 피를 흘렸지만 결국 우리에게 돌아온 건 외세에 의한 국토와 민족의 분단이 아니었습니까? 그건 8·15해방을 예측하지 못한데다가 독립국가를 위한 아무런 준비도 없이 해방의 순간을 맞았기 때문입니다. 안 선생이 통일 후의 조국을 위해 불철주야 혼신의 힘을 다해 차곡차곡

준비하는 모습을 보면 노老 정객으로서가 아니라 국민의 한 사람으로 그저 감사할 따름입니다. 저는 통일이라는 말만 들어도 가슴이 벅차오릅니다.

안병훈 아마 의장님이 실향민이라서 더 그러실 겁니다. 의장님이 살아계시는 동안 통일된 하나의 조국을 볼 수 있을 겁니다. 그때는 제가 의장님을 모시고 함께 고향 땅을 밟겠습니다.

김재순 그러면야 죽어서도 여한이 없습니다.

안병훈 근데 여송연呂宋煙 냄새가 참 좋습니다.

김재순 (웃음) 안 선생은 좋다고 하지만 집사람은 멀리서도 시가cigar 냄새라면 질색합니다. 시가 피우는 것이 하도 눈치가 보여 한때 끊어보려고도 했지만, 그때마다 시가가 윈스턴 처칠을 구했다는 일화가 머리 속에 맴돌아 결국 끊지 못했습니다. 지금은 없어서는 안 될 오래된 벗이 됐습니다.

안병훈 시가가 윈스턴 처칠을 구했다니요? 무슨 말씀인가요?

김재순 처칠이 보어전쟁 때 종군기자로 참전한 건 아실 겁니다. 그런데 어느 날 처칠이 속해 있던 소대에 퇴각 명령이 내려진 거예요. 할 수 없이 소대원들과 후퇴하는데, 문득 참호 속에 시가를 두고 온 것이 생각나더라는 겁니다. 그래서 소대원들과 헤어져 참호로 돌아가 시가를 가지고 돌아왔는데 그만 소대원 전원이 죽어 있더래요.

안병훈 정말 시가가 생명의 은인이군요. (웃음)

김재순 처칠이 아흔 넘어 살았으니 처칠에겐 시가가 건강의 비결인 셈이죠. 조금 전에 제게 건강의 비결이 뭐냐고 물었지요? 안 선생, 시가

하나 드릴까요?(웃음)

안병훈 저도 집사람이….(웃음)

김재순 안 선생이나 나나 집사람한테 꼼짝 못하는 건 매한가지군요.

안병훈 나이가 들면 여자들이 드세어진다는 게 맞는 것 같습니다. 자, 이제부터 본격적으로 인터뷰를 시작하겠습니다.

의장님께서는 한국 근현대사의 굵직굵직한 사건들을 직접 목도하고 때로는 그 흐름까지 주도했던 몇 안 되는 정치인이십니다. 오래전부터 저는 의장님의 정치 역정 자체가 곧 격동의 근현대사며, 따라서 의장님의 삶을 온전히 기록으로 남기는 것이 시대의 책무라 생각하고 있었습니다.

먼저 제 청을 받아주시고 이렇게 소중한 시간을 함께해 주신 데 대해 감사드립니다. 오늘의 인터뷰가 의장님과 저의 대담록이긴 하지만 사실상 의장님의 회고록이라고 봐야 하지 않겠습니까?

김재순 저를 그렇게까지 거창하게 치켜세워주셔서 어찌할 바를 모르겠습니다. 저는 자서전이나 회고록 같은 것은 쓰지 않겠다고 평생을 입버릇처럼 말해 왔습니다. 안 선생도 알다시피 자서전이나 회고록은 필연적으로 자기애自己愛, 다시 말해 나르시시즘을 수반한다는 속성이 있지 않습니까? 일기를 쓰면서도 간혹 누군가 자신의 일기장을 읽어보리라는 것을 염두에 두고 쓰기 마련인데, 하물며 자서전이나 회고록이야 얼마나 자신을 미화하겠습니까?

아무리 객관적 시각에서 자서전을 쓰려고 해도, 글로 쓰이는 이상 남에게 읽혀진다는 것을 전제로 하기 때문에 자신의 의지와는 달리 다른 방향으로 갈 수밖에 없습니다. 제가 제 이야기를 글로 남기지 않으려 한

이유가 바로 여기에 있습니다. 안 선생의 집요한 설득에 인터뷰에 응하겠다고 답은 했지만, 솔직히 제가 한 선택이 옳은지에 관해서는 여전히 확신이 서지 않습니다.

더욱이 지금 이 순간에도 제가 스스로에게 끊임없이 자문하고 있는 것이 무엇인지 아십니까? 김재순이라는 한 개인의 인생사가 과연 당대 혹은 후대의 사람들에게 무슨 의미가 있을 것인가, 입니다.

안병훈 그러시다면 제가 의장님의 고민을 조금이나마 덜어드리기 위해서라도 이 대담의 의미에 대해 다시 한 번 말씀드려야 할 것 같습니다. 여러 번 말씀을 드렸지만 의장님의 삶 자체를 들여다보는 것만으로도 동同시대인에게 큰 의미가 있습니다.

의장님의 일생 속에 나라 잃은 백성의 애환이 스며 있고 해방과 분단, 전쟁과 가난을 겪은 민초들의 고난이 녹아 있습니다. 어디 그뿐입니까. 대한민국의 건국과 경제개발, 민주화 과정에서 의장님처럼 그 중심에 서 있었던 분도 없습니다. 이것만으로도 충분한 가치와 의미가 있는데 무슨 고민이십니까. 이 인터뷰가 한 권의 책으로 나오면 많은 사람들이 감명을 받으리라고 확신합니다. 너무 염려하지 마십시오.

김재순 염려하지 말라고 하니, 마음이 한결 가벼워지네요. 그런데 안 선생, 인터뷰 시작하기 전에 안 선생에게 한 가지 청이 있습니다.

안병훈 무슨 청이신가요? 말씀해 보십시오.

김재순 본래 정치인이라는 족속들은 자신이 토해낸 말과 저지른 행동이 이미 돌이킬 수 없는데도 천부적으로 합리화하는 탁월한 재주가 있습니다. 제가 안 선생과 나누는 대화 가운데서도 분명 제 자신이 저를

합리화하는 말을 할 겁니다. 왜냐? 저도 정치인이기 때문입니다. 그것도 7선이나 국회의원을 지낸 노련한 정치인입니다. 그러니 안 선생이 정치인 김재순의 재주에 넘어가지 마시고, 정당화하고 합리화시키려는 정치인의 속성을 잘 유념해 제 답변이 진실에 가까이 갈 수 있도록 대화를 잘 이끌어주시기 바랍니다.

말이 생명력을 갖기 위해서는 무엇보다 진실해야 되지 않겠습니까? 진실하지 않은 말은 언제고 백일하에 드러나기 마련입니다.

기왕 인터뷰에 응한 이상 제 과거의 기억들이 단지 말의 유희에 그치지 않고 영겁의 세월 속에서도 오래도록 살아 숨 쉬었으면 하는 것이 제 작은 소망이라면 소망입니다.

제 나이 이제 아흔입니다. 아무런 미련이나 욕심이 없습니다. 이제 가야 할 때가 됐는데 하늘이 안 데려가십니다. 아마 이 인터뷰를 할 시간은 제게 허락된 모양입니다.

안병훈　어렵게 내주신 자리인 만큼 의장님의 바람에 누가 되지 않도록 인터뷰어로서 최선을 다하겠습니다. 자, 이제 타임머신을 타고 옛 시간 속으로 여행을 함께 떠나보겠습니다.

첫 번째 여행

1926.11.30

그때 느꼈죠. '여기가 내 나라구나.'
서울과 평양의 두 도시 차이로
나라를 뺏긴 설움을 뼈저리게 느끼게 해준
순간이었습니다.

자아를 발견하는 고뇌苦惱의 시간들

안병훈 앞서 말씀드린 대로 의장님처럼 일제 강점기에 태어나 태평양 전쟁을 겪고 해방과 건국, 그리고 분단 등 그야말로 격동과 파란의 한국 근현대사를 몸소 체험한 세대들이라면 어느 누구나 할 것 없이 적어도 한두 가지 사연쯤은 저마다 가슴속에 갖고 있을 겁니다.

더욱이 젊은 시절 민주당에서 정치를 시작해 민의원에 당선되고, 만 서른다섯에 장면 정부에서 차관까지 지내셨다면 얼마나 많은 얘깃거리가 있겠습니까? 자료를 보니 옥고獄苦도 두 차례나 치르셨더군요.

김재순 네, 그렇습니다. 한번은 1952년 부산 정치파동 때 호헌구국護憲救國 운동에 참여해 석 달가량 투옥됐고, 두 번째는 5·16 직후에 5개월 정도 감옥에 있었습니다.

안병훈 3개월가량 수감되었을 때 재판은 받으셨나요?

김재순 재판을 받을 리가 있나요. 그때 내무부 장관이 계엄군 사령관인 철기鐵騎 이범석李範奭 장군이었는데, 그분과 치안국장으로부터 훨씬 뒤에 제가 사과를 받았습니다.

안병훈 감옥까지 가실 정도로 정치인의 길이 순탄치만은 않으셨네요. 정치인 김재순에 대해서는 적절한 시점에 자세히 다시 여쭙기로 하고, 개인 김재순의 인생사에 관해 먼저 질문을 드리겠습니다. 호적에는 생년월일이 1923년 11월 30일로 되어 있던데 실제로는 1926년생이라고 알고 있습니다.

김재순 네, 1926년이 맞습니다. 병인丙寅년, 호랑이띱니다.

안병훈 아, 착오가 있었군요.

김재순 네, 저도 왜 그렇게 됐는지는 모르겠는데 집사람 얘기로는 환도 후 하도 어수선한 상황이라 호적을 다시 올릴 때 뭔가 실수가 있었던 것 같습니다. 호적에 1923년생으로 기록되다 보니 약력이나 『국회수첩』 같은 공식 문서에도 통상 1923년생으로 적혀 있습니다. 고칠까도 했지만 번거로울 것 같아 그냥 놔두었습니다. DJ가 저보다 나이가 조금 많긴 해도 같은 또래지요. 다 친구처럼 지냈습니다. 대중이, 영삼이라고 부르면서요.(웃음)

평안남도 대동군 대동강면 토성리

안병훈 태어나신 곳이 평안남도 대동군 대동강면面 토성리인 거로 알고 있는데 전국적으로 마을 이름에 토성土城이 들어가면 대체로 성터가 있었을 가능성이 높습니다. 일제 강점기 〈조선일보〉, 〈동아일보〉 등 민간지를 들춰보면 1935년 3월 대동강면 토성리에서 15만 평에 달하는 성지城地가 발견됐다는 기사가 나옵니다. 이 토성이 이후 낙랑토성 樂浪土城으로 명명命名되었다고 하는데 알고 계셨습니까?

김재순　알다마다요. 조금 과장되게 말한다면 제가 자란 동네 어딜 가나 고구려 때 거울이나 기와가 발길에 차일 정도였습니다. 저의 외숙부가 나중에 골동품 가게를 운영한 것도 그런 배경이 있습니다. 가게 이름도 '낙랑'이었어요.

그러고 보니 생각이 나네요. 제가 자랄 때 해마다 여름이 되면 경성제대나 일본의 대학 발굴단이 대동강변에 천막을 치고 발굴조사를 하곤 했습니다.

작가 최인호崔仁浩군의 소설 『제4의 제국』이나 『왕도의 비밀』과 같은 역사소설을 보면 일본 고고학자가 왕릉을 발굴하는 모습이 생생히 묘사되어 있어서, 읽으면서 그때 기억이 떠오르곤 했습니다.

안병훈　의장님이 태어난 대동군 토성리는 평양과 얼마나 떨어져 있었나요?

김재순　토성리에서 강만 건너면 바로 평양 시내였지요. 고요한 날, 언덕에 서서 고함치면 그 소리가 대동강 건너 평양까지 들릴 정도로 가까웠습니다. 어릴 때 대동강변에서 헤엄치며 많이 놀았습니다.

안병훈　홀어머니와 조부모님 손에 자랐다고 들었습니다.

김재순　예, 그렇습니다. 아픈 가족사여서 제가 네 살 때 아버지가 돌아가신 것으로 밝혀왔지만, 실은 제 아버지가 어머니와 저를 버리고 서울에서 다른 여자와 살림을 차렸습니다. 유치원 교사였다고 하는데, 이른바 '신여성'이라고 보시면 됩니다.

안병훈　조부께서 가만히 계셨나요?

김재순　가만히 계실 리가 있나요. '조강지처糟糠之妻를 버려서는 안 된다'고 극구 말렸는데도 끝내 고집을 꺾지 않고 집을 나갔지요. 이 때문에 할아버지가 자리에만 누워 몇 달을 앓으셨다고 합니다. 후에 인편을 통해 아버지에게 '이제 너는 내 아들이 아니다. 재순이는 내가 키운다'고 하시며 결국 아버지와의 연을 끊으셨다고 하더군요. 감추고 싶었던 얘긴데 결국 안 선생 앞에서 처음 밝히게 되네요.

안병훈 괜찮으시다면 부친에 관해 아시는 대로 더 말씀해 주실 수 있겠습니까?

김재순 휘자諱字가 일日자, 하夏자입니다. 머리는 명석하셨지만 다소 병약하셨다고 들었습니다. 평천리平川里 평양농업학교를 졸업하셨고, 스무 살 무렵에 어머니와 결혼을 하셨는데 한때는 두 분이 금슬이 좋았다고 합니다.

어머니는 한 동네에 살며 대대로 우리 집안과 교류가 있었던 나씨羅氏 집안의 규수였습니다.

안병훈 할아버지는 어떤 분이셨나요?

김재순 휘자는 기起자, 훈薰자입니다. 자상한 분이셨지요. 제가 어릴 때 목에 걸릴까봐 밤을 잘게 씹어 제 입에 넣어주실 정도로 저를 무척 아껴주셨습니다. 게다가 제가 3대 독자였거든요. 할머니와 할아버지가 저를 보시면 '끌끌하게 생긴 게 아범보다 낫다'며 이 녀석 하나 잘 키우면 된다고 하셨다고 귀가 닳도록 외가 쪽 식구들한테 들었습니다. 참, 끌끌하다는 말이 무슨 뜻인지 아십니까?(웃음)

안병훈 잘 모르겠는데요.(웃음)

김재순 어디 하나 나무랄 데가 없다는 말입니다.

안병훈 의장님 덕분에 이북 사투리 좋은 거 하나 배웠습니다.(웃음)

김재순 할아버지께서 이따금 나룻배를 타고 관후리館後里 우리 집으로 찾아오셨습니다. 평안도 사람들은 조그만 나룻배를 '매생이'라고 불렀어요. 대동강 낚시를 즐기셨던 할아버지는 손자를 먹이려고 숭어나 잉어를 잡아오시기도 했습니다. 그럴 때면 동네 아이들 다 불러서 먹이셨어요. 회를 쳐서 김치에 버무려주시면서 평안도 사투리로 먹으라우, 먹으라우 하시던 모습이 지금도 잊히지 않습니다.

동네에서도 큰 어른이시라 경조사가 있을 때마다 매번 일일이 챙기셔서 동네 사람들이 할아버지를 마음으로 존경하고 많이 의지했었죠. 할아버지는 지금으로 치면 일종의 사업가였다고 할 수 있습니다. 동네 사람들이 베나 명주 같은 것을 만들면 할아버지가 이런 것들을 모아 5일장 같은 데 내다 팔았지요. 본인이 직접 이러이러한 것들을 만들어보라고 하고 값까지 치러줬으니 중계상 역할을 한 겁니다.

중년 이후에 근 십년 동안 함흥咸興, 원산元山, 의주義州, 강계江界 등지로 물건을 팔러 다니셨는데, 때로는 신의주 너머 당시 중국 안동安東, 지금의 단동丹東까지 가셔서 물건을 바꿔오셨으니까 국제무역도 한 셈이지요.(웃음) 그때 가져오신 '안동 눈깔사탕'이 지금도 생각이 납니다. 밀양 박씨인 할머니께서도 손수 주머니 끈 같은 것을 만들어 평양 시내 사창司倉시장이나 신양新陽시장에 내다 파셨습니다.

안병훈 혹시 조부께 한학漢學은 배우시지 않았나요?

김재순 한학까지는 아니지만 할아버지로부터 옹알이식으로 천자문 정도는 뗐습니다.

안병훈 옹알이식이라니요?

김재순 집에서 200~300미터 거리쯤에 담배 가게가 있었는데 조부께서 저를 안고 담배를 사러 신작로新作路 시골길을 오고가시면서 '하늘 천, 따 지, 검을 현, 누르 황…' 하셨던 겁니다. 그걸 제가 따라하며 자연스럽게 다 외우게 되었고, 덕분에 보통학교(초등학교)에 입학하자마자 급장을 했습니다. 담임선생님이 제가 천자문을 외우고 있는 것을 아셨던 거죠.

안병훈 정규 서당書堂에는 안 다니셨습니까?

김재순 거기도 얼마간 다녔지요. 종친 중에 김양몽金養蒙이라는 어른이 서당 선생이셨지요. 토성리 우리 집이 바로 서당 옆이었습니다. 우리 전주全州 김씨 문중이나 외가인 나씨 문중의 아이들이 다 이 어른으로부터 한문을 배웠습니다.

안병훈 문중이라고 하시면 토성리가 전주 김씨 집성촌이었나요?

김재순 네, 그렇습니다.

안병훈 김일성金日成도 전주 김씨라고 들었는데, 그렇다면 한 집안 사람이네요.

김재순 한 문중이지만, 그쪽은 대동강 북쪽에 모여 살았고 저희가 살던 곳은 강 남쪽입니다.

안병훈 집안 어른 중에 진사進士 어른이 계셨다고 들었습니다.

김재순 조부의 사촌형이 기起자, 태兌자 할아버지신데 이분이 과거科擧에 급제하셨습니다. 그때 이북에는 벼슬한 사람이 무척 드물었어요. 남한에는 진사가 많았지만 당시 평안도에는 진사가 다섯 분밖에 없었습니다.

안병훈 혹시 어른께서 치른 시험이 어떤 것이었는지 아십니까?

김재순 글쎄요….

안병훈 실은 의장님과의 대담을 위해 〈기파랑〉 지원팀에서 미리 찾아봤습니다. 요즘은 역사 자료도 DB화가 잘돼 있어서 '한국역사 정보통

집안 어른인 김기태 선생은 평안도에서 드문 과거 급제자였다. 사진 속의 누각(좌측 상단)은 모란봉의 최승대(最勝臺). 이곳에 김기태 선생이 쓴 편액이 걸려 있었다.

합 시스템'을 통해 쉽게 검색해 봤습니다. 김기태金起兌 어른께선 고종高宗 갑오甲午년에 매년 3년마다 치렀던 식년시式年試 생원 진사시에 급제하셨더군요. 이해 1894년 갑오경장甲午更張으로 과거제도가 폐지됐으니까 어른께서는 조선의 마지막 정식 과거시험에 급제하신 겁니다.

김재순 그렇습니까? 어렴풋이 알고 있었는데, 덕분에 이렇게까지 구체적으로 안 거는 처음입니다. 찾느라고 고생이 많으셨네요.

안병훈 과거 급제자 명단이 적힌 『상지즉조32년갑오식년사마방목上之卽祚三十二年甲午式年司馬榜目』 책을 보니 어른의 함자가 정확히 나오더군요.

김재순 아니, 그것까지 찾으셨습니까? 대단하십니다.

안병훈 김기태 어른의 본관은 전주全州, 거주지는 평양平壤, 부친의 존함은 치룡致龍으로 되어 있습니다.

김재순 그렇다면 우리 집안 어른이 틀림없네요. 이 어른이야말로 정말 대단한 명필가셨습니다. 평양 모란봉 정상에 '최승대最勝臺'라는 정자 亭子가 있습니다. 원래 이름은 '오승대五勝臺'였는데 이곳에서 바라보는 경치가 최고로 아름답다고 해서 최승대로 이름이 바뀌었습니다. 최승 대 편액에 이 어른의 글씨가 있었습니다. 평양 사람치고 모란봉에 올 라가보지 않은 사람은 거의 없을 겁니다. 보통학교 때 원족遠足(소풍) 을 가면 '여기에 우리 종친 할아버지 글씨가 있다'고 아이들에게 자랑 하곤 했습니다. 지금도 있는지는 모르겠네요.

조만식 선생과의 만남

안병훈 조부모께서 돌봐주셨다고는 해도 모친 나화춘羅花春 여사의 고 생이 이만저만 아니었겠네요.

김재순 그럼요, 그 고생을 어찌 말로 다 하겠습니까? 저 하나만을 바라 보며 저를 위해서라면 고생이 되더라도 만사를 제쳐두고 뭐든지 하셨 습니다. 제가 보통학교에 입학할 때가 되자 평양 시내로 이사를 하셨 습니다. 셋방살이였지만 이사한 집이 마침 조만식曹晩植 선생의 옆집이 었어요. 우리 집이 관후리 201번지인데 선생 댁이 202번지였습니다.

안병훈 모친께서 맹모삼천지교孟母三遷之敎를 제대로 실천에 옮기신 셈 이군요.

김재순 그렇다고 봐야죠. 덕분에 조만식 선생을 만나게 된 거니까요. 제가 이만큼 된 것도 조만식 선생을 만나지 않았다면 불가능했을 겁니다. 제 인생에 크나큰 도움을 주신 첫 스승이십니다.

안병훈 조만식 선생과의 일화는 나중에 다시 여쭙기로 하고, 이쯤에서 평양이라는 도시에 관해 먼저 짚어봐야 할 것 같습니다. 굳이 이 점을 다루는 이유는 평양만이 가지고 있는 독특한 특성을 알아야 의장님을 좀 더 이해할 수 있기 때문입니다.

좀 전에 의장님께서 말씀하셨듯이 평안도에 다섯 분밖에 진사가 없을 정도로 평안도라는 곳은 조선 왕조로부터 차별을 받았던 곳입니다. 이 때문에 자연히 벼슬한 양반이 많지 않아 반상班常의 차이가 별로 없었을 뿐더러, 그만큼 타 지역에 비해 일찍부터 사람들이 상업商業에 눈을 뜰 수 있었다고 할 수 있습니다. 아마 의장님의 조부께서 장사를 하신 것도 그런 연유가 아닐까 합니다.

또한 평양은 '한국의 예루살렘'이라 불릴 정도로 기독교 교세가 유독 강한 곳이었습니다. 이것 역시 평안도 사람들에 대한 차별과 연관 지어 생각해 볼 수 있습니다. 모든 인간은 신神 앞에 평등하다는 기독교 교리가 당시 차별받는다고 생각하는 당사자들에게는 얼마나 절실하게 가슴에 와 닿았겠습니까? 천도교의 중심 교리인 인내천人乃天 사상이 이 남以南에 있었다면 이북以北에는 그 역할을 기독교가 대신했다고 볼 수 있습니다. 의장님의 종교도 기독교라고 알고 있습니다.

김재순 예, 기독굡니다. 좀 더 정확히 얘기하면 개신굡니다. 어머니가 교회에 다니셨으니 모태신앙이라고 할 수 있습니다. 조만식 선생이 평양 산정현山亭峴교회 장로여서, 어머니와 저도 이 교회를 다녔습니다. 세례도 산정현교회 주기철朱基徹 목사로부터 받았습니다.

안병훈 주기철 목사가 조만식 선생의 부탁으로 산정현교회에 부임한 것이 1936년 7월로 알려져 있습니다. 그 무렵 세례를 받으신 건가요?

김재순 1934년에 학교에 입학했으니까 1936년 보통학교 3학년 때 받았을 겁니다.

안병훈 평양 종로보통학교를 졸업하셨지요?

김재순 네, 그렇습니다.

안병훈 서울처럼 평양에도 종로鐘路라는 곳이 있었네요.

김재순 아, 그럼요! 당시 평양 시내는 옛 평양성 그대로였습니다. 서울 사대문을 연상하면 이해가 빠를 것 같습니다. 서울의 동대문, 서대문에 해당하는 것이 평양의 대동문大同門, 보통문普通門입니다. 대동문 밖으론 대동강이, 보통문 밖으론 보통강이 흐릅니다. 보통강은 대동강의 가장 큰 지류支流지요. 평양성 자체가 대동강과 보통강이라는 자연 해자垓字로 둘러싸인 셈입니다.

대동문으로 들어서면 오른편 바로 옆에 종각鐘閣이 있습니다. 거기서 평양성을 따라 조금만 더 올라가면 관서팔경 중의 하나인 연광정練光亭이 있지요. 연광정은 장대將臺 위에 세운 누각樓閣인데 여기서 바라보는 경치가 정말 넋을 놓게 합니다. 단원 김홍도나 겸재 정선이 그린 그림들을 찾아보면 연광정을 소재로 한 것도 있을 거예요. 한시漢詩도 있고요. 이남에 논개가 있었다면 이북에는 계월향이 있었습니다. 임진왜란 때 적장의 목을 벨 수 있게 도움을 준 평양의 명기名妓로, 그 당시 평양 사람이라면 '남논개南論介 북계월향北桂月香'을 모르는 사람이 없었습니다. 바로 왜장의 목을 벤 곳이 연광정입니다. 그 연광정과 종각 앞의 거리가 종로였고, 그 부근에 종로보통학교가 있었습니다.

안병훈 의장님 말씀을 들으니 평양 시가가 한눈에 내려다보이는 듯합

평양성내 전경. 오른편의 큰 문이 대동문(大同門), 왼편의 누각이 연광정(練光亭)이다.
김재순은 이곳에서 유소년기를 보냈다.

니다. 사시던 곳과는 얼마나 떨어져 있었나요?

김재순 제가 살던 관후리와 아주 가까웠지요. 관후리라는 이름은 '관
[館]' '뒤[後]'에 있는 마을이라 해서 붙여진 이름입니다. 중국 사신을 접
견하던 곳이 대동관大同館이었고, 그 앞에 종각이 있었으니 꽤나 가까운
거립니다.

안병훈 제가 조사한 바로는 음악가 안익태安益泰, 화가 이중섭李仲燮, 나
비학자 석주명石宙明, 채병덕蔡秉德과 이용문李龍文 장군이 종로보통학교
출신이던데, 그 외에 혹시 제가 알 만한 분이 없으십니까?

김재순 그분들 말고도 많이 있지요. 작곡가 길옥윤吉屋潤 아시죠? 그 친

종로보통학교 재학 시절. 원 안의 소년이 김재순이다.

구가 제 동기동창입니다. 본명이 최치정崔致楨인데, 무척이나 코를 흘리던 친구였습니다. 연신 소매로 코를 닦느라 정신이 없었습니다.(웃음) 어릴 때부터 음악을 좋아하고 하모니카 두 개로 아래위로 부는데 정말 대단했습니다. 학예회는 치정이 판이었어요. 나중에 서울대 치과대학에 들어간 것도 그곳에 밴드부가 있어섭니다. 치정이 말고 을지병원 설립자 박영하朴永夏도 종로보통학교 동기입니다. 두 친구 다 일찍 세상을 떠나고 말았습니다. 그러고 보니 별명이 '돼지' 였던 김형오金亨五라는 친구도 생각납니다. 제가 6년간 내리 급장이었는데 이 녀석이 제 말을 잘 안 들었습니다. 그때 제가 급장 권한으로 법을 만든 게 있었어요.(웃음) 지금 생각하면 꽤나 유치하지만 그때는 나름 신사적인 법이었습니다.(웃음)

안병훈　어떤 법이었나요?

김재순　'교실에서는 싸우지 말고, 정 싸우겠다면 방과 후에 따로 모여 정정당당하게 싸울 것.' (웃음)

안병훈　일종의 정식 결투였네요.

김재순　그렇죠. 응원 부대도 있고 제대로 된 싸움이었습니다. 장소는 평양에서 유명했던 얼음 창고였는데, 서울로 치면 동빙고, 서빙고 같은 곳입니다. 결과는 저의 일방적 승리였죠. 그런데 며칠 후, 교실에서 나를 보자마자 그 녀석이 칼로 제 팔뚝을 긋는 겁니다.

안병훈　칼로요?

김재순　예, 칼로요. 물론 연필 깎는 칼이었지만 피가 쉴 새 없이 철철 나더군요. 그때, 주변에 있던 누군가가 걸레를 갖고 와서 그걸로 덮어줬는데, 걸레가 좀 더럽습니까? 나중에 덧이 크게 나서 한동안 고생했습니다. 아직도 그 상처 자국이 팔에 남아 있습니다.

종로보통학교 재학 시절.

안병훈 어디 좀 보여주실 수 있습니까?

김재순 왼쪽 팔뚝이에요. 자, 여깁니다.

안병훈 어휴, 상처가 생각보다 크네요? 80년 된 상처군요.

김재순 그런데 이 친구가 나중에 뭐가 됐는지 아십니까? 해방 직후 일본으로 건너가 어느 야쿠자 조직의 '넘버2'가 돼 있더라고요.(웃음) 한동안 제가 일본에 가면 꼭 밥도 사주고 술도 사주곤 했는데, 만날 때마다 그 친구가 보라고 일부러 소매를 걷어 올렸습니다.(웃음)
그런데 한동안 소식이 없던 이 친구가 몇 해 전 한국에 온다면서 친구들을 모아 달라고 하더군요. 자기가 한턱낸다면서요. 그날 어렸을 때 별명들을 부르며 무척이나 즐거운 시간을 보냈습니다. 그리고 몇 달도 지나지 않아 암으로 세상을 떠났습니다. 죽음을 앞두고 병을 숨긴 채 옛 친구들 얼굴을 마지막으로 한 번 더 보고 싶었던 모양입니다.

안병훈 팔의 상처를 볼 때마다 친구분 생각이 많이 나시겠군요.

김재순 생각나다마다요. 내 죽마고우竹馬故友 아닙니까.

안병훈 그런데 방금 전, 6년간 내리 급장을 하셨다고 했는데 그 당시에도 급장이 되려면 공부를 잘해야 되지 않았나요?

김재순 그렇다고 봐야죠. 1등을 한 번도 놓치지 않았으니까요. 1936년 베를린 올림픽에서 손기정孫基禎 선수가 금메달을 땄을 때의 일입니다. 조만식 선생이 저를 보고 "손기정군은 마라톤으로 세계 1등을 했지만 재순이는 공부를 잘하니까 공부로 세계 1등을 해보라"고 격려해 주셨습니다. 그 말씀을 잊을 수가 없습니다.
선생께 조연창曺然昶이라는 아들이 있었어요. 저보다 세 살 위로 기억합니다. 옆집에 사니까 자연스럽게 친구가 돼서 덕분에 조만식 선생 댁에 자주 드나들 수 있었습니다. 나중에 이 친구는 평양 경상리慶上里에 있는 숭인상업학교에 들어갔는데 농구를 잘해 조선 대표로 뽑혀 일본, 만주 등지로 농구 시합을 다니기도 했습니다. 숭인상업학교는 조선인이 운영하는 장로회 계열의 사립학교입니다.

안병훈 의장님은 조선 대표로 외국에 나간 적이 없으시나요?(웃음)

김재순 조선 대표까진 아니어도 평안남도 대표로 일본에 간 적은 있습니다. 무슨 이야기냐 하면 제가 보통학교를 졸업하던 1940년이 일본의 기원절紀元節(건국절) 2600주년이 되던 해였어요. 우리나라로 치면 개천절이라고 보시면 됩니다. 이를 기념한답시고 몇 해 전부터 대대적인 기념행사를 준비하기 시작했습니다. 〈경성일보〉 주최로 전국의 소학교 6학년생을 대상으로 성적 우수 학생을 선정해 일본 이세신궁伊勢神宮 견학을 시켜줬습니다. 조선 총독 미나미 지로南次郎도 그때 만났습니다. 6학년이 되던 1939년으로 기억하는데 제가 거기에 뽑힌 거죠.

안병훈 일본 신궁에 가본 소감이 어땠습니까?

김재순 서울, 부산을 거쳐 관부關釜연락선을 타고 일본에 다녀왔는데, 먼저 서울을 보고 느낀 첫인상부터 말씀드리지요. 그때가 태어나서 난생처음 서울 구경이니 얼마나 신기했겠습니까? 지금은 없어졌지만 보신각 건너편에 있던 화신백화점이 가장 기억에 남습니다.

안병훈 그 당시 화신백화점보다 지금 신세계백화점 본점 자리에 있던 미쓰코시三越백화점이 더 크고 화려하지 않았나요?

김재순 물론 그랬죠. 미쓰코시백화점이 더 근사했지만 조선 학생들은 주로 화신백화점으로 견학을 많이 갔습니다. 화신은 조선인 박흥식朴興植씨가 경영하던 백화점이었거든요. 화신백화점에서 에스컬레이터

이세신궁을 견학 중인 보통학교 학생들.
전국의 성적 우수 학생들이 선발됐다.

를 처음 타봤는데 그렇게 신기할 수가 없었어요. 아마 조선 최초의 에
스컬레이터였을 겁니다.

안병훈　그때 에스컬레이터가 있었다니, 정말 믿어지지 않네요.

김재순　이세신궁을 다녀온 후, 제가 대표 격으로 방송국에 나가 소감을
말하게 됐습니다. 물론 텔레비전이 없던 당시라 라디오방송에 출연한
거지요. 그런데 지금 생각해도 그때 제가 말한 소감이 정말 걸작이었
습니다.(웃음)

안병훈　무슨 말씀을 하셨는데요?

김재순　대개 어딜 구경하고 오면 별로 마음에 안 들어도 응당 좋은 말을
하는 게 정상 아닙니까? 그런데 방송국 직원이 소감을 묻기에 "여자들

이 이상한 옷을 입고, 이상한 걸음으로 왔다 갔다 하며 춤을 추는데 웬 무당이 이리 많은가 했습니다"라고 했더니 방송국이 발칵 뒤집힌 겁니다.(웃음)

안병훈　이세신궁에서 무당이 춤을 추는 것을 보고 왔다고 했으니 라디오 제작진의 반응이 어땠을지 상상이 가네요.(웃음) 근데 서울에서 평양으로 돌아오기 바로 직전, 아버지를 만나셨다고 들었습니다.

김재순　예. 그때 아버지가 마포에서 살고 계셨는데, 평양으로 돌아갈 때 할아버지와 함께 잠시 경성역(서울역)에서 만났습니다.

안병훈　부자의 연을 끊으셨다고 했는데, 조부께서 자식을 만나셨군요.

김재순　아마 저에게 아버지를 보여주시고 싶었을 겁니다. 아버지가 제게 용돈을 주시기에 받았지만 눈을 마주치지 못하겠더군요. 기차에 올라 할아버지와 제가 나란히 앉았는데 저는 앞만 바라보았습니다. 기차가 떠나더군요. 안 선생, 제가 그때 어떻게 했는지 아십니까? 차창 너머 아버지 얼굴을 빤히 쳐다보며 아버지가 주신 백 원짜리 지폐들을 갈기갈기 찢었습니다. 아버지는 기차가 눈에서 사라질 때까지 손을 흔들고 있더군요. 그 이후로 다시는 아버지를 보지 못했습니다. 제 나이 열세 살이었습니다.

안병훈　(…)

김재순　(…)

안병훈　그런데 그때 조부모님과 함께 사셨나요?

김재순　아닙니다. 관후리로 이사를 오면서 조부모님과는 떨어져 어머니와 단둘이서만 살았습니다.

안병훈 그러면 생활은 나 여사 혼자서 꾸려가셨겠네요.

김재순 한마디로 억척같으신 분이셨습니다. 외가 쪽 5촌 아저씨의 표현을 빌리자면 친척들 사이에서 여장부로 불릴 만큼 '용감, 쾌활' 하셨습니다. 어머니는 생활비를 마련하기 위해 경림리敬臨里 인견 공장에 다니셨습니다.

경림리는 대동문에서 평양성을 따라 남쪽에 있는데 관후리에서 그렇게 멀진 않았어요. 어머니가 제게 '비단 공장에 나간다'고만 하셔서 처음에는 규모가 작은 공장이려니 하고 생각했는데 파업이 일어날 정도니 꽤 큰 공장이었더군요. 파업이 나도 어머니는 저 때문에 파업에 동참하지 않으시고 계속 일만 하셨습니다. 하루도 안 빠지셨다고 해요. 언젠가는 엉덩이에 욕창이 나서 서서 작업을 하셨던 적도 있습니다. 동료들도 어머니 사정을 잘 알고 있어서 어머니가 파업에 참여하지 않아도 묵인해 줬다고 들었습니다.

안병훈 아마 의장님의 모친께서 공장에서 일을 할 수 있었던 것도 공도工都로서의 평양의 위상 때문이었을 겁니다. 그 당시 평양의 인구가 서울보다는 적었지만 부산보다는 많았더군요.

그런데 의장님, 제가 궁금해서 '한국사 데이터베이스'를 통해 검색해 봤더니 의장님이 종로보통학교 6학년에 재학 중이던 1939년 직원록에 조선인 교사와 일본인 교사의 비율이 4대6 정도로 의외로 조선인 교사가 많은 것을 보고 다소 놀랐습니다.

김재순 사범학교를 나오면 바로 소학교 교사가 되던 시절이었으니까요. 실은 저도 평양공립상업학교에 입학하기 전에 평양사범에 먼저 합격했었습니다.

안병훈 그럼, 합격만 해놓고 안 가신 겁니까?

김재순 예. 면접시험만 남아 있었는데 갑자기 외숙부가 평양상업을 권유하셔서 결국 그리로 갔습니다. 제가 합격만 해놓고 안 가니까 평양사범학교 측에서는 그 후 2년 동안 종로학교 출신은 뽑지 않았다고 해요. 저 하나 때문에 후배들에게 괜한 피해만 준 것 같아 지금도 미안해하고 있습니다.

안병훈 그 외숙부가 평양에서 제일 큰 골동품 가게를 경영했다던 나유춘羅有春 선생이시지요?

김재순 그렇습니다. 해방 직후에 한국민주당 창당 발기인으로도 참여하셨죠.

안병훈 아무래도 외숙부께서 의장님과 모친께 때마다 도움을 많이 주셨겠네요.

김재순 물론입니다. 어머니가 홀로 저를 키우셨으니 보시기에 안쓰러우셨겠지요.

안병훈 다시 종로보통학교 시절로 돌아가 보겠습니다. 조선인 교사와 일본인 교사가 다른 점은 없었나요? 이를테면 일본인 교사가 조선 사람이라고 심하게 다루진 않던가요?

김재순 아, 전혀 그런 건 없었습니다. 지금도 매한가지일 겁니다. 의식 있는 교사와 그렇지 않은 교사, 아마 그 정도 차일 겁니다.

일본인 선생도 좋은 분이 있고, 아닌 분도 있고 그랬습니다. 6학년 때 담임교사였던 사카다 히로시坂田弘 선생은 정말 훌륭한 분이셨습니다. 이분은 해방 전에 일본 나고야名古屋로 돌아갔는데, 나고야도 미군美軍의 엄청난 폭격을 받은 곳 아닙니까? 그런데 이분이 공습을 피해 가며 우리의 졸업앨범을 끝까지 보관하고 계셨던 겁니다.

시간이 많이 흐른 후에 제가 나고야에 직접 가서 사카다 선생을 찾아뵌 적이 있습니다. 그때 졸업앨범을 마주 한 것만으로도 크게 감동을 받았지만, 손톱만 한 아이들의 얼굴 사진마다 깨알같이 이름을 써넣으신 것을 보고 더욱 감동을 받았습니다. 그때는 한 반이 80여 명이었거든요. 이것만 봐도 이분의 투철한 교사관觀을 알 수 있지 않겠습니까. 조선 선생이다, 일본 선생이다, 이런 걸 따지는 게 무슨 소용이 있습니까. 제가 나중에 국회의장이 돼서 88서울올림픽 때 사카다 히로시 선생 내외분을 초청했습니다. 그때서야 조금이나마 은혜를 갚은 것 같아 마음이 한결 가벼워지더군요.

평양상업학교 시절

안병훈 　 외숙부 나유춘 어른께서는 왜 평양사범학교보다 평양상업학교 진학을 권유하셨나요?

김재순 　 집안 형편 때문이지요. 그 무렵 어머니가 다니시던 인견 공장이 없어졌거든요. 어머니는 물건을 좌판에 깔고 장사를 하시다가 새로 가게를 차리셨습니다. 사과 같은 과일들을 파셨는데 가게가 조선인과 일본인 거주지 한가운데 있어서 장사가 꽤 잘됐습니다. 저도 전차표를 팔며 생활비에 보탰고 그때 알게 된 사람들도 많습니다. 그렇다고 대학에 진학할 형편까진 안 됐죠.

안병훈 　 전차표를 파셨다니 무슨 말씀입니까?

김재순 　 전차표를 한 장씩도 팔았지만 한 권씩도 팔았습니다. 권당 전차표가 몇 장이었는지는 정확히 생각이 나지 않지만 전차표 한 권을 사면

두 장을 더 줬습니다. 그렇게 몇 권씩 사서 정거장을 돌며 팔았습니다. 다 팔면 두 장씩은 이익이 남는 게 아닙니까?(웃음)

안병훈 평양상업에 가면 취직한다는 보장이 있었습니까?

김재순 당시 평양상업학교를 나오면 대부분 조선은행이나 식산殖產은행에 들어갔습니다. 저 역시 평양상업학교에 진학하는 것이 제게 적합하다고 생각했고요.

지금으로 말하자면 조선은행은 한국은행 역할을 했던 중앙은행이었고, 식산은행은 산업은행 기능을 하는 특수은행이었습니다. 두 은행이 모두 평양에 지점을 두고 있었어요. 이런 곳에 취직한다는 것은 단숨에 상류층이 된다는 것을 의미했습니다. 합격만 된다면야 동네잔치를 벌일 만한 일이었지요. 물론 교사도 의미 있고 보람된 좋은 직업이긴 합니다만….

안병훈 궁금해서 여쭙겠는데요, 얼핏 생각하면 평양상업학교보다 평양공립고등보통학교, 그러니까 평양고보高普에 우수한 학생들이 몰릴 것 같은데 그렇지 않았나요?

김재순 그렇지 않았습니다. 소학교 동기인 길옥윤이 저 때문에 1등을 한 번도 못했다고 투덜거렸었는데 평양고보에 진학했습니다. 제가 평양상업학교에 입학하고 보니 소학교에서 2등 한 아이를 찾기 어려울 정도였습니다. 다 1등만 해본 학생들이었지요.

안병훈 혹시 사상운동에 휩쓸릴까봐 공부 잘해도 아이를 일부러 실업학교로 보낸 건 아닐까요?

김재순 안 선생 말씀을 듣고 보니 그럴 수도 있겠네요. 실업학교에 가

1930년대 평양시내. 전차가 운행되고 있다.
김재순은 전차표를 팔아 학비를 보태기도 했다.

면 바로 생활전선에 뛰어들게 되니까 자연히 사상운동 같은 데와는 멀어질 수밖에 없었을 테니까요.

안병훈 그런데 의장님이 평양상업학교에 다니던 시절, 소학교 때와는 달리 조선인 교사는 하나도 없고 모두가 일본인 교사더군요.

김재순 지금도 초등학교 교사가 되는 방법과 중등학교 교원이 되는 방법이 다르지 않습니까. 당시 중등학교 교원이 되기 위해선 전문학교나 대학을 나와야 가능했습니다. 그러다 보니 조선인 교사가 적었겠지요. 더구나 1938년부터 조선어 과정마저 폐지된 상황이라 그나마 있던 조선인 교사도 학교를 나가야 하지 않았을까요?

평양상업학교 학생들은 전 학년 기간 내내 주산(珠算)을 배웠다.
대형 주판을 잡고 있는 소년이 김재순이다.

안병훈 아, 그랬군요. 학교는 어디에 있었나요?

김재순 당시 상수리上需里에 있었습니다. 현재는 만수동 영역에 편입돼 마을 이름이 사라진 것으로 알고 있습니다. 만수대萬壽臺라고 많이 들어 보셨지요?

안병훈 김일성동상과 만수대의사당이 있는 곳 아닙니까?

김재순 그렇지요. 만수대라는 곳이 모란봉 남쪽 자락의 언덕입니다. 평지에 돌출돼 있어서 높아 보이기는 해도 모란봉이 실은 별로 높지 않은 산입니다. 모란봉 산줄기가 완만하게 뻗어내려 남쪽에 언덕을 이룬 것이 만수대인데 여기에 고구려 왕궁 터와 평양 감영監營이 있었습니다. 서대문이 보통문, 동대문이 대동문이라고 가정하면 청와대 자리에 만수대가 있다고 보시면 됩니다.

평양상업학교는 이 만수대 앞에 있었지요. 관후리에서는 북서쪽 방향인데 충분히 걸어 다닐 만한 거리였습니다.

안병훈 평양상업학교 교과 과정을 보다가 흥미로운 과목을 발견했습니다. 지나어, 즉 중국어가 있던데 의장님도 중국어를 배우셨습니까?

김재순 일제가 대륙에 진출할 때라 그랬을 겁니다. 지금도 중국어 발음 기호를 기억합니다. 그때 중국어 교사가 박암朴巖 선생이었어요. 나중에 이승만 정부에서 외무부 차관을 지낸 분이시지요.

안병훈 전 학년 수학 시간에 주산珠算 과목이 편성돼 있는 것도 이채롭습니다.

김재순 상업학교였으니까요. 그 덕분에 제가 주판珠板을 좀 놓습니다.(웃음)

안병훈 종로학교에서는 조선 학생뿐이었는데 여기도 조선 학생밖에 없었나요?

김재순 아닙니다. 비율이 대략 5대5 정도는 됐던 것 같습니다. 한 학년당 50명 정도가 입학했는데 1등부터 25등까지가 모두 조선인 학생이고 일본인 학생들은 하위권을 맴돌았지요.(웃음) 우리 세대는 일본인에 대한 자신감으로 충만해 있던 세대입니다. 공부든 운동이든 일본인에겐 지면 안 되는 것으로 알았으니까요. 비록 조선이라는 나라는 일본에 먹혔지만, 우리 민족은 먹히지 않았다는 것을 실력으로 보여주고 싶었던 겁니다.

안병훈 평양상업 재학 시절, 시인 김소월金素月의「초혼招魂」을 즐겨 암송하셨다고 들었습니다.

김재순 가슴을 뜨겁게 한 시詩였습니다. 지금도 한 글자도 틀리지 않고 암송할 수 있습니다. 어디 지금 한번 해볼까요?(웃음)

안병훈 저는 여러 번 들어서 괜찮습니다.(웃음)「초혼」의 마지막 구절인 '사랑하던 그 사람이여'를 '사랑하는 내 조국이여'라고 바꿔 암송하시지 않았습니까?

김재순 그랬죠.(웃음)

안병훈 즐겨 부르던 노래는 있었습니까?

김재순 많았지요.「울 밑에 선 봉선화」도 그랬고, 뭐 그때 우리가 부르던 젊음의 노래라는 것이 다 울면서 부르던 노래들이었습니다. 슬픈 노래가 태반이었지요. 나라 잃고, 언제 일본 사람들한테 붙들려서 전쟁터에 갈지 모르는 상황이었으니까요.

안병훈 평양상업 친구들에게 애국가를 가르치셨다고 들었습니다. 애국가는 누구로부터 배우셨습니까?

김재순　산정현교회를 다니면서 자연스럽게 배우지 않았나 기억됩니다. 주기철 목사님이 이끄는 교회 분위기 자체가 반일反日이었으니까요. 물론 그때는 안익태 선생의 애국가가 알려지기 전이어서 스코틀랜드 가곡인 「올드 랭 사인Auld Lang Syne」에 맞춰서 불렀습니다. 애국가를 부르면 큰일 나는 줄 알았던 시절이었습니다. 아무 데서나 가르쳐줄 수 없었는데 이런 일이 있었어요. 박붕식朴朋植이라는 친구와 또 몇 명이서 대동강에 나룻배를 타고 나갔습니다. 거기서 제가 '동해물과 백두산이……' 하며 애국가를 불렀더니 친구들이 너무 놀라서 배가 뒤집힌 적도 있었어요.(웃음)

안병훈　'불령선인不逞鮮人'이셨습니다.(웃음) 참, 황장엽黃長燁 선생도 평양상업 나오셨지요? 학교 때 서로 알고 지내셨나요?

김재순　황장엽 선생이 저보다 3년 선배입니다. 나이 차이가 있어서 가까이 지낸 것은 아니지만 제가 학교에서 사고를 치는 바람에 황 선배와 가까이 할 수 있었습니다.

안병훈　사고라니요?

김재순　당시 평양부립박물관이 을밀대乙密臺 위에 있었습니다. 을밀대가 어디에 있는지 모르시지요?(웃음)

안병훈　모릅니다.(웃음)

김재순　고구려가 쌓은 평양성은 네 개의 성城으로 이루어져 있어요. 고구려왕의 궁궐이 있던 내성內城, 관리들이 살던 중성中城, 일반 백성들이 살던 외성外城이 있고, 북성北城은 내성 북쪽을 방어하기 위해 모란봉을 둘러싼 조그마한 산성山城입니다.

내성의 동쪽 장대將臺에 쌓은 누각이 이미 언급했던 연광정이고, 을밀대는 내성 북쪽 장대에 세운 누각입니다. 을밀대 아래 평양박물관이 있었으니 얼마나 운치가 있었겠습니까.

제가 1학년 때니까 아마 1940년인 듯합니다. 하루는 전교생이 평양박물관을 견학했어요. 한 학년당 50명 정도였으니까 250여 명이지요. 견학하고 와서 교장이었던 아라키 고지로荒木孝次郎 선생이 전교생을 다 강당에 모았습니다. 그러더니 저를 지목해 소감을 물어요. 그래서 제가 "아, 슬프도다. 흥했던 고구려는 황폐해지고, 남은 것은 기왓장과 부러진 화살촉뿐이구나"라고 했더니 교장이 "그만해" 하면서 버럭 고함을 지르더군요.

안병훈　일본어로 소감을 말씀하셨나요?

김재순　그럼요. 1938년부터 국어가 일본어로 상용화常用化되지 않았습니까. 모든 교내 활동이 일본어로 이뤄졌습니다.

안병훈　오히려 일본어로 고구려의 옛 영광을 말씀하셨던 것이 조선 학생들에게 더 처연하게 들렸을지도 모르겠습니다.

김재순　그랬을 겁니다. 어쨌든 교장에게 눈엣가시가 된 계기가 되기도 했지만 전교생이 저를 알게 된 일대 사건이었습니다. 한동안 조선인 선배들이 저를 볼 때마다 '재순아, 공부 잘하거라'고 격려해 줬지요. 당시 4학년이었던 황장엽 선배도 그중 한 명이었습니다.

안병훈　교장 선생과 사이가 안 좋아서 학교생활이 힘드셨겠네요.

김재순　조선인 학생 사이에선 악명이 높았던 선생이었습니다. 이런 일도 있었어요. 5학년 때인 1944년 12월 8일로 기억합니다. 날짜까지 기억하는 이유는 3년 전 이날 일본이 태평양전쟁을 일으켰기 때문이에요. 매달 8일 교장이 일왕日王의 선전포고문을 낭독했습니다.

을밀대 부근에 있었던 평양박물관. 김재순은 이곳을 방문하고 "아, 슬프도다. 흥했던 고구려는 황폐해지고, 남은 것은 기왓장과 부러진 화살촉뿐이구나"라는 감회를 남기게 된다.

그런 엄숙한 분위기였는데 이날 내 옆에 서 있던 김영환金榮煥이라는 친구가 방귀를 뀌었습니다. 얼마나 우스웠겠습니까. 그래서 웃었더니 기념식이 끝나고 교장이 다짜고짜 달려와 나에게 발길질을 해요. 이리저리 피하긴 했습니다. 교장이 왜 웃었느냐고 묻는데 사실대로 말하니 믿지를 않아요. 당장 교장실로 불려갔습니다. 새끼로 마룻바닥을 닦는 벌을 줍디다.

그런데 이 교장 선생이 벌만 준 것이 아니라 '조선이 망한 것이 우리가 망하게 한 것이 아니라 너희들 스스로 망한 것'이라고 하는 겁니다. 이분은 평소에도 '너희들 조선이 망한 것은 조선 사람들이 거짓되기 때문'이라고 입버릇처럼 말하곤 했어요. 정신이 번쩍 들더군요.

안병훈 친구의 방귀 덕분에 민족의식이 더 강고해졌다는 것이 일종의 희비극喜悲劇처럼 느껴집니다. 그렇다면 일본 헌병대에 끌려가 고초를 당한 것도 이 사건 때문입니까?

김재순 그렇다고 봐야죠. 그때 이후 제가 요주의要注意 대상이 됐으니까요.

안병훈 아무리 일제 강점기라도 경찰이 아닌 헌병이 학생까지 잡아가나 해서 당시 기사를 찾아봤습니다. 1937년 12월 25일자 〈동아일보〉에는 학생, 노동자, 점원店員 등이 중심이 된 조선공산당 재건 세력 10여 명을 경성 헌병분대가 검거했다는 기사가 실려 있더군요.

김재순 조선공산당 재건 같은 큰 사건이니까 신문에 실렸지 저 같은 경우처럼 신문에 기사화되지 않은 사례가 훨씬 많았을 겁니다. 그리고 당시는 경찰보다는 헌병이 보안과 방첩 활동에 많이 관여했던 때였습니다.

안병훈 무슨 이유로 헌병대에 끌려가셨습니까?

김재순 졸업을 눈앞에 둔 1945년 2월이었을 겁니다. 집에 가보니 헌병들이 가택수색을 하고 있었습니다. 집에서 찾아낸 최남선崔南善의 『고사통故事通』, 이광수李光洙의 소설 같은 책을 문제 삼더군요. 평양 시내 서기산瑞氣山 자락에 있던 헌병대에 끌려가 목검으로 피멍이 들도록 맞았습니다.

안병훈 공안公安 바람이 이처럼 거세게 인 것이 그 당시 일본에서 있었던 한 사건 때문이기도 할 겁니다. 일본 도쿄에서 리하르트 조르게라는 소련 간첩이 체포된 사건 말입니다. 조르게가 독일 신문의 일본 특파원으로 위장해 독일·이탈리아·일본 간의 반反 코민테른 협정은 물론 일본의 진주만 공격, 일본군의 동향 같은 정보를 비밀리에 소련에 전달하다가 붙잡힌 거지요.

결국 조르게는 교수형에 처해졌지만 이 바람에 일본 전체가 발칵 뒤집혔고, 결국 조선에도 그 영향이 미친 걸로 봐야 할 겁니다. 특별고등경찰이 수시로 학생들 방에 들이닥쳐 불온하다고 여겨지는 책이 발견되면 마구잡이로 연행해 고문하고 감금하던 때였습니다. 일본에서 체포된 시인 윤동주尹東柱가 그 대표적인 사례라 할 수 있습니다. 조선에서도 마찬가지였을 텐데 의장님은 다행히도 용케 풀려나오셨네요.

김재순 그때 우리 집에 이와나미岩波문고에서 나온『마르크스 엥겔스 소전小傳』이 있었습니다. 평양상업 교감이었던 니타 류이치仁田隆一 선생이 동경제대 경제학부를 나온 좌익 교사였는데, 하루는 니타 류이치 교감이 저를 불러요. 그러더니 '아무에게도 말하지 말고 혼자 읽으라'고 하면서 제게『마르크스 엥겔스 소전』을 건네주는 겁니다.

안병훈 동경제대를 나온 분이 평양까지 왔습니까?

김재순 네, 이분이 평양상업에 처음 와서 하는 말이 이랬어요. "내가 전에 있던 학교는 천황이 사는 니주바시二重橋를 내려다보이는 곳에 있었는데 흘러 흘러 여기 평양까지 왔구나." 좌익이라는 이유 때문에 좌천됐다는 뜻이겠지요. 평양상업에는 니타 류이치 선생 말고도 좌익 교사들이 꽤 있었습니다.

안병훈 결국『마르크스 엥겔스 소전』은 들켰습니까?

김재순 헌병들이 그 책을 찾아냈다면 아마 제가 이 자리에 없었을 겁니다. 다행히 헌병들이 일본어로 된 책은 거들떠보지도 않고 우리말로 된 책만 가져갔어요. 헌병대에서 나오자마자 곧바로 만주로 도망쳐야겠다고 단단히 마음을 먹었습니다. 헌병대에서 맞은 상처를 어머니에게 보일 수 없었던 데다 또 요주의 인물로 올라 있어 언젠가 또다시 같은 일이 일어날 거라는 걸 알고 있었기 때문입니다.

안병훈　아니, 그럼 졸업식도 참석하지 못했겠네요?

김재순　정신이 온통 만주로 가는 표를 구하는 데에만 팔려 있었는데 졸업식이 제 머리 속에 있었겠습니까? 그 당시 만주로 가는 표를 구하기가 여간 힘든 게 아니었거든요. 다행히 평양상업을 졸업한 선배가 만철滿鐵에 있어서 그나마 표를 살 수 있었습니다.

안병훈　만철이라면, 일본이 러일 전쟁에서 승리한 뒤에 러시아가 운영하던 다롄 하얼빈 철도권을 양도받아 설립한 회사 아닌가요?

김재순　그렇습니다. 철도 회사지만 실은 만주 식민지 전초 기지라고 보시면 됩니다. 아무튼 졸업장은 할아버지가 대신 받아오셨습니다.

안병훈　그런데 왜 하필 만주였나요?

김재순　하얼빈에 제 외사촌이 조그만 가게를 운영하고 있었습니다. 그런데 안 선생, 제가 그때 깨달은 게 뭔지 아십니까?

안병훈　말씀해 주십시오.

김재순　몸을 숨기려면 국내든 외국이든 도시로 가야지 절대 시골로 가서는 안 된다는 거였습니다.

안병훈　왜 그렇습니까? 은신처라면 인적 없는 시골이나 절간 같은 곳을 떠올리는 게 정상 아닌가요?

김재순　그렇죠. 헌데 그게 아니었다는 겁니다. 시골에 있으면 오히려 눈에 금방 띈다는 것을 그때 알았습니다. 낯선 외지인이 오니까 사람들이 저만 주목하는 겁니다. 결국 거기에 오래 있을 수가 없었어요. 게다가 만주는 일본이 세운 괴뢰국이기도 해서 사복경찰이나 밀정이 득실득실했습니다.

안병훈　그래서 다시 조선으로 돌아오신 거군요.

김재순 예. 하지만 돌아올 때도 간단치 않았습니다. 하얼빈역에서 조선으로 가는 기차를 줄서서 기다리다가 어떤 조선 여자와 이야기를 나누게 됐어요. 양장洋裝을 한 어여쁜 처자였는데 모친의 유골함을 들고 있었습니다.

그런데 갑자기 사복경찰이 나타나서 나를 지목하더니 무작정 같이 가자고 해요. 그래서 할 수 없이 경찰서까지 끌려갔는데 그 처자가 따라온 겁니다. 오더니 사복경찰과 한참을 뭐라 뭐라 얘기하더니 곧바로 풀려났습니다. 제가 보기에 그 처자가 하얼빈에 기반도 있고 고위 일본인들과도 줄이 닿았던 모양이에요.

결국 같은 열차를 타고 오다 그분은 수풍댐 부근에 있는 강계역에서 내리고 저는 평양으로 갔습니다. 내리기 전에 제게 역 앞에 있는 약국이 자기 집이라고 말하던 게 기억이 납니다. 하지만 끝내 찾아가보지는 못했습니다. 찾아갔더라면, 글쎄요….(웃음)

안병훈 지금쯤 강계에 살고 계실지도 모르겠네요.(웃음) 평양으로 돌아오셨는데, 별문제 없었나요?

김재순 평양에 있으면 문제가 많을 것 같아 하얼빈에서부터 외사촌과 상의해 경북 봉화에 있는 금정金井광산으로 가기로 했습니다. 그곳에 외숙부가 관여하던 광산이 있었거든요. 평양은 순전히 어머니께 인사드리러 간 겁니다.

안병훈 그렇다면 평양에서 봉화로 곧바로 가셨나요?

김재순 아닙니다. 외숙부의 소개로 이전에 만나뵌 적이 있는 한학자 유자후柳子厚 선생을 찾아뵙기 위해 먼저 서울에 들렀습니다. 아시다시피 유자후 선생은 헤이그 밀사였던 이준李儁 열사의 사위입니다. 지금도 기억나는군요. 경성역 앞에서 전차를 타고 효자동에서 내렸던 게 엊그제 같은데…. 유자후 선생 댁은 효자동에 있던 어느 학교와 담 하나를 두고 붙어 있었습니다.

안병훈 외숙부의 인맥이 대단하셨나 봅니다.

김재순 예나 지금이나 마찬가지지만 골동품 가게를 운영하게 되면 자연히 부유층이나 지식인, 아니면 유명 인사를 상대할 기회가 많지 않습니까. 그러다 보니 알음알음 소개로 자연스럽게 두터운 인맥이 형성된 거죠. 유 선생 역시 골동품에 상당히 조예가 깊은 분이셨기 때문에 외숙부와 친분이 있었던 겁니다. 만약 유 선생이 6·25 때 납북만 되지 않으셨더라도 제 삶에 보다 많은 보탬이 되셨을 겁니다.

안병훈 그런데 외숙부께서는 어떻게 골동품 가게를 하신 거지요?

김재순 외숙부가 처음엔 일본인 변호사 사무실에서 일하셨는데, 능력을 인정받으셨는지 평소 골동품에 관심이 있던 변호사의 도움으로 골동품 가게를 차리셨다고 들었습니다.

안병훈 아, 그래서 두 분이 친분이 있으신 거군요. 근데, 유 선생을 만나신 특별한 이유가 있습니까?

김재순 그것보다 먼저 이 얘기부터 드리지요. 전차를 타고 유자후 선생 댁을 찾아가는데 전차 안에 예쁘고 화사한 교복을 입은 진명여고보, 숙명여고보 학생들이 아무 거리낌 없이 우리말로 재잘대며 떠드는 것이 아니겠습니까? 그 순간 저도 모르게 왈칵 눈물이 쏟아지더군요. 그때 제가 흘린 눈물은 태어나서 처음 느껴보는 감격의 눈물이었습니다. 전차 안에서 우리말을 쓰면 형사나 헌병한테 잡혀가는 것으로만 알고 있던 저에게 이런 모습은 상상도 못할 일이었거든요.

그야말로 서울은 딴 세상이었습니다. 사람들이 입고 있는 옷부터 평양

김재순의 외삼촌인 나유춘 선생.
골동품 가게를 운영했던 나유춘의 인맥은
김재순에게 그대로 이어지게 된다.

과는 천지 차이였습니다. 평양은 도시 전체가 우중충합니다. 왠지 아십니까? 바로 평양 사람들이 입고 있는 어두운 국민복 때문입니다. 그때 느꼈죠. '여기가 내 나라구나.' 두 도시 차이로 나라를 뺏긴 설움을 뼈저리게 느끼게 해준 순간이었습니다.

안병훈　어떤 심정이었는지 충분히 알 것 같습니다.

김재순　제가 유 선생을 만난 것은 유 선생을 뵈면 이준 열사를 뵙는 것과 한 가지라는 생각이 들었기 때문입니다. 유 선생을 통해 돌아가신 이준 열사의 독립에 대한 염원을 느끼고자 했던 거죠. 유 선생을 만나자마자 조금 전에 안 선생께 말씀드렸던 것을 모두 말씀드렸습니다. 그리고 많은 얘기를 나누었습니다. 나라를 잃는 것이 어떤 것인지, 왜 나라를 잃어야만 했는지, 또 돌아가는 국제 정세는 어떠한지….

이준 열사가 남기신 유훈 중에 이런 글귀가 있습니다. "사람이 산다 함은 무엇을 말함이며 죽는다 함은 무엇을 의미하는가. 살아도 살지 아니함이 있고 죽어도 죽지 아니함이 있으니, 살아도 그릇 살면 죽음만 같지 않고 잘 죽으면 오히려 영생한다. 살고 죽는 것이 다 나에게 있나니 모름지기 죽고 사는 것을 힘써 알지어라."

제 인생에 큰 영향을 준 경구警句입니다. 그릇된 삶은 곧 죽음이라는 이 열사의 유훈을 가슴속에 새기며 나름 지금까지 살아왔다고 생각합니다. 봉화에 있으면서도 유 선생께 자주 문안 드렸습니다.

그런데 어느 날, 유 선생이 느닷없이 포츠담 선언에 대해 말씀하시는 겁니다.

안병훈 포츠담 선언이라면 카이로 선언에서 결정한 조선의 독립을 재차 확인시켜주는 선언 아닙니까? 일본에게 항복하라는 내용을 일본이 조선인에게 순순히 알려줄 리도 없었을 텐데 유자후 선생이 그걸 알고 계셨다는 건가요?

김재순 당시 라디오 단파방송을 통해 〈미국의 소리〉를 들은 지사志士라면 일본이 곧 패망할 거라는 것을 확신하고 있었습니다. 송진우宋鎭禹, 김성수金性洙, 여운형呂運亨, 안재홍安在鴻, 장택상張澤相, 윤치영尹致暎 선생 같은 분들도 이 선언문의 내용을 〈미국의 소리〉를 통해 이미 알고 계셨다고 하더군요.

유 선생이 이 방송을 들어 아셨는지, 아니면 이분들을 통해 아셨는지는 분명치 않지만 제가 포츠담 선언에 대해 처음 들은 것은 유 선생을 통해섭니다. 유자후, 윤치영 선생은 동년배로 일찍부터 두 분이 서로 교우를 나누었던 걸로 미루어 아마 〈미국의 소리〉를 들은 누군가가 나머지 분께 알려준 것이 아닐까 추측만 할 뿐입니다.

안병훈　유자후 선생께서 포츠담 선언을 언급하시면서 무슨 말씀을 하셨습니까?

김재순　곧 해방이 될 테니 서울로 올라올 준비를 하고 있으라고 하셨습니다.

안병훈　의장님도 독립을 확신하셨습니까?

김재순　아, 그럼요. 히로시마廣島와 나가사키長崎 원자폭탄 때문에 생각보다 일찍 해방을 맞았지만 조만간 독립이 될 거라고 굳게 믿고 있었습니다. 평양상업 선배들에게 들은 것도 있고 외숙부가 여러 어른들과 나누는 대화를 귀동냥으로 듣고 있어서 세계정세가 어떻게 돌아가고 있는지를 대충 알고 있었습니다. 하지만 유자후 선생의 말씀이 결정적이었지요.

1945. 8. 15

안병훈　해방 당일에는 어디에 계셨습니까?

김재순　이미 상경할 준비를 하고 있던 터라 유 선생으로부터 연락을 듣자마자 해방 당일 바로 서울로 올라왔습니다. 오자마자 덕수궁으로 갔습니다.

안병훈　왜 하필 덕수궁으로 가셨나요? 혹시 고종高宗이 돌아가신 장소가 그곳이어서 그랬습니까?

김재순   일단 덕수궁이 서울역과 가장 가까워서 그곳으로 간 것도 있었
겠지만, 3·1운동의 기폭제가 된 것이 바로 고종의 독살설 때문이라 아
무래도 발길이 그쪽으로 향한 것 같습니다. 아무튼 그곳으로 가 소리
높여 만세를 부르며 해방의 기쁨을 만끽하고 싶었습니다.

그런데 웬걸요? 당시 덕수궁에는 큰 연못이 있었는데 그 앞에서 독립
만세를 목이 터져라 외쳐도 호응하는 이가 아무도 없는 겁니다. 그래
서 대한문 앞으로 나가 다시 한 번 독립 만세를 크게 불렀죠. 그런데 이
번에도 마찬가지였습니다. 평소처럼 일본 헌병이 탄 오토바이가 오갈
뿐 해방의 분위기와는 전혀 딴판이었어요.

안병훈   많은 사람들이 해방 당일 조선인들이 만세를 부른 것으로 잘못
알고 있지만, 실은 우리가 많이 봐왔던 만세 장면은 그로부터 며칠 후
서대문형무소가 열린 날이었죠.

김재순   그렇습니다.

안병훈   당연히 유자후 선생 댁을 찾으셨겠네요?

김재순   물론입니다. 찾아가니 마침 윤치영 선생을 비롯해 여러분이 와
계셨어요. 유 선생께서 저를 일일이 함께 있던 분들께 인사를 시켜주
셨습니다. 그때 제 나이 만 열아홉이니 얼마나 대견해 보였겠습니까.

안병훈   이미 조만식 선생을 비롯해 유자후, 윤치영 선생까지 열아홉에
대단한 인맥을 쌓으셨습니다.(웃음)

김재순   그런 점에서 제가 인복이 많다고 할 수 있습니다. 그분들과 함
께 있는 것만으로도 조국이 무엇인지, 조국애가 무엇인지를 깊이 생각
할 수 있는 소중한 시간이었습니다.

안병훈   그럼, 한동안 그분들과 함께 서울에 계셨습니까?

김재순   아닙니다. 다음 날 평양으로 올라갔습니다. 서울의 분위기가 너

무 조용해서 견디기가 힘들었습니다. 혈기 왕성한 나이 아닙니까. 평양에 있는 친구 박붕식에게 전화를 걸었죠. 제가 우리말로 '지금 평양에 올라갈 테니 당장 친구들을 모으라'고 했더니 이 친구가 제가 하는 말이 무슨 말인지 알아듣지 못하는 겁니다. 그러면서 일본어로 '잘 모르겠으니까 고쿠고國語(일본어)로 얘기하라'고 해요. 그래서 제가 소리쳤죠. "야, 이놈아! 내가 지금 하는 말이 고쿠고다"라고 했습니다.(웃음)

안병훈 일본말이 우리말보다 편했던 거군요.

김재순 그렇습니다. 지금 생각하면 마치 친일파라서 일본말을 하는 것처럼 오해할 수 있는데, 친일을 해서가 아니라 사회 분위기가 일본말을 쓸 수밖에 없었습니다. 특히 평양에서는….

평양 신사神社를 불사르다

안병훈 친구들을 모아 무얼 하셨습니까?

김재순 올라가보니 친구 열두어 명이 모여 있었습니다. 그리고 무슨 일부터 해야 할까 머리를 맞대고 숙의를 했죠. 먼저 떠오른 것이 바로 주기철 목사의 억울한 죽음에 대한 복수였습니다. 제가 산정현교회 주기철 목사에게 세례를 받지 않았습니까. 그런데 이분이 일제의 신사참배 강요에 저항하다 투옥된 후 해방 전해 4월 옥사하십니다.

복수한다는 심정으로 제가 평양 신사를 불태우자고 제안했더니 다들 박수를 치며 좋다는 겁니다. 당장 휘발유를 구해 친구들과 평양 신사로 향했습니다.

안병훈 평안도 기질을 제대로 발휘하셨군요. 평양 신사는 어디에 있었나요?

김재순 평양 신사는 평양박물관 근처에 있었는데, 옛 광풍정光風亭이 있던 터로 뒤로는 모란봉이 있고 앞으로는 대동강을 품고 있는 전형적인 배산임수背山臨水 지세입니다.

방금 안 선생이 평안도 기질 말씀하셨는데, 분명 제게도 숲속에서 나온 범처럼 매섭고 사납다는 맹호출림猛虎出林의 평안도 피가 당연히 흐르고 있었을 겁니다. 게다가 다들 그 피가 펄펄 끓던 혈기 왕성한 나이였으니 겁 없이 할 수 있었던 거죠.

신사에 휘발유를 뿌리고 불을 붙이자 일시에 불이 치솟더군요. 안 선생도 그 모습 상상해 보십시오. 검붉은 불길에 놀라 억눌렸던 수많은 응어리가 한꺼번에 몸에서 빠져나와 하늘로 날아오르는 기분, 그 기분은 어떤 말로도 표현할 수 없습니다. 저절로 만세 소리가 터져 나오더군요. 서울에서 느끼지 못한 해방의 기쁨까지 마저 담아 만세, 만세 목소리가 갈라지도록 외치고 또 외쳤습니다.

안병훈 평양 신사를 의장님이 불태웠다는 사실 한 가지만으로도 이 인터뷰에 큰 의미를 담게 됩니다. 신사를 불태웠는데도 아무 문제가 없었나요?

김재순 불을 지르고 내려오다 일본 헌병대와 맞닥뜨렸습니다. 장총長銃에 착검着劍까지 한 군인들을 보자 친구들도 그렇고 저도 흥분된 상태라 무슨 일이 벌어질지 그야말로 일촉즉발의 상황이었습니다. 그런데 어떻게 그런 생각이 났는지 제가 나서서 일본말로 이렇게 말했습니다. "나라가 해방되어 해방의 기쁨을 누리기 위해 여기에 온 것이 어찌 잘못인가. 이제 우리는 독립이 되었다. 우리는 우리가 할 일을 한 것뿐이

평양 신사의 전경. 김재순은 해방 직후, 친구들과 함께 평양 신사를 불살랐다.

다. 이제 너희는 너희가 할 일을 하면 된다. 너희 몸을 잘 보존해 가족이 있는 일본으로 돌아가는 것이 너희가 할 일이다."

저의 대응이 뜻밖이었던지 오히려 헌병들이 어찌할 바를 모르더군요. 그런데 그때 대동강 백사장으로 일본군 비행기가 떨어지는 것이 보였습니다. 왜 떨어졌는지는 잘 모르겠는데, 여하튼 이것을 본 헌병들이 혹시 이성을 잃고 총을 쏘지나 않을까 극도로 긴장되는 순간이었습니다. 아주 짧은 찰나였지만 그토록 길게 느껴질 수가 없더군요. 다행히 아무 일 없이 잘 마무리되고 헌병들은 돌아갔습니다.

안병훈 아찔한 상황이 그려지는 것 같습니다. 나라를 되찾은 것을 실감하셨겠군요.

김재순   그렇습니다. 독립이 되지 않았다면 감히 상상도 하지 못할 행동이었지요. 나라가 있다는 것이 그만큼 귀하고 소중한 겁니다. 평양 신사가 불탄 자리에 김일성이 모란봉극장을 세웠습니다. 김구金九, 조소앙趙素昂 선생 등이 참석한 남북 연석회의가 열린 장소가 바로 그곳이지요. 평양 신사를 불사르고 나서 조만식 선생을 찾아갔습니다. 자랑하고 싶었죠. 그런데 칭찬을 들으러 간 저에게 정색을 하며 뜻밖의 반응을 보이시는 겁니다. "사람마다 자기가 할 몫이 있다. 신사를 불태우는 것은 네가 할 일이 아니다. 재순아, 너는 나와 약속한 것이 있지 않으냐. 당장 서울로 올라가 공부에 전념해라."

안병훈   조만식 선생께서 의장님이 어떤 그릇인지 잘 알고 계셨던 거군요. 취업을 위해 평양상업학교에 들어가셨는데 결국 해방과 조만식 선생의 조언 덕분에 의장님의 진로가 바뀌게 된 셈이군요.

김재순   그렇습니다.

안병훈   참, 의장님을 못살게 했던 아라키 고지로 교장한테는 가지 않았나요?

김재순   그렇지 않아도 평양상업 학생들이 교장에게 몰려갔다는 소식을 듣고 그 즉시 교장실로 달려갔습니다. 교장실로 들어갔더니 그야말로 분위기가 험악했습니다. 아는 선배들이나 친구들이 보였지만 한가히 인사를 나눌 상황이 아니었습니다.

저 역시 교장을 보자 화가 나더군요. 하지만 겁에 질려 몸을 떨고 있는 교장의 모습을 보자 화보다는 연민이 먼저 앞섰습니다. 그토록 자신만만했던 모습은 온데간데없고, 두려움에 휩싸여 비굴하게까지 보일 정도로 교장은 제 눈에 너무 왜소해 보였습니다. 살아 있다고는 해도 이미 죽은 거와 마찬가지였다고나 할까요.

안 선생, 이 세상에서 제일 강한 형벌이 뭐라고 생각하십니까? 저는 공포 이상으로 더 강한 형벌은 없다고 생각합니다. 그때 한 친구가 교장에게 달려가 주먹질을 하려는 것이 보이더군요. 그러자 저도 모르게 소리쳤습니다. "그만하지 못해! 교장을 때리려면 해방 전에 때렸어야지, 비겁하게 이게 뭐하는 짓이야! 아무리 못된 선생이라도 한 자라도 배웠으면 선생이야."

안병훈　교장이 의장님께 고맙다는 얘기를 안 하던가요?

김재순　교장이 일본으로 급히 돌아가느라 경황이 없어 만나지 못했지만 두고두고 제 말에 감명을 받았다는 얘기를 나중에 들었습니다. 교장 선생과는 한동안 연락이 끊겼다가 훗날 어디선가 제가 국회의원이 되었다는 소식을 듣고 선생이 엽서를 보내셨습니다. 제가 그 얘기를 1971년 4월호 〈샘터〉에 쓴 적이 있습니다. 제가 그 엽서의 한 대목을 한번 읽어보겠습니다.

> 내 나이 금년 들어 여든한 살이다…. 자리에서 일어서면 다다미 한 장, 누우면 두 장이면 충분하다는 생각으로 예나 다름없이 청빈을 달게 받아들이며 살아가고 있다. 아침, 저녁 두 차례 냉수마찰로 단련한 덕분에 내 몸은 아직도 건강하다. 아무쪼록 거짓 없는 나라를 만드는 데 힘써주기 바란다….

안병훈　여전히 편지 말미에 '거짓 없는 나라'라는 글이 적혀 있는 게 꽤 인상적이네요.

김재순　저도 이 여섯 자를 보고 기분이 별로 좋지 않았습니다. 교장에게는 '조선인이 거짓된 사람'이라는 선입견이 종교나 다름없이 굳어 있었던 것 같습니다. 병적으로 너무 집착하는 것 같아 너무나 안쓰러워 조선인의 거짓말 때문에 무슨 트라우마가 있었나 저 혼자 곰곰이 생각해 보기도 했습니다. 그런데 도산島山 안창호安昌浩 선생이 아들 필립에게 보낸 편지 중에 이런 대목이 떠오르는 겁니다.

"낙망落望은 청년의 죽음이요, 청년이 죽으면 민족이 죽는다. 우리나라를 망친 원수가 누구냐? 거짓이다."

안병훈 저도 도산 선생이 대성학교 학생들을 상대로 한 훈시에서 유독 거짓말만은 하지 말라고 강조했던 것을 알고 있습니다. 도산 선생이 샌프란시스코에 계실 때 한국 이민자들이 중국 인삼을 속여 고려 인삼으로 파는 것을 보고 개탄하셨던 거죠. 제가 그때 하신 훈시 내용을 대충 말씀드려 보겠습니다.

내가 샌프란시스코에서 절실히 느낀 것인데 우리 민족은 거짓말 불감증이 걸려 있습니다. 샌프란시스코에서 우리 한국인들은 중국 인삼을 고려 인삼이라고 속여 팔면서도 남을 속이는 것을 당연한 것으로 생각하는 나쁜 버릇을 보았습니다. 그래서 나는 단연코 여러분에게 언젠가 내가 고국에 돌아가서는 이러한 우리 민족의 나쁜 습성을 고치는 사업에 몸을 바치기로 하였습니다. 그래서 당부합니다. 여러분은 절대로 죽더라도 거짓말하지 마십시오. 어떤 이는 거짓말이 탄로가 나면 농담이었다고 뻔뻔스럽게 얼버무리는 사람이 있는데 농담이라도 그런 거짓말을 하지 마십시오. 꿈에라도 거짓말을 하지 마십시오. 성실하게 일하는 사람을 가지고 거짓말쟁이라고 모략 중상하지 마십시오. 그런 사람이야말로 정직하지 못한 사람입니다. 우리 고종 황제를 속여서 이 나라의 존망을 지척에까지 이끌어 온 정직하지 못한 자들을 나는 저주합니다.

김재순　그렇습니다. 우리가 일본에게 먹힌 주된 원인이 물론 여러 가지가 있겠지만 무엇보다 우리 민족의 거짓됨을 분명히 밝히고 있다는 점에서 아라키 교장의 생각이 그저 편집증적인 독설이 아니라 새로이 고언苦言으로 받아들이게 되더군요.

세계정세는 등한시하고 혁신파니 수구파니 하면서 우리끼리 중상모략과 싸움박질만 하다가 청나라, 러시아, 일본의 농간에 놀아나 과연 이 나라가 어찌 됐습니까? 거짓이라는 병에서 깨어나는 것, 그것이 바로 도산의 교훈입니다.

그런데 안 선생, 여담이지만 도산 선생이 한 가지 거짓말만은 허용하셨는데 그게 무엇인지 짐작하십니까? 예전에 피천득皮千得 선생께 들은 얘기입니다만, 어느 날 피 선생이 평소 존경하던 도산 선생께 이렇게 물으셨답니다. "인생을 살다 보면 부득이하게 거짓말을 할 수도 있지 않습니까?" 그러자 도산 선생이 '만약 거짓말을 하지 않으면 동지에게 큰 해가 돌아갈 때만 거짓말을 해야 한다'고 하셨다고 합니다.

안병훈　상대방에게 피해가 되지 않는 백색 거짓말(white lies)도 절대 용납하지 않는 도산 선생도 유일하게 동지를 위해서는 거짓말을 하라고 허락하신 거군요. 혹시 엽서에 덕담 같은 것은 없었던가요?

김재순　그때 그 일에 대해 고마웠다는 말씀을 하시면서 동양 평화를 위해 큰 인물이 되라고 격려하셨던 것 같습니다. 나중에 평양상업 일본인 동창들이 나를 도쿄에 초청한 적이 있었는데, 그때 아라키 고지로 교장이 화환을 보내주셨지요.

안병훈 조만식 선생 말씀대로 곧바로 서울로 가셨습니까?

김재순 아닙니다. 정리할 것도 있고 해서 약 한 달간 평양에 머문 후, 외숙부와 함께 서울로 올라왔습니다. 서울 경운동에 있는 천도교회관에서 마침 한국민주당 창당대회가 있었거든요. 외숙부가 한민당 창당 발기인이었다고 안 선생께 말씀드렸죠?

안병훈 예, 기억하고 있습니다. 한민당 창당대회는 어땠나요? 정당 창당하는 모습은 처음이셨을 텐데요. 소감이나 창당 분위기를 말씀해 주십시오.

김재순 장덕수張德秀 선생이 경과보고를 하는데 김구 선생과 임시정부를 비판하는 대목에서 충격을 받았습니다. 물론 한민당을 제외한 모든 정치 세력이 비판의 대상이긴 했습니다만….

안병훈 그때부터 이미 반목이 일어나기 시작했군요. 의장님께서는 이승만 박사 귀국 환영식에도 참석한 것으로 알고 있습니다.

김재순 예, 참석했지요. 한민당 창당대회 한 달 후쯤 옛 조선총독부 앞에서 환영식이 있었습니다. 그때 유자후 선생과 함께 갔는데, 선생께서 제 손을 꼭 쥐시며 "저렇게 사내새끼들이 많은데 왜 나는 아들 하나도 없는 것일까" 하시며 탄식 아닌 탄식을 하셨던 게 생각납니다. 유 선생이 딸만 있으셨거든요.

안병훈 요즘에는 아들보다 딸이 대세입니다.(웃음) 서울에 거처는 있었습니까?

김재순 장충동에 어느 일본 회사가 쓰던 기숙사가 있었는데, 해방되고 나니까 텅 비게 되어 그곳에서 잠시 지냈습니다.

안병훈 모친과 조부모는 평양에 그대로 계셨지요?

김재순　그렇습니다. 어머니가 저를 보러 이따금 서울에 들르셨습니다. 그러시다가 북한의 탄압이 심해지자 6·25 전에 완전히 내려오셔서 관훈동에 집을 마련해 같이 살게 됐습니다.

안병훈　홀로 38선을 오가기가 쉽지 않았을 텐데요.

김재순　한번은 이런 일이 있었습니다. 평양 집에 제 책이 많았는데 어머니가 글을 잘 모르시니까 제 책 중 표지가 그럴듯한 전집류 같은 것을 골라 들고 38선을 넘으려고 하셨어요. 헌데 소련 군인과 좌익 청년들이 38선에서 검문을 하고 있었던 겁니다. 다급한 나머지 어머니가 어딘가에 책을 묻어버리고 몸만 이남으로 내려오셨는데 그걸 돌아가실 때까지 안타까워하셨습니다.

사실 어머니가 돌아가시기 전 치매에 걸리셨는데, 그런데도 "그 책들을 찾아와야 하는데, 찾아와야 하는데…" 하며 애타하셨습니다. 말씀은 안 하셨어도 속으로는 책을 두고 오신 게 한이 되셨나 봅니다.

지금 우리 민족이 어떻습니까?
정신적 상처가 곪고 곪아 냄새가 진동하고
살이 썩어가고 있는데도 누구 하나 수술을 할
엄두조차 내지 못하고 있습니다.
저는 상처의 원인을 인간을 극한 상황으로 몰아갔던
전쟁과 살육의 회오리바람으로 봅니다.

인연이 이끈 조우遭遇의 시간들

안병훈　많이 기다리셨죠? 월요일이라서 그런지 길이 무척이나 막히더군요. 죄송합니다.

김재순　아닙니다. 기다리면 올 사람이 있다는 것이 얼마나 행복한 줄 아십니까? 오히려 안 선생 덕분에 오랜만에 행복한 시간 즐겼습니다. 감사합니다.(웃음)

안병훈　그렇게 말씀해 주시니 한결 마음이 편해집니다.

김재순　'신앙과 사랑과 희망은 모두 기다림 속에 있는 것'이라고 T. S. 엘리엇의 시에도 나와 있지 않습니까? 인간은 본래 기다림의 동물이지요. 태어나서 엄마의 젖을 기다리는 것을 시작으로, 죽는 날까지 크고 작은 기다림의 연속이니까 말입니다.

안병훈　의장님 세대들에게는 기다림이 주는 의미가 각별하지 않겠습니까?

김재순　그렇다고 봐야죠. 아무래도 하루하루가 확실한 게 하나도 없었기 때문에 기다림 역시 막막하고 막연했죠.

안병훈 오늘은 의장님이 그토록 기다리던 해방 후의 삶에 대한 질문으로 시작하겠습니다. 자, 준비되셨나요?

김재순 제가 준비할 게 뭐 있나요. 안 선생이 많이 준비했으니 저는 그저 답만 하면 되지 않겠습니까?(웃음)

안병훈 (웃음) 예, 잘 알겠습니다. 경성경제전문학교에 입학하신 것이 언제이신가요?

김재순 해방 이듬해인 1946년입니다.

안병훈 의장님이 대학에 들어가실 때는 좌익 학생들이 많지 않았나요?

김재순 지금도 그렇지만 그 시절엔 사회주의 사상에 매료된 청년들이 많았습니다. 젊어서 사회주의에 빠지지 않는 자는 가슴이 없다고도 하지 않습니까? 고향이 이북이라 공산주의의 실상을 누구보다도 잘 알고 있었던 저는 조금 예외적인 경우였습니다. 하지만 경성경제전문학교에 좌익 교수들이 많았던 것은 사실입니다. 교수 12명 가운데 10명이 월북했던 것으로 기억합니다.

안병훈 그렇게나 많았습니까?

김재순 많았습니다. 성姓이 박朴씨였다는 것만 기억하는데, 그 교수는 월북하기 전 저희 집에 찾아와 편지를 남겨두고 떠나기도 했습니다. 이분이 연희동에 사셨는데, 관훈동 우리 집까지 찾아오셨던 겁니다. 편지 내용은 대략 '이렇게 떠날 줄은 몰랐다, 이념이 크게 다를 것도 없는데 헤어지게 됐구나, 또 만나기를 바란다'는 내용이었습니다. 월북하기 전에 상황이 다급했을 텐데도 저에게 들른 것을 보면 그만큼 저를 아껴주셨던 것 같습니다.

안병훈 한국반탁·반공학생운동기념사업회가 펴낸『한국학생 건국운동사』를 보면 '경제전문(서울상대)에서는 좌익 교수들이 지방인민위원회의 추천장만 가지고 오면 그냥 입학시킬 정도로 매우 편파적인 정치적 행태를 자행하였다'고 나와 있습니다.

김재순 실제로 그랬어요. 하지만 저는 좌익도 아니고 당당히 시험치고 들어갔습니다.(웃음) 제가 입학하고 난 뒤 박용하朴容夏 서울대 상대 초대 학장에게 좌익 계열 학생을 편법으로 마구 입학시키면 되느냐고 항의한 적이 있어요. 결국 박용하 학장이 물러났습니다. 그러고 보니 구술시험을 보던 어느 교수의 질문이 생각나는군요. 그 교수가 저보고 이승만을 지지하느냐, 김일성을 지지하느냐고 물어요.

안병훈 그런 것까지 물어볼 정도라면 사상을 검증하겠다는 의도네요. 그래서 뭐라고 답하셨습니까?

김재순 누가 좋은 지도자인지는 우선 학교에 입학해 공부를 열심히 해보고 판단하겠다고 했습니다.(웃음)

안병훈 명답을 하셨습니다.(웃음) 헌데 평양에서 상경하고 입학시험을 보실 때까지 시간적 여유가 다소 있었을 것 같은데 그동안 어떻게 지내셨나요?

김재순 그때는 학생들이 나라 걱정을 많이 하고 실제로 반탁운동, 건국운동 등에 열정적으로 참여하던 시절이었습니다. 저도 입학 무렵부터 반탁, 건국운동에 뛰어들었지만 더러는 사회 지도층 인사를 찾아뵙기도 했습니다. 1945년 연말로 기억하는데 당시 우이동에 칩거하시던 최남선崔南善 선생을 찾아간 적이 있었습니다. 경제전문학교 한 해 선배인 김완식金完植씨와 같이 갔었죠.

안병훈 1945년 연말이라면 육당六堂 최남선 선생이 이미 식자識者들 간에 친일파라고 낙인찍혀 있을 때가 아닌가요? 평양 신사까지 불태우신

해방 후 김재순은 김구, 최남선 등 민족지도자들을 찾아
가르침을 구하고자 했다.

의장님이 어떻게 육당 선생을 찾아가셨던 거죠?

김재순 제가 평양 서기산 자락에 있던 헌병대에 끌려가 목검으로 피멍이 들도록 맞았다고 했지요. 제가 맞은 이유가 바로 최남선 선생의 『고사통』 때문입니다. 이 책의 내용은 오래되어 잘 기억하진 못하지만 국한문 혼용체로 기록한 조선역사서로, 동방 문화의 근원지가 단군 신화의 무대인 백두산이라는 주장이 담겨 있을 정도로 전혀 친일의 색채가 담겨 있지 않은 책입니다. 만약 그렇지 않았다면 왜 일본 헌병들이 이 책을 빌미 삼아 저에게 고문을 가했겠습니까?

아마 육당이 친일파라고 주장하는 사람들은 첫째는 육당이 조선사편수위원회에 들어간 것과, 둘째는 일본 도쿄 메이지明治대학에서 조선인 대학생들에게 학병에 지원하라는 강연을 했다는 것, 이 두 가지를 주로 문제 삼는 것으로 알고 있습니다. 물론 이 점 모두 표면적으로 보면 친일행위가 분명합니다. 그러나 그가 행한 친일은 친일이긴 해도 을사오적과 같이 일신一身상의 안위安慰와 영달榮達만을 위한 친일과는 근본적으로 차이가 있습니다.

안병훈 육당 선생이 반민족 행위자로 반민특위에 체포된 후 재판에 앞서 제출한 자열서自列書 가운데 조선사편수위원이 된 데 대해 다음과 같이 말한 구절이 있습니다. "일생의 목적으로 정한 학연學研 사업이 절체절명의 위기에 빠지고 그 봉록과 그로써 얻은 학구상의 편익을 필요로 하였다는 이외의 다른 말을 하고 싶지 않다."

김재순 자열서의 해석에 관해서도 여러 이론異論이 있겠지만, 저 개인적으로는 결백을 주장하는 변명의 글이 아니라 육당 최남선이라는 대학자의 학자적 양심의 소리로 들립니다. 제가 알기로는 육당이 조선사편수위원회에 들어간 것이 조선의 역사를 왜곡시키려는 총독부의 책

략을 혼자서라도 막아보기 위한 나름의 고육지책으로 알고 있습니다. 식민사관 유포를 위해 총독부가 만든 어용 단체에 들어가면 학자로서의 생명이 끝난다는 것은 삼척동자도 다 아는 일 아닙니까? 게다가 선생은 「기미독립선언서」를 기초했다는 이유로 옥고까지 치른 분 아닙니까? 아마 육당의 심경은 무척이나 복잡했을 겁니다.

하지만 잠시 세간의 오해와 변절자라는 오명을 달게 받더라도 조선의 역사 속에 단군을 말살시키려는 일본의 술수만은 반드시 막아야겠는데 어찌 그 길을 마다하겠습니까? 이것이야말로 친일의 가면을 쓴 진정한 반일이 아닐까요?

역사학자 정인보鄭寅普 선생이 최남선이 죽었다는 조문을 썼어도, 심지어 만해萬海 한용운韓龍雲이 그의 위패를 새기고 장례식을 거행하며 그를 조롱하더라도 이에 개의치 않았던 것은, 민족의 혼을 끝까지 지키려는 선생의 참 용기가 없었다면 도저히 행하지 못했을 겁니다.

안병훈 그렇다면 일본에 유학 중인 조선인 학생들에게 학병을 권유한 것은 어떻게 이해해야 할까요?

김재순 이 문제 또한 되짚어볼 필요가 있습니다. 아마 강영훈姜英勳 전 총리의 말씀이 답이 될 것 같네요. 최남선 선생이 만주 건국학교에서 만몽문화사滿蒙文化史를 가르치고 있을 당시 강 총리가 학생이었다고 합니다.

그때 강 총리가 학병문제 때문에 육당을 찾아가 "어떻게 하면 좋겠습니까?" 물었더니, 육당이 "나가라. 일본 천황과 군대를 위해 나가라는 것이 아니다. 조선 민족을 위해 나가라. 조선이 나라를 잃은 것은 힘이 약해서 그렇게 된 게 아닌가. 힘을 키울 수 있는 기회가 왔는데 어찌 이 기회를 놓칠 수 있는가. 전쟁에 나가면 죽을 수도 있다는 것을 나는 안다. 하지만 반드시 살아오는 자가 있을 것이며, 살아온 자는 동료의 시체를 넘어 이 민족을 위해 일하게 될 것이다"라고 말했다고 합니다.

글쎄요, 제가 육당의 속 안에 들어가 보지 못해 육당의 진의가 무엇이었는가를 알 길은 없지만, 이 기회에 안 선생에게 하고 싶은 말은, 한 인물을 평가하는 데 있어서 어느 한 면만을 편협하게 부각시켜 일방적으로 잣대를 들이대는 것은 온당치 못하다는 겁니다. 누구나 사람인 이상 공公과 과過가 있지 않겠습니까? 더욱이 시대가 난세일 때는 더욱 신중해야 합니다.

안병훈　일제 강점기라는 시대 상황을 고려한다면 명백히 친일 행위를 한 사람도 자칫 면죄부를 주는 우愚를 범하지 않겠습니까?

김재순　물론 누가 보더라도 일본인에 붙어먹으며 같은 동족에게 위해危害를 가했다면 당연히 처벌해야지요. 제가 조선 최고의 갑부 박흥식씨 예를 들어보겠습니다. 앞서 안 선생께 화신백화점 얘기한 거 기억하실 겁니다. 그 당시 이처럼 큰 사업을 하려면 조선총독부의 도움이 없거나 일제에 협력을 하지 않고서는 기업을 운영할 수 없었습니다. 이 때문에 반민특위 제1호 검거자가 바로 박흥식씨였던 거죠.

그러나 박흥식씨가 아무리 친일 행적이 뚜렷했다고 하더라도 제가 어린 시절 많은 조선인은 미쓰코시백화점 대신에 화신백화점을 갔습니다. 왜 그랬을까요? 그건 바로 박흥식씨가 조선인이었기 때문입니다. 그 당시 조선인은 미쓰코시에 맞서 종로에 당당히 서 있는 화신백화점을 보는 것만으로도 가슴이 뿌듯했습니다.

그를 나라를 팔아먹은 이완용이라고 생각했다면 아무리 조선인이라도 과연 이런 마음이 들었을까요? 지금은 그를 대표적 친일파로 생각하지만, 그 당시에는 애국자로까지 여긴 사람들도 적지 않았습니다.

제가 육당 최남선 선생을 찾아뵈었던 것도 같은 맥락으로 이해해 주셨으면 합니다. 육당 선생 같은 분을 일방적으로 친일파로 단죄한다면 '나라와 민족을 위해 당신은 무엇을 했는가?'라는 물음에 떳떳하게 답할 수 있는 당대인이 과연 얼마나 되겠습니까? '인간 최남선', 다시 말해 육당 최남선이 왜 친일을 했을까에 대한 학문적 연구가 좀 더 있었으면 합니다.

안병훈 조병옥趙炳玉 선생이 'Pro-job'과 'Pro-jap'은 구별해야 한다고 하신 것과 같은 맥락의 말씀인 듯합니다. 먹고 살기 위해 어쩔 수 없이 친일한 사람과, 부귀영화와 출세를 위해 친일한 사람을 구분해야 한다는 뜻이 아닐까요?

김재순 조병옥 선생이 그런 말씀을 하셨습니까?

안병훈 네, 하셨습니다.

김재순 충분히 그런 말씀을 하실 만한 분입니다.

안병훈 최남선 선생과 어떤 말씀을 나누셨나요?

김재순 제가 당돌하게도 선생에게 "우리나라 역사는 한마디로 어떤 역사라 할 수 있겠습니까?"라고 묻자 선생이 "우리나라 역사는 흥하지도 않고 망하지도 않은 역사였다. 그러니 김군의 시대에는 흥하는 역사를 한번 만들어보라" 하셨습니다. 그때 들은 선생의 한마디가 아직도 생생합니다.

안병훈 최남선 선생 외에 또 찾아뵌 분이 있으십니까?

김재순 김구 선생입니다. 학병을 거부하다 경성제국대학에서 제적된 계훈제桂勳梯 선배가 그 무렵 경성대학에 복학을 모색하던 상황이었는

김재순은 박흥식 등의 경우를 들며 친일 문제에 대한 학문적 연구의 필요성을 강조한다.
사진은 박흥식이 경영했던 화신백화점 전경.

데, 계 선배와 함께 경교장京橋莊으로 선생을 찾아갔습니다.

계 선배는 이미 김구 선생을 한 차례 뵈었던 모양으로, 김구 선생에게 저에 대해 소개하면서 "평양상업학교 시절부터 선생을 존경하는 학생이며 흥사단興士團에서 활동하고 있습니다" 하니까 선생의 대답이 이래요. "상해 임시정부에 학생들이 찾아오면 도산에게 보내고, 일반 청년들이 찾아오면 내가 맡았지."

아시다시피 안창호 선생은 유길준兪吉濬 선생이 설립한 흥사단을 재결성하고 부활시킨 분 아닙니까.

안병훈 의미심장한 말씀이군요. 긴 안목으로 어린 학생들은 도산 선생에게 보내 힘을 기르게 하고, 젊은 청년들은 김구 선생이 맡아 곧바로 독립운동에 참여케 한다는 뜻인 듯합니다. 최남선, 김구 선생 같은 분을 찾아가신 이유는 무엇입니까?

김재순 우리 시대의 영웅을 찾아 나선 거죠. 그때는 그런 분위기가 있었습니다. 좌우익을 막론하고 조국을 위해 목숨을 내놓은 애국자들 아닙니까. 존경하는 분들을 찾아뵙는 것은 아주 자연스러운 일이었습니다.

안병훈 하지만 독립운동가나 애국지사들은 해방 직후부터 분열하고 반목하지 않았습니까. 여기에 1945년 12월 27일 모스크바협상에서 신탁통치안信託統治案이 채택되면서 국론이 더욱 심하게 갈라지게 됐고요. 12월 29일 저녁 김구 선생의 거처인 경교장에 각 정당, 사회단체 대표들이 모여 격론을 벌였는데, 김구 선생 등 임정 계열은 절대로 신탁통치를 받아들일 수 없다는 입장이었고, 송진우 선생은 반탁 입장을 분명히 하면서도 힘으로 미군정美軍政에 맞서면 안 된다는 신중론을 주장했습니다. 불행하게도 송진우 선생은 이튿날 새벽 암살됐지요.

김재순 송진우 선생의 암살은 정말 통탄스러운 일입니다. '이래서 왜놈들에게 당했구나'라는 생각도 했습니다. 지금도 손끝이 떨릴 정돕니다. 저도 그 사건을 계기로 국내 지도자들에게 크게 실망했습니다. 제가 흥사단에 가입하게 된 것도 지도자들에게만 의존하지 않고 뭔가 제 힘으로 나라를 위해 할 수 있는 일을 찾아보겠다는 생각이 강하게 들었기 때문입니다.

흥사단과 장리욱 박사

안병훈 의장님의 결정적인 인맥이 흥사단에서 출발했다고 해도 과언이 아닌데요. 해방 직후부터 6·25 발발 전까지 홍사단 간부를 지낸 주요 인물로는 장리욱張利郁, 주요한朱耀翰, 이용설李容卨, 백낙준白樂濬, 박현환朴賢煥, 정일형鄭一亨, 김동원金東元, 이광수, 최희송崔熙松, 이묘묵李卯默, 백인제白麟濟, 백영엽白永燁 선생 등이 계십니다.

이 가운데 납북된 김동원, 이광수, 백인제 선생과는 자연히 관계가 끊어질 수밖에 없었겠지만 나머지 분들과는 깊은 인연을 맺은 것으로 알고 있습니다. 의장님은 언제 홍사단에 가입하셨습니까?

김재순 해방 이후 가까운 선후배들과 모이기만 하면 '우리가 조국을 위해 무엇을 해야 할 것인가?'라는 주제로 토론을 많이 벌이던 때였는데 어느 날 그 가운데 누군가가 도산 안창호 선생과 홍사단에 관해 이야기를 꺼내더군요. 홍사단과 처음 연을 맺게 된 계기가 이렇게 된 겁니다. 결국 제가 홍사단을 찾는 일을 맡게 됐고, 어렵게 어렵게 홍사단 사무소를 찾게 됐습니다. 지금도 어제 일같이 기억이 또렷합니다. 을지로3가 일반 가정집 2층에 간판만 하나 걸어놓았는데, 그곳이 홍사단에서 총무 역할을 맡고 있던 박현환 선생 댁이었습니다.

안병훈 나중에 홍사단이 박현환 선생 댁에서 을지로 대성빌딩으로 단소團所를 옮기던데, 단소를 옮긴 날이 하필 1950년 6월 25일이었더군요. 그 후 이 건물에 도산기념사업회, 대성문화사, 새벽사 등도 입주한 걸로 알고 있습니다.

김재순 네, 그렇습니다. 박 선생은 오산학교 교사 출신으로 저와 같은 평안도 출신입니다. 홍사단의 주요 인물들 가운데는 평안도 출신이 많았습니다.

안병훈 그날, 바로 가입을 하셨습니까?

김재순 박현환 선생 말씀이, 홍사단은 예비 단우團友와 통상 단우가 있다, 예비 단우는 나와 예비 문답을 한 후 뽑게 되고, 통상 단우는 따로 날을 잡아 통상 문답을 한다는 것이었습니다. 그래서 그날 박 선생과 우선 예비 문답을 본 후 나중에 장리욱 선생과 통상 문답을 하고 입단했습니다. 그때 저와 함께 통상 문답을 받은 사람이 경제전문학교 2년 선배인 장예준張禮準, 동기인 이창옥李昌玉 등이었습니다.

안병훈 인생의 스승이신 장리욱 선생을 그때 처음 만나신 거군요.

김재순 그렇습니다. 당시 선생께서는 서울대 사범대 학장이셨습니다. 그리고 얼마 후 서울대 총장이 되셨지요.

안병훈 장예준 선생은 후에 건설부 장관, 상공부 장관, 동력자원부 장관을 지내셨는데, 이창옥 선생은 관련 기록을 찾기 어렵던데 혹시 납북되셨나요?

김재순 아닙니다. 이창옥씨는 6·25가 나자 해병대 통역장교로 입대했습니다. 괴짜 기질이 있는 순박하고 재미있는 친구였지요. 영어도 잘 못하면서 미군이 무슨 얘기라도 하면 무조건 '으흠', '으흠' 했어요.(웃음) 알아들었다는 표시 있잖습니까? 오랫동안 가족같이 지냈습니다.

안병훈 1946년 1월 18일 서울 정동교회에서 학생들의 반탁, 반공 의식을 고취하는 웅변대회가 열립니다. 이날 대회가 끝나자 학생들이 당시 좌익 계열을 대표하던 신문인 〈조선인민보朝鮮人民報〉 을지로 사옥을 습격하는 일이 발생합니다. 『한국학생 건국운동사』에 따르면 이때 의장님도 조선인민보사 습격에 가담하셨다고 나와 있습니다.

김재순 정확히 기억나지는 않지만 책에 그렇게 쓰여 있다면 그랬을 겁니다.

안병훈 결국 의장님 말씀을 종합해 보면, 의장님이 경성경제전문학교 입학시험을 치르자마자 곧바로 반탁 학생운동에 참여하신 셈이 됩니다.

김재순 시급한 사안이라 앞뒤 가릴 만한 겨를이 없었습니다. 더구나 당시는 중학생들도 학생운동에 빈번히 참여할 때였거든요. 저야 졸업까지 했으니까….

안병훈 말만 중학생이지 당시 중학교 4, 5학년생이면 현재 고1, 고2의 나이죠. 워낙 급박하게 돌아가던 때라 당시 학제 변경부터 설명해야 반탁운동, 국대안 파동에 대한 설명도 가능할 것 같습니다.

1946년 9월 신학기부터 전문학교가 대학으로 승격됩니다. 보성전문은 고려대, 연희전문은 연희대, 세브란스의전醫專은 세브란스의과대학으로 승격된 것이 이때입니다.

서울대학교의 출범은 이런 전문학교의 승격과는 다릅니다. 1946년 8월 22일 '국립 서울대학교 설립에 관한 법령(국대안)'이 공포되면서 이해 10월 9개 단과대학으로 구성된 '국립 서울대학교'가 개교합니다. 이때 경성경제전문학교는 9개 단과대학 중의 하나로 편입되어 서울대학교 상과대학의 경제학과와 상학과(경영학과)로 거듭납니다.

서울대 상대 시절

안병훈 먼저 질문드릴 것은 의장님의 경우처럼 경성경제전문학교로 입학한 학생들은 학적學籍이 어떻게 승계된 것입니까?

김재순 제가 그래서 서울대를 6년 다녔습니다.(웃음) 원래 경성제국대학이 예과 3년, 본과 3년 과정 아니었습니까. 이것이 해방 후에 일시적으로 예과 2년, 본과 4년으로 바뀌었습니다. 그래서 해방 전후로 몇 년

서울대 상대 재학 시절.

간 경성경제전문학교에 입학한 학생들 중에는 저처럼 6년을 다닌 사람들이 많습니다. 지금처럼 학제가 초등 6년, 중·고등 6년, 대학 4년 과정으로 자리 잡은 것은 나중의 일이지요.

안병훈　이전부터 활발한 활동을 하던 전국학생총연맹全國學生總聯盟, 그러니까 '전국학련'이 1946년 7월 인사동 중앙교회에서 공식적인 결성대회를 가집니다. 이때 의장님은 서울대 상대 학생 자격으로 참여하신 걸로 알고 있습니다.

김재순　기억납니다. 참석했어요. 당시 고려대의 이철승李哲承씨, 연희대의 이동원李東元씨, 서울대 채문식蔡汶植씨 등이 학생 반탁운동을 주도했는데 그때부터 알게 된 분들입니다. 종로2가에 있던 애국부인회 박순천朴順天 여사도 그 무렵 뵈었습니다.

안병훈　같이 참여한 서울상대 학생 중 장예준, 이창옥, 홍종철洪鍾哲 선생 같은 이름이 보입니다.

김재순　맞습니다. 같이 참여했습니다.

안병훈　장예준, 이창옥 선생은 앞서 언급했던 분들이고 홍종철 선생은 나중에 대통령 경호실장, 문교부 장관, 문공부 장관을 지내셨지요.

김재순　그렇습니다. 홍종철씨는 서울상대 동기였는데 학비가 없어 육사陸士에 입교했습니다. 부유한 친구의 부친을 찾아가 학비를 부탁했는데 거절을 당하고 매우 상심한 모양이에요.

어느 날 밤 저를 찾아오더니 "나 서울대 그만두고 육사 갈 거야! 재순이 잘 지내라"라는 겁니다. 저와 매우 친했습니다. 이북 출신인데다 저처럼 홀어머니 아래서 자랐지요. 홍종철씨 덕분에 제가 나중에 박정희朴正熙 의장과 만나게 됩니다.

안병훈　그 이야기를 저도 알고 있어 홍종철 선생을 일부러 언급했습니다만 그에 대한 질문은 나중에 드리지요.(웃음) 우선은 국대안 파동에 관한 질문부터 드리겠습니다. 국대안 파동은 애초엔 교육정책의 의견 충돌로 비롯됐다가 점차 복잡한 양상으로 전개됩니다.

예를 들어 경성제대 출신이냐, 비非경성제대 출신이냐, 또는 어느 전문학교 출신이냐에 따라 학생, 교수, 교직원이 각각 대립합니다. 여기에 좌우익 대립까지 연계되지요.

김재순 그렇습니다. 처음엔 이해되는 부분도 있었습니다. 미군정이 서울대 초대 총장에 미국 해군 대위를 임명하니까 민족적 반감이 드는 것은 당연했습니다. 기존의 여러 학교가 합쳐지다 보니 출신 학교에 따라 학생, 교수, 교직원 간의 갈등이 일어난 것도 이해할 만합니다. 하지만 좌우익 대립 문제가 연계되면서 갈등이 더 격화된 거지요.

안병훈 서울대 상대에도 좌익계 학생들이 많았지요?

김재순 좌익이 훨씬 많았습니다. 좌익 학생은 동맹휴학을 했고 우익 학생은 등교 재개, 학원 재건을 주장했습니다.

안병훈 『한국학생 건국운동사』에는 10월 중순경 서울상대 좌익 학생들이 동맹휴학을 결의하려고 할 때 학교 문화동지회文化同志會 16명이 반기를 들었다고 서술돼 있습니다. 그 16명 가운데 물론 의장님이 포함돼 있습니다.

김재순 나머지는 누구누구가 있던가요? 장예준, 이창옥 같은 분들은 당연히 있었을 것 같네요.

안병훈 두 분도 명단에 들어 있습니다. 그 외에 현영원玄永源, 유호선柳浩善, 이원범李元範, 배종민裵宗敏, 최찬영崔瓚榮 같은 분들이 보입니다.

김재순 아, 기억납니다.

안병훈 아시다시피 현영원씨는 현대상선 회장을 지낸 분으로, 고故 정몽헌鄭夢憲 회장의 장인입니다. 유호선씨는 명지대 교수를 지냈고, 이원범 선생은 태화물산 회장으로 현재 생존해 계십니다.

김재순 이원범 선생은 제 사돈입니다. 제 큰아이의 장인이죠. 집사람이 며눌아이의 기저귀를 갈아줄 정도로 어렸을 때부터 가까이 지내다 보니 자연스럽게 사돈을 맺게 된 겁니다. 큰며눌아이는 제 친딸이나 다름없습니다.

안병훈 그렇군요. 우익 학생들의 노력에도 서울대 학생들의 등교 거부가 계속되자 미군정이 마침내 문리대, 상대, 법대에 휴교령을 내립니다.

김재순 그렇습니다. 그래서 우익 학생들이 이듬해 국립 서울대학교 건설 학생회의를 발족시켰죠. 저도 물론 상대 학생으로 참여했습니다.

안병훈 학생회의 발족일이 기록에는 1947년 2월 9일로 나와 있습니다. 장소는 종로 한청빌딩이고요. 그때 좌익 학생들에 맞서다 의장님이 테러를 당하셨다고 들었습니다.

김재순 뭐 비일비재한 일이었으니까요. 단상에 올라가 동맹휴학 반대를 하면 끌어내리고 위해를 가하기도 했지요. 그런 것보다는 더 인상 깊은 일이 있어요. 한번은 이런 일이 있었습니다. 동맹휴학을 주장하는 수백 명의 좌익 계열 학생 집회에 장리욱 사대 학장이 뛰어들었습니다. 그때 좌익 학생들의 구호는 '국대안 반대', '미국 신사 물러가라', '식민주의 교육 반대' 등이었습니다.

안병훈 '미국 신사 물러가라'는 무슨 뜻인가요? 미국인 총장 물러가라는 뜻인가요?

김재순 맞습니다. 장리욱 학장이 단상에 올라가서는 양복 상의를 먼저 벗어요. 그러고는 넥타이를 풀고 바지를 벗는 겁니다.

안창호(좌)와 장리욱. 김재순의 삶은 안창호의 사상과 흥사단을 빼놓고 설명할 수 없다.
김재순은 장리욱과의 통상문답을 통해 흥사단에 입단했다.

안병훈 바지를 벗었단 말입니까?

김재순 네, 바지를 벗더니 장리욱 학장이 격한 어조로 이렇게 말했습니다. "여러분이 보다시피 이제 양복을 다 벗어버렸소. 이런 미국 신사는 처음 볼 것이오…. 식민지 교육에 반대하다 그토록 사랑했던 학교에서 쫓겨나 옥고까지 치른 나요. 그런데 어찌 내가 식민지 교육을 위해 이 자리에 섰다고 한단 말이오!"

안병훈 큰 감명을 받으셨겠습니다.

김재순 여부가 있겠습니까. 좌익 학생들은 점차 흩어졌고 장 박사는 내의 차림으로 연단을 내려왔습니다. 요즘 같으면 학생 시위에 뛰어들어 설득하는 학장을 상상이나 할 수 있겠습니까. 바지를 벗었던 것도 진실성이 느껴졌으니까 감동적이었지 그렇지 않았다면 웃음거리가 됐을 겁니다.

안 선생도 아시다시피 장리욱 박사는 안창호 선생에 감화돼 흥사단에 입단한 분입니다. 컬럼비아대학에서 교육학을 전공하고 귀국해 평안북도 선천의 신성학교信聖學校 교장이 되셨는데, 그 후 수양동우회修養同友會 사건으로 일제에 체포됐다가 1년 이상 옥고를 치르게 됩니다. 수양동우회는 친목단체로 위장했지만 실은 민족운동단체였지요. 수양동우회 사건은 흥사단사史뿐만 아니라 독립운동사, 한국사의 대大사건이기도 했습니다.

이 사건으로 안창호 선생이 고문 후유증으로 병사했고, 적지 않은 애국지사들이 전향을 해 친일로 돌아서는 계기가 됩니다. 이런 분에게 식민주의 교육의 앞잡이라고 했으니….

안병훈 장 박사님께서 상심이 크셨을 것 같습니다. 아무튼 국대안 파동은 3월 들어 급격히 약화됩니다. 미군정이 서울대에 대한 직접적인 통제를 줄이고 조선인으로 구성된 이사회를 구성하겠다고 약속했기 때문입니다. 하지만 좌우익 학생들의 대립은 서울대 밖으로 전선戰線이 확대되는 양상을 띠게 됩니다.

김재순 옳은 말씀입니다. 다른 대학이나 중학교까지도 동맹휴학이 확대됐습니다. 전국적으로 수많은 충돌과, 때로는 유혈사태까지 빚어졌지요. 좌익 학생들의 준동은 대한민국 정부 수립 무렵에야 점차 잦아들었습니다.

안병훈 좌익 학생들과 싸우며 반탁운동 하랴, 학원 건설운동 하랴, 공부하실 틈이 없으셨겠습니다.(웃음) 서울상대 학생 김재순의 하루를 회고해 주실 수 있겠습니까?

김재순 하루하루가 기억날 리가 없고 수업시간 되면 수업 듣고, 다른 일 생기면 일하고, 남는 시간엔 공부를 했습니다.

안병훈 다른 일이라면 학생운동이나 흥사단 활동인가요?

김재순 네, 그렇습니다. 흥사단에 한 달에 한 번씩 월례회가 있었습니다. 사회 저명인사들이 출석해 강연을 했는데, 조병옥, 주요한, 백낙준 선생 등의 강연을 들은 것도 그때입니다.

안병훈 영락교회에 다니셨지요?

김재순 또 조사를 하셨군요.(웃음) 아시다시피 한경직韓景職 목사가 이 교회에서 목회를 하셨습니다. 해방 직후 천막을 쳐놓고 예배하던 시절부터 다녔습니다. 한경직 목사는 정말 인격적으로 훌륭한 분이지요. 그 인품에 대해서는 감히 제가 보탤 말이 없습니다.

한번은 한경직 목사께서 저와 김치선金致善씨를 불러 '치선군은 서울대 법대, 재순군은 상대에 재학 중인 인재이니 교회 일을 맡아달라'고 하시는 겁니다. 집사 같은 직책을 맡아달라는 뜻이었습니다.

김치선씨는 흔쾌히 맡겠다고 했는데 저는 한경직 목사에게 한 가지 조건을 달았습니다. 제가 학생운동을 하며 정치인들을 자주 만나기 때문에 술도 마시고 담배도 피워야 하니 이해해 주십사 하는 것이었습니다.(웃음)

안병훈 제가 영락교회 이야기를 꺼낸 이유는 이곳에서 이북학생 총연맹이 발족됐기 때문입니다. 1대 위원장이 계훈제 선생이었고, 의장님이 총무부장이셨지요?

김재순 그렇습니다. 역시 반탁, 반공 학생운동의 일환이었습니다.

안병훈 1948년은 남북협상, 제헌 국회의원 선거, 대한민국 건국이 숨가쁘게 이어진 한 해입니다. 의장님이 본과 1학년이 되던 해이기도 하고요. 김구 선생이 남북협상을 위해 경교장을 떠나던 날인 4월 19일, 반공, 반탁운동을 하던 학생들이 이를 반대하며 경교장 주변에 드러눕습니다. 의장님도 그때 참여하셨습니까?

김재순 확실한 기억은 나지 않습니다. 저도 반공, 반탁운동에 열성적으로 참여했기 때문에 그날 경교장에 갔던 것도 같은데 장담은 할 수 없네요.

안병훈 5월 10일 제헌 국회의원 선거는 어떻게 보셨습니까?

김재순 저는 불가피한 흐름이라고 보긴 했지만 사실 흥사단 내에서 5·10선거와 이승만 박사에 대해 우호적이지 않았던 사람이 꽤 있었습니다. 안창호 선생과 이승만 박사 사이가 좋지 않았다는 것은 유명한 얘기지요. 그래도 흥사단은 이승만 박사의 업적은 인정하는 분위기였지만 이승만 박사는 흥사단이라면 사사건건 반대했습니다.

이런 일화가 있어요. 5·10선거에서 이승만 박사가 전국 어디에 출마한들 당선이 안 됐겠습니까? 그런데 이승만 박사가 동대문 갑구에 출마하자 흥사단 단원인 최능진崔能鎭 선생이 '내가 이승만을 낙선시키겠다'며 같은 지역구에 출마하게 됩니다. 하지만 최능진 선생은 석연찮은 이유로 입후보 등록을 취소당하고 선거조차 치르지 못하게 되죠.

안병훈 최능진 선생이라면 전前 정수장학회正修奬學會 최필립 이사장의 부친 아닙니까? 대한민국 건국 직후, 쿠데타 음모 혐의로 징역형을 받고 결국 6·25 발발 직후에 처형당하시죠?

김재순 네, 그렇습니다. 최능진 선생이 입후보 등록 취소를 당하게 되자 흥사단 단우들의 분노가 이만저만이 아니었습니다. 남대문교회에 모여 울분을 토하고 있었는데 그때 장리욱 선생이 들어오더군요. 그리고 우리를 보고는 이렇게 말했습니다.

"당신들은 무슨 생각으로 흥사단에 들어왔는가. 우리가 그토록 바라고 바라던 독립을 얻었는데 첫 선거가 우리 마음에 들지 않는다고 해서 이처럼 분노하면 되겠는가."

안병훈 장리욱 선생에 대해 다시 한 번 감동하셨겠습니다.

김재순 흥사단 단원들은 장리욱 선생을 '제2의 도산'이라고 평했는데 선생은 그럴 만한 인격과 경륜과 지혜를 가지고 계셨습니다.

갑작스런 폐결핵 발병

안병훈 대한민국 건국 이후에는 어떻게 지내셨습니까?

김재순 본과 1학년이기도 해서 공부에 전념했던 것 같습니다. 결국 그해 겨울, 하얗게 눈이 내리던 날 밤에 탈이 났어요. 학교 연구실에서 밤 늦도록 공부하다가 각혈을 한 겁니다. 영양실조 때문이었겠지요.

안병훈 당시 폐결핵은 죽음까지도 생각해야 할 불치병 아니었나요?

김재순 그건 그렇지만 제 성격이 워낙 낙천적입니다.(웃음) 발병하기 1년 전인가 우리나라 최초로 폐 수술을 했다는 기사를 본 것이 떠올랐습니다. 그래서 그 수술을 받았던 어느 아주머니를 물어물어 찾아갔죠. 그런데 알고 보니 이분도 평양 분이시고 우리 어머니와 아는 사이였습니다. 집안끼리도 서로 너무 잘 알았고요.

안병훈 그 아주머니가 이복주李福周 여사시고 훗날 의장님의 장모가 되셨지요?

김재순 아니, 어떻게 아셨습니까?

안병훈 사모님과 사전 인터뷰를 했습니다. 그리고 우리 〈기파랑〉 지원팀이 당시 폐 수술 기사를 찾아냈습니다.

김재순 그래요?

안병훈 1947년 11월 17일자 〈중앙신문〉입니다. 지금은 없어진 좌익 계열 신문인데 기사 일부를 읽어드리지요.

> 서울여자의과대학 김준엽金晙燁 교수(44세)는 11월 10일 폐결핵 환자 이복주 여사(33세)의 우폐하엽右肺下葉을 절제 수술하여 훌륭히 성공을 거두었다. 이 수술은 이미 서서瑞西(스위스)에서는 일반에게 널리 이용되어 많은 성과를 거두고 있다 한다. (…) 김 교수는 기쁨과 자신에 넘치는 어조로 맹장염도 수술받기를 무서워하는 조선에서, 더구나 여자로서 조선 의학의 발전을 위하여 자기의 몸을 제공해 준 데 대해 감사를 표했다. 동同 환자는 '두 번이나 각혈을 해 앞날을

매우 비관하고 있을 때, 수술 권고를 받고 처음에는 주저하였다. 그러나 이제는 아주 마음이 가볍다. 잠도 잘 자고 식욕이 자꾸 나서 오히려 걱정'이라고 웃으며 말하였다.

김재순　아, 그 기사가 남아 있었군요. 거의 70년 전 일인데요. 〈중앙신문〉 말고도 여러 신문에 났던 것으로 기억합니다. 김준엽 박사는 제 생명의 은인입니다. 훌륭한 의사인데 납북되신 이후로는 생사를 알지 못해 너무나 안타까웠습니다. 고려대 총장을 지낸 김준엽씨와는 물론 동명이인同名異人입니다.

안병훈　〈기파랑〉 지원팀이 자료를 찾아보니 이복주 여사를 수술하던 당시는 김준엽 박사가 서울여자의과대학 제1외과 과장이었고, 의장님이 폐 수술을 받을 때는 명륜동에 개인 병원을 열었을 때인 것 같습니다.

김재순　예, 맞습니다. 김 박사의 병원이 성균관成均館대학교 부근에 있었습니다. 저는 지금도 가끔 그 병원 자리를 지날 때면 김준엽 박사를 생각합니다. 간호사인 독일인 부인과 '우테'와 '라테'라는 두 딸이 있었어요. 황해도 해주 분이신데, 유학 전에 조선인 부인도 있던 것으로 알고 있습니다.

안병훈　김 박사의 이력이 매우 특이해 상당히 놀랐습니다. 김준엽 박사는 동경외국어학교를 졸업하고 경성 주재 소련 영사관, 상무관商務館에서 통역사로 근무합니다. 러시아어를 전공한 것으로 보이는데, 그러다가 1930년대 중반 영국으로 유학을 떠나고, 이후 독일 베를린대학에서 의학을 공부하고 해방 때까지 독일에 머물다가 해방 후에 소련과 북한을 거쳐 월남합니다. 그리고 6·25 바로 직전에 『사선만리死線萬里』라는 회고록을 출간합니다. 자신의 유학 생활과 귀국의 험난한 여정을 담은

장모 이복주 여사와 두 자녀(이용자, 이태건).

책입니다.

김재순 그런 책을 쓰셨으니까 납북됐겠지요. 이북에서도 김 박사의 경륜이 필요했을 텐데 아무 소식이 전해지지 않는 것을 보면 불행한 최후를 맞이한 것 같습니다. 병원을 찾던 날, 김 박사가 저를 아래위로 훑어보고 대뜸 하시는 말씀이 "자네, 죽으려고 왔나? 살려고 왔나?" 하세요. 그래서 "죽으려고 제가 여기까지 왔겠습니까?"라고 대답했어요.

안병훈 김 박사가 오히려 당황하셨겠네요.(웃음)

김재순 제가 그렇습니다.(웃음) 김 박사는 독일 유학파답게 모든 것이 독일식이었어요. "자네, 내 말대로 하면 살고, 내 말 안 들으면 죽어" 하시기에 "박사님 말씀대로 다 하겠습니다"라고 했습니다.

안병훈　그리곤 뭐라고 하시던가요?

김재순　수술을 받은 뒤에 꼼짝 말고 누워서 쉬라는 거였습니다. 대소변도 될 수 있으면 받아내라는 거예요.

안병훈　그대로 따라하셨습니까?

김재순　물론입니다. 살려면 별수 없이 따라해야지요. 밥도 누워서 먹었습니다.(웃음)

안병훈　정확히 어떤 수술을 받으신 겁니까?

김재순　횡격막橫膈膜 신경 절제 수술이었습니다. 당시로선 대수술이었어요.

안병훈　부인인 이용자李龍子 여사를 처음 만나신 것이 김 박사의 명륜동 병원에서였지요?

김재순　그렇습니다.

안병훈　그때부터 애정을 품으셨습니까?

김재순　아닙니다. 집사람과 저는 여섯 살 차이입니다. 그때 제가 만 스물둘, 집사람은 열여섯이었어요. 장모님이 동향인데다 정이 많고 음식 솜씨가 좋았죠. 젊은 제가 죽을병에 걸려 있으니까 안쓰러웠을 테고, 또 제게 김 박사를 소개해 주셨으니까 어떤 책임감도 느끼셨던 것 같습니다. 집사람을 시켜 병원으로 먹을 것을 많이 가져다주셨습니다.

안병훈　그때 돼지 내장탕을 드신 것은 기억나십니까?

김재순　아니요.

안병훈　사모님 얘기로는 어느 날 어머니가 '돼지 내장탕 요리를 해놨으니 재순이 가져다주라'고 한 적이 있답니다. 돼지 내장이 폐병 수술 받은 사람에게 좋다면서요.

김재순 기억이 나지 않네요.(웃음)

안병훈 돈암동 집에서 명륜동 병원까지 날랐다는데 사모님이 들으면 서운해 하시겠습니다.(웃음) 병원에는 어느 정도 계셨습니까?

김재순 얼마 안 있었어요. 정릉 어느 절간 옆집을 구해 수개월 동안 요양을 했습니다. 흥사단 박현환 선생이 반찬 같은 것을 해다가 자주 찾아오셨어요. 감사한 일이지요.

안병훈 사모님 말씀은 그때 의장님이 사귀던 여자가 있었다면서요?

김재순 집사람이 그래요?

안병훈 예. 숙명여대에 다니던 최옥자라고…. 그런데 한 번도 정릉에 찾아오지 않아 괘씸해서 헤어졌다고 하시던데요.

김재순 아닙니다. 중앙대학에 다니던 이옥자였습니다.

안병훈 있긴 있었군요. 역시 사모님 이야기인데 이옥자씨의 언니들이 유명한 기생인데 동생을 폐병 환자에게 줄 수 없어 문병도 못 가게 가둬놓았다고 하던데요.

김재순 그건 맞습니다.(웃음)

안병훈 결과적으로 의장님의 폐병이 사모님과의 인연을 두 번이나 만들어준 셈입니다.(웃음)

김재순 그러고 보니 그런 셈이네요.(웃음)

6·25전쟁 발발과 학도의용대 입대

안병훈 1949년 6월 26일 김구 선생이 서거하십니다. 의장님은 김구 선생 서거 현장을 맨 처음 찾아간 사람 중 한 분으로 알고 있습니다. 1948

년 겨울, 폐병이 발병하고 수개월을 요양하다가 겨우 몸을 추스르던 시점이 아니었나요?

김재순 예. 어디서 들었는지는 기억나지 않지만 서거 소식을 듣자마자 경교장으로 달려갔습니다. 그때는 주위에 거의 사람이 없었어요. 얼굴이 광목으로 가려진 채 누워 계셨는데 '선생님' 하고 엎드려 오열했습니다. 한참을 오열했는데 그제야 사람들이 모이기 시작하더군요.

안병훈 그 이후로 해마다 김구 선생 기일이 되면 추도식에 참석하신 것으로 알고 있습니다.

김재순 그랬습니다. 그런데 나중에 알고 보니 이만섭李萬燮씨도 매년 참석한 것을 알게 됐습니다. 그래서 제가 "당신은 어떤 계기로 김구 선생 추도식에 계속 참석하시오?"라고 물으니까 이만섭 의장이 "내가 김신金信 장군의 꼬붕 아니오?" 해요.(웃음)

안병훈 아, 김구 선생의 아들인 김신 장군이 공군 비행교육단장, 공군 참모총장을 지낼 때, 이만섭 전前 의장이 공군사관학교에 다녔던 걸 말씀하신 거군요.

김재순 그 얘깁니다.

안병훈 건강을 되찾으신 후에는 어떻게 보내셨습니까?

김재순 남북 간 소소한 군사 충돌이 일어나긴 했지만 정부 수립 이후 나라도 어느 정도 안정돼 가고, 저도 본과 고학년이 되고 해서 공부에 전념했습니다. 폐병 때문에 공부가 밀려 있기도 했고요. 주류 경제학은 물론 마르크스 경제학도 가리지 않고 같이 공부했습니다.
특히 경제정책을 파고들었습니다. 요컨대 경제정책이란 인간의 물질적 욕망과 관계되는 학문이 아닙니까? 당시 가난했던 우리네 경제사정에서 어떻게 하면 빈곤에서 해방되어 가난의 때를 벗을 수 있을까, 그런 고민을 많이 했지요.

안병훈　결론을 얻으셨습니까?

김재순　그럴 리가 있겠습니까.

안병훈　그러다가 6·25를 맞으셨지요? 반탁, 반공운동을 한 서울상대 학생이면 인민군의 표적이 됐을 텐데요. 사모님께서는 의장님의 현상수배 전단을 직접 봤다고 하셨습니다.

김재순　저도 잡히면 무조건 죽는다는 생각을 했습니다. 서울상대 친구들도 저를 찾아와서 어서 도망가라고 권했습니다. 일단 도강渡江부터 하자는 생각으로 한강변으로 나갔지요. 제가 대동강변에서 자라서 수영을 좀 합니다. 그런데 마침 홍수가 나서 벌건 물이 흘러내리는데 한참을 수영해도 그 자리라 결국 도강은커녕 마포까지 떠내려갔어요. 그 길로 효창공원으로 갔습니다.

안병훈　효창공원이라면 김구 선생 묘소에 가신 겁니까?

김재순　예. 김구 선생 묘소에 절을 하고 찾아간 곳이 돈암동입니다.

안병훈　미래의 장모와 아내가 살고 있던 곳이군요. 거기서는 애정이 싹텄겠지요?

김재순　그렇게 됐습니다.

안병훈　제가 일부러 미래의 장인을 뺀 이유는 이때까지 장인께서 아직 월남을 하지 못한 상태였기 때문입니다. 이 부분에 대해서는 다시 질문을 드리겠습니다. 특별히 돈암동을 택한 이유가 있습니까? 아직은 사위도 아닌 청년을 숨겨준다는 것이 큰 부담이었을 텐데요. 그때는 혼담이 오간 것도 아니었잖습니까?

김재순 여러 가지 이유가 복합적으로 작용했던 것 같습니다. 고향도 같고 제 은인인데다 집안끼리도 잘 알고 해서 무엇보다 가장 믿음이 갔어요. 그리고 제가 병원에 있을 때 집사람이 친구들을 데리고 자주 문병을 온 것도 떠올랐고….

안병훈 그때부터 이미 마음이 있었다는 뜻입니까?

김재순 누가 먼저 반했는지는 모르겠어요.(웃음)

안병훈 지번을 통해 확인해 보면 돈암동 집의 현재 위치는 성신여대입구역 돈암 제일시장 부근이더군요. 사모님 말씀은 돈암동 집에 은신할 곳을 세 군데 마련했다고 합니다. 마루 밑 지하실, 지붕 위, 그리고 뒷벽과 장작 쌓아두는 곳 사이입니다. 그때 이용자 여사가 식사를 나르셨지요?

김재순 그렇습니다.

안병훈 그런데 의장님이 꽤나 대담하셨다고 들었습니다.

김재순 무슨 말씀입니까?

안병훈 세 군데를 오가며 숨어 지내면서도 겁을 먹은 것 같지도 않고, 그렇다고 조심하지도 않았다고 들었습니다. 그런데 이때는 미래의 장인인 이희백李希伯 선생이 월남해서 같이 살고 있던 상황 아니었나요? 이제 장인에 대해 설명해 주시지요.

김재순 해방 전에 장인은 중국에서 사업을 하고 계셨습니다. 해방 이후에 여러 차례 귀국을 시도하셨는데 배편도 잘 안 구해지고 여의치 않았나 봅니다.

그러다가 6·25가 터지고, 어떻게 아는 사람을 통해 인민군과 함께 월남해 돈암동 집을 찾아오신 겁니다.

장인 이희백 선생.

안병훈 그 때문에 9·28 서울 수복 이후 장인이 큰 곤욕을 치르셨다고 알고 있습니다.

김재순 동네 사람들이 신고를 했나 봐요. 인민군과 함께 내려왔는데 인민군이 패주한 뒤에도 서울에 남아 있었으니 수상하다고 생각했던 모양이에요.

안병훈 그런데 장인 덕택에 생명을 건졌다고 알고 있는데, 어떻게 된 건지 설명해 주실 수 있습니까?

김재순 수년 만에 귀국한 장인 입장에선 가족들이 웬 낯선 청년을 숨겨 주고 있었으니 매일매일이 얼마나 불안했겠습니까? 그런데 하루는 제가 밤새 지붕 위에 숨어 있다가 깜박 잊고 이불을 두고 내려왔더니 장인이 크게 화를 내는 겁니다. 왜 그리 조심성이 없느냐, 숨겨주는 우리들 처지는 생각도 안 하느냐는 꾸지람이었지요.

그런데 그 순간 자존심이 몹시 상하더군요. 그래서 곧바로 돈암동을 나와 자전거를 타고 관훈동 본가로 갔습니다. 나중에 들었더니 제가 떠나고 얼마 있다 인민군들이 따발총을 들고 들이닥쳤다고 하더군요. 돈암동 집 근처에 소방서가 있었습니다. 2층집이 매우 드물 때였는데 소방서면 당시로선 고층 건물 아닙니까. 소방서를 점령해 사용하고 있던 인민군들이 지붕 위의 이불을 본 거죠.

안병훈 자존심을 부린 것이 오히려 전화위복이 된 셈이군요.

김재순 그렇게 됐습니다. 제가 젊었을 때는 성격이 모가 나고 꽤나 신경이 날카로웠거든요. 그런데 나이 먹고 여러 번 실패도 하며 살다 보니 그 모가 깎여 이렇게 둥글어졌습니다. 제 아호雅號가 뭔지 아십니까?

안병훈 우암友巖 아닙니까?

김재순 우암은 1970년대 중반 장리욱 선생이 지어주신 호號고, 해방 직후에는 일조一條라는 호를 썼습니다. 당시 제 인생의 제1조가 크게 보면 조선의 독립과 반공 민주국가 건설이었지만, 작게는 무실역행務實力行과 남에게는 관대하고 자신에게는 엄격하자, 이런 것이었습니다. 남에게 신세진다는 생각이 들면 견디지 못했던 거죠.

안병훈 본가로 가신 후에 다시 돈암동으로 돌아오셨습니까?

김재순 아닙니다. 본가로 간 지 이삼 일 후에 9·28수복을 맞았습니다. 그 이삼 일 사이에 또 한 번 죽을 고비를 넘겼지요. 인민군이 이불을 징발하러 쳐들어왔는데 마침 제가 이불 뒤에 숨어 있었습니다. 함께 살던 친척 아주머니가 '우리 집엔 이불이 없다'고 딱 잡아뗐는데 인민군 하나가 제가 숨어 있던 안방 문을 열어젖히는 게 아니겠습니까. 그러더니 이불을 가리키며 '저건 이불 아니고 뭐냐? 저녁까지 갖고 오라'고 하고는 순순히 물러나더군요. 만약 그 자리에서 바로 이불을 징발했다면 저는 그때 죽었을 겁니다.

안병훈 며칠 사이에 연거푸 생사의 기로에 있었던 거군요. 인천상륙작전 직후, 의장님의 행적도 퍽 인상적입니다. 대부분의 사람들이 인천 반대 방향으로 피신을 했는데 의장님은 오히려 인천 쪽으로 걸어가셨다고 들었습니다.

김재순 인천 쪽에서 포격이 빗발치니까 사람들이 본능적으로 인천 반대 방향인 정릉이나 수유리, 의정부 쪽으로 피신을 하는 겁니다. 그런데 제 생각엔 그렇게 하면 도주하는 인민군들에게 당할 것 같더라고요. 더구나 아군의 포격이 인민군 쪽으로 집중될 테니 더 위험하다는 판단이 선 겁니다.

안병훈 그 과정에서 이 반공호에서 나와 저 반공호로 가면 전에 숨었던 반공호가 금세 폭격을 당했다고 들었습니다. 하늘이 크게 도운 것 같습니다.

김재순 인민군들이 닥치는 대로 쏘고 도망가지 않았습니까. 삶과 죽음이 종이 한 장 차이였습니다. 제가 서울역 쪽으로 걸어가는 사이, 어머니는 길거리에 널린 시체 하나하나를 확인해 가며 관훈동 집으로 돌아오고 계셨다고 합니다. 혹시 제 시신이 아닌가 해서지요. 그때 살아남은 사람이라면 그 정도 무용담이야 얼마든지 있지 않겠습니까.

안병훈　수복 후에는 무엇을 하셨습니까?

김재순　조병옥 내무부 장관을 찾아갔습니다. 국민에게는 안심하라고 하고 도망간 정부가 무슨 놈의 정부냐고 따지러 간 거죠. 그랬는데 조병옥 장관이 비서실장에게 "김군 당장 총경 달아줘!"라고 하는 게 아닙니까.

안병훈　조병옥 장관과는 흥사단 관계로 이전부터 알고 지내던 사이 아니었나요?

김재순　알고 있었죠. 경찰을 한다는 것도 내키지 않았지만 따지러 갔는데 총경을 달고 나온다는 것이 말이 됩니까? 하긴 그런 식으로 경찰 간부가 된 동료들이 여럿 있었습니다.

안병훈　어떤 분들이 경찰 간부가 됐습니까?

김재순　서울대 법대에 다녔던 친구 하나가 생각납니다. 조금 전에 장인 얘기 드렸죠? 9·28수복 이후 장인이 경찰에 잡혀가 모진 매를 맞은 적이 있습니다. 그런데 장인을 면회하러 갔더니 그 친구가 서장을 하고 있더군요. 친구 덕에 장인은 풀려나올 수 있었지만 하도 매를 심하게 맞은 상태여서 장수하시진 못했습니다.

안병훈　당시 국방부 정훈국장 이선근李瑄根 준장을 찾아가셨다고 알고 있습니다.

김재순　이선근 준장은 그전에 서울대 문리대 교수이자 학생처장이었습니다. 그 인연에 기대 이북以北에 보내달라고 부탁했습니다. 할아버지, 할머니도 살아계셨고 고향도 한번 가보고 싶었습니다.
이선근 정훈국장이 학도의용대에 들어가면 갈 수 있다고 해서 학도의용대 대장 손도심孫道心씨를 찾아가 지원했습니다. 학도의용대는 국방부 정훈국 지휘 아래 있었는데, 단국대를 거쳐 서울대에 편입한 손도심 선생이 이선근 국장의 제자였던 겁니다.

안병훈 학도의용대에서 의장님이 맡은 직책은 무엇이었나요?

김재순 평안남도 대장이었습니다.

안병훈 기록에 따르면 그때 함경남도 대장이 김성수金性洙씨입니다. 함남 북청 출신으로 오양수산 회장을 지낸 분이지요.

김재순 그렇습니까? 저는 부대원 20여 명을 이끌고 평양에 갔습니다. 그때 선우휘鮮于煇씨가 정훈국 장교였고, 송원영宋元英씨는 북진 이후 임명된 평안남도청 공보비서였습니다. 그리고 고정훈高貞勳씨가 미군 8240부대(켈로부대)의 대장이었지요. 이런 분들의 도움을 받아 우리는 평양에서 첫 번째 학생집회를 열었습니다. 하지만 중공군의 참전으로 서울로 내려와야 했죠. 그때 선우휘씨가 트럭 한 대를 마련해줘 많은 북한 학생들을 데리고 내려왔습니다.

안병훈 그때 조부모님을 마지막으로 보셨겠습니다.

김재순 모시고 내려오려고 했는데 마침 할머니가 편찮으셨습니다. 조부께서 '네 할머니가 저렇게 누워 있는데 어떻게 가냐? 너 혼자 내려가라'고 하셨어요. 그때 할아버지가 제 아버지 얘기를 하시면서 제게 이복동생들이 있다는 사실을 알려주셨습니다. 다시 평양에 올 수 있을 줄 알았는데 그것이 마지막이었습니다.

안병훈 중공군 참전으로 갑작스레 1·4후퇴를 하게 됩니다. 피난은 어떻게 하셨습니까?

김재순 저는 관훈동, 집사람은 돈암동에 살 때인데 정훈국 버스 편에 집사람만 먼저 대구로 보내고 저는 나중에 대구로 내려갔습니다.

안병훈 그때는 식은 아직 안 올린 상황 아닙니까?

김재순 양가의 내락은 있었습니다.

안병훈 사모님 말씀으로는 의장님의 친구가 '대구관'이라는 요정의 방 한 칸을 구해 놔서 거기서 일단 사모님 혼자 짐을 풀었다고 하시던데요.

김재순 그랬습니다.

안병훈 나중에 의장님의 모친과 이모 가족들이 합류해 12명이 한 방에서 생활하셨다고 들었습니다.

김재순 사실 이모 가족들과는 관훈동에서부터 함께 살았습니다. 결혼 전이긴 하지만 집사람으로서는 시댁 식구 여남은 명과 한꺼번에 지낸 셈입니다. 그것도 한 방에서 생활해야 하니 많이 힘들었을 테지요. 다리도 제대로 뻗지 못하고 쪼그려 앉아 자야 할 정도였으니까요.

안병훈 견디다 못한 사모님께서 친정 식구들을 찾아 부산으로 먼저 내려가시고 후에 의장님이 부산으로 내려가셨다고 하더군요.

김재순 이미 내 사람인데 아무 데나 가면 어떻습니까?(웃음)

안병훈 대구에서는 얼마나 있었습니까?

김재순 한 달 정도 있었던 것 같습니다.

안병훈 대구에서도 죽을 고비가 있었다면서요?

김재순 사실 '대구관'의 방 한 칸은 제가 가족들을 위해 편법으로 구한 것이었어요. 군인 가족만 들어갈 수 있는 곳이었는데 어느 날 거기 책임자였던 중령이 저희들보고 나가라는 겁니다. 화가 난 제가 대들었더니 권총을 빼들고 위협하더군요. 어머니와 집사람이 중령의 바짓가랑이를 잡고 애원했기에 망정이지 안 그랬으면 죽었을지도 모릅니다. 그때는 뭐 방아쇠를 당기면 재판도 필요 없는, 그야말로 그걸로 끝인

상황 아닙니까.

안병훈 그 후 학도의용대는 어떻게 됐습니까?

김재순 대구로 내려온 이후부터는 특별한 활동이 없었습니다. 자동해 체된 것이나 마찬가지였지요.

전시연합대학 학생회장

안병훈 부산에서 거처는 어디에 마련하셨습니까?

김재순 여기저기 찾아다니다가 영도 영선동 어느 집의 다락방을 구했 습니다. 거기서 어머니와 저희 부부, 나중에는 제 상대 친구 대여섯 명 까지 함께 생활했습니다. 집사람이 고생을 많이 했습니다.

안병훈 생활은 어떻게 하셨습니까?

김재순 저는 직장을 구하러 다녔지만 피난통에 어디 변변한 일자리가 있었겠습니까. 어머니는 국제시장에서 좌판을 하셨습니다. 군용 담요 를 염색해 만든 바지를 파셨습니다. 어머니는 이미 서울에 가게가 있 었습니다. 해방 직후에 선견지명이 있으셨던지 제 외숙부와 함께 명동 입구에 가게를 연 겁니다. 미군을 상대로 완장, 마크, 모자 따위를 팔았 는데 꽤 잘된 것으로 알고 있습니다. 어머니는 서울과 부산을 오가시 며 생활비를 버셨지요.

안병훈 이쯤에서 이용자 여사와 사전 인터뷰한 내용의 일부를 읽어보 겠습니다.

영선동 다락방에 남편과 남편 친구 대여섯 명과 함께 생활하는데 처음엔 담요 한 장밖에 없었습니다. 7, 8인분 밥을 하려면 큰솥이 필요했지만 다들 곤궁한데 그걸 구한다는 건 생각조차 못했습니다. 조그만 양은냄비에 밥을 해서 바가지에 엎고 또 밥을 해서 엎어 쌓는 식으로 매 끼니마다 서너 번씩 밥을 지었습니다. 찬은 우거지 국에 김치뿐이었지요. 물은 또 쉽게 구해지나요. 마을 우물은 못 쓰게 하니까 산속까지 올라가 길어 왔습니다. 하루 종일 물 긷고 밥하고 물 긷고 밥하고 다람쥐 쳇바퀴 돌 듯 똑같은 일만 반복했습니다.

하지만 그때는 남편을 비롯한 젊은이들이 너나 할 것 없이 나라를 위해 일하고 싸우던 시절이었습니다. 하루하루 힘들게 버티면서도 고생이라는 생각은 한 번도 해본 적이 없었습니다. 그때는 다 그렇게 살았잖아요.

김재순 뭐라 할 말이 없습니다.

안병훈 그런데 그 와중에 담요를 들고 도망간 친구가 있었다면서요?

김재순 그렇습니다. 지금은 웃으면서 이야기할 수 있지만 그때는 무척 화가 났었습니다. 집사람도 두고두고 그 이야기를 합니다. 지금은 아마 세상을 떠났을 거예요.

안병훈 몇 차례 취직을 하셨다고 들었습니다.

김재순 제가요?

안병훈 사모님 말로는 미군 부대에서 일자리를 구했는데 하루 만에 나오셨다면서요?

김재순 아, 그거요? 그런 일이 있었습니다. 출입할 때마다 몸수색을 하는데 기분이 상하더군요. 제가 어디 도둑입니까. 그 즉시 관뒀죠. 이때

미래의 아내(이용자), 처남(이태건)과 함께. 결혼 전 부산에서.

도 평안도 기질이 발동한 거죠.(웃음)

안병훈　그런 식으로 일자리를 포기한 적이 몇 차례 되겠군요.(웃음)

김재순　그렇습니다.

안병훈　1951년 2월 부산에서 전시연합대학이 개강합니다. 이때 의장님은 전시연합대학 학생회를 조직하고 학생회장이 되십니다. 1·4후퇴이후 한 달 반가량 지난 시점입니다. 이 기간 동안 의장님은 서울에서대구로, 대구에서 부산으로 내려오지 않았습니까. 상황이 매우 급박하게 돌아간 느낌입니다.

김재순　시절이 그렇지 않았습니까. 그런데 전시연합회 학생회를 조직

백낙준(중앙)과 김재순 부부.
김재순은 백낙준 당시 문교부장관의 신원보증으로 군 입대 대신
전시연합대학 학생회를 조직하게 된다.

한 것 또한 운명적입니다. 영도에 살았으니까 아침이 되면 영도다리를 건너 시내로 갔다가 저녁이 되면 돌아옵니다. 그래야 일할 데라도 알아볼 수 있었으니까요.

안병훈　그때는 영도다리가 도개식跳開式이었지요? 배가 들어오면 다리가 올라가 지나가게 하는 방식 말입니다. 도개 기능은 1966년 중단됐다가 2013년 복원되어 현재도 도개식이긴 합니다만.

김재순　그럼요. 하루에 몇 차례씩 다리가 올라갔다 내려갔다 했지요. 그래서 부산의 명물, 피난민의 만남의 장소가 된 것 아닙니까. 부산에 내려온 지 얼마 안 된 시점이었습니다. 어느 날 영도다리를 건너려는데 헌병들에게 검문을 당했습니다. 젊은 사내는 무작정 잡아다가 입대시킬 때 아닙니까.

저보고 누구냐, 무슨 일을 하느냐고 물어요. 그때는 주민등록증이 없던 시절입니다. 학생증도 없었습니다. 적치하赤治下 서울에서 학생증을 어떻게 들고 다닙니까. 그러다 급하게 피난을 오다 보니 잊어버린 겁니다. 그래서 제가 헌병들에게 '내가 누군지 정 알고 싶으면 나를 따라오라'고 했습니다.

안병훈　어디로 가실 생각이었습니까?

김재순　영도에서 영도다리를 건너면 오른편에 부산시청이 있었습니다.

안병훈　지금은 그 자리에 롯데백화점이 세워져 있지요.

김재순　부산시청에 문교부가 입주해 있다는 것을 알고 있었습니다. 당시 문교부 장관이 백낙준 박사였어요.

안병훈　백낙준 박사도 홍사단 활동을 통해 인연을 맺은 분이시죠?

김재순　맞습니다. 백낙준 박사도 홍사단 간부였어요. 백 박사가 거기 있으면 저의 신분이 증명될 것이고, 없다면 군대에 끌려가는 상황이었습니다. 일종의 도박이었지요.

안병훈 폐병 때문에 어차피 입대는 어려운 것 아니었습니까?

김재순 대구에 있을 때 신체검사를 받았는데 폐가 깨끗하게 나아 있었습니다.

안병훈 무척 긴장되셨겠습니다.

김재순 지금도 생생합니다. 헌병들이 뒤에서 따라오고 계단을 올라가 문교부를 찾아가는데 저만치 백낙준 박사가 보이는 겁니다. 솔직히 살았구나, 라는 생각을 했어요. 박사님, 하고 달려가 서로 부둥켜안고 울었습니다.

안병훈 백낙준 박사도 우셨습니까?

김재순 예. 백낙준 박사도 제 안부나 생사를 모르셨거든요.

안병훈 이해가 됩니다. 어떤 대화를 나누셨습니까?

김재순 안부를 여쭙고 나서 제가 그랬습니다. "박사님, 학생들을 다 잡아다가 사지死地로 보낼 작정이십니까. 젊은 사람들이 전부 군대로 가면 일할 사람이 누가 있습니까?" 그랬더니 백낙준 장관이 "마침 자네가 나타났으니 시킬 일이 있다"며 주소를 적어놓고 가라고 해요. 일주일쯤 지나 저를 찾는다는 연락이 있어 김두헌金斗憲 고등교육국장을 찾아가보니 전시연합대학을 만들 테니 학생회를 조직해 보라고 하셨습니다. 그래서 제가 부산시청 앞 어느 극장에 학생들을 모아놓고 학생회를 조직했습니다. 제가 주도했으니까 자연히 학생회장도 제가 된 것이지요.

안병훈 의장님은 이미 서울대 학생회장도 맡고 있지 않았나요?

김재순 서울대 학생회장은 아니고 상대 학생회장이었습니다.

안병훈 서울대 상대 학생회장에다 전시연합대학 학생회장이면 꽤 이름이 알려졌겠습니다.

김재순 의도하지 않게 그렇게 됐습니다.

안병훈 그때 유진오兪鎭午 선생을 찾아간 것으로 들었습니다.

김재순 문교부에서 유진오 선생을 전시연합대학 총장으로 내정해 놓은 상태였습니다. 저보고 수락 여부를 물어오라고 해서 찾아갔습니다. 유진오 선생 거처가 송도 가는 길목에 있었는데 부산의 유명한 유곽遊廓 근처였던 것으로 기억합니다. 제가 본과 1학년 때 유 선생으로부터 헌법을 배웠습니다. 제 이름을 말하니 저를 기억하고 있더군요. 그런대로 대화가 잘 이어지는 듯싶었는데 총장직을 맡아 달라고 했더니 영 마뜩찮아 하시는 게 아닙니까. 갑자기 혼잣말 비슷하게 "내가 이걸 맡아야 돼? 말아야 돼?" 하시잖아요. 그래서 제가 "선생님, 누구에게 하시는 말씀입니까?"라고 하니까 "아, 이 사람아. 자네에게 하는 거지 누구에게 해!" 이러세요.(웃음) 결국 총장직을 수락하셨지요. 어쨌든 유진오 선생은 돌아가시기 전까지 제가 가까이서 모셨습니다.

안병훈 사실 전시연합대학은 학생들의 출석률이 저조해 흐지부지된 것으로 알고 있습니다.

김재순 그럴 수밖에 없었습니다.

오전에는 부산 부민관에 전 학생을 한 곳에 모아놓고 교양과목을 강의했고, 오후에는 뿔뿔이 흩어져 전공과목을 가르쳤습니다. 강의실이 따로 없어 개인사무실, 교수 사택, 비는 건물 등을 교사로 사용했지요. 하지만 전시戰時에도 교육은 중단하지 않겠다는 의지를 보인 점은 평가할 만합니다.

스웨덴 세계UN학생대회 참석

안병훈 그런데 1951년 8월에 있던 UN국제학생운동 총회에는 어떻게 한국 대표로 가신 거죠?

김재순 UN 산하 국제학생운동본부가 한국 학생 2명을 스웨덴 스톡홀름에서 열리는 UN국제학생운동에 파견해 달라고 공식적으로 요청해왔고, 제가 반공, 반탁 학생운동을 하고 전시연합대학 학생회를 조직했던 점이 어느 정도 인정돼 뽑힌 거 같습니다.

처음엔 저와 이화여대 김봉자金奉子양이 선발됐는데, 김활란金活蘭 이화여대 총장이 반대해 세브란스의과대학에 다니던 양달승梁達承씨가 다시 선발됐습니다. 양달승씨는 나중에 청와대 정무비서관과 공화당 국회의원을 지냈죠.

안병훈 김활란 총장이 왜 반대했나요?

김재순 처음 선발된 여학생이 재학 중에 약혼을 한 상태였습니다. 아시다시피 김활란 총장이 보통 분이십니까? 그야말로 산전수전 다 겪은 백전노장 아닙니까? 김 총장 눈에 남녀 학생이 같이 가면 아무래도 무슨 일이 벌어질 게 뻔하다고 생각하셨던 모양입니다.(웃음)

몇 년 후에 우연히 김활란 총장을 만났을 때 제가 투정 섞인 말투로 "그때 왜 반대하셨습니까?"라고 물었더니, 김 총장이 웃으면서 "지금 내게 항의하는 거야?" 하는 겁니다. 그래서 제가 다시 "지금도 그때와 똑같은 생각이십니까?" 하고 물었더니 김 총장의 말씀이 걸작이에요.

안병훈 뭐라고 하셨는데요?(웃음)

김재순 김군, 몇 해 후에 다시 물어보게.(웃음)

안병훈 나이가 들면 알 거라는 얘기군요.(웃음)

스웨덴 출국 직전 기념 촬영.
맨 오른쪽이 학생 대표로 함께 출국한 양달승.

김재순 그날 김 총장 곁에 김성진金晟鎭 박사라고, 경성제대 의과를 나와 나중에 보건사회부 장관까지 지낸 분이 함께 계셨는데 그분 들으라고 제게 이런 농담을 하시는 겁니다. "이봐 김군, 김 박사가 자꾸 내 치마를 벗기려고 하는데 어떡하지?"

안병훈 (웃음) 치마를 벗기다니요?

김재순 김 박사가 김 총장에게 골프를 치자고 보챈다는 의밉니다.(웃음) 그때만 해도 골프 치려면 여자도 바지를 입어야 했거든요. 아닌 게 아니라 김 박사가 소문난 한량이긴 했습니다.(웃음)

안병훈 듣던 대로 여장부답네요.

김재순 여장부 중에 여장부지요.

안병훈 출국을 앞두고 여권이 나오지 않아 애를 태우셨다고 들었습니다.

김재순 그러게 말입니다. 저를 한국 대표로 뽑아놓고는 총회 날짜는 다가오는데 제게 여권을 안 내주는 거예요. 알고 보니 인적 사항을 적는 란에 홍사단이라고 썼던 게 문제가 됐던 겁니다. 이승만 대통령이 홍사단을 아주 싫어했거든요.

안병훈 서울대 총장이 된 장리욱 박사도 이승만 정부 수립 후에 당국의 압력에 의해 총장직을 물러난 것으로 알고 있습니다.

김재순 그렇습니다. 시급을 다투는 일이라 여권 문제로 황급히 장면張勉 총리를 찾아갔습니다. 왜 여권을 안 내주느냐고 항의하러 간 거죠. 그때만 해도 제가 장면 박사를 잘 몰랐을 때였는데 이 일로 가까이 지내게 된 계기가 됐습니다. 이때마다 인연이란 참 묘하다는 것을 새삼 느끼게 됩니다. 어쨌든 장면 총리가 '걱정하지 말고 가라'고 하시며 변영태卞榮泰 외무부 장관, 박암 외무부 차관 등의 도움으로 여권 문제가 잘 해결됐습니다. 박암 차관은 앞서 말씀드린 대로 평양상업 시절 중국어 교사였던 그분입니다.

안병훈 8월에 두 분이 곧바로 스웨덴으로 가신 건가요?

김재순 물론 아니지요. 동경, 괌, 베트남 사이공, 인도 뉴델리, 프랑스 파리를 거쳐 스톡홀름에 도착했습니다. 가는 데만 거의 열흘이 걸린 것 같습니다. 당시 교통사정이 그리 녹록지 않았으니까요.

안병훈 두 분 말고 또 다른 일행이 있었나요?

김재순 나중에 정일형 박사, 김용주金龍周 선생이 합류했습니다. 우리와는 일정이 조금 달랐습니다. 두 분 역시 스웨덴 스톡홀름에서 열렸던 UN 연차총회에 참석했지요.

안병훈 정일형 박사는 정대철鄭大哲 전 의원의 부친, 김용주 선생은 김무성金武星 전 새누리당 대표의 부친이시죠?

김재순 그렇습니다.

안병훈 짐작은 갑니다만 스웨덴에 가보니 어떻던가요?

김재순 전쟁 중에 스웨덴에 갔는데 어떻겠습니까? 지상천국이 따로 없었습니다. 보이는 모든 것들이 그림 같고, 곳곳에 호수가 있는 동화童話 같은 나라였습니다. 호수에는 흰 돛을 단 요트가 떠다니고 청춘 남녀, 어린아이, 늙은이 할 것 없이 모터보트를 즐기고 있었습니다. 부럽다는 말이 입에서 저절로 나오더군요.

안병훈 총회에서는 어떤 특별한 논의와 결의가 있었나요?

김재순 UN 헌장과 세계 평화를 구현하기 위한 학생들의 역할을 모색하는 자리였습니다. 다시는 전쟁이 있어서는 안 되겠다는 결의도 있었습니다.

안병훈 인상적인 일화 같은 것이 있다면 하나 소개해 주십시오.

김재순 총회 마지막 날 연회가 벌어졌습니다. 칵테일에 취하고 댄스에 흥분했지요. 자정이 넘어 50여 명의 학생들이 거리로 쏟아져 나갔고, 스웨덴 학생들이 이끄는 대로 밤거리를 쏘다녔습니다. 잠에서 깬 시민들 가운데 누군가는 창문을 열고 '스벤스카' 민요를 부르며 학생들의 환호에 화답을 하더군요. 미술가, 음악가, 시인들의 잠을 깨우며 돌아다니다가 스웨덴 왕궁 앞에 이르렀지요. 그때 스웨덴 학생이 앞으로 나가 왕에게 면회를 청한다는 의미가 담긴 노래를 큰 소리로 오페라 가수처럼 불렀어요.

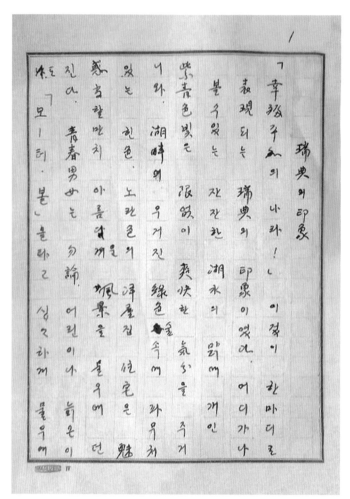

김재순의 육필원고 '서전(스웨덴)의 인상'.

그러자 왕궁 호위병 장교가 안에 들어갔다 나오더니 '왕께서 하루 종일 고기잡이 가셨다가 늦게 돌아오셔서 지금 깊은 잠을 이루고 계시니 면회는 내일로 미루자'고 했습니다. 스웨덴 학생이 저에게 영어로 이런 사정을 알려줬습니다. 동화 같은 이야기 아닙니까. 스웨덴 학생들이 조국과 왕을 축복하는 국가를 힘껏 부르는데 저 역시도 가슴이 뜨거워졌습니다.

안병훈   조금은 슬프셨겠습니다.

김재순   조금뿐이었겠습니까?

안병훈   제가 미리 의장님의 UN 학생총회 참가기를 읽어서 그 심정을 짐작할 수 있었습니다. 한 대목을 읽어보겠습니다.

발끝에서 머리 위까지 열정을 다해 국가를 부르는 서전瑞典(스웨덴) 학생들의 마음속은 과연 아름다운 나라에 태어난 젊은이의 행복감과 또한 거기서 성심껏 우러나온 애국심이 가득 차 있으리라. 불행에서 재기再起를 지향하는 한국의 학도로서 처음으로 국제무대에 나아가 강력하게 받은 인상은 평생을 두고 잊을 수 없겠거니와 아름다운 나라의 행복한 국민과 사귀면서 부러운 마음 참을 수가 없다. 아무튼 이왕 우리 세대에는 갖은 고초를 겪고 뼈 깎는 온갖 노력을 다해서라도 정녕 우리 다음 세대에는 세상 사람들이 평화로운 나라, 행복한 백성을 찾아오는 국가를 건설하려는 마음 간절하다.

김재순   한국 학생 누구라도 그때 스웨덴에 갔다면 저와 똑같이 느꼈을 겁니다.

안병훈   귀국하시는 길에 영국과 미국에 들르셨지요? 개인적인 여정이었습니까? 양달승 선생도 함께 동행하셨나요?

김재순　이왕 스웨덴까지 갔으니 자유여행도 잠시 했습니다. 홍사단으로부터 어떤 임무도 받은 상태였거든요. 양달승씨도 같이 갔습니다. 당시 영국 공사가 이묘묵 선생으로, 미군정청 장관 하지Hodge 중장의 특별보좌관, 통역관으로 활동했던 분입니다. 평안남도 출신이고 동우회 사건으로 고초를 치른 분으로 홍사단 단원입니다. 이분이 저에게 용돈도 주시고 아들을 시켜 자동차로 런던 시내 구경을 시켜주셨습니다. 영국에선 한 닷새 정도 머물렀던 것 같습니다.

안병훈　미국에서는 어디어디에 들렀습니까?

김재순　뉴욕에 며칠 머물고 나서 그레이하운드 고속버스를 타고 LA와 샌프란시스코로 가서 또 며칠을 보내고 귀국했습니다.

안병훈　대륙 횡단을 하신 거군요.

김재순　예, 그렇게 됐습니다.

안병훈　뉴욕 체류 기간 중 기억나시는 것부터 말씀해 주십시오.

김재순　먼저 〈미국의 소리Voice of America〉 뉴욕 지국에 들렀습니다. 거기서 미국 국무성 국제 홍보국에 근무하던 박준규朴浚圭씨를 만났습니다. 그때 박준규씨는 일종의 아르바이트를 하며 컬럼비아대학에서 박사 과정을 밟고 있었습니다.

안병훈　〈미국의 소리〉는 어떻던가요?

김재순　모든 게 눈이 휘둥그레질 정도로 분명 신기하고 부러웠을 텐데도 세월이 많이 흘러서 그런지 구체적으로 기억나는 것이 별로 없네요. 그것보다는 호텔에서 잘생긴 벨보이bellboy들이 Sir, Sir 해가면서 시중을 드는데 어색하면서도 한편으론 기분이 무척 좋았습니다. 아, 호텔에서 한국 군인들을 본 것이 기억납니다. 미국이 한국 군인들을 연수시켜줄 때라 호텔 식당에 한국 군인 20~30명이 줄지어 서서 미투(me too), 미투만 연발하던 것이 생각납니다.(웃음)

안병훈 영어로 주문할 줄을 몰라 앞사람이 주문한 메뉴를 따라했다는 거죠?(웃음)

김재순 맞습니다. 외국 음식에 대해 잘 모를 땐 그것이 가장 좋은 방법입니다.(웃음)

안병훈 LA는 우리 동포들이 많은 곳이라 마음이 편하셨겠습니다.

김재순 동포들과 흥사단 단원들로부터 뜨거운 환대를 받았습니다. 특히 흥사단원인 하희옥河熙玉 선생, 최세문 여사 부부가 우리들을 자식 대하듯 위해 주고 챙겨주셨어요. 안창호 선생의 부인인 이혜련李惠鍊 여사도 그때 뵈었습니다. 고국이 한창 전쟁 중이니까 동포들이 구호품을 전부 우리에게 맡겼습니다. 흥사단 단원들이 다 알아서 포장도 하고 선적船積도 해줘서 우리가 한 일은 별로 없었습니다.

안병훈 하희옥 선생이 당시를 회고한 글이 『흥사단 운동 70년사』에 실려 있습니다. 이런 내용입니다.

6·25사변이 돌발하여 정신이 없었으며, 단의 모든 형편이 어렵게 되었다. (…) 김재순군을 통해 국내의 모든 실정을 자세히 들었으며 이때부터 미주 위원부에서는 동지 구제금을 모금하여 3년 동안이나 보내기도 하였다. 또 김재순군이 귀국 시 구제품 의복을 8베일bale이나 작봉作封하여 가지고 가서 피난 동지에게 분배하기도 하였다.

미국에서 가장 인상적인 부분은 무엇이었습니까?

김재순 한마디로 풍요라고 할 수 있습니다. 어딜 가나 물자가 넘쳐났었으니까요. 최세문 여사와 함께 마트에 가보니 과일 같은 것이 산더미처럼 쌓여 있었어요. 이것저것 다 먹고 싶었던 참에, 마침 최세문 여사가 다 먹어보라고 해서 엄청나게 사와서 실컷 먹었습니다. 두 분이 보여주신 그 뜨거운 동포애를 생각하면 지금도 뭉클합니다.

안병훈 물론 귀국하신 후 보고대회는 가지셨겠죠?

김재순 돌아오자마자 1월 중순경에 부산 동아극장에서 보고대회를 했는데, 방금 안 선생께 드렸던 말씀과 비슷하게 했지요. 동화 같은 나라 스웨덴, 대영제국의 수도 런던, 세계 제일의 부국이자 강대국인 미국, 그런 이야기를 1950년대 임시수도 부산에서 했으니 다들 귀를 쫑긋 세우고 경청했습니다.

남대문 안 가본 사람이 이긴다지만 저는 그 시절 남대문이 아니라 유럽, 미국에 가본 사람 아닙니까.(웃음)

안병훈 그 당시 유럽이나 미국에 가본 한국 사람이 극히 드물 때라, 의장님이 일종의 '스타'가 되셨다고 들었습니다.(웃음)

김재순 누가 그럽디까?

안병훈 누구긴요. 사모님께서 그러셨습니다. 여학생이나 처녀들이 날마다 집에 찾아와 의장님께 전해 달라고 꽃이나 편지를 두고 갔다면서요?(웃음)

김재순 집사람이 그래요? 그런 일이 있긴 있었습니다.(웃음)

안병훈 부산에서의 서울대 첫 번째 졸업식이 남성여고에서 거행됐는데 서울대 역사상 가장 초라한 졸업식이었다고 합니다. 기억하시나요?

임시수도 부산에서 치러진 서울대 상대 졸업식(1952).

김재순　전시연합대학 학생들의 합동 졸업식이었다고 기억합니다. 학생 1천여 명 정도가 운동장에 모여 졸업식을 했던 것 같습니다.

안병훈　의장님의 졸업 기념사진에는 '1952년 4월 26일 서울대학교 상과대학 졸업식'이라고 적혀 있습니다.

김재순　사진은 단과대학별로 따로 찍었습니다.

안병훈　서울대 1회 졸업식이 1947년이니까 이때가 6회쯤 되겠네요.

김재순　네, 맞습니다. 제가 6회 졸업생입니다.

안병훈　그렇다면 김영삼 전 대통령이 의장님보다 한 해 먼저 문리대를 졸업한 건가요?

김재순　(웃음) 동창회 명부에 그렇게 적혀 있으니까 맞겠지요.

부산 정치파동과 첫 투옥

안병훈 지금까지 의장님께서 말씀은 안 하셨지만 실은 이때 부산의 정치 상황은 극도로 혼란스럽지 않았습니까? 이승만 대통령의 재선이 불가능해지자 정부가 대통령 직선제 개헌안을 국회에 제출하고, 또 국회는 이듬해 이를 부결시키고…. 그게 의장님의 귀국 보고대회가 열리기 이틀 전의 일입니다.

김재순 개헌 움직임이 일자 사실 저도 매우 화가 났습니다. 그렇지 않아도 자기 혼자 도망가서 한강다리 끊은 사람이라고 이 박사에 대한 비판의 목소리가 높을 땐데 그런 얕은 술수나 부리고 있으니 얼마나 한심했겠습니까?

안병훈 유럽과 미국에서 견문을 쌓고 온 직후라 더욱 분노를 느끼셨을 것 같습니다.

김재순 그럼요. 정말 그때는 화가 속에서 치밀어 올랐습니다. 나라는 대구까지 빼앗겼는데 부산에서 이렇게 싸우고 있다고 생각하니 도저히 참을 수 없었죠. 서둘러 학생들을 모아 직선제 개헌 반대, 호헌護憲구국운동을 준비했습니다.

그리고 5월 15일 부산시청 앞 같은 곳에서 전단을 뿌리며 데모를 주도하다가 경찰에 연행됐어요. 제가 날짜까지 기억하는 이유는 열흘 뒤인 5월 25일 국회해산을 강행하기 위한 계엄령이 선포됐기 때문입니다. 이튿날 헌병대가 야당 의원 50여 명을 연행하면서 정치파동이 일어났어요. 이 때문에 석 달가량 옥고를 치렀습니다.

안병훈 사모님의 기억으로는 당시 중앙동 40계단 근처에 정보기관이 있었다고 해요. 의장님이 갑자기 행방불명이 되자 그 앞에서 며칠을 기다니면서, 정보기관에서 사람이 나올 때마다 의장님이 어디에 있는지 물었다는 겁니다.

김재순　저는 그때 연산동이었나, 아무튼 꽤 큰 경찰서 유치장에 있었습니다. 해방 직후 경상북도 지사를 지낸 최희송 선생도 그때 같은 유치장에 있었습니다. 최 선생도 흥사단원이었어요.

안병훈　감옥에서 나온 후에는 무슨 일을 하셨습니까?

김재순　주요한 선생이 보자고 해서 갔더니 "지금 부산에 피난 온 신문사에 사설을 쓸 사람이 없어서 나한테 써달라고 하니 자네가 좀 도와주게" 이러세요. 주요한 선생을 가까이서 모시게 된 것이 이때부터입니다. 사무실은 옛 부산시청 앞쪽에 있었습니다. 사업하는 친구 사무실에 책상 하나를 얻어 놓고 주요한 선생이 신조사新潮社를 열었어요. 저는 선생과 책상에 마주 앉아 일을 시작했습니다.

안병훈　의장님의 인생에 있어 또 한 분의 큰 스승을 만나는 순간이네요.

김재순　그렇습니다. 부산에서 주요한 선생은 〈동아일보〉, 〈경향신문〉, 〈국제신보〉, 〈부산일보〉 같은 일간지에 일주일에 두 꼭지씩 사설을 쓰셨습니다. 저는 주 선생이 사설의 방향을 잡는 데 말벗 정도였지요. 서울에 올라올 무렵에는 신조사가 국제문제연구소로 개편됩니다.

안병훈　참, 주요한 선생이 천재 중의 천재라면서요?

김재순　천재 중의 천재시죠. 동경 제1고를 졸업한 분 아닙니까. 정말 그런 분 지금도 찾지 못할 겁니다. 안 선생께 주 선생이 얼마나 천재인지 알 수 있는 일화를 들려드리지요.

1952년 12월 미국 아이젠하워가 대통령 당선자 신분으로 방한했을 때의 일입니다. 아이젠하워가 후보자였을 때 한국전쟁을 끝내겠다고 공약을 했는데, 대통령에 당선되니까 공약을 실천하기 위한 방안을 모색하기 위해 한국에 온 거죠. 주 선생의 호가 송아頌兒여서 친구분들은 주 선생을 '송아지'라고 불렀습니다. 당시 민주국민당 중진이었던 조병옥 박사가 사무실로 들어서더니 "이봐 송아지, 민국당 입장으로 아이젠하워에게 보내는 메시지 하나 써줘" 이러세요. 두 분은 일제 강점기 때부터 잘 알고 있었던 데다 두 분 다 흥사단 단원이라 아주 가까운 사이였죠.

제가 옆방에 가서 영문 타자기를 빌려와 주 선생 앞에 놓았더니, 주 선생이 잠시 머릿속으로 구상을 하시는가 싶더니 쉬지 않고 타자를 치시더라고요. 안 선생, 주 선생이 글을 구상할 때 특유의 버릇이 있는데 알고 계십니까?(웃음)

안병훈 잘 모르겠는데요.

김재순 눈을 반쯤 감고 입을 오물오물하시는 겁니다. 하여튼 막힘없이 쓰시더니 한 장을 쭉 뽑아 조병옥 박사에게 드리더군요. 그러자 조 박사가 한번 훑어보고는 감탄을 하며 영어로 이렇게 말하는 겁니다. "당신 정말 천재야."

그런데 이게 끝이 아니에요. 잠시 후 당시 한미재단 이사장을 맡고 있던 이기붕李起鵬씨가 사무실로 들어와요. 이기붕 선생이 주요한, 조병옥 선생을 머쓱한 표정으로 쳐다보더니 "내가 한발 늦었나", 이래요. 그러면서 한미재단 입장에서 환영 메시지를 써달라는 겁니다. 주 선생이 다시 눈을 반쯤 감고 입을 오물오물하더니 또 한 장이 금세 나오더군요. 그런데 또 이게 끝이 아니었어요. 이번엔 당시 무역협회 이사장인 이활李活씨가 들어서고 또 조선민주당 한근조韓根朝씨, 대한상공회의소 회두會頭(회장) 전용순全用淳씨가 연이어서 들어와요. 주 선생도 대단하시지만 이분들도 대단한 분들 아닙니까? 여하튼 앉은 자리에서 주 선생은 영문 메시지 다섯 장을 써주었습니다. 그것도 직책에 맞게 각기 다른 입장에서.

이듬해 3월 스탈린이 죽었을 때도 비슷한 일이 벌어졌어요. 각 신문사에서 사설을 써달라는 부탁을 받자마자 만약에 스탈린이 죽은 다음에 베리아Lavrenty Pavlovich Beria가 정권을 잡으면 어떻게 될 것인가, 말렌코프Georgy Malenkov가 잡으면 어떻게 될 것인가, 그런 식으로 각기 다른 입장, 다른 관점으로 대여섯 편을 써서 보냈습니다. 이쯤 되면 가히 천재라 아니할 수 없지 않습니까?(웃음)

안병훈 　주요한 선생이 그렇게 영어를 잘하셨나요?

김재순 　잘하다마다요. 또 이런 일화도 있습니다. 해방 직후에 종로 YMCA에서 하지 중장의 강연회가 있었습니다. 제가 그때 관훈동에 살던 때여서 YMCA에 붙은 포스터를 보고 강연회에 참석했습니다. 장리욱 선생, 백낙준 박사 등 영어를 잘하는 미국 유학파도 많이 계셨는데 통역을 주요한 선생이 보는 겁니다.

그래서 제가 백낙준 박사에게 "주요한 선생은 미국에 가본 적도 없는 분인데 왜 주 선생이 통역을 맡으신 겁니까?"라고 물었죠. 그러자 백낙준 박사가 하시는 말씀이 "영어가 정확하거든"이었습니다. '정확하거든'이라는 말을 두 번이나 반복하면서 엄지를 치켜세우셨지요.

안병훈 　정말 국보급 인물이셨네요. 장면 총리와도 비슷한 시기에 가까워지셨다고 알고 있습니다.

김재순 　역시 감옥에서 나와 얼마 지나지 않았을 때였습니다. 당시 장면 박사는 정치파동 전에 총리를 그만두고 〈경향신문〉 사장 한창우韓昌愚 씨의 범일동 집에 계셨습니다. 『교부들의 신앙』이라는 책을 번역하고

김재순·이용자의 결혼식에는 사회 저명인사들이 많이 참석했다.
주례자 백영엽 목사를 비롯해 장면, 주요한, 최희송, 송원영 , 나유춘 등의 모습이 보인다.

계셨는데 "김군, 시간 나는 대로 나 좀 도와주게" 하셔서 이틀에 한 번씩 가서 도와드렸습니다. 그때 아주 가까운 사이가 됐어요.

장면 박사가 참 인격적인 분이신 것이, 하루는 저보고 가톨릭으로 개종할 생각이 없느냐고 물어봐요. 제가 주기철 목사로부터 세례를 받은 개신교 신자라는 사실을 말씀드리니까 박사님이 "주기철 목사님이라고? 그러면 내 다시는 그런 얘기를 하지 않을게"라고 하셨습니다.

결혼

안병훈 시절은 여전히 어수선했지만 이 무렵 의장님은 대학을 졸업하고 일을 찾고 가정을 꾸리게 됩니다. 1952년 12월에 장남 성진聖辰군이 태어났습니다. 이듬해 5월 29일에는 이용자 여사와 결혼식을 올리셨습니다. 요즘 젊은 친구들 말로는 속도위반인데요.(웃음)

김재순 집사람에게는 미안합니다. 집사람은 부산에서 무학여고를 졸업하고 이화여대에 입학하려고 했는데 저와 사는 바람에 학업의 꿈을 접었습니다.

그래도 결혼식은 나름 성대하게 치렀습니다. 자갈치시장 부근에 있던 침례병원에서 백영엽白永燁 목사의 주례로 식을 올렸습니다. 독립운동가인 백 목사님은 도산 선생과 친분이 깊으셨고, 이북5도청이 설립됐을 때 평안북도 지사를 지낸 분입니다.

장면 박사, 주요한 선생이 축사를 해주셨고 신익희申翼熙, 조봉암曺奉岩 선생 등이 참석해 주셨습니다. 피로연은 침례교회 뒤편에 있던 외교구락부에서 했고요.

안병훈 1953년이면 의장님이 우리 나이로 스물일곱이 되는 해입니다. 이때까지 쌓은 인연과 인맥만도 의장님의 인생에 더없이 큰 자산인 것 같습니다.

김재순 저로서는 감사할 따름이지요.

안병훈 결혼 전인 1953년 2월 17일 화폐개혁이 단행됐습니다. 이때 타격을 받으셨지요?

김재순 저뿐만 아니라 하루아침에 망한 사람이 한둘이 아니었어요. 아이도 낳고 결혼도 앞두고 있어 그러셨는지 몰라도 어머니가 서울에서 큰돈을 들고 내려오셨어요. 미군을 상대로 가게를 운영하셨기 때문에 가지고 온 돈이 거의 달러였는데, 이날 달러를 한화韓貨로 바꾸자마자 다음 날 화폐개혁이 이뤄진 겁니다. 달러를 갖고 있었다면 손해는 안 봤겠지요. 미리 비누, 치약을 사둔 것 외에는 돈이 다 휴지조각이 돼버렸습니다.

안병훈 부산에서 언제 서울에 올라오셨습니까. 1953년 7월 27일 휴전협정 이후겠지요?

김재순 예, 그해 가을이었던 것 같습니다.

안병훈 반공포로 석방, 휴전협정, 한미상호방위조약 체결에 대한 당시의 소회는 어떠했습니까?

김재순 이승만 정부의 무능과 독재에 대해서는 분노하고 있었지만 이승만 대통령의 국제적인 안목과 외교 역량만은 인정하지 않을 수 없었습니다. 이 대목에서 이승만 대통령과 견줄 만한 국내 지도자는 당시에는 없었습니다.

아시다시피 오늘날 우리나라가 이만큼 성장할 수 있었던 것도 한미상
호방위조약이라는 안보 우산 아래에서 박정희 대통령과 국민들이 산
업화·근대화에 전력할 수 있었기 때문이 아닙니까. 이러한 점에 대해
서는 우리가 이승만 대통령을 높이 평가해야 합니다. 다만 실향민인 저
로서는 이후 분단이 고착화된 점이 무척 안타까울 뿐입니다.

안병훈 언젠가 의장님이 〈조선일보〉에 기고한 글이 기억납니다. 6·25
전쟁으로 우리 민족이 잃어버린 정신적 상처에 관한 내용이었는데, 물
질적인 면보다 정신적인 상처를 지적하는 논지가 퍽이나 인상적이었
습니다.

김재순 조지 오웰George Orwell은 '공산주의라는 것은 직접 체험한 자만
이 알 수 있는 것'이라고 했습니다. 우리 세대는 6·25전쟁으로 공산주
의를 말이나 책으로가 아니라 직접 몸으로 경험한 사람들입니다. 그것
도 같은 민족끼리의 전쟁이 아닙니까? 형이 동생을 죽이고 동생이 형
을 죽이는 아비규환의 살육 속에서 삶의 목적이 어디 있으며, 인간에
대한 존엄성이 무슨 의미가 있겠습니까? 결국 우리 민족은 가슴 한구
석에 각자, 정도의 차이만 있을 뿐 정신적 상처 하나쯤은 누구나 갖고
살아가고 있습니다.

조지 오웰이 인간의 덕목 중에서 가장 소중한 덕목으로 꼽은 것이 바로
'디슨시decency'입니다. 우리말로 하면 '고상함', '예절', '인간적인 것',
'친절', '너그러움' 정도로 풀이될 수 있을 겁니다. 본래 우리 민족이라
면 누구나 이 디슨시라는 원형질이 피에 깃들어 있습니다. 다시 말해
오랜 세월에 걸쳐 우리 민족의 정신을 지배해온 일종의 사회 원리가
'디슨시'였지요.

그런데 지금 우리 민족이 어떻습니까? 디슨시는 차치하고 불신과 반목과 갈등이 우리 사회를 지배하고 있지 않습니까? 앞서 안 선생께서 말씀하신 정신적 상처가 곪고 곪아 냄새가 진동하고 살이 썩어가고 있는데도 누구 하나 수술을 할 엄두조차 내지 못하고 있습니다.

저는 상처의 원인을 인간을 극한 상황으로 몰아갔던 전쟁과 살육의 회오리바람으로 봅니다. 우리 민족의 상처를 아물게 하고 회복하는 길은 거창한 미사여구가 필요하지 않습니다. 바로 우리 고유의 '디슨시'를 찾는 것이지요. 착한 마음, 고운 말씨, 넉넉한 인정미는 본래 우리의 것이기 때문에 복원력도 빠르리라고 생각합니다.

정계 입문

안병훈   서울에서 집은 어디에 구하셨습니까?

김재순   처음엔 회현동에 집을 구해 잠시 있었습니다. 그러다가 돈암동 장인 댁에서도 얼마간 지냈습니다.

안병훈   어떤 일을 하셨습니까?

김재순   주로 주요한 선생과 국제문제연구소 일을 계속했습니다. 이때는 제가 총무 직함을 갖고 있었어요. 주 선생은 〈동아〉와 〈경향〉에 주로 쓰셨고 저도 직접 사설이나 논설을 쓰기도 했습니다.

안병훈   1954년 1월 25일자 〈동아일보〉 1면에서 의장님의 논설을 발견할 수 있었습니다. 제목은 「유엔헌장 수정문제」이고, 말씀대로 국제문제연구소 총무 자격으로 쓰신 글입니다. 굳이 그 내용을 읽을 필요는 없을 것 같습니다.

김재순 제가 유엔 학생대회에 다녀온 것을 아시니까 주요한 선생이 제게 맡긴 모양입니다.(웃음)

안병훈 국제문제연구소 일은 언제까지 하셨습니까?

김재순 1956년 정도로 기억합니다. 제가 1955년 8월에 민주당에 입당했는데 정계에 입문하고 나서도 한동안 국제문제연구소 일을 봤으니까요.

안병훈 그렇다면 1955년 8월을 정치인으로서 공식 첫걸음을 내디딘 시기로 봐도 되겠네요.

김재순 네. 그때를 저의 정계 입문으로 보시면 됩니다. 하지만 그 이전부터 제3대 민의원 선거에 출마한 주요한 후보 선거사무장으로도 활동했었습니다.

안병훈 제3대 민의원 선거 서울 제3선거구(종로)에는 무려 13명이 입후보했습니다. 주요 후보자는 윤보선尹潽善, 장후영張厚永, 박순천, 주요한 등으로, 그 당시 선거 이야기를 해주시지요.

김재순 그때가 환도還都 직후여서 아주 중요한 때였습니다. 그래서 제가 선거구호를 '이때가 어떤 때냐, 주요한 때다. 주요한 선생을 국회로 보내자'고 만들었어요.

안병훈 선거사무장으로서 정치와 선거에 대해 느낀 점이 있다면 말씀해 주십시오. 본인이 출마한 것은 아니지만 느낌이 남달랐을 것 같습니다.

김재순 윤보선, 장후영, 박순천, 주요한 후보가 다 쟁쟁한 분들이어서 느끼는 게 많았습니다. 지금처럼 정당 정치가 정착돼 있지 않은 시절이어서 후보 개인의 역량이 선거 판세에 큰 영향을 미쳤지요.

그런데 나중에 제가 야당 후보로도, 여당 후보로도 출마하지 않았습니까. 이게 하늘과 땅 차이예요. 야당 후보는 하늘에 대고 선거하는 사람입니다. 목메어 부르짖어도 메아리가 없어요. 하지만 여당 후보는 돈이 움직이고 조직이 움직입니다. 비교 자체가 안 됩니다.

안병훈   1955년 들어 야당 세력은 새롭게 결집하려는 움직임을 보입니다. 그들의 입장에서는 사사오입四捨五入 개헌으로 자유당과 이승만 대통령의 영구집권 기도가 노골화됐다고 본 것 같습니다. 9월에 시공관에서 민주당 창당대회가 열리는데, 기존의 민국당 세력에 장면·정일형 등의 흥사단 계열, 현석호玄錫虎 등의 자유당 탈당 세력, 그리고 무소속 의원들이 결집해 민주당이 탄생합니다.
의장님이 이해 8월 민주당 조직위원회 책임자로 입당해 9월 중앙위원, 10월 선전부 차장으로 임명되신 걸로 알고 있습니다.

김재순   그렇습니다. 당시 선전부 부장이 조재천曹在千씨였습니다. 무소속 민의원인 이철승씨가 그때 조직부 차장으로 입당했습니다. 제가 재미있는 얘기를 하나 해드릴까요? 당시 윤보선씨가 민주당 중앙위원이었습니다. 하루는 윤보선씨가 점심을 하자고 해서 수십 명의 당원들이 윤보선씨의 안국동 자택으로 몰려갔습니다.

안병훈   99칸에 달하는 윤보선씨 자택은 그 크기 덕분에 정치인들의 사랑방 역할을 했지요.

김재순   그런데 점심 메뉴가 인근 중국집에서 배달시켜온 짜장면이었습니다. 당원들을 더 곤혹스럽게 한 것은 조금 있으니까 부별로 점심값을 걷으라는 겁니다.(웃음)

안병훈   아니, 윤보선씨 가문은 소문난 부자 집안 아닙니까.

김재순   윤보선씨가 그런 면에선 손이 좀 작았지요.

안병훈   이철승씨는 무소속 의원인 경우이고, 김영삼씨는 이때 자유당 탈당 세력으로 민주당에 들어와 청년부장을 맡았습니다. YS가 여당 출신 현역 의원이라 그런지 바로 부장을 맡게 된 모양입니다. DJ는 입당 전이고요.

김재순   김대중金大中씨는 1956년 정·부통령 선거 이후에 입당했던 것으로 기억합니다.

안병훈   당시 기사에는 1956년 9월로 나와 있습니다. 그때 DJ는 개명 전 이름인 '김대중(金大仲)'을 쓰고 있었고, 민주당 입당 전에는 공화당 중앙위원이었지요. 물론 이 공화당은 제3공화국의 민주공화당과는 다른 당입니다.

김재순   DJ는 민주당에 입당하면서 중앙상무위원직을 맡았을 거예요.

안병훈   1956년 5월 15일 치러진 정·부통령 선거에 대해 질문하겠습니다. 민주당은 이때 대통령 후보에 신익희, 부통령 후보에 장면 박사를 선출합니다. 선거구호는 지금도 모르는 사람이 없는 '못 살겠다 갈아보자'였는데 이 구호가 의장님 작품이었다면서요?

김재순   완전한 제 작품은 아닙니다. 여러 구호가 나왔었지요. 그중 '못 살겠다 바꿔보자'가 간명하고 괜찮아 보였습니다. 그런데 '바꿔보자' 할 때 '꿔'가 된소리 아닙니까. 어감이 안 좋아서 제가 '갈아보자'로 바꾸자고 제안했는데 다들 좋아했습니다.

안병훈   그런데 신익희 후보가 갑작스럽게 타계했습니다. 의장님 모습이 실린 영결식 사진이 있던데 당시 상황이 기억나십니까?

김재순   장면 후보는 부통령에 당선됐지만 신익희 선생이 갑자기 별세

신익희 선생 영결식에서.

한 것은 마른하늘에 날벼락이었지요. 민주당 당원들뿐만 아니라 국민들도 큰 충격을 받았습니다. 다시는 그런 일이 없을 줄 알았는데 나중에 조병옥 후보도 대선 직전에 타계하지 않았습니까. 민주당의 불행이었고 국민적인, 국가적인 불행이었다고 생각합니다.

안병훈 정치에 입문한 이상, 제1목표는 국회의원 당선입니다. 1958년 5월 2일에 치러진 4대 민의원 선거가 의장님의 정계 진출 후 첫 선거인데요. 여기에 대해 여쭙기 전에 의장님의 가정사家庭史부터 먼저 짚어야 할 것 같습니다. 이것은 당시 시대상과도 관련이 있기 때문입니다. 의장님은 권농동에 세 들어 살며 1955년 4월에 차남 성린聖麟군을 보십니다. 그리고 1957년 10월 약수동으로 이사합니다.

김재순 그게 1957년 10월이었습니까?

안병훈 사모님께서 이해 11월 3남 성봉聖鳳군을 약수동 집에서 낳아서 정확하게 기억하고 계시더군요. 권농동 집에서 나가게 된 것이 주인집 아주머니가 춤바람이 났기 때문이라면서요? 사랑채를 댄스홀로 개조하기 위해서요.

김재순 그렇습니다. 임시수도 시절부터 고관대작이나 유한마담들 사이에 춤바람이 분 것은 유명한 이야기 아닙니까. 미군이 들어온 이후에 춤바람이 불기 시작해 1950년대에 절정을 이룬 것 같습니다.

안병훈 1954년 정비석鄭飛石이 〈서울신문〉에 연재한 『자유부인』과, 1955년 6월에 일어난 한국판 카사노바 '박인수 사건'이 당시의 시대상을 반영하고 있습니다.

김재순 권농동 집 사랑채를 비워달라고 해서 약수동 적산가옥이 있던 땅을 샀습니다. 땅만 산 것이지 그때만 해도 약수동은 허허벌판이었어요. 우리 집이 처음이었습니다. 목수를 포함해 인부 셋을 불러 스무 평도 안 되는 집을 짓기 시작했습니다. 그때 어머니가 동네에 있는 자갈이란 자갈은 전부 모아 그걸 이고 나르셨습니다. 어머니가 그 집 짓느라 고생을 많이 하셨죠. 자갈로 기초공사를 하고 집을 올리긴 했는데 아직 장판도 못 깔고 창문도 못 해놓은 상황이었어요. 그때가 집을 비울 시한이 일주일 정도 지난 시점이었습니다. 권농동 집에 낯선 사내들이 나타나 곡괭이를 들고 사랑채를 부수려고 하는데 화가 치밀어 올랐습니다. 집사람이 만삭이었습니다. 제가 아내를 가리키며 "저 몸으로 어디를 가라고 내쫓느냐?" 하고 심하게 화를 냈습니다. 그랬더니 순순히 물러나더군요. 하지만 그런 일을 겪고 나니 권농동에 하루도 있기 싫어서 바로 약수동으로 이사했습니다.

안병훈　이사 후 1958년에 실시된 4대 민의원 선거에 의장님은 강원도 양구楊口에 출마하셨습니다. 원래는 서울 중구(갑) 위원장을 맡고 계시지 않았습니까?

김재순　주요한 선생이 무소속으로 서울에서 또 나가시겠다고 해요. 그래서 제가 "선생님, 제 지역구를 드릴 테니 민주당으로 나가십시오" 하고 양보했습니다. 그 후 제가 조병옥, 장면 박사를 찾아가 양구 출마 허락을 받았습니다.

안병훈　자식에게도 안 물려주는 것이 지역구라지 않습니까. 의장님이 서울 중구에서 출마하셨다면 무난히 당선됐을 텐데요. 이 선거에서 민주당 주요한 후보는 1만7천492표를 얻어 국민당 윤치영 후보(6천105표)를 제치고 압도적으로 당선됐습니다.

김재순　제가 중구 갑에 나갔다면 무난히 당선됐을 겁니다. 하지만 저야말로 앞길이 구만리 같은 청춘이지 않았습니까. 주요한 선생은 제 은

김재순은 주요한 선생(안경 쓴 이)과 깊은 교분을 맺었다.
김재순은 주요한을 천재 중의 천재로 기억한다. 도산 안창호 선생의 묘에서.

인인데다 민주당에서 저보다 더 필요한 사람이라고 판단했어요. 솔직히 저는 공천 신청이 없는 지역구를 찾았습니다. 그렇게 찾은 곳이 강원도 양구였습니다. 현석호 조직부장이 '낙선할 각오하고 나가라'고 해요. 하지만 낙선할 생각으로 출마하는 사람이 어디 있겠습니까.

안병훈 당시 자유당 후보가 최규옥崔奎鈺 선생입니다. 이분은 양구 출신인데다 이미 강원도 지사, 농림부 장관을 지낸 강적이었습니다. 이승만 대통령에게 산삼山蔘을 진상해 유명세를 치른 분이기도 하지요. 선거운동은 어떻게 하셨습니까?

김재순 그땐 부재자 투표가 없을 때여서 군인들이 현지에서 투표할 때입니다. 당시 2개 사단이 양구 지역에 주둔하고 있었어요. 각 연대 뒷산에 마이크를 설치하고 밤마다 저와 김영옥씨가 올라가 번갈아서 호소했어요. 김영옥씨는 국제문제연구소 여직원이었는데 제가 선거에 나서자 사적으로 도와준 겁니다. 나중에 언론인 임삼林森씨와 결혼했지요.

안병훈 하필 왜 밤마다 그러셨지요?

김재순 낮에는 군인들이 다 근무 중이니까 선거운동 자체가 어려웠어요. 한漢나라 장량張良도 밤마다 피리로 초楚나라 노래를 연주하고 사면四面에서 초가楚歌를 부르게 하여 초나라 군사들의 마음을 흔들지 않았습니까. 저도 그 작전을 쓴 겁니다.(웃음)

안병훈 그래서 초나라 군사들이 투항했습니까?(웃음)

김재순 했지요. 거의 다 넘어왔습니다. 고단해서 잠자던 군인들이 벌떡벌떡 일어나 나와서 "전단 좀 주십시오. 내가 돌리겠습니다" 하는 겁니다. 33개 투표함 가운데 제가 30개까지 4천여 표 앞섰어요.

안병훈 하지만 결과는 자유당 최규옥 후보 1만6천661표, 민주당 김재순 후보 1만5천981표로 700여 표 차이로 석패했습니다.

김재순 나머지 3개 함에서 제 표는 단 3표가 나오고 나머지가 다 최규옥 후보 표였어요. 당시 '양구 환표 사건'으로 언론에 보도되기도 했습니다.

안병훈 당시 기사를 찾아보니 정말 크게 다뤄졌더군요. 사건의 전말이 기억나십니까?

김재순 대강은 기억합니다. 최 후보 비서가 양심선언을 했지요. 제 표를 최 후보 표로 바꿔치기했다는 것이었습니다. 하지만 그 비서만 무고誣告 혐의로 실형을 받았습니다.

모친 나화춘 여사와 양구에서.

안병훈 재판부는 결국 최 후보 손을 들어줬다는 뜻이지요? 재판부의 결정에 승복하십니까?

김재순 승복 안 한다기보다는 제가 이긴 선거라는 확신은 합니다. 정말 부끄러운 얘기지만 당시에는 공공연히 부정선거와 개표부정이 이뤄졌어요. 제 경우만 해도 선거운동조차 공정하게 치를 수 없었습니다. 애써 걸어둔 플래카드가 밤사이 칼로 잘려나가기가 일쑤였습니다.

또 고향이 이북인 제가 양구에 무슨 연고가 있겠습니까. 야당 후보라고 해서 여관방을 내주는 것도 꺼려했고 식당에 가도 밥을 주지도 않았습니다. 저와 선거운동원들은 밭에서 먹고 잤어요. 밥은 함께 올라온 어머니가 해주셨습니다. 그런데 낙선하고 나서 최규옥씨를 제가 찾아갔습니다.

안병훈 따지려고 가신 건가요?

김재순 전혀 반댑니다. 최 선배는 선거전부터 제가 알고 있었던 분으로, 제가 최 선배께 이렇게 말씀드렸습니다.

"최 선배, 부정선거를 최 선생이 하지 않은 거 다 압니다. 당이나 기관에서 조직적으로 다 했겠지요. 최 후보 비서가 양심선언을 했다고 신경이 쓰이시겠지만, 그 사람의 결심에 따라 언제든지 말이 바뀔 수 있는 만큼 기자들이 이 문제에 대해 물어봐도 일체 인정하거나 부인하지 마시고 모른 체하시오. 이번 선거를 보세요. 부정선거다, 아니다, 그야말로 이전투구泥田鬪狗식 싸움판입니다. 그럴수록 국민들은 불안할 수밖에 없고, 이 나라의 장래는 어찌 되겠습니까? 제가 최 선배를 일부러 찾아온 이유는 우리만이라도 진흙탕에서 싸우는 개는 되지 않았으면 해서입니다. 이제 나는 최 선배의 명예를 위해서도 아무 말도 안 하리다."

안병훈 의장님 말씀에 많이 고마워하셨겠네요.

김재순 고마워하셨습니다. 이런 게 정치 아닙니까?

〈새벽〉잡지 주간主幹

안병훈 그럼, 낙선 이후에는 어떤 일을 하셨나요?

김재순 월간〈새벽〉발간에 전력했습니다. 작정하고 이승만 독재와 맞섰습니다.

안병훈 〈기파랑〉지원팀이 조사한 잡지〈새벽〉의 개요를 제가 먼저 말씀드리겠습니다. 〈새벽〉은 1926년 5월 주요한이 편집·발행인으로 창간한 종합 월간지 〈동광東光〉을 뿌리로 하는 잡지입니다. 〈동광〉은 재정난으로 발행이 중단됐다가 춘원 이광수에 의해 속간되기도 했었지요. 〈동광〉은 1933년 1월 30일 통권 40호를 마지막으로 폐간됩니다. 주요한과 이광수의 이름만 봐도 알 수 있듯이 동우회(홍사단)의 준準기관지 성격을 띤 종합지였어요. 〈동광〉을 복간하며 개제改題한 〈새벽〉 역시 처음에는 주요한 선생이 편집인 겸 발행인이었지요. 1954년 9월호가 창간호입니다.

김재순 '동광'의 순우리말이 '새벽'인데, 지금까지 전 '새벽'이라는 이름을 장리욱 선생이 붙인 것으로 알고 있었습니다. 안 선생의 설명을 듣고 보니 '새벽'이라는 이름을 주요한 선생이 지으셨을 수도 있겠다는 생각이 듭니다. 제가 〈새벽〉에 관여할 때는 장리욱 선생이 사장이셨습니다. 장리욱 선생이 100명에게 한 달에 만원씩 내게 해서 그 돈으로 책을 냈습니다. 그때도 편집·발행인은 주요한 선생이었던 것으로 기억합니다.

안병훈 그게 1959년 10월 혁신호부터입니다. 관련 기사를 찾을 수 있었습니다. 편집 진용 개편 기사가 8월 16일자 〈동아일보〉에 났는데 이때 사장이 장리욱, 주간이 김재순, 편집이 윤호중尹鎬重이었습니다.

김재순 윤호중씨는 서울상대 후배이고 송원영씨의 처남이었습니다. 저는 4·19가 일어나기 전해 가을부터 관여했던 것 같습니다. 그러다가 4·19가 난 1960년에는 〈새벽〉이 장준하張俊河씨의 〈사상계思想界〉를 부수 면에서 수차례 앞섰어요. 제가 주간으로 있으면서 자유당 독재정권을 높은 톤으로 비판했습니다. 그것이 독자들에게 크게 어필했나 봅니다.

안병훈 〈기파랑〉 지원팀이 조사한 자료를 토대로 이 부분도 제가 대강

〈새벽〉 주간 시절. 김재순은 〈새벽〉 주간을 맡으며 자유당 독재를 강하게 비판했다.

을 정리해 보겠습니다. 혁신호인 1959년 10월호 〈새벽〉에 의장님은 「정권 교체는 가능한가」라는 특집을 꾸몄습니다. 11월호에는 「1인 정치의 비극」이라는 특집과 「폭군의 성격 파탄증」이라는 기사를 실었지요. '1인 정치', '폭군'은 물론 이승만 대통령을 지목하고 있습니다. 그리고 12월호에는 「민족적 반성의 순간」, 이듬해 1960년 1월호에는 「민주 투장의 반려伴侶」 등의 기사를 실었고 2월호에 「사법부여 건재하소서」, 3월호에 「지조론志操論」 같은 기사를 게재합니다. 여기서 지조론은 두말할 것도 없이 시인 조지훈趙芝薰의 글입니다. 여기까지 기억나십니까?(웃음)

김재순   세세히 기억할 리가 있겠습니까. 기록이 제일 정확한 겁니다.

안병훈   압권은 1960년 4월호와 5월호입니다. 3·15부정선거 일주일쯤 후에 발간된 4월호에는 「하늘이 무너져도 꾀꼬리는 운다」, 「민의는 피 흘리고」, 「혁명 전야」 등이 게재됩니다. 또 5월호는 4·19 직전인 4월 15일에 발간되었는데 「문화인의 지상紙上 데모」가 특집으로 실려 있습니다. 이 특집에는 이태영, 조지훈, 김팔봉, 홍종인, 서상일, 이무영, 정비석, 주요섭, 부완혁, 선우휘, 김광림, 신동문, 차범석, 김수한, 윤석중, 김수영, 윤길중 등 무려 30인의 필자가 동원되기도 했습니다.

김재순   그 시절, 의욕적으로 필자 섭외를 나섰던 기억이 납니다.

안병훈   4·19의 기여 측면에선 〈새벽〉이 오히려 〈사상계〉를 앞선다는 생각을 갖고 있는 분도 꽤 있습니다. 자화자찬 격의 말이지만 『흥사단 운동 70년사』는 이렇게 쓰고 있습니다.

> 〈새벽〉 4월호가 민권 혁명의 불씨를 뿌렸다면, 4월 15일 간행된 5월호는 4·19 민주혁명 전야에 거칠은 역사의 황야를 전국적으로 직접

불태우게 하는 그 명중탄이 아닐 수 없었다. 말 그대로 민족 전도 대업에 민주 소생의 복음을 울려 퍼지게 한 메카는 다름 아닌 〈새벽〉이었다. 이를 부인할 사람은 아무도 없다.

의장님도 여기에 동의하십니까?

김재순 〈새벽〉이 상당한 역할을 한 것은 사실입니다. 개인적으로는 큰 자부심을 갖고 있어요. 폐간을 각오한, 목숨을 건 편집이었다고 말할 수 있습니다. 나중에 장준하씨가 "김 주간, 대단하시더만. 우리 〈사상계〉는 그렇게까진 못해", 이래요. 〈사상계〉가 이미 자리를 잡은 잡지인 반면, 〈새벽〉은 새롭게 시작한다는 생각으로 옳고 믿은 것을 배짱 있게 끌고 갔던 겁니다. 〈새벽〉이 〈사상계〉만큼 권위지였다면 그렇게 못했을 겁니다.

안병훈 1960년 11월호에 실린 최인훈崔仁勳의 『광장』도 〈새벽〉이 발굴한 큰 성과입니다. 『광장』이 한국 현대문학사에서 차지하는 비중은 거의 기념비적인 수준입니다.

김재순 그때는 제가 국회의원에 당선된 이후라 편집에 적극적으로 참여하진 않았지만 저를 이어 주간을 맡았던 신동문辛東門씨가 받은 원고입니다. 경기고 교사로 재직 중이던 이어령李御寧씨도 〈새벽〉 편집위원이었습니다. 물론 제가 직접 전화를 걸어 모셔왔지요. 주요한 선생도 천재지만 이어령 선생 또한 세상이 다 아는 천재가 아닙니까? 안 선생도 88서울올림픽 때 굴렁쇠 장면 기억하시죠?

안병훈 기억하다마다요.

김재순 이 선생이 아니면 한 소년의 움직임만으로 어찌 세계인을 감동시킬 수 있었겠습니까. 고요한 아침의 나라답게 물리적 힘이 □□라 오히려 정적靜寂으로 세계를 정복한 위대한 순간이었다고 생각합니다. □ 선생을 만나면 늘 많이 배웁니다. 몸이 괜찮으면 꼭 한번 뵙고 싶네요. 이어령 선생 같은 분이 〈새벽〉에 계셨으니 이 잡지가 얼마나 좋은 책이었겠습니까. 제가 창간호부터 폐간호까지 다 모아둘 만큼 〈새벽〉 잡지는 제 젊은 날의 초상이라고 할 수 있습니다.

안병훈 그런데 아쉽게도 『광장』이 실린 다음 호가 〈새벽〉의 종간호가 됩니다. 종간을 한 특별한 이유가 있습니까?

김재순 재정난 때문이죠. 별다른 이유는 없습니다.

세 번째 여행

1970. 4

그런데 그 당시 우리가 추구했던
자유민주주의는 어땠습니까?
자유민주주의를 수호하다가
산화散華한 젊은이들과
민주발전의 제단祭壇에 젊음과 생명을 바친
그들의 고귀한 정신은 온데간데없고
민주주의라는 허울만 남지 않았습니까?

안병훈 이제 의장님과의 세 번째 시간 여행입니다.

김재순 벌써 그렇게 됐나요? 사람을 젊게 만드는 것이 둘 있다고 하지 않습니까. '하나는 사랑이요, 또 하나는 여행이다.' 안 선생과 여행을 함께 떠나니 제가 젊어지는 것 같습니다.(웃음)

안병훈 얼마 전 의장님 선거구였던 양구에 가본 적이 있었는데, 양구로 접어드니까 재밌는 글귀가 눈에 보이더군요.

김재순 무슨 글귄데요.

안병훈 예, '양구에 오면 십년이 젊어진다!'

김재순 아, 가슴에 와 닿는 글귀네요. 양구楊口란 이름의 유래가 버드나무[楊]가 우거진 들녘 입구[口]라 해서 붙여진 거 아십니까?

안병훈 몰랐습니다.

김재순 버드나무 잎을 말려 약재로도 쓰지만 껍질은 해열과 진통에 효과가 있다고도 합니다. 아프면 어디서나 구할 수가 있으니 당연히 오

민주당 공천을 받고 선거유세 중인 김재순.
'썩은 정치 바로잡자'는 구호가 보인다.

래 살 수밖에 없지 않겠습니까?(웃음) 어디 그뿐인가요, 산에만 올라가면 각종 산나물과 산약초가 즐비합니다. 아마 다음 달쯤 곰취나물 축제가 열리는 것으로 알고 있습니다.

안병훈 (웃음) 정치 일선에서 떠나셨는데도, 여전히 선거구 관리 차원에서 양구를 홍보하시는 것 같습니다.

김재순 아, 그렇게 들렸습니까?(웃음)

안병훈 아닙니다. 그저 보기에 좋아 보여서 말씀드린 겁니다. 자, 인터뷰 시작하겠습니다.

첫 당선

안병훈 제4대 정·부통령 선거에 앞서 민주당은 조병옥을 대통령 후보로, 장면을 부통령 후보로 선출합니다. 이때 민주당의 이른바 신·구파 갈등이 더욱 표면화됐는데요. 의장님은 신파新派였지요?

김재순 아시다시피 장면 박사가 신파, 조병옥 선생이 구파舊派의 대표격 아닙니까. 저는 장면 박사를 모셨고, 또 흥사단 단원 가운데 신파가 적지 않았기 때문에 자연스럽게 신파로 분류됐습니다. 하지만 이후 저의 정치인생이 그랬듯이 계파의 이익에 우선한 적은 없습니다. 조병옥 선생도 저를 매우 아껴주셨습니다.

안병훈 4·19 직후에 치러진 제5대 국회의원 선거에 의장님은 양구에 재도전해 당선됩니다. 선거 2주 전에 막내 성구聖龜군을 보셨는데, 혹시 득남을 길조吉兆로 받아들이셨나요?(웃음)

김재순 한창 선거운동 중이었는데 집에서 전화가 왔어요. '또 아들이냐'고 하고, 내심 섭섭해서 전화를 끊었습니다. 이제 아들만 넷 아닙니까. 하지만 선거사무실에서는 아들이라고 해서 만세를 불렀어요. 좋은 징조라고 본 모양입니다.

안병훈 그런데 특이하게도 한 지역구에 민주당 후보가 둘이더군요. 의장님과 이동희李東熙씨 말입니다. 당시 신문에 의장님은 '민공民公'으로, 이동희 씨는 '민民'으로 표기되어 있는 걸 보면 의장님은 민주당 공천을 받았고, 이동희씨는 민주당 소속이긴 한데 공천은 못 받은 모양입니다.

김재순 이동희씨는 언론인 출신이었는데, 저는 민주당 신파였고 이동희씨는 구파였지요.

안병훈 선거는 의장님과 이동희씨, 무소속 임규호任奎鎬 후보, 자유당 성수경成綏慶 후보 간의 난전亂戰 양상이었습니다. 의장님이 3천597표로 당선됐지만 2위 임규호 후보(3천380표), 3위 이동희 후보(3천84표)와는 근소한 차이였습니다. 이 선거와 관련해 특별한 기억이 있는지요?

김재순 특별한 것은 아닙니다만 당선되고 나서 알게 된 사실이 있어요. 김구 선생 살해범 안두희가 당시 양구에서 양조장을 하며 숨어 지내고 있었던 겁니다.

처음엔 그 사실을 몰랐는데 안두희 처가 우리 집을 찾아와 남편의 구명운동을 하러 왔다고 해요. 집사람이 '김구 선생을 죽여 놓고 여기가 어디라고 찾아왔느냐. 당장 나가라'고 쫓아냈는데 나중에 이 사실을 집사람으로부터 듣고 분이 가시지가 않더라고요. 그 뒤 안두희가 어디론가 잠적했다고 들었습니다.

안병훈 안두희가 양구에 살았었군요. 의장님이 안두희를 만났으면 어찌 되었을지 상상이 갑니다. 자, 낙선과 당선을 한 번씩 경험하신 의장님께 질문드리겠습니다. 의장님에게 선거는 무엇입니까?

김재순 아직까지 그보다 좋은 제도를 찾지 못했을 뿐이지 선거라는 것은 본질적으로 불합리성과 모순성 등 부정적 속성을 자체에 지니고 있다고 할 수 있습니다. 한마디로 불완전한 정치 제도입니다. 선거에는 머리를 숙여가면서 표를 구걸해야 하는 속물적 행동이 반드시 따릅니다. 케네디도 이른 새벽부터 공장 문 앞에 서서 2천여 명의 직공들과 악수했다는 기록이 있습니다. 이런 일들은 보통 사람이라면 여간해서는 하기 힘듭니다.

그럼에도 불구하고 이미 어떤 정치적 특권을 가지고 있는 사람에게는 잊고 있던 인간성을 어느 정도 일깨워주거나 자기 스스로를 돌아볼 수 있게 해준다는 점에서, 선거는 정치인에게 귀중한 자산이자 긍정적 제도라 할 수 있습니다. 선거는 인간적 고뇌, 국민의 여망, 서민의 애환 등에 대해 깊이 반추하게 해줍니다. 심지어 개인의 영달만을 추구했던 정치인도 선거 전과 후의 자신의 모습이 얼마나 달라졌는지를 실감하게 해줍니다.

안병훈 선거라는 제도가 없다면 국민을 섬기는 정치인은 도저히 찾아볼 수 없다는 말씀이네요.(웃음)

김재순 불행하게도 그게 정치 바닥입니다.

안병훈 선거가 끝난 직후에 신·구파의 갈등이 더욱 격해져 결국 구파는 분당을 선언하게 됩니다. 의장님은 소장파 의원들의 대변인으로 활약하게 되고, 1960년 8월 25일 민주당 신파 소장파 의원들은 '소장동지회'를 구성키로 합의합니다. 이때 신파 측의 대표로 김재순, 홍영기, 조연하 세 의원이 뽑힙니다.

김재순 그때 제가 30대 중반이었습니다. 피가 끓는 한창 때였지요. 정치를 바꾸고 좋은 나라를 만들겠다는 열정과 의욕이 어느 때보다 충만했습니다. 청년 의원들끼리 의기투합했다고 보시면 됩니다. 어딜 가도 앞장서는 성격이어서 '소장동지회'의 주축이 된 것이죠.

안병훈 다음 날, 본회의장에서 양일동梁一東 의원과 정헌주鄭憲柱 교통부 장관의 멱살잡이가 벌어졌습니다. 국회 경위가 두 사람을 떼어놓으려고 할 때 구파인 이경李京, 신인우申仁雨 의원이 뛰어들었고 유도 6단인 이경 의원이 정헌주 장관을 쓰러뜨렸습니다. 이때 의장님이 이경 의원에게 달려들어 서로 몸싸움을 벌였다고 들었습니다. 이경 의원이 유도 6단이었다고 하던데 완력에서 밀리진 않았습니까?

김재순 특히 기억나는 것은 없습니다만 제가 야쿠자 2인자가 된 김형오라는 친구 이야기를 했었지요? 제가 보통학교 시절 이 친구를 혼내준 사람 아닙니까.(웃음)

안병훈 몇 달 뒤, 대한민국의 유엔 가입 문제로 뉴욕으로 떠나시는데, 당시 유엔 대표 단장이 신임 주미 대사로 임명된 장리욱 선생이었다고 알고 있습니다.

김재순 정일형 외무부 장관이 수석대표였고, 최두선崔斗善 〈동아일보〉 사장, 윤재근尹在根 의원, 박준규 의원 등과 제가 대표 단원이었지요. 대한민국의 유엔 가입을 실현하기 위해 뉴욕에 가 회원국들을 설득하는 일을 맡았습니다. 대륙별로 몇 개의 조組로 나눠 활동했는데, 저는 박준규 의원과 함께 아시아 국가들을 맡았었지요.

안병훈 1960년 11월 28일자 〈경향신문〉에 이런 기사가 실렸습니다. 읽어보겠습니다.

해외 시찰 중 최희송 의원과 함께.

이번에 파견된 유엔 대표단의 활약상에 감복했다는 교포로부터의 찬사가 본사에 전해지고 있는데 그 내용을 보면 과거의 대표단이란 사람들은 대부분이 위로 출장같이 생각하고 선물 사는 데만 혈안이 되어 교포들로부터 웃음거리가 되었는데 혁명정부가 보낸 대표들 이라 그런지 이번 대표들은 좀 다른 점이 있다는 것이다. 특히 최희 송(참의원), 김재순(민의원) 양씨는 열심히 교포들과 공관들을 찾아 다니며 한국의 진로와 그들의 협력을 구하는 한편, 4·19혁명 후의 공간空間에 현지공관 등에서 생길 수 있는 여러 가지 불미한 점을 내 사 탐지하여 이의 시정을 촉구하고 있다는 것이다. 현지에서 들리 는 말로는 전에 고관이었던 모씨가 은행에 숨겨둔 수만 불도 찾아냈다고 전문傳聞되고 있어 교포들은 이와 같은 정신으로 일하면 우리나라의 장래에 도움이 될 것이라는 논평도 있다.

김재순　좋은 기사군요.(웃음) 앞으로는 저에 대한 안 좋은 기사도 소개해 주십시오.

안병훈　그러겠습니다.(웃음) 다음 해 1월, 신풍회新風會 총회가 열립니다. 신풍회는 소장동지회가 개편된 조직으로 이철승 의원과 함께 신풍회를 주도하셨다고 하는데, 이에 대해 설명 부탁드립니다.

김재순　신풍회는 민주당 내의 젊은 신파 의원들의 모임이었습니다. 신풍이라는 것이 새로운 바람 아닙니까. 작은 것부터 시작했습니다. 의원들부터 비싼 양복보다는 골덴 양복을 입고, 양주나 정종보다는 막걸리를 마시자는 운동도 했어요.(웃음) 그때 용어로 '생활 간소화'를 하자는 것이었습니다. 민주당에서는 구파 김영삼, 박준규 의원이 활동한 청조회淸潮會도 있었습니다. 청조회가 먼저 기세를 올렸지요.

안병훈　같은 달에 의장님께서 외무부 정무차관으로 취임합니다. 이때가 만 35세로, 취임하자마자 관료들에게도 신풍 운동을 역설하시더군요.

김재순　국·과장 회의에서 사치품을 사용하지 말자고 제의한 적이 있습니다. 그런 것도 '신풍'의 하나였으니까요.

안병훈　그때 하신 말씀이 기사에 나와 있습니다. 해당 대목을 읽어드리겠습니다.

외무부 내의 신풍운동은 새로 부임한 김재순 정무차관이 (2월) 2일 아침의 국·과장 회의에서 발기하여 '가난한 우리 살림에 관리들이

사치품을 감고 있는 것은 외국 손님들에게도 보이기가 민망할 뿐더러 우선은 국내적으로 서민층인 노동자, 농민, 세궁민細窮民들과 관리들 사이에 양복이나 장신구 때문에 생기는 거리감을 없애는 것이 민주주의 국가의 관리들이 할 일'이라고 역설하여 만장일치로 가결, (2월) 3일부터는 우선 호사스런 양복들을 벗어버리기로 하고 간소한 국산 양복을 갖고 있는 직원은 곧 실천하도록 했다는 것이다. 그러나 독재적 인상을 주는 제복 같은 것은 마련하지 않고 제각기 좋은 형태로 수수하게 차리자는 것이다.

김재순 기억에서 사라져버린 옛일들을 다시 떠올리게 해주셔서 안 선생께 감사드립니다.

안병훈 아닙니다. 제게도 즐거운 일이지요. 외무부는 의장님을 원했지만 정작 의장님은 재무부에 가기를 바라고 있었다고 들었습니다. 1961년 1월 31일자 〈조선일보〉를 보면 의장님이 '외무부 정무차관에 임명되면 즉각 사표를 내고 말겠다'고 했다고 나옵니다.

김재순 외무부에 가기에는 제 영어 실력이 모자란다고 생각했기 때문입니다. 장면 총리에게도 사실대로 그렇게 말했더니 "자네도 괜찮은 영어야. 자네만큼 영어하는 사람 있으면 찾아와봐" 하세요. 그리고는 저를 외무부 정무차관으로 임명했습니다.

안병훈 역시 〈조선일보〉 기사에 따르면 장면 총리가 "사표를 내겠으면 여기서 당장 내라"고 꾸중도 하고, "선거 때 내가 아픈 몸을 이끌고 찬조연설도 해주었는데 내 체면도 생각해 주어야지" 하며 타이르기도 했다고 나와 있습니다.

김재순 장면 총리와 장면 정부가 얼마나 민주적이었는지 보여주는 사

민주당 의원 시절.

례가 아니겠습니까.(웃음) 물론 장면 총리가 저를 아껴서 그런 말씀을
한 것이지만 그만큼 둘 사이에 스스럼이 없다는 뜻도 되고, 저도 할 말
을 했다는 뜻이 되겠지요.

안병훈　외무부 정무차관이 된 이후, 영어 실력을 검증할 기회가 있었습니까?

김재순　월터 고드프리 신임 영국 대사 환영연 때 부부 동반으로 참석했는데, 그런대로 대화는 됐던 것 같습니다.(웃음)

안병훈　자, 이제 듣기에 별로 좋지 않은 기사 하나를 의장님께 들려드릴 차렙니다. 엄요섭嚴堯燮 주일 공사에 대해 의장님께서 '내 자리를 걸고 엄 공사를 경질시키겠다'는 말을 하셨다는 기사가 있습니다.

김재순　제가 그런 과격한 발언을 했나요?

안병훈　엄요섭씨가 주일 공사에 임명된 것은 1960년 9월이었습니다. 엄요섭씨가 임명되자 민주당 구파는 장면 총리의 정실情實 인사라며 반발했습니다. 그리고 이해 10월부터 한일예비회담이 열립니다. 그런데 이듬해 1월 엄요섭 주일 공사의 '한일문제는 일괄해서 정치적으로 해결해야 한다'는 발언이 파문을 일으켰습니다. 이는 '한일 현안 문제의 개별적 해결이 선행되어야 한다'는 장면 정부의 방침과 여야 지도부의 합의를 무시하는 발언이었습니다. 얼마 후 국정감사가 열려 야당 의원들은 엄 공사의 경질을 강력하게 요구했고, 답변에 나선 의장님이 그런 발언을 한 것 같습니다.

김재순　그렇다고 해도 제가 그런 발언을 했다니….

안병훈　의장님이 들으시기에 거북한 기사입니다만 제가 읽어드리겠습니다.

'내 자리를 걸고 엄 공사를 경질시키겠다'는 김재순 외무부 정무차관의 발언은 일부 여야 의원들의 조소를 받고 있다. (3월) 10일 상오 운영위원회에 나온 신민당의 한 원내간부는 "김재순인가 그 사람 큰일 낼 사람이야. 대·공사 임면권은커녕 사무 감독권도 없는 일개 정무차관이 현직 공사의 목을 자르겠다니 그런 몰상식한 사람이 어떻게 외무행정을 보좌한단 말이오. 외국에서는 정무차관이 분과위의 정책질의에 나서는 법도 없어요. 정무차관은 국회에 주재하여 의회와 행정부 사이의 사무연락 정도를 하는 것이 통례인데" 하고 입맛을 다셨다.

김재순 제 나이 만 35세 되던 때라 철이 없었던 것 같습니다.

안병훈 결국 엄요섭 공사가 경질되긴 했습니다. 야당 의원들이 엄 공사의 경질을 강력하게 촉구했기 때문인 것 같습니다. 5월 2일 각 부처 정무차관 전원이 사표를 제출합니다. 그리고 다음 날, 재무부 정무차관을 맡게 됩니다. 원하던 부처에 가시니 어떻던가요?

김재순 장면 정부가 잦은 개각으로 정국의 불안을 초래하지 않았습니까. 그런 맥락으로 보시면 될 겁니다. 그런데 당시 제가 속한 신풍회에서 당 주류파에 대한 공격이 심했습니다. 저로서는 난감한 지경이었지요. 정계에서 잊혀진 사람이 되고 싶다는 생각까지 들었습니다.

안병훈 당시 〈조선일보〉에 실린 기사를 다시 읽어보겠습니다.

(김재순 차관은 5월) 8일 하오에도 그 고충을 털어놓은 끝에 '이젠 정계에서 망각된 사람이 되고 싶다'고 독백. 그러면서 김 차관은 "지금까진 아무것도 모르고 떠들기도 했지만 막상 재무부에 와서

실정을 알고 보니 안 되겠소. 어물어물하다간 국민이 굶어 죽을 판이야. 정치도 정치지만 착실한 사무관도 되어야겠소"라고 새삼스러이 열변을 토로하고 있다.

김재순 그때는 제가 정치가이면서 행정가였으니까 그런 고민을 토로했던 모양입니다.

5·16 그리고 강제 구금

안병훈 그런데 재무부 정무차관이 되고 나서 2주도 안 돼 5·16을 맞으셨지요? 5·16이 나기 직전, 장도영張都暎 육군참모총장을 만나셨다면서요?

김재순 지금도 기억하는데 5월 16일이 화요일입니다. 그 전주前週 토요일이 5월 13일인데 이날 저녁에 전前 조폐공사 사장 선우종원鮮于宗源씨, 총리 공보담당 비서관 송원영씨, 그리고 제가 장도영 총장을 불러 식사를 했어요. 저는 그때 방첩대에 근무하는 영관 장교들로부터 박정희 소장의 쿠데타 음모설을 듣고 있던 터였습니다.

제가 장 총장에게 "여보, 옛날 군인은 왕권 시대에 왕한테 충성을 다해서 죽기까지 했는데, 민주주의 사회에서는 누구에게 목숨을 버려야 되겠소? 헌법에 목숨을 걸어야 될 게 아닙니까? 이 헌법을 짓누르는 녀석들에 대한 정보가 사방에서 들리고 있고, 특히 박정희 소장이 쿠데타를 한다는 소문이 있는데 어떻게 된 겁니까?" 하고 물으니까 저보고 "형님, 박정희는 제 꼬붕입니다. 제가 참모총장으로 있는 한 안심하십시오.

4·19혁명 1주년 기념행사를 마치고 자택에서 가족들과 함께.
기념행사장에서 단 가슴의 꽃 장식을 떼지 않고 귀가했다.

오늘 낮에도 장면 총리께서 오라고 하셔서 갔더니 같은 말씀을 하시더 군요. 저를 못 믿으시겠습니까?" 이래요. 장도영 총장이 저보다 나이 가 많은데도 형님이라는 겁니다. 참 웃기는 양반이었지요.

안병훈 송원영씨도 『제2공화국』이라는 책에 이렇게 쓰고 있습니다.

> 사실, 장도영씨는 김재순 의원보다 한두 살 연장인데 김재순 의원 의 단도직입적인 물음에 몹시 당황한 듯하였다. 어쨌든 그날따라 장도영씨가 무슨 고민이 있는 듯한 얼굴을 하고 술도 많이 마시지 않은 채 벌렁 땅바닥에 누웠다.
>
> "형님! 정말 못해 먹갔어요."
>
> 그는 참모총장으로서의 어려움을 하소연하였다. (…)우리는 그날 일찍 자리를 떴다. 장 총장은 또 다른 데도 갈 곳이 있다면서 총총히 자리를 떴다. 내가 장 총장을 본 것은 이것이 마지막이었는데, 그날 안색이 좋지 않았던 점, 술자리에서 일찍 일어난 점 등이 지금도 눈 에 선하다. 그날은 토요일이었다.

김재순 제 기억력이 과히 나쁘진 않군요.(웃음)

안병훈 5·16 직후에 바로 연행됐습니까?

김재순 사나흘가량 도피했다가 제 발로 귀가해 연행됐습니다.

안병훈 어디로 도피하셨는지요?

김재순 나중에 동서식품 회장을 지낸 이인식李仁植씨의 사직동 집에 숨 어 있었습니다. 이분이 저와 아주 친해서 나중에 동서식품 회장이 되 시고 나서도 우리 집에 커피를 계속 보내주셨어요. 이분이 2007년 타계한 뒤에는 끊어질 줄 알았는데 아직까지 보내주고 있습니다.

안병훈 도피 기간 동안 무엇을 하셨습니까?

김재순 제가 반혁명 모의를 한 사실은 모르시지요?(웃음)

안병훈 모릅니다.

김재순 서울상대 한 해 후배인 홍성철洪性澈씨가 당시 해병대 장교로 복무 중이었습니다. 6·25 전에 자원입대해 5·16 무렵에는 해병대 상륙사단장이던 김두찬金斗燦 소장의 전속 부관이었지요. 김두찬 소장은 평안남도 강동江東 출신으로 제게는 고향 선배 격이었습니다. 당시 두 사람 다 포항에서 근무하고 있었는데 제가 홍성철씨에게 '해병대를 동원해 나와 함께 쿠데타를 물리치자'고 했어요. 그랬더니 '해병대는 가족적인 분위기여서 맞서 싸우는 건 불가능하다'고 미안해합니다.(웃음) 대세가 이미 기울었는데 군軍의 생리도 모르고, 세상 물정도 모르는 만용이었지요. 그리고 제 발로 귀가했고 헌병에게 연행됐습니다.

안병훈 헌병에게 연행된 후 어디로 끌려가셨습니까?

김재순 당시 육군형무소가 지금의 용산구청 부근에 있었어요. 거기로 끌려갔습니다. 구타나 고문은 당하지 않았습니다. 그러다가 서대문형무소에 투옥됐지요. 그때 이승만 정부의 마지막 내무부 장관 홍진기洪璡基씨도 서대문형무소에 있었습니다. 나중에 집사람에게 들은 사실이지만 면회 대기를 하면서 집사람이 홍진기씨 부인과 딸을 자주 만났다고 하더군요.

안병훈 부인과 딸이라면 김윤남金允楠 여사와 홍라희洪羅喜씨를 말하는 거겠네요.

김재순 그렇습니다.

안병훈 감옥에 있을 때 반혁명 사건 재판에 증인으로 출석하셨습니다. 일명 '선우종원·한창우 반혁명 사건'입니다. 5월 17일 종로구 견지동 심창석沈昌碩씨 집에 선우종원 조폐공사 사장, 한창우 경향신문 사장, 김재순, 조연하趙淵夏 민의원, 이귀영李貴永 시경국장, 이성모李聖模 총리 비서 등이 모여 5·16혁명 과업을 방해할 목적으로 음모를 꾸몄다는 혐의입니다.

김재순 무슨 음모를 꾸몄겠습니까?(웃음) 그저 얽어맨 것이지요.

안병훈 송원영씨는 당시의 실상을 이렇게 쓰고 있습니다.

> 그(조연하)는 아침을 뜨는 둥 마는 둥 하고 선우종원씨 사무실로 달려 나갔다. 이때 선우씨의 사무실에는 김재순 의원도 와 있었다. 얼마 후에는 시경국장 이귀영씨가 나타났다. 이처럼 자연스럽게 모여서 서로 걱정을 나눈 것이 나중에 반혁명 사건으로 비화되기도 하였다.

송원영씨의 회고에 따르면 심창석씨 집이 실은 선우종원 선생의 사무실인 듯합니다.

김재순 그게 맞습니다.

안병훈 의장님은 10월에 풀려납니다. 약 5개월가량 감옥 생활을 하신 것 같습니다. 풀려난 날 박정희 의장을 만나셨다고 들었습니다.

김재순 일전에 말했던 홍종철씨가 육사 8기로 이른바 혁명 주체세력이었습니다. 또 JP가 육사 8기 아닙니까. 여기에 서울대 상대를 다니다 육사에 간 강상욱씨가 육사 9기였지요. 강상욱씨는 상대 1년 후배예요. 아마 홍종철씨, 강상욱씨가 박정희 의장과 JP에게 미리 나에 대해 이야기한 모양입니다.

풀려나던 날, 감옥에서 자고 있는데 "재순아, 재순아" 하고 저를 찾는 소리가 들리는 거예요. 그래서 벌떡 일어나 보니 간수가 와서 '찾으신다'고 해서 나가보니 홍종철씨가 감옥에 들어와 "재순아, 나가자우" 하는 겁니다.

종철이가 준비한 옷으로 갈아입고 곧바로 그를 따라 장충동 의장 공관에 갔더니 박 의장이 측근들과 술을 마시고 있었습니다. 박 의장이 저를 보고 술을 권하더니 마시고 가라고 해요. 저는 "호의는 정말 감사하지만 홀어머니를 모시고 있어 아무래도 오늘은 어머니부터 뵈야겠습니다" 하고 정중히 거절했습니다.

안병훈　그런 상황에서 술을 거절한다는 것이 누구나 할 수 있는 일은 아닌 것 같습니다.

김재순　그런가요? 박 의장이 고마웠던 것이 제가 그 말을 하고 나자 술자리를 마무리하게 했던 점입니다. 귀가하고 나서 몇 달 정도 가택연금을 당했습니다. 동네 이발소도 못 가게 하고, 신문도 못 보게 했습니다. 덕분에 우리 집을 지키는 헌병들과 많이 친해졌지요. (웃음)

안병훈　사모님 말씀으로는 홍종철씨를 통해 몇 번은 밖에 나가셨다고 하던데….

김재순　한두 번 그런 적이 있었습니다. 홍종철씨가 정말 좋은 친구였는데 너무 일찍 갔습니다. 오늘따라 이 친구가 보고 싶군요. 제가 나중에 이 친구뿐만 아니라 먼저 가신 분들을 초대해 하늘나라에서 거창하게 파티를 열어줄 계획입니다. (웃음)

안병훈　저도 초대해 주십시오.

김재순　안 선생은 나중에 꼭 초대하겠습니다.

안병훈 네, 기대하겠습니다.(웃음) 근데 언제 가택연금에서 해제되셨나요?

김재순 오래돼서 기억이 잘 안 나지만 아마 1962년 1월경일 것 같네요.

영화 제작

안병훈 해금되시고 바둑을 두며 소일하셨다고 사모님께 들었습니다만, 정치와는 전혀 무관한 영화까지 만드실 줄은 정말 뜻밖입니다.(웃음)

김재순 저도 몰랐습니다.(웃음) 장면 정부 정무차관으로 있을 때 제 비서관을 지낸 김시성金時聖씨 등과 함께 영화를 제작했습니다. 김시성씨는 저와 동갑인데 해방 직후에 평양에서 반탁운동을 하다가 시베리아 수용소에 끌려갔습니다. 6·25 때 북한군이 뭔가 이용가치가 있겠다고 판단하고 김시성씨를 끌고 왔는데 국군의 포로가 됐지요. 그 뒤 반공 포로로 석방됐습니다. 김시성씨야말로 그분의 인생 전부를 저에게 걸 정도로 저를 헌신적으로 도와준 분입니다. 요새 건강이 좋지 않아 제 마음이 편치 않습니다. 그때 처음 만든 영화가 「아까시아 꽃잎 필 때」입니다.

안병훈 의장님의 이야기를 듣다 보면 등장하는 인물 한 분 한 분의 삶이 다 드라마틱하다는 생각이 듭니다. 「아까시아 꽃잎 필 때」는 새로 창립된 '현대푸로덕숀'의 첫 작품으로 1962년 3월 17일 크랭크인 된 것으로 당시 기사에 나와 있습니다. 우선 '현대푸로덕숀', 그러니까 현대프로덕션은 의장님이 설립한 회삽니까?

김재순 그렇다고 봐야지요. 자금을 거의 제가 댔으니까요. 일단 정치를

김재순이 제작한 첫 영화 '아까시아 꽃잎 필 때' 포스터.
영화 '빼앗긴 일요일'을 제작하며 김종필과 급속도로 가까워진다.

못하게 됐으니까 뭐라도 하지 않으면 마음을 추스르기가 결코 쉽지 않더군요. 그러다가 생각한 것이 영화였죠. 서울은행 전신용全信鎔 행장의 도움을 받아 200만 환을 대출받고, 또 여기저기서 돈을 빌려 제작비를 만들었어요. 심지어 남대문 달러 빚도 얻어 썼습니다.

안병훈　영화 크랭크인이 3월 17일이던데, 시나리오 작가도 구하고 감독과 배우도 섭외하려면 시간이 너무 촉박하지 않으셨나요?

김재순　시나리오는 장사공張史公씨가 쓴 것으로 되어 있지만 급한 마음에 상당 부분 제가 썼습니다.

안병훈　의장님이 직접 쓰셨다고요?

김재순　예, 제가 직접 썼습니다. 5·16이 나고 제가 영화제작자 이화룡李華龍씨에게 냉면을 한 그릇 얻어먹은 적이 있어요. 이화룡씨는 저보다 10년 이상 연상으로 공산당이 싫어서 월남한 분입니다. 저와 같은 평양 분이죠. 안 선생도 알다시피 당시 이화룡씨 하면 명동을 주름잡던 주먹 세계의 보스 아닙니까? 이분이 나중에 차린 영화사가 화성영화산데, 그날 냉면을 먹으면서 영화에 관한 얘기를 많이 나눴습니다. 저도 영화라면 전문가 정도는 아니라도 웬만큼 아는 축에 끼었거든요. 여하튼 이화룡씨가 제작한 영화 「마부馬夫」가 국내에서 상영되며 큰 인기를 끌던 무렵인데, 제가 이 선생에게 저도 영화에 관심이 있다고 했더니 제게 이렇게 말하더군요. "아, 당신처럼 머리 좋은 사람은 사나흘이면 시나리오 금세 써."

결국 이 선생의 한마디에 용기를 얻어 일본어로 된 시나리오 책 몇 권을 통독하고 서부 활극 같은 시나리오를 하나 쓴 겁니다. 내용은 만주에서 말 타고 독립운동 하는 얘기였지요. (웃음) 감독이 조긍하趙肯夏, 남녀 주연 배우가 신영균申榮均, 김혜정金惠貞이었습니다.

안병훈 「마부」가 전년 7월 베를린영화제에서 특별작품상을 받지 않았습니까? 「마부」의 주인공 김승호씨의 명연기가 정말 압권이었지요. 조긍하 감독은 「제비꽃」으로 유명한 가수 조동진趙東振씨의 부친이기도 하지요. 머리도 식힐 겸, '한국영화데이터베이스'에 수록된 「아까시아 꽃잎 필 때」의 줄거리를 읽어보겠습니다.

아카시아 꽃이 필 때면 해마다 무덤을 찾는 한 여인(김혜정)이 있었다. 그녀는 연합군 첩보원이었다. 1942년 일본이 중국 대륙을 거의 짓밟고 있을 무렵, 양자강 유역, 왜경에게 쫓기던 독립군 청년(신영균)이 그녀의 집으로 피신하게 되었다. 그녀는 그에게 막대한 돈을 지불하고 중경까지 가는 길 안내를 부탁한다. 그러나 목적지에 도착했을 때 청년은 중요한 기밀문서를 잃어버렸다. 그에게는 총살형이 선고되고 그사이 그와 정이 든 그녀가 백방으로 손을 썼으나 형집행정지 명령이 떨어졌을 때는 이미 그의 총살이 집행된 다음이었다. 그 무렵에도 아카시아 꽃은 만발해 있었다.

김재순 감회가 새롭습니다. (웃음)

안병훈 「아까시아 꽃잎 필 때」의 흥행 성적에 대해 여쭤보겠습니다. '한국영화데이터베이스' 자료에는 5만 명이 관람한 것으로 나와 있습니다.

김재순 크게 말아먹었습니다. 종로에 있는 반도극장에 걸었는데 개봉하고 얼마 뒤에 화폐 개혁이 실시된 겁니다. 그 시국에 누가 한가하게 영화나 보러 오겠습니까. 제작비도 못 건지고 완전히 거덜이 났습니다.

안병훈 빚쟁이들이 집으로 찾아오면 바둑판을 들고 어디론가 사라지셨다면서요?

김재순　누가 그래요? 집사람이 그래요?

안병훈　사전 조사를 했습니다.(웃음)「아까시아 꽃잎 필 때」의 개봉일이 1962년 6월 6일이고, 화폐 개혁일이 6월 10일입니다. 비록 극장의 자체 신문광고입니다만 '폭군 연산 이래 최고의 흥행기록 견지'라는 문구가 보입니다. 신상옥 감독이 연출한「폭군暴君 연산燕山」은 1962년 대표적인 흥행작입니다. 화폐 개혁만 아니었다면「아까시아…」도 꽤 흥행했을 것 같다는 생각도 듭니다만….

김재순　저도 그랬을 것 같습니다.(웃음) 조긍하씨도 역량 있는 감독이었고, 신영균씨와 김혜정씨 둘 다 당대의 톱 배우 아닙니까.

김종필과의 만남

안병훈　그런데 곧바로 다음 영화「빼앗긴 일요일」을 만드시는데, 이번에는 어떠셨습니까?

김재순　그럭저럭 성공했습니다.(웃음)

안병훈　「빼앗긴 일요일」은 정일몽鄭一夢 감독의 첫 작품으로, 황정순黃貞順, 장동휘張東輝, 문정숙文貞淑, 장민호張民虎 등이 열연한 것으로 되어 있습니다. 제가 이것도 줄거리를 한번 읽어보겠습니다. 역시 '한국영화데이터베이스'에서 찾은 자료입니다.

　　　6·25 직전에 간첩으로 밀파되었다가 체포되어 사형을 구형받고 옥에 갇혀 있던 인민군 소좌(장동휘)가 6·25 때 서울이 함락되자 출

옥하여 서울 내무서장에 취임한다. 그런 다음 소좌는 자신에게 합법적인 사형을 구형했던 당시의 검사(장민호)와 그의 처자식(문정숙, 정훈)을 잡아다가 악랄한 방법으로 학대하고 고문한다. 결국 부부는 죽고 어린 아들만 살아남아 고아가 된다.

김재순 이 영화는 1962년 〈조선일보〉 신춘문예 시나리오 부문 수상작을 영화화한 겁니다. 제가 판권을 샀어요. 원작자 정우영鄭又榮씨는 이듬해 대종상 시나리오 부문 신인상을 수상했을 겁니다.

안병훈 「빼앗긴 일요일」이 1962년 12월에 을지로 국도극장에서 개봉된 지 사흘 만에, 이번에는 장인 이희백 선생이 강원도 화천에서 타계하시게 됩니다. 사모님 말씀으로는 막내를 업고 국도극장 앞에 줄 서 있다가 부친의 별세 소식을 들었다고 하더군요. 사모님께서는 황급히 화천으로 달려갔는데, 의장님은 장례식에 참석하지 못하셨다면서요?
김재순 불효지요. 너무나 죄송하고 송구스러운 일입니다만, 당시로서는 솔직히 갈 수 있는 형편이 아니었습니다. 지금처럼 몇 시간 걸려 가는 곳도 아니고 하루 종일 걸려 가야 하는데, 제가 하루라도 서울을 비우게 되면 아무 일도 안 됐으니까요. 요즘도 그렇지만 개봉하고 3~4일이 흥행을 좌우하던 때가 아닙니까. 그 당시 이 영화가 성공하느냐 실패하느냐에 따라 우리 가족의 생사가 달려 있었으니까요.

안병훈 조금 전에 그럭저럭 영화가 성공했다고 하셨는데….
김재순 당시 국가재건최고회의 재건공보담당 최고위원이 강상욱씨였습니다. 사전검열을 받아야 해서 「빼앗긴 일요일」을 당국에 보냈는데 강상욱 최고위원이 괜찮게 봤나 봐요. 최고위원들에게 다 보여줬답니다. 그러더니 내 말은 듣지도 않고 이 영화를 수십 벌 복사해서 지방에 다니는 곳마다 모두 돌린 겁니다.

제가 뒤늦게 그걸 알고 강상욱 최고위원에게 "이놈들아, 너희들이 도둑놈들이냐"라며 소리를 질렀더니 "형님, 우리가 보상해 줄 테니 조금만 참으세요. 야당이 박정희 의장을 빨갱이라고 매도하는데 이런 거라도 보여줘야 하지 않겠습니까?"라고 합디다.

안병훈 결국 흥행으로 성공한 게 아니라 보상을 받아서 겨우 적자는 모면한 거군요.(웃음)

김재순 그렇다고 봐야지요.(웃음) 집사람이 화천에서 삼우제三虞祭 마치고 돌아왔더니 30만 원이 집에 들어와 있었다고 하더군요. 그 돈으로 은행 빚 갚고 나니 3만 원이 남았습니다. 30만 원이면 화폐 개혁 이후라 10대1로 평가절하가 이뤄졌으니까 300만 환 아닙니까?

안병훈 당시 기사를 찾아보면 짜장면 값이 20원 정도 할 때입니다.

김재순 짜장면이 20원이었나요? 겪어놓고도 실감이 잘 안 납니다. 아무튼 뜻하지 않게 김종필金鍾泌 씨가 제작비 전부를 대줘 큰 도움이 됐습니다. JP의 형인 김종락金鍾珞 씨가 이때 한일은행 상무로 있었는데 이분도 도움을 줬어요.

안병훈 그럼, 이때 이미 JP와 친분이 깊었다고 봐도 되겠습니다.

김재순 그렇습니다. 그 당시 JP와는 이런 인연도 있습니다. 제 평양상업학교 2년 선배 중에 임노춘林魯春이라는 분이 있어요. 먼저 이분 이야기부터 해야겠군요. 임 선배는 황해도 출신이고, 같은 황해도 출신인 김구 선생을 존경했습니다. 해방 직후 김구 선생이 환국하자 임 선배는 가산을 정리해 전 재산을 김구 선생에게 기부했지요. 그리고는 일본으로 건너갔는데 이분이 참 노름을 좋아합니다. 노름 친구 중에 일본 상공인들이 꽤 있어서 이토추상사伊藤忠商社에 들어가게 되고, 그러다가 세지마 류조瀬島龍三와 친해진 겁니다.

안병훈 세지마 류조라면 나중에 이토추상사 회장을 지내신 분 아닌가요? 야마사키 도요코山崎豊子가 쓴 소설 『불모지대不毛地帶』의 모델이기도 하고요.

김재순 네, 그렇습니다. 세지마 류조는 육군사관학교, 육군대학을 수석으로 졸업한 엘리트 장교로, 만주 관동군 참모로도 있다가 나중에 소련군에게 포로가 되어 시베리아에서 11년간 포로생활을 하기도 한 인물입니다. 그런데 하루는 임노춘 선배가 저를 찾아와 어려운 부탁이 있다고 해요. 뭐냐고 물었더니 세지마 류조가 한국에 와서 JP를 만나고 싶다는 겁니다. 그때는 제가 JP와 그리 친하지 않을 때였어요. 하지만 세상이 참 좁다고, 그때 제가 JP의 측근인 김용태金龍泰씨와 친분이 있었습니다.

안병훈 김용태씨라면 민간인 신분으로 5·16에 참여했던 분 말씀이시지요? JP와 같은 충남 출신으로, 서울대 사대 동창인 분 말입니다.

김재순 예, 그분입니다. 저는 김용태씨가 충무공기념사업회 사무국장을 할 때부터 알고 있었습니다. 제가 민주당 국회의원, 각료로 있으면서 김용태씨에게 충무공기념사업회에 지원금을 대줄 사람을 연결시켜주곤 했었지요. 아무튼 김용태씨가 다리를 놔 JP와 세지마 류조가 서울에서 만나게 됩니다. 장소는 충무로3가에 있던 대원호텔로 기억합니다.

안병훈 의장님도 함께 있었습니까?

김재순 물론이죠. 그 일을 계기로 저도 세지마 류조와 오래도록 친분을 세지마 류조가 김재순에게 보낸 편지.
김재순 부부의 세심한 환대에 감사하고, 서울올림픽이
세계 평화에 기여할 것이라는 내용이다.

맺게 됩니다.

안병훈　아주 중요한 말씀을 하신 것으로 보입니다. 세지마 류조가 박정희, 전두환全斗煥, 노태우盧泰愚 대통령, 그리고 삼성 이병철李秉喆 회장과 긴밀한 관계를 맺은 것은 잘 알려진 얘기지만 언제부터 한일외교의 막후에서 활동했는지는 분명치 않았습니다. 의장님 말씀대로라면 1965년 6월 한일 국교정상화는 두말할 것도 없고, 1962년 11월 '김종필-오히라 메모'가 작성되기 이전부터 JP와 세지마 류조가 이미 아는 사이라는 뜻이 됩니다.

김재순 그렇습니다.

안병훈 세지마 류조가 서울에 온 정확한 시점을 기억하십니까?

김재순 너무 오래된 일이라 그것까지는 기억나지 않습니다.

안병훈 추정을 통해 범위를 좁혀보면 의장님이 가택연금에서 풀려난 1962년 1월 6일부터 JP가 일본 오히라大平 외상과 첫 단독회담을 가진 10월 21일 사이의 어느 날이라고 판단됩니다. 10월 21일 이후의 일이라면 바로 JP와 연락하면 되지 군이 김용태씨를 통할 필요가 없지 않았겠습니까?

김재순 듣고 보니 안 선생 말씀이 맞는 거 같네요.

안병훈 그렇다면 JP와 정치적인 토론을 벌이기 시작한 것이 「빼앗긴 일요일」을 제작하던 무렵이었습니까?

김재순 감옥에서 나온 이후 홍종철씨의 주선으로 박정희 의장, 김종필 중앙정보부장을 몇 차례 만나기는 했습니다. 하지만 정치적인 토론을 나눌 정도로 마음을 연 사이가 된 것은 「빼앗긴 일요일」 문제로 접촉할 때였던 것 같습니다. 특히 한남동 유엔빌리지의 안전가옥에서 JP와 밤을 새워 가며 정열적인 토론을 했던 것이 기억납니다.

공화당 입당

안병훈 어떤 이야기를 나누셨습니까?

김재순 국가의 진로와 시국時局에 관한 토론 아니겠습니까. 정치의 기본이 정당政黨인데 공화당 창당 문제에 대해서도 깊은 논의를 했던 것 같습니다.

안병훈 기억을 살리기 위해 제가 조사한 걸 말씀드리겠습니다. 1963년 1월 1일 최고회의는 5·16 이후 금지됐던 정치활동을 법적으로 다시 허용합니다. 그리고 1월 10일 가칭 재건당 발기인 12명이 세종로 삼영빌딩 임시사무실에서 첫 공식회의를 가집니다. 재건당은 후에 민주공화당으로 공식 당명을 정합니다. 그 12명은 김종필, 김동환, 윤일선尹日善, 김정렬金貞烈, 김재순, 박현숙朴賢淑, 서태원徐泰源, 조응천曺應天, 김성진, 윤주영尹冑榮, 김원전金元全, 이원순李元淳입니다. 김종필은 재건당 발기인회의 의장으로 선출됩니다. 기억이 좀 나십니까?

김재순 안 선생이 자세히 얘기해 주니 기억이 납니다.

안병훈 의장님이 공화당 창당에 참여하리라는 결정을 내린 시점은 언제였습니까?

김재순 JP와 정치토론을 벌이던 1962년 연말 무렵쯤 됩니다. JP는 공화당을 창당하기 위해 사전 작업을 하면서 저 같은 젊은 정치인을 영입하려고 했습니다. 박준규씨도 그런 경우지요.

안병훈 당시 신문지면에는 '우선 여당이 잘되어야 나라가 잘되기 때문에 여당이 민주적인 정당이 되도록 헌신할 것이며, 또 현실정치를 모르는 그들(혁명 주체세력)에게 종두種痘를 놓아 면역성을 부여하겠다' 는 의장님의 말씀이 실려 있습니다. 하지만 이 말의 행간을 짚어보면 짐짓 내면의 고민을 드러내지 않으려는 의도가 담겨 있는 듯한데, 그 당시 의장님의 심경이 어떠셨나요?

김재순 사실 고민이 많았습니다. 누가 보더라도 저는 장면 정부 사람,

민주당 사람 아닙니까. 그런데 국민이 투표로 만들어준 정부 하나 제대로 유지하지 못했으니 제 심정이 얼마나 국민들께 죄스럽고 참담했겠습니까? 제가 감옥에 있을 때 저의 화두話頭는 국가의 통치력이었습니다. 안 선생도 알다시피 민주당 정부가 밸럿ballot (투표지)으로 세운 정부였지만 통치력 부재로 인해 얼마나 많은 시행착오가 있었습니까? 안정된 통치력만이 다시는 불릿bullet(총알)한테 정권을 빼앗기지 않는 유일한 길이라는 것을 절실히 깨달았습니다.

안병훈 그것이 '전향轉向'의 이유가 될 수는 없다고 생각하는 사람도 있을 것 같습니다.

김재순 전들 얼마나 많이 생각했겠습니까. 하루아침에 군인들한테 정권을 빼앗겼는데, 민주당의 재건은 차치하더라도 정치인의 한 사람으로 민주주의와 나라의 앞날이 왜 걱정이 안 됐겠습니까? 감옥에서도 생각하고, 풀려나서도 생각하고, 연금돼 있을 때도 생각했습니다.

그러다가 민주주의에 대해 새삼 의문이 드는 겁니다. 누구를 위한 민주주의인가? 무엇을 위한 민주주의인가? 자유민주주의란 법조문이나 정치제도 이전에 개인과 공동체의 삶을 올바르고 풍성하게 인도해 주는 진리의 사고방식이 아닙니까?

그런데 그 당시 우리가 추구했던 자유민주주의는 어땠습니까? 자유민주주의를 수호하다가 산화散華한 젊은이들과 민주발전의 제단祭壇에 젊음과 생명을 바친 그들의 고귀한 정신은 온데간데없고 민주주의라는 허울만 남지 않았습니까? 국민의 삶을 도외시한 허울뿐인 민주주의, 이탈된 민주주의를 정상 궤도로 옮기는 일, 그것이 바로 제가 조국과 민족을 위해 해야 할 일임을 통감했습니다. 자유민주주의는 국민들이 잘 먹고 잘 살 때에만 가능합니다. '항산恒産이 있어야 항심恒心이 있다'

는 말이 있지 않습니까? 지금이야 잘 사니까 항산의 문제를 그다지 중요하지 않게 생각하겠지만, 그 당시 제대로 된 정치인이라면 우선 가난을 면하게 하는 것이 국가의 최우선 과제라는 사실만은 모두 공감할 겁니다.

조금 전 안 선생이 읽어주신 현실정치를 모르는 혁명 주체세력에게 천연두 백신을 놓아 면역성을 부여하겠다는 것은, 기왕 정치를 할 바에야 목숨 걸고 한강 다리를 건넌 사람들과 제대로 민주주의를 멋지게 펼치고 싶었던 저의 순수한 의지로 이해해 주셨으면 합니다. 공화당에 들어간 것은 제 양심과 이성과 논리에 따른 스스로의 선택과 결정입니다. 저에게 그나마 위안이 되었던 점은 장면 총리도, 장리욱 박사나 김상협金相浹 전 국무총리, 전 경제기획원 장관을 지낸 유창순劉彰順 선생도 저의 결정을 존중해 주셨다는 겁니다. 유 선생은 제 중학교 선배이기도 합니다. 저의 진심을 알아주신 존경하는 분들께 조금이나마 실망을 끼치지 않기 위해 저 나름대로 초심을 잃지 않으려 더욱 열심히 정치했다고 자부합니다.

안병훈 장면 박사를 직접 찾아가셨습니까?

김재순 장리욱 선생은 그때 미국에 계셔서 편지로 제 뜻을 전달했습니다. 그리고 장면 박사께는 나중에 제가 찾아뵙고 설명을 드렸습니다. 1966년 초 장면 박사가 지병으로 성모병원에 입원하셨을 때였던 것 같습니다. 제가 문병을 갔었지요. 장면 박사는 "재순군한테는 내 입이 열 개라도 할 말이 없네. 다만 한 가지, 어디서 무슨 일을 하든지 민주주의를 지킨다는 생각만은 절대 잊지 말게" 하셨습니다. 장면 박사의 말씀이 제 정치관인 셈입니다.

안병훈 장면 박사가 타계한 이후에도 해마다 김옥윤金玉允 여사에게 세배를 가셨다고 들었습니다.

김재순 존경하는 장면 박사의 부인이신데 당연한 일 아닙니까. 장면 박사는 개인적으로나 한국의 정치사에서 무척 아쉬움이 남는 분이라고 할 수 있습니다. 그분의 고결한 인격, 민주주의에 대한 투철한 신념, 이런 것까지 역사 속에 묻혀 떠내려가버린 것이 너무나도 안타깝습니다.

안병훈 공화당이 창당될 무렵, 정국이 극히 불안하지 않았습니까? 중앙정보부가 개입한 4대 의혹 사건으로 모든 비난과 비판의 화살이 JP에게 집중될 때였습니다. 증권파동, 워커힐 사건, 새나라자동차 사건, 파친코 사건이 그것인데 이 모두가 공화당 창당을 위한 정치자금 확보와 관련되어 있습니다. 이런 이유로 공화당 창당에 대한 여론이 그다지 좋지 못했습니다. 다른 구舊 정치세력의 정치활동은 금지하고 공화당만 불법으로 사전 조직한 것 아니냐는 비판이 있었지요. 그럼에도 공화당 창당 작업에 참여하신 이유는 무엇이었나요?

김재순 이미 참여하기로 결심했는데 JP와 공화당이 욕을 먹는다고 번복할 수는 없는 일 아닙니까?

안병훈 1963년 1월, JP는 중앙정보부장직을 사퇴하고 공화당 창당에 전념합니다. 후임 중앙정보부장에는 같은 날 김용순金容珣 소장이 임명되지요. 그리고 곧 당명이 민주공화당으로 확정됩니다. 하지만 JP는 창당 과정에서 국가재건최고회의 최고위원들 상당수를 배제해 반反 김종필 세력의 반발을 불러옵니다. 전 최고위원 유원식柳原植은 '김종필 중심의 당은 파당派黨에 불과하다'고 했고, 최고회의 외무국방위원장 김동하金東河는 '신당 조직은 김종필씨의 개인 정당'이라며 최고위원직

장면 총리와 부인 김옥윤 여사와 함께. 1957년 1월 1일.

과 당직 사퇴를 선언하게 됩니다.

김재순 혁명 주체세력 가운데 민정 이양을 내세운 혁명공약을 준수하자는 사람도 있었습니다. 하지만 다수는 민정에 참여해 한 자리라도 차지하고 싶었을 겁니다. 그런 관점에서 보면 JP 대 반 JP 세력의 알력이 생긴 것은 기본적으로 권력 투쟁으로 봐야 합니다. JP는 자신이 욕을 뒤집어쓰면서도 박 의장에게 공화당이라는 발판을 마련해 주려고 했습니다. 하지만 이를 순수하게 받아들이지 않고 JP가 무슨 속셈을 꾸미지 않나 의심하는 세력이 있었던 게죠.

안병훈 2월 2일 공화당 창당준비대회가 서울 삼일당에서 열립니다.

〈경향신문〉 1면에 유명한 사진이 실렸는데요. 김종필, 김재순, 김재춘 金在春 순으로 나란히 앉은 사진입니다. JP와 반 JP 세력의 선봉이었던 김재춘씨 사이에 의장님이 앉아 있는 모습이 꽤나 상징적으로 읽히기도 합니다. 다시 말해 의장님이 두 사람 사이에서 완충 역할을 했거나, 시달렸겠다는 느낌입니다. 어느 쪽이었습니까?(웃음)

김재순 둘 다 아니었습니다. 그분들이야 사이가 좋았다가 나빴다가 하던 분들 아닙니까? 혁명 주체세력들 내에서도 마찬가지였지요. 아시다시피 JP가 육사 8기, 김재춘씨가 육사 5기 아닙니까. 8기가 5·16을 모의하고, 계급이 높은 5기가 병력을 동원했으니까 서로 이견이 있는 게 당연하지 않겠습니까?

안병훈 8기는 김종필, 홍종철, 김형욱金炯旭, 오치성吳致成, 윤필용尹必鏞, 길재호吉在號, 옥창호玉昌鎬 등이었고 5기는 김재춘, 문재준, 박치옥, 채명신 등입니다.

김재순 공화당 창당준비대회 때 이미 김종필에 대한 김재춘의 반격이 시작됐다고 봐야 할 겁니다. 다만 얼마 후 김재춘씨가 중앙정보부장으로 임명된 후에 그 싸움이 더 노골화되고 격화됐지요.

안병훈 혁명 주체세력 사이에 다툼이 일어나고, 정국이 불안해지자 박 의장도 어느 한쪽만을 편들 수는 없었던 것 같습니다. 박 의장은 2월 18일 시국 수습안 9개항을 제의하며 이 제의가 받아들여진다면 민정民政에 참여하지 않겠다고 선언합니다. 소위 2·18 민정 불참 선언입니다. 주요 내용은 군의 정치적 중립 견지, 5·16혁명의 정당성 인정, 정치적 보복 금지, 구태의연한 정사政事 지양止揚 등입니다.

김재순 박 의장의 2·18성명은 구 정치인의 환영을 받았지만 혁명 주체세력의 갈등을 확대한 측면도 있습니다. 당초 공약한 대로 정권을 이양해야 한다는 쪽과, 목숨을 걸고 혁명을 했으니 끝까지 책임을 져야 한다는 쪽이 대립했지요.

안병훈 2월 20일 JP는 '공화당 산파역은 내가 맡을 소임이 못 된다'고 당직 사퇴를 발표하게 되는데, 아마 이것이 JP의 첫 번째 정계 은퇴 선언이라고 할 수 있겠습니다. 이튿날 김용순의 뒤를 이어 김재춘 예비역 소장이 신임 중앙정보부장으로 임명됩니다. 그리고 3일 후, JP가 그 유명한 '자의 반 타의 반' 외유를 떠납니다. JP가 외유를 떠나던 날, 김형욱, 홍종철, 옥창호, 길재호 등 최고위원과 공화당 박준규씨와 함께 공항에 가신 걸로 알고 있습니다.

김재순 김형욱, 홍종철, 옥창호, 길재호씨 전부 JP와 같은 육사 8기 아닙니까. 또 저와 박준규씨는 JP와 정치적 노선을 같이하기로 결심한 사람들이었고요. JP가 모든 책임을 지고 공직에서 물러나 쫓기듯이 외국으로 나가는데 배웅을 안 나가는 것이 더 이상한 일이지요. 그때 JP가 겉으로는 웃고 있었지만, 제가 JP의 마음을 모르겠습니까. 많이 안쓰러웠습니다.

안병훈 여담입니다만 길재호, 옥창호씨와는 나중에 사돈이 되시지요?

김재순 예, 제 셋째 아이와 막내가 길재호씨, 옥창호씨의 딸과 혼인을 맺게 됩니다. 지금 보면 무슨 정략결혼이라도 시킨 것 같은데 실은 그게 아닙니다.(웃음) 셋째 아이가 만 여섯 살, 막내가 세 살이 되던 해 아닙니까. 사돈을 맺게 된 것은 두 분 다 권력에서 멀어졌을 때였어요. 셋째는 초등학교 동기동창으로 맺어졌고, 막내는 미국 유학 시절에 만나

결혼했습니다.

안병훈 당시 신문지면에 의장님을 '김종필의 측근 참모'라고 언급한 대목이 몇 차례 보입니다. 이 대목에 대해 인정하십니까?

김재순 (웃음) 홍종철씨가 제 친구이고 그를 통해 제가 JP와 정치적 동지가 되지 않았습니까. JP와 친구가 된 후 자주 만나 상의했으니 그렇게 보는 것도 무리가 아닙니다.

안병훈 2월 26일 서울 시민회관에서 공화당 창당대회가 열립니다. 창당대회 풍경이라고 할까요, 어떠했습니까?

김재순 박정희 의장과 JP가 불참한 창당대회였습니다. 공화당이라는 집을 지어 상량식上梁式을 하는데 집주인인 박 의장도 없고, 도목수都木手인 JP도 없는 형국 아니겠습니까. 쓸쓸하고 흥이 나지 않은 대회였어요.

안병훈 공화당 창당대회가 열린 다음 날, 박 의장은 구 정치지도자, 정당대표, 군 수뇌부들과 함께 선서식을 거행합니다. 구 정치 세력은 박 의장의 2·18 시국 수습방안을 수락하고, 군 수뇌부들은 군의 정치적 중립을 약속하고, 박 의장 자신은 민정 불참을 재차 다짐합니다. 의장님은 당시 시국 상황을 어떻게 보셨습니까? 이를테면 박정희 의장이 민정 불참 약속을 지키리라 보셨습니까?

김재순 그렇게 보진 않았습니다. 다만 더 중요한 것은 박 의장이 민정에 참여해야 한다고 생각했지요. 뽑은 칼을 도로 넣고 군으로 돌아가면 아무것도 안 된다고 봤습니다.

안병훈 3월 16일 박 의장은 혁명정부가 군정軍政을 4년간 연장할 것을 결정했다고 밝히고, 이를 국민투표에 붙이겠다고 선언합니다. 그러자

김재순은 김종필과 평생 우정과 신뢰를 나눴다.

혁명 주체세력이 3·16성명 지지파와 반대파로 갈려 심각한 반목이 일어납니다. 공화당 내에서도 마찬가지였습니다. 의장님은 박준규씨 등과 함께 반대파로 알려져 있습니다. 실제로 의장님과 박준규씨 등이 군정 연장을 위한 개헌 국민투표안을 단념시키는 데 사력을 다했다는 보도가 있습니다.

김재순 군정 연장에는 찬성할 수 없었습니다. 당시 박정희 의장을 비롯해 김희덕 외무국방위원장, 김성은 국방부 장관 등 군 수뇌부와 접촉하며 설득을 시도했습니다. 요컨대 정국 수습의 헤게모니를 우리 젊은 정치인에게 한번 맡겨달라는 뜻이었습니다.

안병훈 3·16성명, 즉 군정 연장에 대한 재야세력과 여론의 반발도 거

셌습니다. 결국 박 의장은 4월 8일 군정 연장 국민투표를 9월말까지 보류하겠다고 발표합니다. 다시 말해 의장님이 일정 부분 4·8선언의 산파역을 하신 것인데요. 그렇게 자부하십니까?

김재순 제 역할이 어느 정도는 있었겠지요. 저는 제가 5·16 세력 내에 들어간 이상, 박 의장이 하루라도 빨리 안정적인 자리에서 리더십을 펼치기를 바랐습니다. 군정 연장을 하게 되면 5·16 이후 잦아들지 않던 혼란이 지속될 수밖에 없을 것이라고 봤습니다.

안병훈 박 의장은 4월 9일 '범국민적 애국정당이 필요하다'고 천명합니다. 그 배경에는 JP가 창당을 주도한 공화당을 견제하려는 김재춘 신임 중앙정보부장의 건의가 있었다고 알려져 있습니다. 김재춘 부장은 취임 직후인 2월 23일 정보부 내 JP 계열을 잘라냈습니다.

또한 3월 6일 중간수사 발표를 통해 증권파동 관련자들을 구속수사 중이라고 밝혔습니다. 이 역시 JP계를 제거하겠다는 의도가 분명한 조치였습니다.

김재순 박 의장의 '범국민정당' 발언이 나온 직후부터 창당 작업이 본격화됐습니다. 김재춘 신임 중앙정보부장이 그 주도적인 역할을 한 것은 두말할 필요가 없지요. 이것은 JP가 창당에 중심 역할을 한 공화당과는 별개로 새로운 여당을 창당하겠다는 뜻이 아니겠습니까?

안병훈 물론 JP 대 반JP 세력 간의 경쟁이라는 의미도 됩니다. 이때 박 의장은 공화당과 '범국민정당'을 경쟁시킨 뒤, 좀 더 나은 여당에 참여하겠다는 속내가 있었던 듯합니다. 박 의장은 당시 '범국민정당'에 대해 어떤 입장이었습니까? 공화당보다 더 힘을 실어주었습니까?

김재순 처음엔 그런 것도 같았습니다. 박 의장이 '범국민정당' 내 정책

소위원회에 JP 계열인 김형욱, 홍종철, 길재호와 김재춘 계열인 유양수, 유병현, 박태준을 넣었습니다. 힘을 실어준 셈이지요.

하지만 박 의장으로선 공화당이나 범국민정당이나 마찬가지 아니었을까요? 공화당이나 범국민정당이나 박 의장 모시기 경쟁을 치른 것 아니겠습니까.

안병훈 공화당에 소속된 상태로 의장님과 박준규씨는 '범국민당' 창당 작업에 참여합니다. 그런 이유로 공화당 일각에서 의장님과 박준규씨에 대한 제명론이 거론되기도 했지요.

김재순 '범국민정당'은 나중에 자유민주당, 즉 자민당으로 불리게 됩니다. 저는 기본적으로 공화당이냐, 자민당이냐가 중요한 것이 아니라 온전한 통치능력을 지닌 정당을 창당해 박 의장을 대통령 후보로 내세우는 것이 더 중대한 과제라고 생각했습니다.

안병훈 결국 의장님은 6월 10일 김용우金用雨, 조정환曺正煥, 이원장李源長, 강종무姜琮武씨와 함께 공화당에서 제명됩니다.

김재순 제 체면이 우습게 된 꼴이었습니다. JP와 의기투합해 공화당에 들어갔는데 JP는 공직에서 사퇴하고 해외로 나갔고, 저를 감옥에서 빼내주다시피 한 홍종철씨는 '범국민정당'에 들어가 창당 작업을 벌이고 있었습니다. 저로서는 홍종철씨를 도와줄 수밖에 없었는데 제명된 것입니다.

안병훈 공화당이나 자민당이나 박 의장을 당 대표와 대통령 후보로 추대하려는 경쟁을 펼쳤습니다. 물론 자민당은 이때까지 소선규蘇宣奎 창당준비위원장 체제로 공식적인 창당대회조차 치르지 못하고 있던 상황이었습니다. 하지만 당시 실세인 김재춘 중앙정보부장이 강력하게 밀고 있었지요. 여기에 6월 13일, 박 의장을 회장으로 옹립한 오월동지회가 공식적으로 출범하고 이날 이주일李周一, 김범부金凡父씨가 부회장으로 선출됩니다.

공화당, 자민당에 오월동지회까지 3개 여당 세력이 형성된 셈인데요. 상황이 이렇게 되자 박 의장은 7월 4일 친여 세력 통합을 지시합니다. 의장님은 친여 세력의 분란을 어떻게 보셨습니까?

김재순 3개 여당 세력의 목적은 하나였습니다. 박 의장을 옹립하는 것이지요. 박 의장으로선 공화당이든, 자민당이든 굳건하게 서기만 하면 그리로 가면 되는 것 아니겠습니까. 그런데 친여 세력이 난립하며 이도 저도 안 될 것 같으니까 통합을 지시한 것 같습니다. 박 의장이 지지부진한 자민당 창당 작업에 실망도 했을 겁니다. 통합 지시라는 것이 결국은 공화당이 자민당을 흡수하는 방식으로 전개됐기 때문입니다.

안병훈 그러다가 의장님은 8월 24일 자민당에서 탈당하고 8월 29일 공화당에 입당하는데요. 어떤 곡절이 있었습니까?

김재순 이때까지도 자민당은 실은 창당대회조차 못 열고 있었습니다. 자민당이 창당대회를 연 것이 며칠이지요?

안병훈 1963년 9월 3일입니다.

김재순 정확하게 말하자면 저는 자민당 창당 작업에만 관여하다 탈당한 셈이지요. 제가 탈당한 이유는 크게 두 가지인데 하나는 자민당이 변질됐기 때문이고, 또 하나는 김형욱 중앙정보부장과 이후락 공보실장이 자민당 와해 작전을 펼쳤기 때문입니다.

안병훈 무슨 말씀인지 좀 더 자세히 설명해 주십시오.

김재순 김재춘 중앙정보부장이 물러나고 김형욱 부장이 취임한 것이 언제입니까?

안병훈 7월 12일 김재춘씨가 해임되고 이날 김형욱씨가 임명됩니다.

김재순 해임 사유야 저는 잘 모르겠지만 그 이후 김재춘씨는 박 의장과 결별합니다. 송요찬, 김준연金俊淵씨와 함께 자민당을 창당하려고 한 겁니다. 물론 대통령 후보로 송요찬씨를 밀려고 한 것이지요.

안병훈 8월 8일 송요찬 전 내각 수반은 박 의장에게 보내는 공개장을 발표합니다. '군인은 국방에만 전념해야 한다. 부패도 밉지만 독재는 더욱 밉다'는 내용입니다. 8월 11일 송요찬은 살인 및 살인교사 혐의로 구속됩니다. 살인혐의는 6·25 때 즉결처분한 사건과, 살인교사 혐의는 4·19 때 경무대 앞 발포사건과 관련된 것이었습니다. 이에 관련해 김재춘씨가 회고한 대목이 흥미롭습니다. 읽어보겠습니다.

> 나는 1963년 7월 정보부장을 김형욱에게 넘겨주고 무임소 장관이 되었으나 8월 들어 박 의장과의 결별을 선언하고 (9월 3일) 자민당 최고위원이 되었다. (그사이) 나는 정보부의 미행과 감시를 피해 숨어다니며 자민당 동지들과 일하려는데 신문기자들의 눈에 띄게 되고 그 바람에 정보부 전소모 국장, 이후락 공보실장 등이 들이닥쳐 결국 박 의장에게 끌려가다시피 해서 갔다. 박 의장은 자민당에서 손을 떼라는 것이었다. 나는 오히려 구속된 송요찬 장군이나 풀어달라고 했다. 박 의장은 화를 내면서 '앞으로 어떤 일이 일어나도 나는 책임질 수 없다. 외국으로 나가라'는 것이었다.

김재순 김재춘씨가 박 의장을 대선 후보로 내세우기 위해 스스로 심혈을 기울인 당이 자민당인데, 자민당에 송요찬씨를 내세우는 것이 말이 됩니까. 저는 결코 동조할 수 없었습니다.

안병훈 김형욱, 이후락씨가 자민당을 분쇄하려는 시도에 대해 김형욱은 '김재춘이 그의 정치적 명운을 걸고 추진한 자민당이라는 범탕凡湯(잡탕)은 이후락과 나의 정보부에 의해 무산되었다'고 회고록에 썼습니다.

김재순 그러니 제가 자민당에 남아 있을 수가 없었습니다. 그럴 명분이 사라졌고 버틸 이유도 없었기 때문입니다.

전국기능올림픽대회 창설

안병훈 1963년 10월 15일 치러진 대통령 선거에서 민주공화당 박정희 후보가 당선됩니다. 민정당 윤보선 후보보다 15만여 표만 더 받은 박빙의 승부였습니다. 11월 26일 총선에서 의장님은 공화당 후보로 출마해 압도적인 표차로 당선됩니다. 이미 한 차례 당선 경험이 있었지만 이 선거에 대한 감회는 특별했을 것 같습니다.

김재순 제가 '야당 민주당'으로 나가 석패하고, '여당 민주당'으로 나가 신승辛勝하지 않았습니까?

그런데 박 의장이 대통령에 당선되고 한 달 후에 치러진 선거라서 그런지 '여당 공화당'은 매우 강력했습니다. 최고회의가 이끌던 시절에는 민심이 어수선하고 사회도 혼란스러웠지만, 박 의장이 당선되자 그를 새로운 지도자로 인정하는 분위기가 형성됐던 것 같아요. 손쉬운 선거였다고 할 수 있습니다. 가만히 있어도 제게 표가 들어온다는 느낌이었습니다.(웃음)

안병훈 황학성씨가 국민의당 후보로 나왔더군요. 최근 안철수 의원 등

이 만든 당도 국민의당인데 그때도 국민의당이 있었다니 뭔가 씁쓸한 생각이 듭니다.(웃음)

김재순 국민의당뿐입니까. 민정당도 있었어요. 윤보선씨를 대통령 후보로 추대한 민정당이 제1야당이라 할 수 있었고, 민정당에서 탈당한 김병로金炳魯 선생이 허정許政, 이범석李範奭 선생과 손을 잡고 만든 정당이 바로 국민의당이었습니다. 저는 언젠가 허정 선생으로부터 들은 말을 잊을 수가 없습니다. 저에게 "관리들에게 쓰이는 정치인이어서는 안 되네. 관리를 쓰는 정치인이어야 하네"라고 하셨습니다.

안병훈 황학성씨는 어떤 분이었습니까? 민주당 신파였다고 알고 있습니다.

김재순 철원 출신이고 강원도·충청남도 경찰국장을 지낸 분입니다. 원래는 자유당에서 정치를 시작했지요.

안병훈 이 선거에는 지역구가 철원·양구·화천이었지요? 직전 총선에선 양구에 출마해 당선되셨는데 철원과 화천에서 처음으로 유세를 한 느낌은 어땠습니까?

김재순 양구는 주민들이 유순합니다. 그리고 화천은 실향민들이 많아 고향에 온 기분이었습니다. 또 철원은 평야 지역인데다 외지인이 적고, 두 지역에 비해 상대적으로 부유한 주민이 많았습니다. 고향 없는 제게 한없이 베풀어주신 이분들의 은혜에 늘 감사하며 살고 있습니다.

안병훈 재경위에서 활동하시다가 1965년에 공화당 원내대변인, 12월에는 국회 상공위원장이 되십니다.

김재순 제가 상대 출신이어서 처음엔 재경위에 있다가 나중에 상공위로 옮기게 됐습니다. 아무래도 재경위에 있었던 것보다는 산업화, 근대화가 당시 시대적 과제였기 때문에 저로서는 상공위에서 경제계나 산업현장을 가까이서 살필 수 있어서 더 보람이 있었습니다.

안병훈 이 무렵 한국양토養兎협동조합에서 농촌 부업용으로 앙고라 2천 마리를 수입해 들여온 거 혹시 기억하십니까? 일본 나가노長野현으로부터 마리당 3천 원씩을 주고 들여왔다고 합니다. 당시에는 앙고라 털이 꽤 쏠쏠한 수출 품목이었다고 알고 있습니다.

김재순 앙고라 얘기를 하시니 무슨 말씀을 하시려는지 알겠습니다. 박 대통령이 강원도 지역을 시찰한 적이 있어요. 박 대통령이 앙고라 토끼 증식에 관심이 많아 이를 적극적으로 지원해 줄 것을 강원도 지사에게 지시한 적이 있습니다. 앙고라는 애초에 화천 지역에서 붐을 일으켰는데 화천이 제 지역구 아닙니까. 제가 당원들에게 앙고라 한 마리씩 사주었습니다.

안병훈 당시 기사를 찾아보니, '김재순 의원은 당을 조직 선전하는 정치에만 그치는 것이 아니라 지역사회 개발을 위한 경제당黨으로 만들기 위해 당원에게 앙고라 한 마리씩을 사주어 앙고라당黨이라는 별명까지 듣고 있다'고 되어 있더군요.(웃음)

김재순 아, 그런 일이 있었습니다. 나중엔 토끼가 너무 늘어나 토끼 고기를 먹자는 운동까지 일어났지요.(웃음)

안병훈 또 그해 아시아 양복업자연맹 국제위원회의 한국대회 총재로 선출되십니다.

김재순 국제기능올림픽에 한창 관심을 기울이고 있던 때였습니다. 그 일환으로 양복 기능공 대회를 유치한 겁니다. 아시아 양복 기능공을 모

민주공화당 시절, 현지 국정감사.

아 콩쿠르를 하고 완성된 제품으로 패션쇼를 하는 방식으로, 반도호텔에서 개최했던 것으로 기억합니다. 대통령상, 국회의장상, 국무총리상, 장관상이 수여됐으니 국가적인 관심이 모아질 수밖에 없었지요. 작은 부문에서부터 산업화, 근대화가 시작된 것이라고 이해해 주십시오. 나중에 양복 기능공들이 국제기능올림픽에도 출전해 좋은 성적을 거두게 됩니다.

요즘도 오래된 이발소 같은 곳에 가면 기능올림픽 수상 사진을 걸어놓은 것을 간혹 보기도 합니다. 그 무렵에는 제 사진을 걸어놓은 양복점이 꽤 있었습니다.(웃음) 사실 제 사진이라기보다는 저와 함께 찍은 수상 사진이었지요.

전국기능올림픽대회에 참관한 박정희 대통령을 수행 중인 김재순.

안병훈 1966년 6월 네덜란드 위트레흐트에서 열린 국제기능올림픽에도 참관하신 걸로 알고 있습니다.

김재순 제가 국제기능올림픽에 관심을 갖게 된 것은 아주 우연한 기회였습니다. 당시 부총리 겸 경제기획원 장관이 장기영張基榮씨였는데, 아시다시피 그는 〈한국일보〉 사주이고 〈한국일보〉는 미스코리아선발대회를 주최하지 않았습니까. 어느 날 장기영 부총리와 함께 미스코리아 대회를 참관했지요. 그런데 미인 대회만 열 게 아니라 근로자를 위한 대회나 잔치도 있으면 좋겠다는 생각이 문득 드는 겁니다. 해서 그런 사례를 찾기 위해 유럽 등지의 대사大使들에게 관련 자료가 있으면 보내달라고 편지를 보냈죠. 독일, 스웨덴 대사관 등에서 날아온 자료를 검토하다 보니 국제기능올림픽대회가 있었습니다. 이해 국제기능올림픽이 네덜란드 위트레흐트에서 열렸는데 현황을 파악하기 위해 참관단을 꾸려 견학한 겁니다.

안병훈 그렇다면 제1회 전국기능올림픽을 신설하신 것이 바로 네덜란드 국제기능올림픽을 보고 자극을 받아서이겠군요. 그럼, 청소년 기능올림픽도 의장님 작품입니까?

김재순 그렇습니다. 국제기능올림픽대회에 보낼 대표단을 선발하기 위해 국내 대회를 만든 겁니다. 우리 근로자들이 국제기능올림픽에 나가 금메달을 따온 것만 기억하고 계시는 분이 대다수겠지만, 사실 '드라마'는 전국기능올림픽대회에서 씌어졌습니다. 전국기능올림픽이 어느 정도 정착되면서 수상식장은 눈물로 범벅이 된 그야말로 감동의 도가니로 변했습니다. 스물 안팎의 청소년 수상자들이 어머니, 아버지를 껴안고 목 놓아 우는 광경이 지금은 상상조차 안 되겠지요. 하지만 그때는 그랬습니다. 불우한 가정 형편 때문에 상급 학교에 진학하지 못하고 공장이나 좁은 사업장에서 일해 왔던 그들 아닙니까. '쟁이', '공돌이', '공순이'라 하여 천대받지 않았습니까? 그 서러움이 감격으로 북받쳐 표출된 것이지요.

그때 저는 잘 살아보려고 몸부림치는 우리 민족의 드라마가 이곳에서 쓰여진다고 생각했습니다. 박 대통령의 지원도 그들에겐 큰 힘이 된 게 사실입니다. 국제기능올림픽에 나가 훌륭한 성적을 거둔 선수에게는 평생 걱정 없이 살 수 있게 보장해 주었으니까요. 기능올림픽이라는 것이 기능공, 좀 더 의미를 부여한다면 산업전사를 키워내는 제도인데 조국의 산업화, 근대화에 전력한 박 대통령에게 기능올림픽에 출전한 기능공들이 얼마나 대견하게 보였겠습니까. 박 대통령이 기능올림픽에 기울인 관심과 지원은 정말 대단했습니다.

철원평야와 토교저수지

안병훈 대외적으로 중앙 정치하시랴, 선거구 관리하시랴 하루가 정말 모자랄 정도셨겠습니다. 1967년 4월에는 철원국민학교 운동장에서 전천후 농업용수원 개발공사 기공식도 있지 않았습니까?

김재순 토교저수지 건립은 제 정치인생에서 가장 보람 있는 일 중 하납니다. 공사 착공부터 최종 완공까지 꼭 10년이 걸렸습니다. 휴전선 155마일 가운데 45마일이 철원평야를 통과합니다. 6·25 전까지만 해도 철원은 강원도의 곡창지대였는데, 휴전 후 북한이 철원평야에 농업용수를 공급하던 봉래호 물을 황해도 연백평야로 돌려버리는 바람에 철

원평야가 졸지에 천수답天水畓으로 바뀐 것이죠. 휴전 후 10여 년 동안 철원평야의 절반 이상이 황무지로 방치되어 있던 겁니다.

안병훈 아, 그래서 토교저수지 건립에 직접 나선 거군요.

김재순 1963년경이었던 것 같습니다. 이해 11·26총선에서 당선된 직후였어요. 철원 농민 구성회씨와 고희운 동송면장이 저를 찾아와 '지역주민들이 살 수 있도록 저수지를 만들어달라'고 사정하더군요. 얼마 후 동송면 대위리 등 철원평야를 답사하고 농림부에 타당성 검토를 요청했습니다. 최종 건설비용이 11억에 가까웠던 것으로 기억하는데 당시로서는 상당한 거액이었습니다. 박 대통령에게 사정하듯 간청해서 겨우 허락을 받았습니다.

안병훈 저수지 건립을 위해 UN 군사령부와도 접촉했다고 들었습니다.

김재순 민통선 지역이어서 반드시 허가를 받아야 했습니다. 적이 남하시 물을 뺄 수 있는 비상 배수로를 만든다는 조건으로 승인을 받을 수 있었지요. 말은 이렇게 쉽게 하지만 이런 승인을 받는 과정이 그리 쉽지 않았습니다. 실무진들이 추진 과정에서 얼마나 많은 애로가 있었겠습니까.

안병훈 정부와 강원도청은 1966년 여름, 설계를 끝내고 이해 12월 3일 공사에 착수해 이듬해 4월 15일 기공식을 가집니다. 그리고 1972년 4월 통수식을 거행하고, 1976년 12월 최종 완공을 봅니다. 철원 주민 3천여 명이 참석했다고 들었습니다.

김재순 아내와 함께 그 자리에 참석했습니다. 주민들이 기뻐하던 모습이 지금도 생생합니다. 토교저수지 덕분에 평생 물 걱정은 안 해도 되니 어찌 기쁘지 않겠습니까. 그런 것이 정치하는 사람의 기쁨이자 행복입니다.

안병훈 올해 5월 10일 철원 주민들이 의장님 송덕비를 토교저수지 제방에 세운다고 들었습니다. 송덕비에 적게 될 한 구절을 읽어보겠습니다.

토교저수지가 쏟아내는 물길은 철원평야에 실핏줄처럼 스며들었고, 철원 주민들은 기쁨에 겨워 어깨춤을 추었다. 그해 가을 철원평야는 휴전 이후 20여 년 만에 첫 풍년豊年을 맞이했다. 이제 토교저수지는 철원평야의 젖줄일 뿐만 아니라, 세계적인 철새 도래지가 되어 전국적인 관광명소가 되었다. 유방백세流芳百世라 하여, 꽃다운 이름은 후세에 길이 전해진다고 한다. 모든 사람이 이름을 남기지만 모든 이름이 후세에 전해지는 것은 아니다. 김재순 국회의장, 그의 꽃다운 이름은 영원히 존속存續될 토교저수지와 철원평야처럼 철원 주민들의 자손만대子孫萬代까지 기억될 것이다.

김재순 저로서는 감사할 따름입니다. 지금도 철원 노인들이 해마다 가을이면 제게 꼭 쌀을 보내옵니다. 구성회씨와는 서로 의형제를 맺을 정도로 가까웠습니다.

안병훈 구성회씨가 감사의 표시로 논 7만 평을 장기분할로 주겠다고 했는데 완곡히 거절하셨다면서요?

김재순 예, 그런 일도 있었습니다.(웃음)

안병훈 토교저수지의 저수량은 2천540만9천 톤에 달합니다. 토교저수지는 또한 세계적인 철새 도래지가 됐습니다. 사람뿐만 아니라 철새에게도 좋은 일을 하신 셈인데요.(웃음)

김재순 본의 아니게 그렇게 됐네요.(웃음)

안병훈 1967년 6월 8일, 7대 총선에서도 의장님은 압도적으로 다시 당선됩니다. 지역구는 6대와 같은 철원·양구·화천이었습니다. 6대 의정 활동을 잘해 표차가 더 벌어졌다고 생각하십니까?

김재순 그런 면도 없진 않겠지요. 하지만 그것보다는 도와주는 사람이 많았습니다. 가족이나 보좌관들은 말할 것도 없고 동료 의원, 각료, 정치인, 심지어 대통령까지…. 제 인생의 은인들이 참 많습니다. 특히 저는 훌륭하고 고마운 스승이나 선배를 많이 만났습니다.

안병훈 대통령이 선거를 도와줬다는 말씀은 아니겠지요?

김재순 물론 아니죠.(웃음)

안병훈 제가 보기엔 가족 중에서 모친 나화춘 여사의 공이 특히 큰 것 같습니다. 적어도 7대 총선에서는요.

김재순 어머니야 매 선거마다 고생하셨지요.

안병훈 그런 말씀이 아니라 여름에 나화춘 여사가 직접 양구까지 가셔서 수재민 구호활동을 펼친 일화가 있던데요.

김재순 아, 맞습니다. 그때가 아마 어머니의 두 번째 양구 방문이었을 겁니다. 양구에 물난리가 났는데 어머니가 한국일보사 구호품을 트럭에 직접 싣고 가서 전달한 일이 있어요. 그때 화전민 부락도 가셨습니다.

안병훈 1965년 9월 15일에 발행된 〈양구공보〉에는 '이곳 화전민 정착지는 왕복 6km의 도보로서 어두운 심야를 무릅쓰고 이곳 정착민을 위로하여 17세대 68명의 가족이 모이어 이와 같이 고마운 할머님(나화춘 여사)이라고 하여 심지어는 어머님이라고 불리면서 헤어짐을 애석히 여기는 사람도 있었다'는 대목이 나옵니다. 당시 문체 그대로 읽었습니다.(웃음)

김재순 제가 아니라 어머니 보고 찍었다는 분들도 많았습니다.(웃음)

안병훈 이때, 상공위에서 국방위로 자리를 옮깁니다. 공화당 소속은 민기식閔機植(위원장), 김진만金振晚, 김용태, 구태회, 박두선 등이고 신민당 국방위원은 서범석, 김홍일, 장준하, 조흥만입니다. 상공위원장에서 일개 국방위원이 된 것은 일종의 직급 하락이라고 봐야 되지 않겠습니까?(웃음) 국방위로 옮긴 특별한 이유가 있습니까?

김재순 알다시피 철원·양구·화천이 휴전선 인근 지역이 아닙니까. 주민들이 군軍을 통하지 않고는 못 하나 박을 수 없다는 것을 알게 된 거죠. 민통선에 출입할 때 일일이 허가를 받아야 하고, 군인들이 외박이

수재민 구호활동 중인 나화춘 여사.

나 휴가를 나오지 않으면 지역 경제가 움츠러듭니다. 여러 가지 민원
이 들어오는데 아무래도 국방위에 들어가는 것이 주민들에게 득이 될
거라고 판단했습니다. 물론 당의 방침도 감안했지요.

안병훈 같은 시기, 의장님이 공화당의 대변인이 됩니다. 이 무렵 신민
당 대변인이 박영록朴永祿 의원이었습니다. 또한 박영록 의원 직전 대변
인이 김대중 의원이었습니다. 여야 대변인 간의 입 대결이라고 할까요,
혹시 기억나는 일화가 있으십니까?
김재순 저는 야당이 아니라 국민을 상대로 한다는 원칙을 갖고 있어서
특별히 기억나는 것은 없습니다. 기대하던 답변을 주지 못해 죄송합니

다.(웃음)

안병훈 이해 6·8총선이 끝나자 신민당과 유진오 당수는 이 선거를 부정선거로 규정하고, 박 대통령의 시인是認과 사과를 요구합니다. 정국이 경색되고 이른바 '시인·사과 정국'이 수개월간 지속되는데요. 공화당 대변인으로서의 의장님 첫 작품이 뜻밖에 '사과'였습니다.(웃음)

김재순 저와 유진오 당수와의 관계는 얼마 전에 소개해 드렸지요?

안병훈 예, 전시연합대학 총장 부탁 때문에 만나셨지요.

김재순 이전부터 잘 알고 있던 터라 제가 유진오 당수께 사과상자를 선물로 보냈습니다. 그리고 기자들에게 유진오 당수에게 맛있는 사과를 보냈으니 걱정하지 말라고 했습니다. 물론 정치적 유머가 담긴 얘기겠지만, 그때는 그런 낭만이 있었습니다. 그게 큰 화제가 된 겁니다. 이 사실이 알려지자 박 대통령이 제게 전화를 걸어왔습니다. 박 대통령이 "맛있는 사과를 보내셨다고요?" 이러서서 제가 "맛있는지 없는지는 유진오 박사에게 물어보십시오"라고 대답했습니다.(웃음)

박 대통령의 간청

안병훈 박 대통령이 재선에 성공하면서 공화당 내에서 파벌 싸움이 심화됩니다. JP를 중심으로 한 구주류와 김성곤이 이끄는 신주류가 그것입니다. 특히 김성곤은 백남억白南檍, 김진만金振晩, 길재호와 4인 체제를 형성하면서 김형욱 중앙정보부장, 이후락李厚洛 대통령 비서실장과 결탁해 JP를 견제하게 됩니다. 의장님은 구주류로 분류되셨지요? 신주류들과의 사이는 어땠습니까?

10·2항명파동으로 김종필은 정치적으로 재기했고 김성곤, 길재호 등 4인 체제는
몰락하게 된다. 김재순 역시 이때부터 정치적인 사양길을 걷게 되었다고 회고한다.
왼쪽부터 김종필, 김재순, 길재호.

김재순 앞에서도 말씀드렸지만 저는 JP와의 인연으로 공화당에 들어
왔기 때문에 당연히 구주류로 분류됐겠지요. 하지만 이런 말씀을 드리
고 싶습니다. 저는 고향이 이북이고 혁명 주체세력도 아니었습니다.
혁명 주체세력 중에서 함경도 출신 세력이 일거에 제거된 적이 있고, 정
치적 기반이 이남에 있는 혁명 주체세력들도 하루아침에 '반혁명 분
자'로 몰려 권력에서 물러나지 않았습니까. 그런 것을 무서워해서가
아니라 저는 애초부터 권력에 대한 욕심이 없었습니다. 제가 어떤 계
파로 분류되긴 했어도 소위 줄이라는 것은 선 적이 없습니다.

민주당 때도 저는 민주당 신파로 분류됐지만 구파인 조병옥 선생, 신파
인 장면 박사로부터 똑같이 사랑을 받았습니다. 공화당 내에서도 마찬

가지였어요. 구주류 JP와도 친했지만 신주류 4인 체제와도 친했습니다. 나중에 길재호씨와 사돈까지 맺지 않았습니까? JP와 사이가 좋지 않았던 김형욱 중앙정보부장과도 꽤 친했습니다.

안병훈 김형욱 부장과 담판을 지은 일도 있잖습니까?

김재순 아, 그것은 제 서울대 후배인 정성배鄭成培씨가 동백림東伯林사건에 연루되어 체포된 일이 있습니다. 정성배씨는 동베를린에 가본 적도 없었어요. 그때 김형욱 부장을 찾아가 담판을 지었습니다. 결국 정성배씨는 선고유예를 받고 풀려났지요.

안병훈 급기야 구주류, 신주류의 갈등은 1968년 5월 이른바 국민복지회 사건으로 밖으로 표출됩니다. 공화당 내 JP를 추종하는 인물들이 국민복지회를 조직해 1971년 대선에서 JP를 대통령 후보로 옹립하려 했다는 사건입니다. JP는 공화당 당의장 자격으로 5월 25일 자신의 측근인 김용태, 최영두崔永斗, 송상남宋相南 3명을 해당 행위자로 제명하고 사태를 수습하려 합니다. 의장님은 그때 JP가 대권 의지를 가졌다고 보셨습니까?

김재순 항상 마음속에 갖고 있지 않았겠어요?

안병훈 JP는 곧 정치적 승부수를 던집니다. 공화당 당의장 등 일체의 공직에서 사퇴하겠다고 천명하고 공화당에 탈당계를 제출합니다. JP의 두 번째 정계 은퇴 선언입니다. 이때 공화당 당무위원 전원이 사임원을 일괄 제출했지만 공화당 총재인 박 대통령은 반려합니다. 일단 신구 주류의 갈등은 수면 아래로 가라앉는 듯했지만, 1969년 들어 3선 개헌 정국이 되면서 다시 끓어오르기 시작합니다. 1월 6일 공화당 길재호 사무총장은 '현 헌법의 미비점을 보완, 개정하기 위한 검토가 여당 내에서 진행되고 있다'는 비공식 발언을 했고, 이튿날 윤치영 당의장 서리는 사견임을 전제하며 '필요하다면 대통령 중임 금지 조항을 포함한 개헌 문제를 연구할 수 있다'는 기자회견을 합니다. 그런데 의장님께서는 원래 3선 개헌을 반대하셨지 않습니까?

김재순 반대했죠.

안병훈 그러다가 소위 '4·8항명파동'이 일어납니다. 야당인 신민당이 발의한 권오병權五炳 문교부 장관 해임건의안을 구주류 JP계가 동조해 통과시킨 것이죠. 구주류가 3선 개헌안 발의를 막기 위해 세를 과시했다는 시각이 지배적인데, 의장님도 이때 투표하셨습니까?

김재순 했습니다.

안병훈 찬성하셨습니까, 반대하셨습니까?

김재순 비밀투표를 했습니다.(웃음)

안병훈 지금은 밝혀도 되지 않겠습니까?

김재순 저는 그때 여당 국회의원이었고 당직자였습니다. 어떤 입장에 서고 어떤 결정을 했든 공동책임을 져야 한다고 생각합니다.

안병훈 무슨 말씀인지 알겠습니다. '항명'에 격노한 박 대통령은 4월 10일 당 확대간부회의를 열어 해당害黨 의원을 철저히 규명하고 가차 없이 처단하라는 지시를 내립니다. 당시 의장님도 이 회의에 참석하셨다고 알고 있습니다. 회의 분위기가 심상치 않았다고 들었습니다.

김재순 박 대통령의 성격을 아시지 않습니까. 그 카랑카랑한 목소리로 지시를 내리는데 침 넘어가는 소리도 내기 어려울 정도였습니다.

안병훈 결국 4·8항명의 주동자급 의원인 양순직, 예춘호芮春浩, 정태성

鄭泰成, 박종태朴鍾泰, 김달수金達洙 5명이 제명됩니다. 그때 40여 명에 달하던 여당 내 개헌 반대 의원들이 모두 개헌 지지로 급선회합니다. 의장님도 이때 찬성으로 입장을 바꾸신 건가요?

김재순 아닙니다. 제 경우는 조금 달라요. 저는 박 대통령에게 직접 설득을 당했습니다.

안병훈 직접 설득당하셨다고요?

김재순 예, 그렇습니다. 저는 윤치영 당의장 서리의 발언으로 3선 개헌 논의가 불붙기 시작한 이후, 여러 당 간부들이 개헌 찬성 발언을 했어도 4개월 동안 침묵을 지켜왔습니다. 개헌에 대한 당무회의의 결정이 없는 이상 대변인인 제가 나설 이유가 없다고 생각했기 때문입니다. 개헌에 반대했던 구주류는 구주류대로 제게 섭섭함을 느꼈을 테고, 신주류는 의아하게 여겼을 겁니다.

안병훈 박 대통령으로부터 의장님에게 전화가 온 것이 5월 7일이었다는 기록이 있습니다.

김재순 그럴 거예요. 사실 그 전에 제가 JP를 찾아간 적이 있어요. 저도 3선 개헌을 반대하고 있었기 때문에 JP가 개헌을 반대하면 단연코 그 뜻을 따르려고 했습니다. 그런데 JP가 예스다, 노다 대답을 안 하는 겁니다.

안병훈 박 대통령으로부터 전화가 온 날 무슨 일이 있었습니까?

김재순 그날따라 일찍 집에 갔는데 전화가 왔습니다. 식사를 했느냐고 해서 이제 막 하려고 한다고 했더니 박 대통령이 '도미가 좋은 것이 들어왔는데 술이나 한잔하자'고 해요. 바로 청와대로 들어갔습니다. 정치와는 상관없는 이런저런 얘기를 나누다가 갑자기 박 대통령이 제 옆

자리로 와 앉더니 개헌을 어떻게 생각하느냐고 물어요. 그래서 저는 '절대로 해서는 안 된다'고 분명히 말씀드렸습니다.

안병훈 두렵지 않았습니까? 의원들을 하루아침에 제명시키는 상황 아니었습니까?

김재순 저는 3선 개헌 전까지는 공화당 내에서 어느 정도 민주정치가 이뤄졌다고 생각합니다. 그때까지는 박 대통령도 어떤 의견이라도 귀를 기울이고, 설사 자신의 생각과 반대되는 주장이라고 해도 단번에 내치지 않고 상대방을 설득하려고 했습니다.

안병훈 그날 박 대통령이 의장님을 어떻게 설득했습니까?

김재순 "나 이번 한 번만 더 할 거야, 다음엔 종필이에게 넘겨줄 거야, 도와줘", 이러시는데 저도 참 못된 면이 있는 것이 "정말 한 번밖에 더 안 하시겠습니까?"라고 되물었습니다.

안병훈 박 대통령이 뭐라고 하셨나요?

김재순 '또 하면 성姓을 갈겠다'는 겁니다. 대통령이 그렇게까지 나오는데 믿고 도와줄 수밖에 없지 않겠습니까? 그래서 제가 기분이 좋아져서 '각하, 저 오늘 술 좀 먹겠습니다'고 했습니다. 그날 저도, 박 대통령도 대취했어요. 이튿날 개헌 논의에 대한 당무회의가 있었고, 그 다음 날 제가 대변인 자격으로 공식성명을 발표합니다.

안병훈 제가 그 성명의 일부를 읽어보겠습니다.

김재순 아니, 그것도 준비하셨습니까?

안병훈 인터뷰어의 기본자세 아닌가요?(웃음)

국가를 위하는 인사라면 오늘과 같은 조국의 현실에서 박 대통령의

민주공화당 대변인 시절, 기자회견을 하고 있다.

영도력이 강화돼야 할지언정 약화돼서는 국가 이익에 도움이 되지 못할 것이며, 궁극적으로 국회의 의결을 얻어 국민투표를 거쳐야 하는 개헌 문제는 뜻있는 많은 국민에 의해 진지하게 고려돼야 한다.

김재순 지금 들으니 문장이 조금 길군요. 하여간 그때부터 저도 출입기자들한테 '한 번밖에 더 안 한다. 그러니 좀 봐다오' 하고 사정하고, 각 신문사 편집국장이나 논설위원들한테도 부탁을 했습니다.

〈샘터〉 창간

안병훈 의장님은 1967년 10월부터 1969년 11월까지 공화당 대변인으로 활약했습니다. 2년 1개월여 동안 재직한 장수 대변인이라고 할 수 있는데 특별한 비결이 있었습니까?

김재순 그런 것은 없지만 이런 원칙은 있었습니다. 집권당 대변인은 야당을 상대로 싸우는 것만이 능사가 아니라 일반 국민을 대상으로 해야 한다는 것이었습니다. 야당과 맞싸움만 하게 되면 정치가 혼탁해지고 국민이 피로해지지요. 같은 내용이나 논리라고 해도 이를 야당에서 어떻게 받아들일까 하는 것보다는 국민이 어떻게 받아들이겠느냐는 고민을 많이 했습니다. 문구나 표현에 세심한 신경을 쓴 것도 사실입니다.

안병훈 사모님 말씀으로는 대변인 시절, 자택에서 성명 문구를 다듬을 땐 쥐 죽은 듯이 조용해야지 부스럭거리는 소리만 나도 고함을 버럭 지르셨다고 하던데요.

김재순 대변인 시절뿐만 아니라 글을 쓸 때의 제 버릇입니다. 집중력이 필요하고 예민해지는 순간이어서 가족들이 꽤 고생을 했을 거예요. 집 사람뿐만 아니라 아이들에게도 가차 없이 소리를 질렀지요. 이 점, 이 자리를 빌려 가족 모두에게 사과합니다.(웃음)

안병훈 JP가 사퇴한 공직 중의 하나가 국제기능올림픽 한국위원회 회장직이었습니다. 의장님은 회장 대리를 맡아오다가 1969년 5월 2일 국제기능올림픽 한국위원회 회장으로 선출됩니다. 그리고 이해 7월 벨기에 브뤼셀에서 열린 국제기능올림픽에 한국 대표단을 이끌고 참가합니다. 대회 기간 중에 국내 한 신문에 '황소의 입이 막혔다'는 가십 기사가 실립니다. 공화당의 상징이 황소인데 황소의 입이 막혔다는 것은 곧 공화당 대변인의 입이 막혔다는 얘기라고 할 수 있습니다.

김재순 그런 기사가 실렸습니까? 저의 외유 기간 동안, 공화당 대변인의 활동이 없었다는 뜻이겠군요?

안병훈 없었다는 것이 아니라 임시 대변인의 활동이 '작황부실作況不實' 했다는 뜻이지요. 해당 부분을 읽어볼까요?

김재순 뭐라 쓰여 있는지 궁금하네요.

안병훈 김재순 대변인이 지난 달(6월) 27일 기능올림픽 선수단을 이끌고 브뤼셀로 떠난 후, 김택수 원내총무가 임시로 이를 겸해 왔는데 다시 김창근 의원에 배턴 터치되었던 것. 그런데 김창근 의원은 '정식 임명장도 받지 않고 구두口頭로만 통고받은 내가 왜 남의 치다꺼리만 하느냐'면서 거절하고 나섰다는 얘기. 그래서인지 굵직한 뉴스가 쏟아진 뒤 곧장 뒤따르게 마련인 집권당의 논평 양산 경향은 최근에 와서 작황부실의 형편이라고 적혀 있습니다.

김재순 재미있군요. 결국 제 후임 대변인이 김창근 의원이었으니까 작

황부실은 면하게 된 거네요.(웃음)

안병훈 그러네요. 자, 계속 3선 개헌에 관해 질문 드리겠습니다. 1969년 9월 14일 3선 개헌안이 국회에서 변칙적으로 통과되고 10월 17일 국민투표로 확정됩니다. 11월 의장님은 공화당 대변인에서 물러나고 국회 재경위원장이 되셨지요?

김재순 맞습니다.

안병훈 야당의 반발로 국회 공백 상태가 장기화됩니다. 당시 기사를 훑어보면 국회 공백 기간에 세계 일주를 떠난 의원도 있고, 여행담, 수상록隨想錄, 관견管見 등에 관한 저서를 낸 의원도 있었습니다. 그런데 의장님은 월간지 〈샘터〉 발간을 준비하고 계셨던 걸로 알고 있습니다.

김재순 〈새벽〉의 주간을 맡은 이후 출판에 대한 열정을 품게 되었습니다. 더구나 〈새벽〉이 재정난으로 폐간됐기 때문에 아쉬움과 안타까움마저 갖고 있었지요. 그러다 계기가 생겼습니다.

기능올림픽을 주관하면서 기능공들을 만나 이야기를 듣다 보니 전부 자기 연민뿐이었습니다. 솜씨는 명장明匠급이었지만 하나같이 자기 일을 생계를 위해 마지못해 한다는 거였습니다. 그러면서 부모 잘못 만난 것, 집이 가난한 것, 학교 가지 못한 것들을 불평합니다. 나라 경제를 발전시켜야 할 마당에 자기 하는 일에 신바람이 나야 경제고 뭐고 되는 것인데 큰일이다 싶었습니다.

이들에게 자긍심, 자신감, 자기애를 불어넣어줄 방법이 없을까 궁리하다가 나온 것이 〈샘터〉였습니다. 학생들이 봐도 좋겠지만 처음부터 〈샘터〉는 땀 흘려 일하는 소위 블루칼라를 겨냥해 만든 책입니다. 창간호에 「젊음을 아끼자」는 특집을 마련한 것도 그런 이유에서였지요.

을지로 샘터 사옥 대표실에서. 대학로 사옥으로 옮기기 전이다.

안병훈　준비를 철저히 했다고 들었습니다. 일본의 'PHP운동'도 참조하셨다지요?

김재순　PHP운동은 마쓰시타전기松下電氣의 창업주 마쓰시타 고노스케松下幸之助가 일본의 패전 후 일본인들의 황폐해진 정신을 윤택하게 하기 위해 전개한 운동입니다. 마쓰시타전기는 내셔널, 파나소닉이라는 상표로 유명하지요. PHP는 Peace, Happiness, Prosperity의 머리글자를 모은 것입니다.

안병훈　의장님도 한국인의 정신을 윤택하게 하고 싶었다는 말씀이군요.

김재순　그렇습니다. 1970년 3월 일본 오사카大阪에서 만국박람회가 열렸습니다. 그 무렵에 마쓰시타 옹을 만나 조언을 들었지요. 〈샘터〉를 창간하고 나서 또 일본 갈 일이 있었는데, 그때 마쓰시타 옹을 만나 〈샘터〉 몇 권을 선물했습니다. 진심으로 기뻐해 주고 격려해 주던 마쓰시타 옹의 밝은 표정이 기억납니다.

안병훈　1970년 4월호가 창간호니까 올해는 〈샘터〉 창간 46주년을 맞는 해입니다. 이제 〈샘터〉도 역사적인 잡지가 되었습니다. 혹시 창간사를 기억하십니까?

김재순　아무렴요. 하지만 세월이 많이 흘러 토씨 하나하나까지 기억할 수는 없습니다. 제가 창간호를 보고 한번 읽어보겠습니다.

평범한 사람들끼리 모여서 가벼운 마음으로 의견을 나누면서 행복에의 길을 찾아보자는 것이 〈샘터〉를 내는 뜻입니다. 이제 여기 맑고 깨끗한 샘터가 마련되었습니다. 샘터는 차내에서도 사무실에서도, 농촌에서도 공장에서도 그리고 일선의 참호 속에서도 읽혀질 것입니다. 〈샘터〉는 거짓 없이 인생을 걸어가려는 모든 사람에게 정다운 마음의 벗이 될 것을 다짐합니다.

어떻습니까? 그런대로 잘 썼지요?(웃음) 〈샘터〉의 가격은 담뱃값을 넘지 않는다는 원칙을 세웠습니다. 당시 최고급 담배였던 '청자'가 100원, 따라서 〈샘터〉 창간호의 가격이 자연스럽게 100원이 된 거죠. 기름때가 묻은 꼬깃꼬깃한 돈 100원으로 우리 젊은이들의 벗이 될 수 있는 책, 그 정도 가격이면 독자들의 부담이 없지 않겠습니까.
〈샘터〉가 출간되자 독자의 반응은 가히 폭발적이었습니다. 근로자뿐만 아니라 학생과 군인까지 〈샘터〉의 주 애독자가 되어주셨습니다. 고속버스나 기차에 타기 전 필히 사야 하는 것이 〈샘터〉였으니까요. 무엇보다 〈샘터〉가 국민들에게 책을 읽게 한 촉매제 역할을 하게 된 것이 지금도 뿌듯합니다. 많을 때는 매달 들어오는 독자투고만 2천 통 이상이었습니다. 반응이 좋았던 1970년대 중반에는 광고를 안 내도 50만 부까지 찍곤 했지요.

안병훈 그런데 당시 시대상이기도 합니다만 〈샘터〉가 사회적으로 악용된 것을 아십니까?(웃음)

김재순 악용되다니요? 무슨 말씀이신지….

안병훈 학부형들이 자녀의 진로 상담을 할 때 교사에게 〈샘터〉를 많이 선물했다고 합니다. 속에 촌지寸志를 넣어서요. 〈샘터〉 판형이 촌지 넣기 딱 좋은 크기 아닙니까?(웃음) 학부형들과 상담을 끝내고 나면 교사들의 책상에 〈샘터〉가 수북이 쌓였다는 이야기도 있었습니다.

김재순 아, 그런 말씀이었군요.(웃음)

안병훈 〈샘터〉를 운영하면서 어려운 점은 없으셨습니까?

김재순 있었지요. 〈동아일보〉 백지 광고 사태 때의 일입니다. 1974년 유신 때의 일로, 〈동아일보〉에 광고를 내기로 했던 광고주들이 무더기로 해약해 광고를 채우지 못해 백지 광고로 내보내거나 아예 전 지면을 기사로 채워버린 사태지요. 〈동아일보〉가 유신에 반대하는 글을 쓰니까 언론을 탄압하려고 중앙정보부에서 벌인 일이지요.

그 당시 〈샘터〉는 매달 조간신문과 석간신문 한 곳에 5단통 광고를 하고 있었습니다. 그런데 이 사태가 일어나 어떻게 하나 잠시 고민하다가 하던 대로 〈동아일보〉에 광고를 냈습니다. 광고를 하지 않는다는 것이 지적 양심에 허락되지 않더군요. 결국 저 대신 상무가 중앙정보부에 붙들려가서 매를 맞고 만신창이가 된 적이 있습니다. 그뿐인가요. 〈샘터〉를 강매한다며 중앙정보부에서 몇 개월간 내사했는데, 나중에 모략으로 밝혀졌습니다.

안병훈 마음고생이 꽤나 크셨겠군요. 그런데, 〈샘터〉 사옥은 원래부터 동숭동에 있었습니까?

김재순 아닙니다. 처음에는 을지로5가와 퇴계로5가 사이에 세 들어 있었지요. 오장동 근처였습니다.

안병훈 〈샘터〉 제호題號는 누가 쓰셨습니까?

김재순 제호는 소전素筌 손재형孫在馨 선생이 쓰셨습니다. 손재형 선생은 전남 진도 태생의 서예가입니다. 당대에 손꼽히는 명필名筆이었지요. 진도군에서 무소속 민의원을 지냈고, 나중에는 공화당에 입당해 국회의원에 당선됐습니다. 공화당에 있을 때, 저와 꽤 친했습니다.

제가 손 선생에게 〈샘터〉 제호를 특별히 부탁드렸지요. 감사하게도 가

〈샘터〉 창간의 축하의 뜻으로 보낸 박정희 대통령의 휘호 현판.

로, 세로로 백여 장을 써서 보여주셨습니다. 가로쓰기가 당시로서는 낯설고 쉽지 않은 것이었지만, 제가 따로 별말씀을 드리지 않았는데도 선생께서 가로 제호까지 써주셨어요. 결국 〈샘터〉 제호는 가로쓰기가 됐습니다. 그 점에서도 시대를 앞서갔다고 할 수 있지요.

〈샘터〉를 창간하면서 휘호도 많이 받았습니다. 박정희 대통령은 '근대화의 샘'이라는 휘호를 써주셨고, 이병철 삼성 회장은 '공수래공수거空手來空手去'라는 글을 써주셨지요. 이병철 회장에게 감사 전화를 드렸더니 '획수가 적어서 쓰기 힘들었다. 수십 장을 썼다'고 해요. 제가 가보家寶로 간직하겠다고 했습니다.(웃음)

안병훈　지금 인터뷰를 하고 있는 의장님 방에도 도산 안창호 선생이 쓰신 '애기애타愛己愛他'라는 글씨와, 운여雲如 김광업金廣業 선생의 '무아無我'라는 휘호가 보입니다.

김재순　두 글씨 모두 1983년 장리욱 선생이 미국에서 타계한 후 제가 유족들로부터 기증받은 것입니다. 그때 제가 현지로 날아가 장례식에 참석하고 추도사를 읽었었죠.

안병훈　표지 또한 다른 잡지와 달랐던 걸로 기억합니다. 창간호의 경우 고흐의 「해바라기」를 표지로 했는데, 이 이후로 많은 국내 화가들이 표지를 장식한 걸로 알고 있습니다. 기억나시는 화가가 있습니까?

김재순　월전, 운보, 산정, 남정, 일랑 같은 동양화가와 박영선朴泳善, 윤중식尹仲植, 장욱진張旭鎭, 천경자千鏡子, 변종하卞鍾夏씨 같은 서양화가 등이 〈샘터〉의 표지화를 그렸습니다.

안병훈　한 분 한 분 한국 미술계에 큰 발자취를 남긴 대가들입니다. 그런데 월전, 운보, 이렇게 호를 말씀하시면 독자분들이 모르는 분도 있으니 자세히 설명 좀 해주십시오.

김재순   월전月田은 장우성張遇聖, 운보雲甫는 김기창金基昶, 산정山丁은 서세옥徐世鈺, 남정藍丁은 박노수朴魯壽, 일랑一浪은 이종상李鍾祥 화백입니다.

안병훈   출판하는 사람들 용어로 표4, 즉 뒤표지의 글을 의장님이 직접 쓰시는 걸로 알고 있습니다. 영문학자인 장영희張英嬉씨는 '앞표지보다 뒤표지가 더 중요한 책이 딱 한 권 있는데 그게 바로 〈샘터〉'라고 말했을 만큼 의장님 글을 애독했다고 들었습니다.

김재순   병으로 쓰러졌던 때와 최근 건강 때문에 몇 차례 못 쓴 것을 제외하면 창간호부터 지금까지 한 번도 거르지 않았습니다. 비록 원고지 6매지만 표4를 쓰기 위해 〈샘터〉 사무실에서 끙끙거릴 때가 힘들면서도 즐겁습니다. 이 작업을 죽을 때까지 이어갈 생각이라는 말을 한 적이 있고, 이것을 지키려고 노력하고 있습니다. 제 힘이 닿는 한, 제가 죽을 때까지 쓰려고 합니다.

안병훈   최인호 작가는 연재소설 『가족』을 34여 년 동안 〈샘터〉에 연재했습니다. 이것만 해도 세계 기록감인데 의장님이 〈샘터〉 표4를 50년 가깝게 쓰고 계신 것은 또 하나의 역사적인 기록이 될 것 같습니다. 앞으로도 건필을 바랍니다.

김재순   감사합니다.

안병훈   김지하金芝河 시인이 초대 편집장이 될 뻔했다고 들었는데 사실인가요?

김재순   김지하, 염무웅廉武雄, 장부일張富逸 세 사람이 편집장 후보였는데

〈샘터〉 창간호(1970)

제 생각에는 김지하씨가 제일 적합해 보였습니다. 하지만 하필 폐병이 있었어요. 어느 날 자정이 넘은 시각에 파출소에서 전화가 걸려왔습니다. 김영일이란 사람이 만취해서 파출소를 다 때려 부쉈다는 겁니다. 김지하씨의 본명이 김영일金英一입니다. 제가 다 보상하겠으니 풀어달라고 했지요. 아쉽게도 폐병 탓에 초대 편집장으로 영입하질 못했어요. 결국 서울대 독문과 강사로 출강하던 염무웅씨를 선택했습니다.

안병훈 김지하 시인이 그때 편집장으로 영입됐다면 김 시인도, 〈샘터〉도 지금과는 전혀 다른 모습일 거라는 생각이 듭니다.

김재순 그럴 수도 있겠지요.

안병훈　창간호에 실은 원고 중에 기억나시는 것이 있습니까?

김재순　장리욱 선생, 박종홍, 장기영, 선우휘씨 등이 창간호에 원고를 썼습니다. 선우휘씨 원고는 마음에 들지 않아 제가 다시 쓰라고 했습니다. 그랬더니 선우휘씨가 '내 글을 퇴짜 놓는 사람도 다 있느냐'며 불평하더군요.(웃음)

장기영씨의 원고도 기억에 남습니다. 창간호 특집 제목이 「무엇에든 미쳐보라」였는데, 장기영씨에게 원고 청탁을 의뢰한 지 꽤 됐는데도 원고가 오질 않아 알아봤더니 마침 도쿄에 출장 갔던 겁니다. 제가 국제전화를 걸어 "우리가 창간호를 마감하게 되었는데 아직도 원고를 주지 않으니 이거 약속이 어긋나지 않느냐"라고 다그쳤더니, "그렇습니까? 그럼 기자 바꿔주십시오" 하대요. 그러더니 우리 편집부 기자에게 한 시간 이상 전화로 구술한 것을 받아쓰게 하더군요. 참 좋은 글이었던 걸로 기억합니다. 원고료보다 국제전화비가 더 나왔으니, 〈샘터〉 역사상 가장 비싼 원고라고 할 수 있습니다.(웃음)

안병훈　정치하기도 바빴을 텐데 〈샘터〉에 관여할 시간이 있었습니까?

김재순　국회만 끝나면 딴짓 안 하고 곧바로 〈샘터〉 사무실로 달려왔습니다.

안병훈　피천득 선생, 법정法頂 스님, 이해인李海仁 수녀, 최인호, 정채봉丁埰琫, 장영희 작가 등 〈샘터〉를 빛낸 작가들이 많습니다. 첫눈이 오면 서로 전화를 걸었다는 피천득 선생과의 아름다운 인연이 특히 잘 알려져 있습니다.

김재순　첫눈을 하늘이 전해 오는 메시지라고 하셨던 분이 피천득 선생입니다. 무슨 약속을 한 건 아니었고, 어느 날 첫눈이 내리니까 선생이

평생의 인연을 나눈 피천득 선생과 함께.

가장 먼저 생각나서 전화를 드렸지요. 그것이 40년 동안 이어졌지요.
세상만사 어지러울 때 첫눈, 그 숭고한 스펙터클이 주는 환희의 맛을
즐겨보는 것도 사는 기쁨 중 하나일 겁니다.

안병훈 법정 스님도 〈샘터〉와 떼어놓고 생각할 수 없는 분입니다.
김재순 스님이 30대였을 때 처음 만났습니다. 〈샘터〉에 처음 쓰신 글은
「탁상시계 이야기」라고 기억합니다.
안병훈 예, 저도 봤습니다. 탁상시계를 도둑맞은 스님이 이번엔 아무도
탐내지 않을 허름한 시계를 사러 청계천에 갔다가 도둑맞은 시계를 팔
러 온 '도盜선생'을 만나 1천 원을 주고 다시 사왔다는 내용이지요.

〈샘터〉를 상징하는 대표 필자들이 한 자리에 모였다.
왼쪽부터 법정 스님, 피천득 선생, 김재순, 최인호 작가.

김재순   그렇습니다. 스님과 대화를 통해 크게 깨달은 것이 하나 있어요. 어느 날, 이 말 저 말 중에 개 이야기가 나왔습니다. 제가 보통학교에 다닐 때 개에게 크게 물린 적이 있어요. 이 때문에 평생 개를 무서워하고 살았는데 그 이야기를 했더니 스님이 이런 말을 합니다. 스님이 수도를 할 때면 쥐새끼 한 마리가 나타나 밤낮 옆을 지킨다는 거예요. 이상하게 생각되기도 해서 어느 날, "넌 왜 이렇게 못나게 생겼냐. 다시 살아나올 때는 예쁜 아기로 태어나라" 하셨대요. 그런데 며칠 후 그 자리에 갔더니 그 쥐가 죽어 있었답니다. 그러면서 스님이 제게 하는 말이 "개하고 얘기를 해보세요, 알아들을 겁니다" 해요. 그 말을 들은 순간부터 개에 대한 무서움이 사라져버렸습니다. 정말입니다. 그 후 우리 집에 개를 키우니 말 다 했지요.(웃음)

안병훈   그런데 최인호 작가와는 어떻게 인연을 맺으신 건가요?

김재순   최군과의 인연은 참으로 길고 소중했던 것 같습니다. 최군의 부친이 일찍 돌아가셔서 저를 아버지처럼 따랐으니까요. 을지로5가에 옛 〈샘터〉가 있었던 시절 최인호군이 편집자 친구들을 만나러 〈샘터〉에 자주 들렀습니다. 그 당시 최군은 20대 후반의 신예 작가였지요. 최군의 문장력에 대해 주변에서 익히 듣고 있던 차에 최군을 조우하게 된 겁니다. 보자마자 〈샘터〉에 연재를 부탁했지요. 그러자 최군이 이렇게 답하는 겁니다. "그만 쓰라고 할 때까지 〈샘터〉가 발행되는 한, 제가 살아 있는 한 계속 쓰겠습니다"라고. 얼마나 고맙던지….

벌써 40년이 넘었는데도 최군의 당당하던 음성이 아직도 귓가에 맴도는 것 같습니다. 그 후 최군과는 가족같이 지냈습니다. 아버님 고향도 같은 평양이고, 냉면을 좋아하는 식성도 같아 시간 날 때마다 '우래옥'

에서 점심을 함께했습니다. 안 선생이 조금 전에 말씀하신 대로 최군이 〈샘터〉에 『가족』을 연재한 기간이 정확히 1975년 9월호부터 2009년 10월호까지 34년 1개월간이었습니다. 침샘암이 아니었다면 아마지금까지 쓰고 있었을 겁니다.

마지막까지 삶과 문학에 대한 의지와 열정을 놓지 않았는데 참으로 애석한 일이지요. '원고지에서 죽고 싶다'는 묘비명이 얼마나 멋집니까? 아마 최군 같은 작가는 몇 세기에 하나 나올까 말까 한 한국의 소중한자산입니다.

안병훈 한 작가의 연재 중단 소식이 각종 매체에 일제히 대대적으로 보도된 것은 전무후무하지 않나 싶습니다.

김재순 예술가를 추모하는 것은 그리 어렵지 않습니다. 그러나 위대한민족은 예술가와 늘 더불어 삽니다. 천재들을 추모하는 것은 쉬운 일입니다. 그러나 위대한 민족은 천재들과 늘 더불어 삽니다. 마치 가족처럼, 이웃처럼 그들의 숨결을 들으면서….

안병훈 의장님의 말씀에 새삼 느끼는 점이 많습니다. 이해인 수녀와는어떻게 인연을 맺으셨습니까?

김재순 수녀님의 글이 맑고 좋아 종교인을 떠나 좋은 글을 쓰는 작가로서의 이해인에게 〈샘터〉가 정식으로 원고 청탁을 한 겁니다. 지치고 힘든 삶 속에서 수녀님의 글을 통해 많은 사람들이 위안을 받았을 겁니다. 건강이 좋지 않다고 들었는데, 이 기회를 빌려 진심으로 건강을 되찾길 기도합니다. 아마 수녀님의 본명 밝을 명明, 맑을 숙淑처럼 오래도록 사람들에게 글과 신앙으로 밝음과 맑음을 안겨주실 거라 믿습니다.

안병훈 정채봉, 장영희 작가도 너무 아까운 나이에 세상을 떠났습니다.

이해인 수녀는 〈샘터〉가 배출한 대표적인 필자였다. 『꽃삽』 출판기념회에서.
왼쪽부터 최길자 수녀, 구상 시인, 피천득 선생, 이해인 수녀, 강우일 주교.

정채봉 작가는 〈샘터〉가 첫 직장이었지요?

김재순 예. 정채봉군이 한번 사표를 낸 적이 있어요. 그래서 '내가 죽으면 내 관의 한쪽 귀퉁이를 들어야 하지 않겠느냐'고 호통을 쳤습니다. 그랬는데 먼저 세상을 떠나버렸습니다. 특히 짧은 글 속에 진하게 농축된 언어가 남달랐던 동화작가입니다.

안병훈 장영희 작가는 그 부친도 〈샘터〉와 인연이 있지 않나요?

김재순 장영희 작가의 부친이 영문학자 장왕록張旺祿 서울대 명예교수입니다. 장왕록 교수는 평양고보를 나온 같은 고향 분이에요. 펄 벅의 『대지』를 한국 최초로 번역한 분입니다. 부녀가 모두 〈샘터〉 필자였다는 게 보통 인연이 아니죠.

안병훈 그런데 필자에게 원고료는 왜 그렇게 많이 주셨습니까? 제가 가지고 있는 1974년 2월 2일자 〈경향신문〉 자료에 이런 대목이 있습니다.

> (…) 그런데 서울에서 발간되는 각종 잡지의 원고료는 어떤가? 가장 원고료가 많은 데가 월간 〈샘터〉로 산문 장당 400원~1,000원씩 고료를 지불하고 있으나 이것은 예외 중의 예외다. 순수 문예지인 〈현대문학〉, 〈한국문학〉 등은 200원~500원, 〈월간문학〉 150원, 기타 월간지는 200원~250원, 여성지는 150원~300원, 정부기관지 150원 선으로 지급하고 있다.

김재순 많이 드렸다고는 생각하지 않았지만 다른 잡지보다 상대적으로 많았던 것은 사실입니다.
그만큼 작가를 대우해야 한다고 생각했기 때문이지요. 모든 일이 그렇지 않습니까. 대우와 존경을 받는 곳에 인재가 모입니다. 작가가 판검사만 못하고 의사만 못한 것이 아니지 않습니까? 판검사, 의사가 국격國格을 높인다는 말은 들어본 적이 없지만 좋은 작가는 문화의 격을 높이고 나라의 격을 높이는 법입니다.

안병훈 〈샘터〉 편집진이나 기자 출신 중에도 세상에 잘 알려진 분들이 많습니다.

김재순 초대 편집장 염무웅씨를 비롯해 시인 강은교姜恩喬, 소설가 김승옥金承鈺, 서울여대 교수였던 오증자吳證字, 시인 김형영金炯榮, 임정남林正男, 정호승鄭浩承, 박몽구朴朦救, 소설가 윤후명尹厚明, 한강韓江, 사학자 박옥걸朴玉杰, 〈경향신문〉 사장을 지낸 고영재高永才, iMBC 대표였던 손관승

孫寬承씨 등이 생각나는군요.

안병훈 〈샘터〉는 호남 분들과 각별히 인연이 많은 것 같습니다. 제호를 써주신 손재형 선생, 법정 스님, 정채봉 작가가 그렇고 방금 언급하신 분들 중에도 호남 출신이 많습니다.

김재순 그렇습니까? 글 잘 쓰시는 분들을 섭외하고, 또 그분들이 소개해 주신 사람들을 찾다 보니 그렇게 된 것 같습니다.

안병훈 〈샘터〉 창간 때 내건 캐치프레이즈가 '평범한 사람들의 행복을 위한 교양지'였습니다. 지금도 그 역할을 하고 있다고 생각하십니까?

김재순 그건 제가 〈샘터〉 편집에 관여할 때까지의 캐치프레이즈였습니다. 1995년에 막내 아이에게 대표 자리를 물려줬는데 그 이후에 캐치프레이즈가 '평범한 사람들의 행복 만들기', '아름다운 사람, 아름다운 세상', '마음으로 여는 따뜻한 세상'으로 바뀌었습니다.

그래서 〈샘터〉가 지금도 그 역할을 하고 있느냐 아니냐는 질문보다는 제가 그 역할을 했느냐 못했느냐의 질문으로 바뀌어야 할 것 같습니다.

제가 〈샘터〉를 편집했던 1970년대, 1980년대는 평범한 사람의 역할이 무엇보다 중요한 시기였습니다. 그리고 행복이라는 것도 지금과 비교하면 매우 소박했습니다.

한번 생각해 보세요. 그때만큼 근로자들이 사명감과 자부심을 느꼈던 때가 있었습니까. 수출 역군, 산업화의 역군이라는 말을 자연스럽게 받아들이지 않았습니까?

그때는 또 가장家長이 혼자 일해 가족들을 먹여 살렸습니다. 외식 한 번에 온 가족이 기뻐했고, TV를 사고 전화를 놓으면 가정의 경사였습니다. 집을 사거나 차를 사면 온 세상을 다 얻은 것처럼 행복해했지요.

〈샘터〉 주간과 편집위원으로 재직했던 소설가 김승옥과 함께.

그래서 쉬웠습니다. 저는 그 시기 〈샘터〉가 '평범한 사람들의 행복을 위한 교양지' 역할을 훌륭히 수행했다고 자부합니다. 다만 제가 한 것은 그저 당시 시대정신을 찾아내 잡아낸 것뿐이지 달리 잘한 것은 별로 없는 것 같습니다.

안병훈 아쉽지만 〈샘터〉 얘기는 다음으로 미루기로 하고 다시 정치로 돌아가겠습니다.

김재순 안 선생, 그런데 인터뷰 오늘로 다 끝낼 겁니까? 저는 괜찮은데 안 선생이 피곤해 보여서요. (웃음) 정치 얘기는 다음 날로 하는 게 어떻겠습니까?

안병훈 (웃음) 그러는 것이 좋겠습니다. 의장님 말씀을 듣다 보니 시간이 이렇게 된 것도 몰랐습니다. 다음 인터뷰 때는 더 좋은 말씀 부탁드립니다.

김재순 제가 안 선생께 부탁드려야지요.

안병훈 오늘 인터뷰 즐거웠습니다. 수고하셨습니다.

1988. 5

국회 개회사를 쓸 때 무척 힘들었습니다.

국회의장이라는 위치에 서니까

김재순 개인의 글이 아니라 참 뭐랄까,

조국과 역사에 대한 외경심이랄까,

그런 생각 때문에 아예 밤을 새우다시피 해서

하나님께 기도하는 자세로

한 자 한 자 써내려갔습니다.

인생이 던져준 희비喜悲의 시간들

안병훈 정원에서 책을 읽고 계셨군요?

김재순 아, 안 선생, 잘 오셨습니다. 그렇지 않아도 오실 때가 됐다고 생각했습니다.

안병훈 철쭉 색깔이 이렇게 다양한지 오늘 처음 알았습니다. 연분홍도 있고, 진보라도 있고, 저건 무슨 색이라고 해야 하나요? 주홍색도 아니고 참 묘한 색깔입니다.

김재순 여기 있는 모든 꽃들과 나무가 제 집사람의 작품입니다. 작가에게 직접 물어보시면 대답해 줄 겁니다.(웃음)

안병훈 의장님은 무임승차 하신 거군요.(웃음)

김재순 그렇다고 봐야죠. 제가 경로자 아닙니까? 이 정원 가꾸느라 집사람 몸이 어디 하나 성한 곳이 없습니다. 어디 정원뿐인가요. 며칠 전에는 비가 오는데도 고구마 순도 심고, 고추 모종도 하느라 고생이 많았지요. 작년 이맘때 김찬숙金讚淑 치의학 박사와 재불 화가 방혜자方惠子씨, 그리고 서울대 음대 학장을 지낸 신수정申秀貞씨가 저의 집에 온 적이 있습니다. 신수정씨는 얼마 전 쇼팽 콩쿠르에서 우승한 조성진군의 스승이기도 합니다. 그때 신 선생이 두릅과 표고버섯을 따면서 얼마나 좋아하는지, 집사람이 오히려 더 신이 나 있더군요. 사실 김상배金詳培, 박길규朴吉圭 두 사람이 없었다면 꿈도 못 꿀 일이지요. 말년에 저와 집사람이 이만큼 견딜 수 있는 것도 모두 두 사람 덕분입니다. 김군과 박군이 마치 한 몸같이 소리 없이 일하는 것을 보면 그저 고마울 따름입니다. 안 선생, 제가 그랬지요. 인복이 많다고…. 참, 좋은 소식이 있습니다.

안병훈 무슨 소식인데요?

김재순 어제 병아리 90마리가 알을 깨고 우리 식구가 됐습니다. 동물이나 사람이나 태어나는 순간을 지켜보면 신이 없다고 누가 말할 수 있겠습니까?

안병훈 축하드립니다. 그런데 방금 읽고 계시던 책이 무슨 책입니까?

김재순 피천득 선생의 시집입니다. 5월이 되면 제일 먼저 피 선생이 떠올라서요. 선생이 5월에 태어나 5월에 떠나셨거든요. 선생의 「오월」이란 시에 이런 구절이 있어요. "신록을 바라다보면/ 내가 살아 있다는 사실이 참으로 즐겁다/ 내 나이를 세어 무엇하리/ 나는 오월 속에 있다." 마당에 있는 나무들을 보고 이 구절을 떠올리면 심란했던 마음도 이 시와 함께 스르르 녹는 기분이 듭니다.

안병훈 피천득 선생이 '나이를 먹는다는 것은 나이를 더해 간다는 것만이 아니라, 새로운 인생을 더해 가는 것'이라고도 하셨죠?

김재순 예, 선생은 5월처럼 청신清新한 영원한 청년이었죠. 병아리 얘기

하남 자택을 찾아준 반가운 손님과 함께.
왼쪽부터 신수정 전 서울대 음대 학장, 김찬숙 치의학 박사, 김재순, 방혜자 화백.

하다 생각난 건데, 어느 날 제게 이런 말씀도 하신 적이 있습니다.

"나는 죽는 날까지 고민하다가 죽을 것 같아요. 하나님이 계신 것 같기도 하고 안 계신 것 같기도 해서 말입니다. 갓난아기의 그 초롱초롱한 눈동자를 보거나, 그 천진스런 웃음을 마주할 때, 그리고 이른 봄 새싹이 돋아나는 것을 볼 때면 하나님이 계시다는 확신이 드는데, 나쁜 사람들이 득세하고 착한 사람들이 고생하는 것을 보면, 과연 하나님이 계시는지 의심이 듭니다."

안병훈 피천득 선생이 돌아가실 때 그 답을 찾으셨을까요?(웃음)

김재순 아마 찾으셨을 것 같습니다.(웃음)

10. 2 항명파동

안병훈 자, 오늘은 다시 정치 얘기로 시작하겠습니다. 1971년 4월 27일 대통령 선거에서 박정희 후보는 김대중 후보를 95만여 표 차이로 누르고 당선됩니다. 그리고 곧이어 8대 총선이 있었습니다. 아마 저 개인적으로는 한국 정치사에서 8대 국회처럼 역동적인 국회는 없었던 것 같습니다. 여야 가릴 것 없이 정치인 각자의 면면도 그렇고, 그때는 정말 정치를 보는 재미가 있었습니다. 철원·양구·화천 지역구로 출마한 의장님도 무난히 4선에 성공합니다. '무난히'라는 표현에 무리가 없겠지요?(웃음)

김재순 제 경우는 그랬습니다. 토교저수지 공사가 완성 단계에 들어설 때여서 특히 철원 민심이 저에 대해 우호적이었지요. 하지만 공화당으로서는 전반적으로 고전한 선거였습니다. 엄청난 선거자금을 뿌렸지만 대통령 선거에서 어렵게 이겼고, 신민당 바람이 크게 불었습니다.

안병훈 당시 공화당이 113석, 신민당이 89석을 얻습니다. 신민당이 크게 선전했다는 평가였지요. 그리고 이해 6월 의장님은 공화당 원내총무로 임명됩니다. 이때 당의장에 백남억, 정책위원장에 길재호, 사무총장에 길전식吉典植, 중앙위원장에 김성곤, 재정위원장에 김진만, 대변인에 신형식申洞植씨가 함께 임명되지요. 백남억, 길재호, 김성곤, 김진만, 이른바 4인 체제가 완벽하게 당을 장악한 느낌입니다.

김재순 당연한 결과 아니겠습니까? 3선 개헌 문제로 JP가 정계에서 물러나고 구주류는 움츠러들지 않았습니까.

3선 개헌을 주도한 4인 체제는 그야말로 실세였습니다. 그분들은 박 대통령의 신임을 받는다고 믿었고, 실제로 그런 면이 있었습니다. 당내에서도 다들 그렇게 알고 있었고요.

안병훈   하지만 박 대통령이 대단하고 무서운 면이 있는 것이, 대선 직전인 1971년 3월 17일 JP를 공화당 부총재로 임명해 정계에 복귀시킨다는 점입니다. 없던 부총재직까지 신설한 것이지요. 물론 대통령 선거 지원을 위해 JP를 복귀시킨 것도 사실이지만, 속내는 JP를 통해 4인 체제를 견제하겠다는 것이 아니었을까요?

김재순   옳은 말씀입니다. 박 대통령의 분할 통치(divide and rule)와 2인자를 키우지 않는다는 것은 유명한 얘기 아닙니까. 1971년 대선이 끝나고 박 대통령은 JP를 국무총리에, 오치성씨를 내무부 장관에 임명합니다. 이는 4인 체제를 견제하려는 의도라 봐야 되겠지요.

안병훈   의장님이 원내총무로 임명됐을 때 〈조선일보〉는 이렇게 썼습니다.

해방 직후 모친 한 분만을 모시고 월남하여 오늘을 만들어낸 철저한 자수입지自手立志 정치인. (…) 5·16혁명 직후 김종필씨와 의기투합하여 공화당 정권에 참여한 뒤 원내부총무, 상공위원장, 당 대변인, 재경위원장 등을 거치면서 조용히 성장해 왔다. 구 민주당 신파 세력을 중심으로 야당 쪽에도 상당한 교우관계를 갖고 있는 그는 비교적 이론적인 성격의 소유자로 평가되기도 한다.

김재순   무난하게 썼네요.(웃음)

안병훈   〈동아일보〉 기사도 읽어드리겠습니다.

당내 어느 계보에도 뚜렷하게 밀착돼 있지 않으면서도 평소 '처세'

처음엔 3선 개헌에 반대했던 김재순은 박정희 대통령의 간곡한 부탁에 지지로 돌아섰다.

에 능한 저력이 크게 작용한 결과라고 볼 수 있다. 1969년 초 3선 개헌 얘기가 처음 나왔을 때는 개헌에 소극적 태도를 견지하기도 했으나 개헌 적극론을 펴면서 '명 대변인'으로 활약, 그 뒤는 국회 재경위원장 자리를 차지했다.

'처세에 능한 저력'에 대해 동의하십니까?(웃음)

김재순 동의합니다. 줄을 서지 않는 것이 처세에 능한 저력이 아니겠습니까?

안병훈 앞서 언급하셨던 것처럼 박 대통령은 국무총리에 김종필, 내무부 장관에 오치성을 임명합니다. 1971년 6월 3일의 일이었습니다. 이날 법무부 장관에 신직수申稙秀, 문교부 장관에 민관식, 문공부 장관에 윤주영 등 친 JP계가 임명되는 대폭적인 개각이 이뤄집니다. 그런데 이해 7월 사법파동, 8월 광주廣州 대단지 사건, 실미도 사건, 9월 KAL빌딩 방화 사건이 연이어 일어납니다. 여기에 물가 폭등과 경제 위기까지 겹쳐 정국이 극도로 혼미해집니다.

그리고 결국 9월 30일 신민당은 김학렬金鶴烈 경제기획원 장관, 오치성 내무부 장관, 신직수 법무부 장관에 대한 해임건의안을 발의하게 되지요. 이른바 10·2항명파동이 시작되는 순간입니다. 4인 체제는 세 명의 해임건의안 대상자 가운데 유독 오치성 내무부 장관 해임안은 반드시 통과시키려고 했습니다. 그 배경에 대해 자세히 설명해 주시겠습니까?

김재순 그 이전에 오치성 장관이 좀 무리다 싶을 정도로 대대적인 지방 공무원, 경찰 인사를 단행했습니다. 저도 처음엔 영문을 몰라 오치성 장관을 찾아간 일이 있었습니다. 그렇게 무리하게 인사를 단행해도 되겠느냐 물었더니 오 장관이 서류 뭉치를 꺼내는 겁니다. 경찰 간부 명단이었는데 그 위로 이런저런 선線과 표시가 가득했습니다. 오 장관의 말은 이걸 누가 했겠느냐는 것이었어요. 박 대통령의 의중이 담겨 있다는 뜻이었습니다. 오치성 장관이 경찰 인사를 통해 제거한 경찰 간부들이 김성곤씨 등 4인 체제의 정보원 역할을 했다는 것을 나중에 알았습니다.

안병훈 오치성씨와도 친하셨습니까? 그런 서류를 아무에게나 보여주지는 않았을 것 같은데요.

김재순 아주 친했습니다. 오 장관도 고향이 황해도라서 통하는 것이 많았습니다. 몇 해 전 쓰러져서 아직도 병원에 있는 걸로 알고 있습니다. 이 나이가 되면 누가 먼저라고 할 것 없이 앞서거니 뒤서거니 하는 거 아닙니까?

안병훈 그렇다면 의장님은 개인적 친분으로도 반反 4인 체제 입장이셨겠네요?

김재순 여부가 있겠습니까. 신민당이 해임건의안을 발의한 이후에 이상한 소문이 쫙 퍼졌습니다. 4인 체제가 오치성 내무부 장관만 해임시키려 한다는 것이었지요. 해임건의안이 발의된 이튿날인 10월 1일, 국군의 날 행사를 마치고 이후락 중앙정보부장을 찾아갔습니다. 중앙정보부의 심중을 알고 싶어서였지요. 제가 이후락씨에게 물었습니다. '집권당 원내총무로서 중앙정보부장에게 묻는다, 내일 투표가 어떻게 되겠느냐, 정확한 정보를 알려달라'고 다그쳤더니 이후락 부장이 장난을 하듯 거수경례를 하며 이러는 겁니다.

"중앙정보부장 이후락이 공화당 원내총무에게 보고합니다. 반란표는 절대로 안 나옵니다. 한 표라도 나오면 제가 책임집니다."

국회 재경위 회의에서.

안병훈 이후락 부장은 무슨 근거로 그렇게 장담하고 있었던 걸까요?

김재순 글쎄요. 워낙 영리한 사람이니까 본인은 손해 볼 것이 없다고 생각했던 것 같습니다. 오치성 해임안이 통과되면 4인 체제를 제거할 수 있고, 또 통과되지 않으면 중앙정보부가 일을 잘한 셈이 되지 않겠습니까?

안병훈 원내총무로서 4인 체제의 항명을 막기 위해 동분서주 하셨을 것 같은데….

김재순 해임안건의가 발의된 당일(9월 30일), 정부 여당 연석회의가 열렸습니다. 이때 박 대통령은 '공화당이 단결해 반드시 부결시키도록

김재순은 유신 이후 정치를 떠나게 된다. 유신과의 결별이었다.

하라'고 분명한 지시를 내립니다. 이후락 부장을 만나고 와서도 여간 찜찜하지 않아 그날 문태준, 윤재명, 장영순, 박태원 등 부총무단과 분담해 설득 작업에 들어갔지요. 저는 4인 체제 쪽의 핵심인물인 김창근, 강성원, 문창탁 의원 집에 전화를 계속 걸었지만, 자정까지도 전화를 받지 않고 돌아오는 대답은 '부재중'이라는 것이었습니다. 백남억 당의장도 밤늦도록 찾았지만 끝내 통화를 못했습니다.

안병훈   속이 타들어갔겠습니다.

김재순   속이 타들어간 정도가 아닙니다. 투표 날인 10월 2일 아침부터 분주히 움직였습니다. 지역적인 연고를 고려해 윤재명 부총무에게 전남 출신 공화당 의원들과 신민당 소장 의원들의 설득 작업을 맡겼고, 문태준 부총무에게는 영남 출신 공화당 의원들을 분배했습니다. 저는 백남억 당의장실을 찾아갔지요. 제가 "도대체 어떻게 되는 겁니까. 원내총무에게 이중 플레이를 하는 겁니까. 절대로 안 됩니다" 해도 백 의장은 묵묵부답이었습니다.

그때 김성곤 의원이 들어왔어요. 제가 김성곤 의원과는 좀 친해서 김 의원을 형님이라 부르면서 설득했습니다. "형님, 형님 생각을 모르는 바는 아니지만 지금은 이럴 때가 아닙니다. 대통령의 심기가 심상치 않습니다. 이번은 그냥 넘깁시다" 했더니 김 의원이 "모든 것은 길재호 의원과 상의하라. 길 의원이 하면 하는 거고 안 하면 안 하는 거다"라고 남의 일 말하듯 하는 겁니다. 그래서 제가 재차 부탁했죠. "형님이 결단을 내려야 합니다. 이것은 공화당만의 문제가 아닙니다. 진정하고 부결시킵시다." 그렇게 말했는데도 김 의원은 "나는 해야겠다. 이번에 오 장관을 해임시킨다. 내가 책임진다"는 겁니다.

안병훈   김성곤 의원이 어떻게 책임진다는 것입니까?

김재순 그러게 말입니다. 저도 그렇게 물었더니 그래도 '나는 해야겠다'는 거예요. 그땐 저도 화가 치밀어 오르더군요. 그래서 제가 소리를 질렀습니다. "형님, 좀 어른 구실을 하세요. 오치성이가 문제가 아닙니다. 이런 식으로 하면 절대 안 됩니다." 그러고 있는데 길재호 의원이 들어왔습니다. 이번엔 길 의원을 잡고 만류했지만, 그분도 냉담한 반응이었지요.

안병훈 투표 직전, 김진만 의원과 이후락 정보부장이 갑자기 해임건의 안 상정을 연기하자는 의견을 냈지만, 의장님은 '이제 와서 무슨 소리냐'며 강행을 주장하셨다고 들었습니다.

김재순 그랬습니다. 사실 공화당에서 반란표가 다소 나오리라는 생각도 들었지만 신민당의 반란표가 15표 정도는 나올 것으로 봤습니다. 강행해도 무방하겠다는 생각이었지요. 이후락 부장은 본인이 그렇게 부결을 장담했으면서도 무슨 영문인지 투표 당일 한 발을 뺀 것이지요.

안병훈 공화당 의원들에게 기표소에 들르지 않고 바로 투표함에 넣는 '백지 투표'를 제안하신 일이 있습니까?

김재순 답답한 마음에서 나온 고육지책苦肉之策이었습니다. 당사자인 오치성 장관이 정정당당하게 하자고 해 바로 접었습니다.

안병훈 신민당은 김재광金在光 원내총무가 기표소 앞에서 소속 의원들의 표를 일일이 확인했습니다. 말하자면 공개투표를 한 셈입니다. 김재광 총무가 그 일을 두고 의장님께 두고두고 빚을 진 기분이라고 했습니다. 어떻게 생각하십니까?

김재순 그런 일이 있을 때마다 그분이 해왔던 말인데 정치적인 수사修辭겠지요.

안병훈　결국 오 내무부 장관 해임건의안은 가결되고 의장님은 원내총무직 사표를 제출했습니다. 그런데 사표를 당의장인 백남억 의원에게 전달하지 않고 청와대에 직접 제출한 것으로 알려져 있습니다. 특별한 이유가 있었습니까?

김재순　백남억 당의장도 4인 체제 중의 한 분인데 그때 심정으로는 곱게 보이지 않아 그랬던 것 같습니다.

안병훈　항명파동으로 김성곤, 길재호 의원 등이 중앙정보부에 끌려가 큰 곤욕을 치른 것은 꽤 잘 알려진 이야깁니다. 의장님도 중앙정보부에 끌려가셨지요?

김재순　제가 투표 강행을 주장하지 않았습니까. 참고인으로 끌려가 매를 맞지는 않았지만 하루 동안 남산에 갇혀 있었습니다. 그리고 김성곤 의원의 경우는 제가 잘 모르지만 사돈인 길재호 의원 역시 고문은 받지 않았습니다. 그분이 고문 후유증 때문에 말년에 잘 걷지도 못했다는 것은 와전된 얘기입니다. 제가 알기로는 전혀 고문을 받지 않았습니다.

"박정희 그릇이 이것밖에 안 돼!"

안병훈　1971년 10월 6일 박 대통령은 공화당 정책위원장에 구태회, 원내총무에 현오봉 의원을 임명합니다. 백남억 당의장, 길전식 사무총장은 유임됩니다. 이날 의장님은 무임소 당무위원에 임명됩니다. 원내총무가 된 지 4개월 만에 낙마한 셈입니다. 10·2항명파동으로 의장님은 정치적으로 사양길을 걷게 됐다는 시각이 있습니다. 동의하십니까?

김재순 그렇다고 봐야겠지요.

안병훈 10월 15일 박 대통령은 학원 질서 확립을 위한 대통령 특별명령과 위수령衛戌令, 휴업령(휴교령)을 내리고 12월 6일에는 국가비상사태를 선포합니다. 이후 국회는 긴 공전空轉에 들어갔다가 이듬해인 1972년 3월 6일에야 임시국회가 열립니다. 뭐랄까요, 정치인으로서는 신이 날 리 없는 나날이었던 것 같습니다.

그러다 5월 24일부터 6월 11일까지 한불의원협회 초청으로 프랑스를 다녀오셨습니다. 정일권 의원을 단장으로 공화당 김재순, 박명근, 신민당 고흥문, 한건수 의원이 방불訪佛 의원단이었습니다. 특별한 기억이 있으십니까?

김재순 가서 어떻게 행동하느냐가 나라의 위신과 관련된 일 아닙니까. 품격 있게 행동하려고 애썼다는 것 정도지 별다른 기억은 없습니다.

안병훈 그리고 7·4남북공동성명이 발표됐습니다. 충격이 컸을 듯합니다.

김재순 그때 충격받지 않은 국민은 아마 없을 겁니다. 곧 통일이라도 될 것 같은 흥분도 일부에서 있었지요. 저처럼 이북이 고향인 사람들은 그 기대가 더 컸을 겁니다. 하지만 저는 흥분을 가라앉힐 필요가 있다고 생각했습니다.

당시 외신 보도나 논평들은 남북공동성명의 의미를 일단 '현상 유지', '분단 고착'으로 보고 있었습니다. 독일의 경우가 그런 것처럼 분단을 하나의 기정사실로 인정하고 그 바탕 위에서 가능한 한 많은 접촉과 접근을 꾀하면서 평화 공존을 모색하는 식으로 말입니다.

당시 저는 우리 국민들의 조국통일에의 소박한 감정이나 흥분 등은 하루빨리 차분하게 가라앉혀야 한다고 주장했습니다. 통일이 가까워진 것이 아니라 오히려 멀어진 것이라는 관점도 있었으니까요.

안병훈　냉철한 판단이었던 것 같습니다. 7·4남북공동성명 이후 남한은 유신으로 가고, 북한은 유일체제 구축으로 가지 않았습니까?

김재순　그렇게 말했지만 저도 국민의 한 사람으로서 남북회담에 기대를 걸긴 했습니다. 제가 그때 대한적십자 대표와 자문위원에게 이런 서신을 보낸 적이 있습니다.

> 귀하께서 남북적십자회담 대표(자문위원)로 중대한 책임을 맡아주신 것을 충심으로 감사하오며, 민족의 비원悲願이 성취되도록 귀하의 모든 능력을 바치실 것을 기대하오며, 귀하의 건승을 저희 〈샘터〉 가족 모두의 이름으로 비옵니다.

안병훈　통일관도 시대 상황에 따라 변할 수밖에 없는데 당시 의장님의 통일관은 무엇이었습니까?

김재순　독일은 너무 강해서 분단되었고, 우리나라는 너무 약해서 분단되었다고 생각했습니다. 동서 냉전의 소산으로 우리가 남과 북으로 갈라졌지만 우리 민족의 힘으로 세계 강대국들의 영향권에서 벗어나 스스로 합해 볼 수는 없을까, 그렇게 하기 위해서는 남과 북이 서로 잘살기 경쟁을 벌여 정치, 경제, 문화 각 부문을 성장시켜야 한다, 그 길이 통일의 지름길이 될 수 있다고 봤습니다. 가장 중요한 것은 평화 정착이었지요. 저는 긴 안목으로 볼 때 평화 정착이야말로 우리가 후손들에게 물려주어야 할 당대의 사명이자 과제라고 생각했습니다. 7·4남북공동성명이 평화 정착에 대한 기대를 품게 한 것은 사실입니다.

안병훈 7·4성명 이후 서울과 평양을 오가며 남북조절위 회담, 남북적십자 회담이 열렸습니다. 남북조절위 부위원장으로 평양에 간 장기영씨가 김일성에게 의장님 이야기를 꺼냈다고 하던데요.

김재순 장기영씨의 익살과 해학은 일품이지요. 장기영씨가 평양에 다녀와서 제게 전화를 했어요. 김일성과의 첫 대면에서 무슨 말부터 시작해야 할지 고민하다가 '평양 출신 김재순 의원을 아시느냐. 김일성 주석과 같은 전주 김씨다'라고 했답니다. 김일성이가 옆에 있던 대남 책임자 유장식柳章植에게 '김재순이 누구냐?'고 묻자 유장식은 '젊은 국회의원'이라 대답했고, 장기영씨가 그 말을 받아 '20년 전에는 젊었었지요'라고 했다는 겁니다. 그렇게 모두가 웃고 나서 회담에 들어갔다는 얘기였습니다.

안병훈 10월 17일, 7·4성명만큼 충격적인 일이 일어났습니다. 유신이 선포된 것입니다. 의장님은 지방에서 유신 선포 소식을 들으셨지요?

김재순 그날 진해와 부산에서 국정감사가 있었습니다. 제가 국방위 소속이어서 진해에서 국정감사를 끝내고 해군 19호함을 타고 부산으로 향했습니다. 선상船上에서 그 소식을 들었습니다.

부산에서 바로 서울로 올라왔습니다. 탱크가 국회의사당에 진주해 있었습니다. 다음 날 무임소 당무위원 자격으로 마지막 당무회의에 참석했습니다. 제가 조금 늦게 도착했는데 정일권 당의장 서리가 그때까지 기다리고 있다가 회의를 시작했지요.

정일권 의장이 몇 마디 안 했습니다. "성원이 됐으니 개회하겠습니다. 계엄령이 선포됐습니다. 국회도 해산됐습니다. 공화당도 해체됐습니다. 이것으로 끝내겠습니다. 폐회 선언합니다." 이게 전부였어요.

제가 일어나서 "이게 무슨 소리요!" 하고 고함을 쳤습니다. 나중에 정일권씨에게 들으니까 그때 제 눈에서 불이 났다며, 무서웠다고 그럽디다.

안병훈   그 말씀이 다가 아니라고 알고 있습니다.

김재순   또 제가 "박정희 그릇이 이것밖에 안 돼!" 하고 소리소리 질렀습니다. 평안도 기질이 나온 것이지요.(웃음) 그 말이 물론 박 대통령 귀에 들어갔을 겁니다.

안병훈   1973년 2월 공화당 공천대상자가 발표됩니다. 구태회, 김진만, 오치성, 현오봉, 민병권, 김창근 등 공화당 중진 의원들이 대거 탈락했습니다. 여기에 의장님도 포함돼 있었습니다.

김재순   박 대통령의 그릇이 어쩌니 하는 이야기를 했을 때 어느 정도 각오는 하고 있었지만, 막상 공천에 탈락하니 충격이 적지 않았습니다. 그런데 인도대사서리를 지낸 노신영盧信永씨가 이날 외무부 차관에 임명됐습니다. 노신영씨는 제가 장면 정부에서 외무부 정무차관으로 있을 때부터 절친하게 지낸 고향 후배입니다. 다음 날 노신영씨가 인사를 왔어요. 노신영씨와 또 몇 사람과 함께 '장원'에서 저녁을 먹었습니다. 2차로 정일권씨, 홍성철씨 등이 합류해 충무로 대원호텔 근처에 있는 '우향'이라는 술집에서 폭음을 했습니다. 아주 자학적으로 퍼마셨지요. 거기까지가 제 기억입니다.

안병훈   기사에게 업혀 들어오면서 박 대통령 욕을 큰소리로 했다고 들었습니다. 가족들이 한편으론 의장님을 부축하고 한편으론 의장님 입을 막았다고 하던데요.

김재순   저는 기억 안 납니다.(웃음)

안병훈   집에 들어와 구토를 심하게 했다고 들었습니다. 그리고 다음 날 못 일어나신 것이지요?

김재순 그렇습니다.

안병훈 당시 기사도 났습니다. '김재순 의원이 낙천落薦 직후인 2월 14일 오전, 뇌혈전증으로 쓰러져 한양대병원 중환자실에 입원했다'는 내용입니다.

김재순 지금까지 정확한 병명을 모릅니다. 의학적인 병명은 아니지만 아마 화병이었을 겁니다. 며칠 동안 혀가 말린 채 혼수 상태였다고 저도 나중에 들었습니다.

안병훈 사모님 말씀은 입원한 지 사흘째 되던 날, 의장님이 호흡곤란 증세를 보였다고 합니다. 한양대 외과 의사들은 뇌수술을 하자고 했고, 내과 의사들은 기다려보자는 의견이었습니다.

사모님께서 뇌수술을 반대했고, 결국 수술은 안 하기로 하고 의장님의 목 아래 일부를 절개해 고무호스를 집어넣었다고 했습니다. 다행히 이 시술로 의식이 돌아왔고…. 사모님께서 그때 과부가 되는 줄 알았다고 하시더군요.

김재순 과부를 안 만들어줬는데도 지금은 가끔씩 저를 구박합니다.(웃음) 원래 70킬로그램대를 유지하던 몸무게가 가장 안 좋을 때는 48킬로그램까지 떨어졌다고 들었습니다. 기억력은 물론 사람이 누군지를 모를 정도로 뇌 기능에 이상이 있었으니까요.

이때 집사람이 하루도 거르지 않고 반복한 학습이 바로 날짜를 세는 것이었습니다. 오늘이 월요일이면 내일은 무슨 요일입니까? 오늘이 화요일이면 내일은 무슨 요일입니까? 이를 수없이 반복해도 거의 진척이 없었습니다.

아내는 아내대로 낙담의 세월을 보냈지만 저로서는 도무지 기억이 안 나니 집사람의 마음이 얼마나 타들어 갔겠습니까? 아내의 말을 빌리면 '희망이 안 보인다'고 하더군요. 그 점에서 저는 아내의 강인한 의지를 높이 평가합니다. 집사람은 낙담을 하다가도 곧바로 다시 일어나는 크나큰 장점이 있는 사람입니다.

결국 제 명은 아내 덕분에 가까스로 연장된 새로운 잉여의 삶이라고 할 수 있습니다. 집사람이 아니었다면 걷지도 못했을 겁니다. 초인종 소리나, 개 짖는 소리에도 토할 정도였으니까요. 결국 집 안에 전화기도 없애고, 초인종도 없애고, 여러 마리 개가 있었던 것도 모두 없앴습니다. 소리만 들으면 수없이 토했으니까요.

안병훈 박 대통령이 친필로 위로의 서신을 보냈고, 2월 27일 정일권 당의장이 문병을 했다는 기사도 보입니다.

김재순 두 분뿐만이 아니라 수많은 분들이 문병을 와주셨는데 아쉽게도 당시의 일이 전혀 기억나지 않습니다. 하도 많은 사람이 몰려들어 한양대병원에서 따로 큰 방을 내줄 정도였다고 들었습니다.

안병훈 그러다가 다시 3월경에 또 쓰러졌다고 들었습니다.

김재순 이번에는 몸을 제대로 가누지 못해 쓰러졌습니다. 달팽이관에 이상이 있나 해서 서울대병원에서 귀 수술을 받았습니다.

안병훈 사모님이 당시에 간호 일기를 쓰셨다고 합니다. 오늘은 몇 스푼 먹었는데 이만큼 토했다, 그런 내용이었다고 했습니다. 그런데 그 와중에 7월 21일 종로 YMCA에서 열린 국제기능올림픽 한국선수단 결단식에서 의장님이 격려사를 했다는 기사가 보입니다. 이해에는 국제기능올림픽이 서독 뮌헨에서 개최되었지요. 결단식에 직접 참석하셨습니까?

김재순 당연히 못 갔지요. 제가 기능올림픽 한국위원회 회장이었으니까 회장 명의로 격려사가 나가 그런 기사가 실렸던 것 같습니다.

안병훈 8월 20일 한국선수단이 귀국할 때 의장님이 김포공항에서 환영했다는 기사도 보입니다.

김재순 마찬가지입니다. 공항까지 나갈 수 있는 몸 상태가 아니었어요.

안병훈 9월 20일 신병치료차 일본으로 떠나셨지요?

김재순 자주 토하고 걷는 것도 똑바로 걸을 수 없었습니다. 무엇보다 책을 읽기 힘들고 글을 쓰기 어렵다는 것이 가장 힘들었지요. 동경 일본여자대학에 3개월가량 입원했습니다. 뇌신경 권위자인 기타무라北村 박사로부터 진찰을 받았습니다.

안병훈 뇌 수술을 하자고 했다던데요?

김재순 집사람이 아니었다면 수술을 받았겠지요. 그랬다면 더 나빠졌을지도 모릅니다. 집사람이 기타무라 박사에게 제가 예전에 눈 수술을 받은 이야기부터 시작해 제 병력을 잘 설명해 줘서 검사만 계속 받았습니다. 물론 투약 치료도 병행했지요.

안병훈 눈 수술을 받은 것이 1971년 9월로 확인됩니다. 10·2항명파동 바로 직전이었습니다.

김재순 아, 그것은 백내장 때문에 받았던 두 번째 눈 수술입니다. 뇌 수술과 연관된 것은 첫 번째 눈 수술이었지요.

안병훈 그렇습니까? 그러면 첫 번째 눈 수술은 잠시 후에 여쭤보기로 하고 우선 두 번째 눈 수술 관련 기사를 읽어보겠습니다.

검은 안대를 한 이가 김재순. 국정감사장에서.

안질 때문에 눈 수술을 받고 입원 중이던 공화당 김재순 원내총무
는 한쪽 눈을 안대로 가린 채 퇴원, (9월) 27일 '입원 중 눈뜨고 보는
현실도 있지만 눈감고 생각하는 현실도 있다는 걸 알았다'고 말했
다. 김 총무는 이날 오랜만에 의총議總을 주재하는 자리에서 '한 눈
은 현실을 보고 한 눈은 이상을 보아야 하는데 국민과 정부 사이에
가로놓인 간격을 매우는 것은 정치력밖에 없다'고.

매우 시적詩的이면서도 상당히 정치적인 발언 같습니다.(웃음)

김재순　정치인이 어디 갑니까?(웃음) 실은 장리욱 선생이 '세상을 지
혜롭게 사는 사람은 누군가? 한 눈 뜨고 꿈꾸는 사람일 게다' 라는 글을

쓰셨습니다. 〈샘터〉 사옥 입구에 세운 장리욱 박사 동상에 새겨진 문구이기도 합니다. 생전에 장 박사가 손수 쓰신 글씨입니다. 뜬 눈으로는 현실을 보고, 감은 눈으로는 이상을 보라는 뜻이지요.

아내가 선물한 새로운 인생

안병훈 의장님이 이때 안대를 착용한 모습은 큰 화제를 불러일으킵니다. 당시 국내 언론매체에 자주 등장한 이스라엘의 모세 다얀Moshe Dayan 국방부 장관과 닮았기 때문입니다. 1967년 중동 '6일 전쟁'을 승리로 이끈 전쟁 영웅인 다얀 국방부 장관은 한쪽 눈을 실명해 검은 안대를 착용하고 다녔습니다. 검은 안대는 그의 트레이드마크였지요. 그런데 의장님이 모세 다얀이 했던 검은 안대를 착용하신 겁니다.(웃음)

김재순 그렇습니다. 하긴 박 대통령도 그때 저를 보고 '다얀 장군' 닮았다는 말을 하셨습니다.(웃음) 신문 만평에 검은 안대를 착용한 제 모습이 실리기도 했지요.

안병훈 검은 안대를 한 것이 정치인 김재순의 이미지 메이킹과 관련이 있습니까?

김재순 부인하지 않겠습니다. 특별히 다른 표현이 생각나지 않아 '애꾸눈'이라는 말을 쓰지만 역사적으로 유명한 애꾸눈 장군이 여럿 있습니다. 카르타고의 명장인 한니발, 『삼국지』에 등장하는 하후돈, 우리나라 후삼국 시대의 궁예弓裔 등이지요.

안병훈 그러고 보니 의장님의 당시 사진을 보면 지금 젊은 세대들은 다얀 장군보다는 궁예를 떠올릴 것 같습니다. 그런데 첫 번째 눈 수술을 받은 것이 뇌 수술과는 어떤 관련이 있었습니까?

김재순 그때가 1963년경으로 기억합니다. 눈 수술을 받기 전에 눈도
아팠지만 머리가 그렇게 아픈 겁니다. 이상하다, 이상하다 하면서도 선
거를 앞두고 있어서 병원에 못 갔습니다. 하루는 창밖을 바라보고 있
는데 집사람이 "지금 눈이 보이세요?" 하고 물어요. 보였다가 안 보였
다가 한다고 했더니 제 눈동자 위로 허연 벌레 같은 것이 꾸물꾸물하는
모습이 순간적으로 보였다는 겁니다.
안병훈 아, 기생충 같은 것이었겠습니다.
김재순 그렇지요. 이해 선거가 끝나고 종로3가 손정균안과에서 4시간
동안 눈 수술을 받았습니다. 손정균孫楨均 박사는 대한안과학회 회장을
지낸 분이지요. 수술을 받고 눈 상태는 호전됐지만 머리가 아픈 것은
여전했습니다. 그런 사실들을 집사람이 기타무라 박사에게 알려준 겁
니다.

안병훈 10여 년 전에 받은 눈 수술 이야기까지 기타무라 박사에게 세세
히 할 정도로 사모님 덕을 단단히 보셨습니다.
김재순 제가 집사람 덕분에 새로운 인생을 살고 있다고 하지 않았습니
까.(웃음) 그 말을 듣고 기타무라 박사가 책을 한 권 꺼내 오더래요.
'Mr. Kim's Distoma'라는 항목을 펼쳐 보이면서 아무래도 이 경우 같
다고, 그러니 수술은 당분간 보류하자고 하더랍니다. 디스토마가 저의
눈과 뇌를 옮겨 다니면서 해를 끼친 것 같습니다.
안병훈 평소 민물고기를 좋아하셨습니까? 어쩌다가 디스토마에….
김재순 선거에서 당선되면 물가에서 잔치를 많이 했어요. 돼지를 잡아

구워 먹는데 어디 제대로 익을 때까지 기다립니까? 덜 익은 걸 먹다 보니 그랬던 것 같습니다. 이건 어디까지 집사람의 추측이에요.

안병훈 그래서 완쾌하셨습니까?

김재순 아닙니다. 기타무라 박사도 처음엔 뇌종양을 의심했지만 검사를 거듭하다 보니 조금씩이나마 상태가 좋아졌던 겁니다. 뇌종양이라면 그럴 리가 없지 않겠습니까. 더 나빠지지는 않겠구나 하는 생각이 들었고 집사람도 힘들어서 겨울이 오기 전에 귀국했습니다.

안병훈 귀국하신 뒤에도 상태가 크게 좋아지지는 않았다고 들었습니다. 두서없는 말을 하시고 기억력도 좋지 않았다고 하던데요.

김재순 그랬습니다. 그래서 운동을 꾸준히 했습니다. 운동이라 해봐야 집사람과 남산을 걷는 것이 전부였지만 거의 하루도 빼먹지 않았을 겁니다.

안병훈 〈샘터〉에 쓰신 글을 보면 의장님이 한 고비를 넘긴 것이 1974년 연말 무렵이었던 것 같습니다. 1975년 1월호 〈샘터〉에 이런 글을 쓰셨습니다.

근 2년 동안 병과 싸운 끝에 겨우 고비일랑 넘긴 것 같다. 동양 사람들은 늙어가면서 철학자가 되고 싶어한다는 말이 있다. 서양 사람들 눈에 그리 비쳤다면 퍽 재미있는 이야기이다. 늙지 않더라도 사람이 중한 병상에 눕게 되면 생각은 깊어지기 마련인가 보다. 병상에서 느낀 점 한두 마디 적어본다. 죽고 싶지는 않으나 절대로 죽고 싶지 않은 것도 아니었다. 담담한 마음가짐으로 죽음을 맞이할 수는 있다. 다만 숨을 거두는 그 순간까지는 건강해야겠다. 생명의 위험에 직면한 사람에게 무엇보다도 소중한 것은 따뜻한 인정 어린 마음씨의 인간이다.

이 대목에서 한 가지 질문을 드려보겠습니다. '따뜻한 인정 어린 마음씨의 인간'은 누군가요?

김재순   물론 집사람과 가족입니다. 그리고 문병을 와주시고 걱정해 주신 분들, 격려해 주신 분들입니다. 또 저를 보살펴주셨던 의사와 간호사들이지요.

안병훈   입원해 있을 때 간호사들에게 인기가 많았다고 들었습니다. 서로 의장님 병실에 들어가겠다고 다퉜다는 얘기도 있는데 사실입니까? 어떻게 하신 겁니까?

김재순   제가 유머 감각이 좀 있습니다. 한일 양국의 간호사들이 저를 꽤 좋아했습니다.(웃음) 요즘은 한일 관계가 좋지 않아 걱정입니다.

안병훈   의장님의 유머 감각은 저도 인정합니다. 다시 의장님이 〈샘터〉에 쓴 뒤표지 글 중의 하나를 읽어보겠습니다. 제목이 「유머 감각」입니다.

어려운 일을 당할 때, 보기 역겨운 것을 보았을 때, 딱한 얘기를 듣거나 해야 할 때, 유머 감각을 가진 이의 한마디처럼 소중한 것은 없어 보입니다. 그러기에 특히 영국 사람들은 인간 성격의 제일 첫째가는 장점으로 유머 감각을 평가한다고 하지요. 낙반落磐사고로 땅속에 묻힌 광부를 구조할 때, 구조대원들은 갱내에서 재미있는 농담을 하는 것이 상례라고 합니다. 구급차 간호원들은 직업적인 코미디언에 버금가는 재담才談을 많이 알고 있어야 한답니다. (…) 유머와 낙관주의로 어려운 처지를 이겨내는 능력은 개인에게 있어서는 인격의 성숙을 말하며, 한 국민에게 있어서는 힘의 근원이 된다고 합니다.

〈엄마랑 아기랑〉 창간

김재순   저의 유머 감각을 인정해 주시니 안 선생도 꽤 유머가 있으신 분입니다.(웃음)

안병훈   의장님의 유머를 따라가려면 아직 멀었죠.(웃음) 그런데 병원비가 만만치 않았을 것 같습니다.

김재순   이런 얘기해도 될지 모르겠는데, 박 대통령이 도와주셨습니다. 한양대에 입원 중일 때 친서와 금일봉을 보내셨는데 700만 원이 들어 있었습니다. 그리고 일본여자대학 병원비는 당시 이호李澔 주일대사가 치러줬습니다.

안병훈   이호 대사가 그렇게 한 것도 박 대통령의 뜻일 텐데, 박 대통령이 의장님께 각별한 애정을 갖고 있었던 것 같습니다.

김재순   그렇게 받아들이고 있고, 저로서는 그저 감사할 따름입니다.

안병훈   의장님이 한양대병원에 입원 중이던 때의 일인데 1973년 3월 5일 유신정우회, 즉 유정회 명단이 발표됩니다. 유정회 의원은 대통령이 추천하는 임기 3년의 국회의원인데 별도의 교섭단체를 꾸리게 됩니다. 다시 말해 이때 의장님은 공화당에서 자연히 탈당하게 됩니다.

김재순   저는 기억이 전혀 없습니다. 당시 저는 식물인간이나 마찬가지였습니다. 가족도 알아보지 못할 정도였어요. 박 대통령이 쓰러진 저를 배려해 유정회 의원직을 준 것이지만 정치인으로서의 제 인생은 유신과 함께 끝난 것으로 생각했습니다. 물론 당시에는 제가 다시 정치에 복귀하게 될 줄은 꿈에도 몰랐지요.

안병훈　1975년에 치료를 위해 다시 한 번 일본에 가셨지요?

김재순　일본에 가서 치료를 받고 일단 귀국했다가 미국에 갔습니다.

안병훈　어떤 치료를 받으셨습니까?

김재순　치료가 아니라 병의 호전 여부를 재검진 받은 겁니다.

안병훈　일본에 있을 때 세지마 류조가 병원에 찾아왔다고 들었습니다.

김재순　제 생각에는 병문안을 겸해 병원비를 내주려고 온 것 같았습니다. 집사람의 기억으로도 세지마 류조가 병원비를 내줬다고 해요.

안병훈　세지마 류조가 육영수 여사가 서거한 이후 박 대통령의 재혼 문제를 이야기했다면서요?

김재순　아니, 안 선생이 어떻게 그런 것까지…. 박 대통령에게 꼭 전해 달라며 반드시 재혼을 하시라는 당부였습니다. 귀국한 직후에 청와대로 전화를 넣었습니다. 이전에는 박 대통령과 바로 연결됐는데 차지철 車智澈 경호실장이 받는 겁니다.

박 대통령께 드릴 말이 있다고 했더니 우선 자기부터 만나 인사를 나누자는 겁니다. 그때 제가 세월이 참 달라졌다는 생각을 했습니다. 박 대통령 주위에 차지철이라는 장막이 쳐진 것이죠. 병을 고치고 귀국했는데 박 대통령께 먼저 인사를 드리는 것이 예의 아니겠느냐고 차 실장에게 제가 그랬습니다.

그랬더니 다음 날인가, 청와대에 들어가 박 대통령에게 세지마 류조의

당부를 말씀드릴 수 있었습니다. 정말 오랜만의 만남이었습니다. 박 대통령이 "나보다는 정 의장 먼저 가라고 그러세요" 해요. 그때 정일권 국회의장도 홀아비로 지내고 있었거든요.

그래서 제가 세지마 류조의 뜻이 워낙 간곡합니다, 그랬더니 박 대통령이 잠시 말을 안 해요. 그러고는 '근혜 때문에…' 하고 말끝을 흐리더군요.

안병훈 박 대통령이 그때 재혼을 했더라면 뭔가 다른 역사가 펼쳐졌을까요?

김재순 그럴 가능성이 크지 않았을까요.

안병훈 유정회 의원 활동은 하셨습니까?

김재순 여의도 국회의사당 준공식 때, 또 그해 정기국회 개회식 때, 두 번 참석했던 것 같습니다. 활동이라는 개념은 아예 없었고, 병이 어느 정도 호전되고 나서 인사를 하러 간 것이지요. 하도 국회에 안 나가니까 그때 국회의장이었던 백두진白斗鎭씨가 부인을 동반하고 제 집을 찾아와 "김 총무 기분은 알지만 이제는 나와야 하지 않겠소?" 하며 저를 설득하더군요.

그래서 제가 심각한 표정을 지으며 대답했죠. "선생님께서 국회의장 하신 거하고 제가 이런 상황에 나가지 못하는 걸 연관 지어 생각하지 마십시오. 저는 못 나가겠습니다."

안병훈 국회의사당 준공식은 1975년 9월 1일이었고, 그해 정기국회 개회식은 9월 22일이었습니다.

김재순 국회의사당 설계도가 확정될 무렵, 제가 의사당 건립추진위에 관여했습니다. 그래서 준공식에는 꼭 가보고 싶었지요.

안병훈　국회의사당 설계도가 확정된 것은 1969년 5월경이었습니다.

김재순　당시 제가 이효상李孝祥 국회의장과 논쟁을 벌였던 적이 있습니다. 전문가들이 설계한 도면 가운데 하나를 보여드렸더니 이 의장이 의사당 지붕은 무조건 돔 형태로 올려야 한다는 겁니다.

저는 전문가를 존중하자는 입장이었지요. 그러고 나서 유신이 터져 저는 정계를 떠났고, 나중에 완공된 의사당에는 원안에 없던 돔이 생겼습니다. 그 어른 생각엔 만족스러울지 모르나, 제가 아는 사람들은 '상여喪輿' 같다고 그럽니다. 한 국가의 상징물은 국제 공모는 못할망정 전문가들 손에서 태어나야 한다는 것이 제 소신입니다.

안병훈　사실 국회의사당 건립추진위가 돔을 올리기로 결정했는데, 꼭 돔을 얹어야 되느냐는 비판 기사도 있었습니다.

김재순　이효상 의장의 의견이 많이 반영됐을 겁니다. 그래도 준공식 날 가보니 눈물밖에 안 나옵디다. '저렇게 지어놓기만 하면 뭘 하나, 민주주의를 해야 하는데' 하는 생각이 들었습니다.

안병훈　개회식 날, 참석하신 소감은 어떻던가요?

김재순　인사만 하고 돌아왔습니다. 그래도 다들 반갑긴 했습니다.

안병훈　병을 다스리는 동안, 성철性徹 스님과도 만나셨다고 들었습니다.

김재순　그때는 제가 죽는 줄 알았으니까 죽기 전에 남들이 존경하는 명사들이나 만나보자 하는 생각에 집사람을 의지 삼아 해인사에 갔었습니다. 스님 계신 백련암은 또 한참 산길로 올라가야 하는데 쉬엄쉬엄 두 시간 반 만에 당도했더니 "누가 나를 찾아왔다고?" 하면서 고함을 지릅디다. 그러더니 삼천 배를 하라고 해서 제가 그랬지요. "나는 성철

스님이 아니라 인간 이성철을 만나러 왔습니다." 그러고 나서 두 시간여 동안 인생 사는 이야기를 함께 나눴습니다. 그 인연으로 〈샘터〉를 보내드렸더니 열반涅槃에 드시기 전까지 꼬박꼬박 책값을 보내주셨습니다.

안병훈 의장님과 이야기를 나누다 보면 친분이 닿지 않는 분이 하나도 없는 것 같습니다. 정치인, 종교인, 예술가…. 쓰러지신 이후로 정치, 더 정확하게 말해 유신과는 완전히 결별하신 것이지요?

김재순 물론입니다. 〈샘터〉에만 전념하려고 했습니다. 1976년 2월 유아 잡지 『엄마랑 아기랑』을 창간한 것도 그런 의도에서였습니다.

안병훈 하필 유아 잡지였습니까?

김재순 저는 투병鬪病이 아닌 친병親病이라는 표현을 쓰긴 했지만, 제가 투병생활을 하다 보니 자연히 뇌에 관한 책을 많이 보게 됐습니다. 그러다가 인간의 두뇌가 열 살 미만에 80~90퍼센트가 완성된다는 사실을 알게 됐지요. 그래서 유아 교육을 위해 뭔가 해야겠다는 생각으로 『엄마랑 아기랑』을 창간했습니다.

안병훈 제가 좀 더 의장님다운 언어로 더 구체적으로 다시 설명해 보겠습니다.

'인간이 태어나서 말을 할 수 있을 정도까지의 성장의 폭은, 초등학교 아동이 뉴턴과 같은 대학자로 성장하는 폭보다도 훨씬 크다'고 합니다. 대뇌생리학에서는 '뇌라는 이름의 컴퓨터'의 기본 배선配線이 만 5세까지 전체의 70퍼센트가 끝난다고 합니다. 이처럼 '인생의 황금기'에 아기가 가지고 있는 무한에 가까운 가능성을 보다 나은 방향으로 키워가려는 것, 그것도 전국의 엄마들과 함께 개발해 나가려는 것 – 이것이 『엄마랑 아기랑』을 내는 뜻입니다.

김재순 제가 쓴 창간사군요. 결국 셋째 아이의 전공이 아동 심리학이 된 것도 바로 제 영향 때문이라고 본인이 말하더군요. 셋째는 프랑스 파리 5대학에서 장 피아제 Jean Piaget를 전공했습니다.

안병훈 피아제라면 시계 이름 아닌가요?

김재순 두 분이 먼 친척이라고 합니다. 그런데 이분이 정말 대단한 분이세요. 아마 아동 심리학계의 대부라고 보시면 될 겁니다. 생소한 분야지만 혹시 발생학적 인식론이라는 거 들어보신 적이 있으세요?

안병훈 아니, 못 들어봤는데요.

김재순 발생학적 인식론이라고 생물학과 철학을 연계한 학문입니다. 원래 철학자들의 연구라는 것이 대개 구름 잡는 얘기 아닙니까? 그런데 이 학문은 그저 관념적으로 끝날 철학적 문제를 생물학과 연계해 과학적으로 푼 거죠. 어떻게 아이들이 알아가는지 자연과학으로 접근했으니 그만큼 객관적으로 설득력이 있다고 볼 수 있습니다. 아마 우리나라 유아 교육에도 지대한 영향을 미쳤을 겁니다.

안병훈 오늘은 의장님께 아동 심리학에 대해 한 수 배우는군요.(웃음)

김재순 별말씀을…. 아무튼 『엄마랑 아기랑』을 창간한 것도 우리 아이들을 서구의 다른 나라 못지않게 잘 키우고 싶었던 저의 의지가 반영된 거라 할 수 있습니다.

안병훈 의장님께서 뇌에 이상이 없었다면 생각지도 못했을 일이네요.

김재순 그럼요. 인생 새옹지마塞翁之馬라는 말이 있지 않습니까?(웃음)

건축가 김수근이 설계한 샘터 사옥은 대학로를 상징하는 건물로 자리 잡았다.

대학로 〈샘터〉 사옥

안병훈 그런데 을지로에서 지금의 대학로 〈샘터〉 사옥으로 언제 오셨 나요? 원래 이 터가 서울대 문리대 자리 아닙니까?

김재순 맞습니다. 각 곳에 있던 단과대학이 관악캠퍼스로 이전한 것이 1975년 신학기부터입니다. 원래 서울대 문리대가 있던 동숭동 부지 敷地에는 초고층 아파트를 지으려고 했었는데, 여론의 반발이 있자 다 시 공원을 지으려고 했다가 결국 주택부지로 확정됩니다. 이 부지 가 운데 120평 정도를 사서 그 땅에 건축가 고故 김수근金壽根씨의 설계로 사옥을 지은 겁니다. 건축가 김수근씨는 제 대학 후배이기도 하고, 마 침 김수근씨가 동숭동에 문예회관을 짓고 있어서 저와 왕래가 잦았습 니다. 1979년인가, 어느 날 김수근씨가 건축가협회 회장을 하고 있을 때 느닷없이 저에게 상을 주더군요. 한국건축가협회상이었던 것 같습 니다. 건축가도, 시공자도 아닌데 왜 상을 주느냐고 물으니까 건축가 로서 이런 사주 만나기가 하늘의 별 따기라는 겁니다. 제가 일절 잔소 리를 안 했거든요. 김수근씨를 따라가려니까 우리가 손해가 많긴 했지 요. 1층 공간 일부를 행인들이 지나다니는 통로로 내주었으니까요.

안병훈 제가 사모님에게 들은 이야기와는 조금 다르네요.(웃음) 사모 님 말씀은 '김수근씨는 우리가 돈이 많은 줄 알았던 것 같다, 설계도면 을 가져왔는데 아름답기는 한데 너무 비실용적이었다, 일부는 〈샘터〉 가 쓰고 나머지는 무조건 임대수익을 낼 수 있는 공간을 만들어달라' 고 했다는 겁니다.

김재순 사실 임대수익이 〈샘터〉를 발간하고 가족들을 부양하는 데 꽤

김동길 교수와 김재순 부부.

보탬이 되긴 했습니다. 안사람 잘 둔 덕입니다.(웃음)

안병훈 사옥은 현재 지하 3층, 지상 5층 구조로 이뤄져 있습니다. 사옥의 붉은 벽돌과 담쟁이가 참으로 인상적입니다. 내부 계단 이외에 외부에도 2층으로 통하는 돌계단이 있어 기능성과 멋스러움이 느껴집니다. 그리고 1층의 일부가 2층 높이까지 하나의 공간으로 연결되는 '필로티 형식'으로 지어진 것, 또 1층 일부를 세 길로 통하는 지름길이자 만날 사람을 기다리는 '마당'으로 할애한 것이 사옥의 특징입니다. 1층은 가장 비싼 임대료를 받을 수 있는 공간인데 어떤 이유로 그런 설계를 허락하셨습니까?

김재순 마당도 참 좋은 말이지만 우리는 그 마당을 '샘터광장'으로 부른답니다.(웃음) 제 지론 가운데 하나는 전문가의 의견, 예술가의 의견은 존중해야 한다는 것입니다. 김수근씨가 제안한 설계인데 부득이한 게 아니라면 당연히 받아들여야지요.

그리고 사옥과는 약간 다른 이야기입니다만 제 조부께서 늘 하시던 이야기가 있었습니다. 누구를 도와주면 그게 아주 크게 불어나서 엉뚱한 데서 돌아온다고 하셨지요. 그래서 제 평생의 좌우명 가운데 하나가 적선지가필유여경積善之家必有餘慶입니다.

그 마음을 가슴에 품고 무엇이든 베풀고 살려고 나름대로 노력하고 있습니다. 사옥만 해도 1층 공간을 행인들에게 베풀고 나니까 행인들이 거기서 눈비를 피하고 잠시나마 시간을 보내는 만남의 광장이 되지 않았습니까?

그래서 그랬는지 다음 해에 출간한 김동길金東吉박사의 『링컨의 일생』과 오천석吳天錫 박사의 『노란 손수건』이 뜻하지도 않게 공전의 히트를 쳐서 〈샘터〉 운영에 여간 큰 도움이 된 게 아닙니다.

안병훈 동숭동에 땅을 구입할 때만 해도 그 앞으로 대학천大學川이 흐르지 않았습니까. 그러다 대학천이 복개覆蓋되고, 지하철 4호선 혜화역이 사옥 앞에 생겼고요.

김재순 사실 대학로는 문예회관과 〈샘터〉 사옥 주변에 예술인들이 몰려들면서 점차 확대되기 시작했습니다. 안 선생이 저를 위해 여러 번 자료를 읽어주셨으니 이번엔 제가 한번 읽어드릴까요? 장리욱 선생이 〈샘터〉 사옥에 대해 이렇게 쓰신 적이 있습니다. 1979년 9월호 〈샘터〉에 실린 글입니다.

> 나는 이 새 건물 전체에 대하여 하나의 건축사 혹은 예술가답게 평을 더할 만한 식견을 갖고 있지 못하다. 오직 무엇인가를 직감적으로 느낄 뿐이다. 내가 느낀 그 '무엇'인가는 바로 이 건물에 스며 있는 그 평범성과 비범성이 아름다운 조화를 이루어 결국 높은 차원에서 참된 평범성을 드러내고 있다는 것이다. 〈샘터〉는 처음부터 평범한 인간들의 행복에 이바지하는 것을 사명으로 삼고 있다. (…) 평범한 인간은 요란스런 폭포가 아니고 유유히 흘러가고 있는 강과 같은 존재일 것이다. 나는 바로 이런 인간들이야말로 비범한 사람이라고 믿는다. 이것이 바로 평범 속에 잠겨 있는 비범성인가 싶다. 〈샘터〉 사옥은 이런 의미에 있어서 평범과 비범이 아름다운 조화를 이루면서 격조 높은 평범성을 느끼게 하는 것이다.

안병훈 사옥과 같은 라인에 흥사단 건물이 있습니다. 대학로 흥사단회관이 준공된 것이 1977년 9월 24일입니다. 원래 을지로 대성빌딩에 있던 흥사단 본부가 임시 사무실을 거쳐 이곳으로 옮겨지게 됩니다. 의장님이 흥사단에 대학로 부지를 추천했다고 들었습니다.

김재순　그렇습니다. 동숭동 주민들 사이에 내려오는 이야기가 있어요. 원래 조선총독부를 경복궁 앞이 아닌 동숭동에 지으려 했다고 합니다. 일본 지관이 명당이라고 동숭동 터를 잡아줬다는 겁니다. 조선의 맥을 끊기 위해 결국 경복궁 앞에 총독부를 짓긴 했는데 동숭동 터가 그만큼 좋다는 것이지요. 꼭 그런 이유는 아니었지만 제가 보기에도 동숭동이 좋아 보여서 흥사단에 권유한 일이 있었습니다.

안병훈　국내에서 흥사단이 가장 왕성했던 시기는 해방 직후부터 5·16 직전까지였습니다. 장면 정부에 대해 '흥사단 정권'이라는 말이 나올 정도였습니다. 흥사단 단원에게는 죄송한 말씀이 되겠습니다만 의장님이 흥사단에 동숭동 사옥을 권유하던 무렵은 흥사단 활동이 정체되거나, 움츠러드는 시점이 아닐까 합니다. 의장님이 흥사단과 지속적인 관계를 유지하고 관심을 기울인 이유는 무엇입니까?

김재순　저는 영원한 흥사단 단원입니다. 도산 사상에 감화되어 일평생 그 사상을 실천하기 위해 노력했습니다. 또한 저에게 깊은 감화를 주신 스승들이 주요한, 장리욱 선생 등 흥사단 간부였습니다. 안창호 선생을 직접 뵌 적은 없지만 평양에서 자라면서 그분의 일화를 수없이 들었습니다.

평양상업학교에 다니던 때였던 것 같습니다. 도산 선생이 타계한 이후 평양 대성산 부근에 있던 도산의 별장에 찾아간 적이 있습니다. 별장에 가보니 큰 연못이 있어요. 이것만 들으면 호화로운 별장이라고 생각하실 분도 있을 텐데 그게 아닙니다. 도산 선생은 조선 백성들이 굶주리고 영양이 부족한 것에 대해 항상 안타까워하셨습니다. 가장 손쉽게 단백질원을 공급할 수 있는 방법을 찾으시다가 별장에 양어장까지

1970년대 서울 강남에 도산공원이 건립된 것은 김재순의 건의에 의해서였다.
장리욱 박사와 함께 도산공원에서.

마련한 것이지요.

안병훈 서울 강남의 도산공원도 의장님이 건의해 건립된 것이라고 알고 있습니다.

김재순 맞습니다. 그때는 강남 개발 전이라 그 일대가 허허벌판이었습니다. 제가 박정희 대통령에게 안창호 선생을 기리는 공원을 짓자고 건의했습니다.

안병훈 도산공원은 1971년 4월에 기공돼 1973년 11월에 개장됐습니다. 의장님은 1974년 4월 도산공원에 무궁화 3천 그루를 기증하셨고요. 지금도 도산공원은 서울 강남의 주요한 녹지 역할을 하고 있습니다. 인근 도산대로를 지날 때마다 안창호 선생을 생각하십니까?(웃음)

김재순 요즘은 그쪽으로 잘 다니지 않지만 예전엔 그곳을 지날 때마다 도산의 숨결을 느끼곤 했습니다.

무소속 도전

안병훈 1979년 6월 사옥이 완공되면서 본격적으로 〈샘터〉의 대학로 시대가 열립니다. 그런데 무슨 이유로 전년 12월 12일 제10대 총선에 출마하셨나요? 〈샘터〉에 전념하기로 하셨다면서 다시 정치에 뛰어든 특별한 이유가 있었습니까?

김재순 병이 완전히 나았습니다. 살아 있다는 것을 보여주고 싶었죠.

안병훈 사모님도 같은 말씀을 하셨습니다. 죄송한 말입니다만 의장님의 옛 지역구에서 '김재순이가 병신 됐다', '제대로 걷지 못하고 말도 잘 못한다'는 따위의 소문이 돌아 무척 속상했다는 겁니다. 10대 총선에는 오히려 사모님께서 강력하게 출마를 권유하셨다고 들었습니다.

김재순 맞습니다. 선거 한 달 전에 갑자기 출마를 결정했습니다.

안병훈 몸이 완쾌되니까 어떻던가요? 투병鬪病, 아니 친병親病을 통해 어떤 깨달음을 얻으셨느냐는 질문입니다.

김재순 우선 고통은 누구도 대신해 줄 수 없고 혼자서 치러내야 한다는 점을 깨달았습니다. 마치 남의 인생을 살 듯 무책임하게, 무절제하게, 부주의하게 살아온 점을 반성하게 됐지요. 그러면서 자신이 자기만의 소유가 아니라는 점도 느꼈습니다. 슬퍼하는 어머니, 간병하는 아내, 완쾌를 기다리는 자식들이나 친구들을 보면서 한 인간의 건강은 자신의 행복일 뿐만이 아니라 다른 사람들의 행복이기도 하다는 점을 새삼스레 인식했습니다.

또한 간호사와 의료진의 헌신을 보면서 인간의 생명을 지켜줄 수 있는 것은 오직 인간뿐이라는 점도 자각했습니다. 내 생명을 지켜주는 것이 나만이 아니듯이 내가 지켜야 할 것도 나의 생명만이 아닙니다. 인간은 서로가 서로의 생명을 지켜줘야 하는 존재이지요.

겉보기에는 예전의 몸으로 돌아왔다는 것밖에는 아무 변화가 없는 것처럼 보이지만, 내면으로는 엄청난 변화가 있었다고 볼 수 있습니다.

안병훈 이해는 공화당 창당 15주년을 맞이하는 해였습니다. 공화당 길전식 사무총장이 전직 사무총장·차장, 대변인 등 35명을 서울의 한 음식점으로 초청, 만찬을 마련했습니다. 그때 참석하셨나요?

김재순 네, 참석했습니다.

안병훈 이해 3월 장남 성진군과 이원범 선생의 장녀 이길자李吉子양의 결혼식이 영락교회에서 있었습니다. 그리고 5월, 공화당 초대 총재를 지낸 정구영鄭求瑛 선생이 별세했습니다. 제가 이런 사실들을 언급한 이유가 있습니다. 이해에 유독 공화당 기념행사나 경조사慶弔事를 통해 공화당 옛 동료를 만날 기회가 많았던 것 같습니다. 그런 기회가 정치를 재개하게 된 계기가 되지는 않았습니까?

김재순 아닙니다. 이미 말씀드렸던 대로 다소 충동적인 결정이었지요.

안병훈 공화당 공천은 생각해 보셨습니까? 공화당 후보로 출마한다면 당선 가능성이 훨씬 높았을 텐데요.

김재순 박 대통령을 험담하고 공화당에서 나왔는데 생각이나 했겠습니까.(웃음)

안병훈 이번 지역구는 철원·양구·화천에 춘천·춘성이 더해진 광대한 지역이었습니다. 또한 1명을 뽑는 소선거구제가 아니라 2명을 뽑는 중선거구제로 변경된 상황이었습니다. 어느 신문은 '공화당의 손승덕孫承德 의원과 신민당의 김준섭金俊燮씨, 그리고 무소속의 홍창섭洪滄燮 의원 등으로 굳어지는 듯싶던 3자 각축의 양상이 과거의 여당 거물 김재순씨의 기습공격으로 갑자기 난기류에 휩싸인 상태'라고 쓰고 있습니다.

공화당 손승덕씨는 현역 의원, 신민당 김준섭씨는 5대 민의원을 지낸 전 국회의원, 홍창섭씨는 강원도지사를 지낸 무소속 현역 의원이었습니다. 만만찮은 상대들이었습니다. 또한 의장님에게 10대 총선은 시작부터 불리한 선거였던 것 같습니다. 우선 무소속인데다 이 지역구 전체 유권자 17만 명 가운데 11만 명이 거주하는 춘천·춘성 지역은 의장님이 처음 경험하는 지역이었습니다.

김재순 제 보좌관 중에 이광용李廣龍씨가 춘천사범학교 출신이라 이분에게 춘천·춘성 지역을 맡겼습니다. 이광용씨가 헌신적으로 뛰었지만 아무래도 처음 맡게 된 지역이다 보니 애로가 많았습니다.

안병훈 〈기파랑〉 지원팀이 의장님이 출마한 역대 총선의 관련 자료를 보았습니다. 선관위 자료와 당시 신문 기사 등입니다. 이 자료를 훑어본 후 저는 의장님이 무소속으로 치른 이 10대 총선을 어느 선거보다 즐기셨다는 느낌을 가졌습니다. 예를 들어 이런 기사를 읽어보겠습니다.

> 김재순씨는 '불은 붙었다'고 스스로 방화자임을 자임하면서 지난 (11월) 15일 춘천에서 있은 반공연맹 행사에 참석, 도내 유지들 앞에서 우선 9대 낙천 때 잃었던 건강을 과시했는데, 공화·신민당 측은 8대 김씨의 선거구가 철원·화천·양구만이었다는 점을 들어 '춘천·춘성에 화재 난 바 없다'고 주장.

김재순 하지만 불을 제대로 내지 못해 떨어졌습니다.(웃음)

안병훈 의장님은 유세에서 '막차로 와서 미안하다. 속초의 정일권, 삼척의 김진만, 원주의 최규하씨보다 나의 관록도 뒤지지 않는다', '서울-춘천 간은 고속도로보다는 고속전철을 건설, 30분 이내에 출퇴근이 가능할 수 있도록 춘천을 발전시키겠다'는 말을 했습니다.

김재순 먼 후일 일이지만 결국 전철이 생겼지 않습니까?(웃음)

안병훈 손승덕 후보는 11월 16일 공화당 지구당 단합대회에서 '구 거물에 향수를 가진 사람은 떠나라'고 했고, 또 다른 자리에서는 '거물이 밥 먹여주느냐'면서 의장님을 겨냥했습니다. 이런 말을 들으면서도 별로 기분이 상하지 않았을 것 같습니다.

김재순　그랬습니다. 살아 있다는 것을 보여주려고 나갔는데 살아 있다는 느낌을 받았으니 성공한 것 아닙니까.

안병훈　개표 결과 2만9천24표로 낙선했지만 꽤 선전한 것으로 보입니다.

김재순　최선을 다했기 때문에 후회는 없었습니다. 무소속이라는 악조건 때문에 고배는 마셨지만 좋은 경험이었지요. 정말 제가 살아 있다는 것을 느끼게 해준 선겁니다.

10·26과 여송연

안병훈　다시 〈샘터〉로 돌아온 지 1년도 안 돼 10·26이 일어납니다. 어디서, 어떻게 10·26을 맞으셨습니까?

김재순　새벽 4시쯤인가, 미국에 있던 큰아이가 국제전화를 걸어서는 "박정희 대통령이 돌아가셨어요?" 하고 제게 물어요. 그래서 하도 기가 막혀 "지금 몇 신데 자지 않고 전화해, 전화 끊으라우!" 하고 소리를 질렀습니다. 그런데 10분, 20분 지나니까 각 신문사 기자들한테 전화가 걸려오는 겁니다. 대통령 유고有故라면서요. 전들 몸을 가눌 수가 있었겠습니까.

제가 대학 때부터 담배를 피기 시작했다가 쓰러지고 나서 담배를 끊었는데, 하도 마음이 착잡해서 집사람에게 담배 좀 가져오라고 했지요. 그때 집사람이 끊은 담배를 왜 다시 피려고 하느냐, 담배 없다고 핀잔을 줘요. 누가 두고 간 거라도 있을 테니까 가져다줘, 하고 고함을 질렀습니다. 집사람이 어디서 시가 한 박스를 들고 왔어요. 그때부터 시가를 피우게 된 겁니다.

안병훈 의장님의 건의로 국산 시가가 생산됐다는 말을 들었습니다.

김재순 그래요. 언젠가 제가 한불 친선협회의 초청으로 프랑스에 간 적이 있었습니다. 그런데 프랑스 국회의원도 우리와 똑같이 외국에서 온 국회의원을 자기 선거구에 초청해 연설을 청한 후 꼭 만찬에 초청하는 겁니다. 안 선생, 만찬 마지막에 나오는 세 가지가 뭔지 압니까?

안병훈 잘 모르겠는데요.

김재순 꼬냑과 시가와 치즙니다. 그래서 제가 한국으로 돌아온 뒤 박 대통령을 만났을 때, 프랑스의 만찬과 시가에 대한 얘기를 했죠. 그랬더니 박 대통령이 비서관을 불러, '우리나라도 연초가 좋은데 시가를 만들어보지' 하더군요. 그리고 몇 해 후에 전매청에서 '연송'이란 이름으로 시가가 나왔습니다.

안병훈 박 대통령이 만든 그 '연송'을 결국 의장님이 피우신 거군요. 그것도 박 대통령이 사망한 날에….

김재순 그렇게 된 셈입니다.

안병훈 10·26으로 박정희 시대가 종막을 고하게 됩니다. 의장님께서는 박 대통령과 남다른 추억이 많으실 것 같은데, 기억나는 추억 몇 가지만 말씀해 주십시오.

김재순 앞서 안 선생께 말씀드린 대로, 유신이 있기 전까지 저는 누구보다도 박 대통령의 관심을 받고, 서로에 대한 믿음과 신뢰 또한 그만하면 상당한 정도였다고 자부합니다. 특히 저는 그분의 자상한 인간미와 몸에 밴 겸손은 잊을 수 없습니다. 누구에게나 항상 담배를 권하고 불을 붙여주는 것이 습관일 정도로 소탈하고 따뜻한 면이 누구보다도 많았던 분입니다. 한 나라의 지도자로서 이런 행동을 하는 것이 말처

김재순은 애연가이자 시가 애호가다.
〈조선일보〉 만평에 실린 그의 모습이다.

럼 그리 쉽지 않습니다. 제가 아플 때 보여준 그분의 각별한 배려와 애
정 또한 제게는 잊을 수 없는 소중한 추억입니다.

10·26은 개인적으로나 국가적으로 참으로 불행한 일이었습니다. 결
국 권력자가 가지는 함정에 빠졌다고 볼 수 있습니다. 정치인이 제일
경계해야 할 것이 권력욕일진대, 못내 이를 이겨내지 못한 것이 무척
이나 애석할 뿐입니다.

안병훈 그렇다면 박정희 시대는 어떻게 평가하십니까?

김재순 박 대통령을 상징하는 핵심어는 다름 아닌 '조국 근대화'입니

다. 박 대통령 재임 기간 동안 급속한 근대화가 이뤄졌는데 공功과 과過, 명明과 암暗이 존재할 수밖에 없지요. '공'이야 너무 잘 알려져 있으니 저는 '과'만 이야기하겠습니다.

새뮤얼 헌팅턴Samuel Huntington 하버드대학 교수가 한 나라의 근대화와 부패에 관해 아주 흥미롭고 리얼한 논문을 발표한 적이 있습니다. 한 나라의 부패 정도는 급속한 사회적, 경제적 근대화와 깊은 상관관계가 있다는 요지입니다. 근대화가 끝나고 정치적으로 발전한 서구사회와, 근대화의 나팔소리가 한창인 아시아, 아프리카, 라틴아메리카의 부패도腐敗度 차이는 비교가 안 될 만큼 현저하다는 것이지요.

안병훈 박정희 시대의 '암'을 부패로 보시는 건가요?

김재순 박정희 정부가 부패했다는 것이 아니라 한 국가의 근대화 과정에서 반드시 치러야 할 암적 부산물이 바로 부패라는 얘깁니다. 다행인 점은 사회경제적 근대화가 어느 정도 정점에 올라서면 부패는 구조적으로 극복할 수 있다는 겁니다. 그래서 박정희 시대의 부패는 필요악적인 요소가 분명히 있습니다.

또한 부패가 반드시 돈을 가진 자와 권력자 사이에서만 생기는 것은 아닙니다. 선거를 생각하면 쉽게 알 수 있지요. 도시보다 농촌에 갈수록 선거에 돈이 많이 든다는 것은 부인할 수 없고, 이것은 자유민주주의 선거제도를 채택하는 개발도상국가의 한결 같은 고민입니다. '빈자貧者의 부패'라고 할까요, 부자는 돈으로 권력과 교환하려고 하고, 빈자는 국민 주권으로 돈과 교환하려고 합니다. 이런 것이 근대화 과정의 부패의 근원이었고, 우리가 겪었던 시행착오였다고 생각합니다.

안병훈 단도직입적으로 묻겠습니다. 박 대통령은 어떤 지도자입니까?

김재순　박 대통령이 독재를 했다는 것은 분명한 사실입니다. 이것까지 부인할 필요는 없다고 생각합니다. 개인의 자유를 구속하고 강압적으로 인권을 탄압하는 등 자유민주주의의 기본 정신에 위배되는 통치행위를 행한 것도 비판받아야 마땅합니다.

다만 우리가 짚어야 할 것은 독재의 폐해에 대해서는 어느 정도 공감대가 형성되어 있는 만큼, 독재로 인한 박 대통령의 '공'도 제대로 따져볼 필요가 있다는 겁니다. 제가 이런 말을 하니까 마치 독재를 옹호하는 것처럼 들릴지 모르지만, 저 역시 박정희 대통령의 독재에 희생양일진대 그럴 리야 있겠습니까.

제가 말씀드리는 것은 분단으로 초래된 남북 간 대결과 대치 상황이 이북이나 이남이 같음에도, 박 대통령의 독재는 분명 이북의 김일성 독재와는 엄연히 다르다는 것을 인식해야 한다는 것입니다. 무슨 얘기냐면 1970년대 중반 〈뉴욕타임스〉의 어느 기자가 제게 박정희와 김일성의 차이점을 물은 적이 있어요. 제가 농담이 아니라 진심으로 물어보는 것이냐고 반문한 뒤, 그의 진의를 확인하고 이렇게 대답해 준 적이 있습니다.

"남이나 북이나 국민들이 하고자 하는 바를 하지 못하게 하는 점은 별 차이가 없다. 그러나 하고 싶지 않은 일을 하지 않을 수 있는 자유, 이것은 남한에서는 가능하지만 북한은 불가능하다. 김일성 치하에서는 하라는 것을 하지 않으면 당장에 먹고 살 수가 없지만, 남한에서는 아무리 긴급조치가 남발된다고 하더라도 먹고 살 수는 있다."

안병훈　의장님 말씀에 그 기자가 동의하던가요?

김재순　그런 식으로 설득당해 보기는 처음이라면서 분명 설득력이 있다고 했습니다.(웃음) 저는 체질적으로 독재에는 알레르기가 있기 때문에 박정희 독재를 미화할 생각이 전혀 없습니다. 다만 『군주론』의 저자 마키아벨리의 말 중에 깊이 새겨볼 대목이 있습니다. "나라가 위태로울 때, 독재에 기댈 수 없는 국가는 대체로 멸망한다."

물론 박정희 대통령 시절, 나라가 정말 위태로웠느냐 아니냐에 대해서는 의견이 다를 수는 있겠지요. 그러나 박 대통령이 높은 도덕성을 지닌 지도자라는 점만은 분명합니다.

안병훈 12·12를 주도한 전두환, 노태우 같은 신군부 장성들을 혹시 이전부터 알고 계셨습니까? 군부대가 많은 철원·양구·화천 지역에서 국회의원을 하셨고, 또 국방위에도 꽤 오래 계셨으니 안면이 있는 군인들이 있었을 것 같습니다.

김재순 한두 번 안면이 있었겠지만 딱히 사적으로 친분 관계를 맺은 적은 없습니다.

안병훈 1980년 이른바 '서울의 봄' 당시, 정치를 재개할 생각은 없었습니까?

김재순 봄이 너무 짧지 않았습니까. 봄이 왔어도 봄 같지 않았지요.

안병훈 1980년 3월 16일자 〈서울경제신문〉에 의장님께서 「대통령 직선제는 과연 금과옥조인가」라는 칼럼을 게재했습니다. 역시 '서울의 봄' 상황에서 개헌이 논의되고 있던 상황이었는데 대통령 직선제보다는 간선제를 제안하는 내용입니다. 구체적으로 국회의원을 뽑을 때 미리 '대통령 선거에서는 누구를 찍겠다'고 밝혀 유권자의 신임을 물은 뒤, 실제 대통령 선거에서는 국회의원들이 기명투표를 하자는 내용이었지요. 이 같은 제안을 한 이유는 무엇이었습니까?

김재순 당시 정세政勢를 파악해 보니 간선제가 적합하다고 생각했기 때문입니다. 권력의 맛은 달콤합니다. 권한이 늘든 줄든 국가 원수로서의 대권을 쥔 사람이 내놓지 않겠다면 무슨 수단으로 이를 배척할 수 있겠습니까? 당시까지의 경험과 현실로 보아 앞으로는 그렇지 않을 것이라는 보장도 없었습니다. 권력의 달콤한 맛을 보면 더 맛보고 싶어하는 그런 욕심에 제도적 브레이크를 걸자는 주장이었습니다.

부산 정치파동 때 호헌투쟁을 한 것은 대통령을 국회에서 뽑는 간선제를 지키기 위해서였습니다. 이승만 대통령이 국회 간선으로는 재선될 가망이 없자 권력을 놓지 않기 위해 직선제로 무리수를 쓰며 개헌한 것이 아닙니까. 그런 만큼 역설적이게도 평화적인 정권 교체를 위해 대통령을 국민들이 직접 뽑는 나라는 없다고 본 것입니다.

펜의 정치

안병훈 신군부로부터 정치 규제 대상자로 묶이지 않았음에도 의장님은 5공 시절 내내 전혀 정치 활동을 하지 않았습니다. 무슨 이유에서였습니까?

김재순 제가 1955년부터 1961년까지 민주당에 6년 있었습니다. 야당 민주당이 5년, 여당 민주당이 1년이었지요. 그리고 1963년부터 실질적으로는 1973년까지 여당 공화당에서 10년 동안 정치를 했습니다. 그 후 유정회 3년은 박 대통령이 저를 배려해 뽑아준 것일 뿐, 국회 출석을 하지 않음으로써 유신 불참을 분명히 했습니다. 재야에서만 머문 기간도 16년이나 됩니다. 그러면서 내 양심과 민주주의란 잣대로 쟀을 때,

유신 시대에 이어 5공화국 시절에도 김재순은 정치에 참여하지 않고 야인의 삶을 즐겼다.
프랑스 여행 중 로댕의 작품 「대성당」 앞에서. 로댕박물관(1984).

그것에 맞지 않을 때는 한 번도 정치에 가담한 적이 없었습니다. 5공 시절 역시 그 잣대에 맞지 않았던 겁니다.

안병훈 하지만 민주주의란 잣대는 자의적일 수 있는 것 아닙니까. 3선 개헌도 민주주의가 아니라고 보는 사람이 있습니다. 설명해 주십시오.

김재순 저는 우리나라 정치에는 하나의 틀(frame)이 있다고 봅니다. 누가 정권을 잡든지 이 틀을 넘을 수도, 깰 수도 없다고 생각합니다. 당위적이라기보다는 경험적인 판단이라고 보아주셨으면 합니다.

한국 정치의 틀로서 저 나름대로 다섯 가지 중요한 요건을 가지고 있습니다. 첫째 정통성이 있어야 하고, 둘째 자유민주주의 체제여야 하며, 셋째 자유경제 체제 아래 세계 각국과 교류를 해야 합니다. 넷째는 군부軍部의 지지와 신뢰를 받는 정권이어야 하고, 마지막으로 균등한 사회여야 합니다.

안병훈 군부의 지지와 신뢰를 받는 정권이어야 한다는 요건이 매우 특이합니다.

김재순 그렇습니다. 이 요건은 자칫 오해를 불러일으킬 소지가 다분히 있는 말이기에 조심스럽게 개진합니다만, 군이 정치적 중립을 지키지 않는다면 한국의 정치 안정은 있을 수 없다는 것을 역설적으로 말한 것입니다. 이것은 남북분단, 군사적 대치라는 객관적 정세도 정세지만 보다 본질적으로 민주정치의 생리와 군의 생리가 갈등적일 수밖에 없기 때문입니다.

우리보다 먼저 민주주의와 정당정치를 시작한 일본의 체험 속에서 우리는 이에 관한 교훈을 얻을 수 있습니다. 일본의 다이쇼 연대大正年代, 일본이 군국주의로 돌입하기 직전의 상황이 이를 잘 보여줍니다. 민주

정치를 하고 의회정치를 해나가려면 아닌 게 아니라 젊은 군인들에게는 이해하기 힘든 여러 가지 현실적인 사정이 있게 마련입니다.

흔히 민주정치는 타협정치라고 합니다. 서로 주고받는 정치 말입니다. 그러한 거래 속에서 적지 않은 부패도 발생되게 마련입니다. 돈에는 검은 돈도 있고 흰 돈도 있습니다. 검은 돈은 얘기하지 않더라도 흰 돈을 필요로 하는 것이 정치인입니다. 그런 실정을 일선에 있는 군인의 정신 가지고는 이해하기 어렵습니다. 또 정당정치를 하려면 서로 싸우게 되어 있습니다. 국회 내에서는 말할 것 없고, 국회 밖에서도 충돌합니다. 정쟁에 익숙지 않은 군인으로서는 그런 사태가 국가의 위기처럼 불안해 보이기도 합니다.

어쨌든 우리가 지리상 숙명적 4대 강대국 틈바구니에 끼어 있어 독립국가로서 체통體統을 지켜가려면 군인이 없을 수가 없고, 그 군인의 눈동자가 빛이 나야 하는데, 그러한 군의 지지를 받지 못한 정권이 들어설 경우 그 정권은 정치를 제대로 펴나가기 어렵기 때문입니다. 북한과 대치하고 있는 상황에서 정부와 군 사이의 신뢰가 없다면 적전분열敵前分裂이 아니겠습니까? 그런 상황에서는 민주주의를 할 수 없습니다.

안병훈 제6공화국, 노태우 정부에 참여한 것은 정통성도 있고, 자유민주주의를 하고, 군이 신뢰하는 정부라고 생각했기 때문이군요.

김재순 그렇습니다. 직선제를 통해 당선됐으니 정통성은 자동적으로 확보된 게 아닙니까. 군이 신뢰하는 것은 말할 것도 없고, 또한 여소야대 정국에서, 또는 정계 개편을 통해 나름대로 최선의 민주주의를 한 것 아니겠습니까?

안병훈 의장님이 노태우 정부에 참여한 이야기는 잠시 뒤로 미루기로 하고 5공 시절에 대해 다시 질문 드리겠습니다. 의장님은 5공 정부에 정통성이 없다고 생각하고 정치 참여를 하지 않았습니다. 1984년 연초, 〈조선일보〉「아침논단」 필자로 선정돼 6개월 동안 칼럼을 쓰셨습니다. 의장님이 쓰신 칼럼은 거의 정치에 관한 내용인데 주로 권력 투쟁, 권력 횡포를 비판하고 자유민주주의의 확립, 대화와 타협의 중요성을 강조하는 내용이었습니다. 지면을 통해 정치를 한 것이라고 봐도 되겠습니까?

김재순 그럼요. 몸은 정치를 떠났지만 마음까지 떠날 수는 없었습니다. 칼럼을 쓰는 것도 제게는 일종의 정치 행위였습니다. 말하자면 펜으로 정치를 한 것이지요.

안병훈 펜 정치를 하시면서도 한편으로 1984년 10월 15일 〈샘터〉 파랑새극장을 개관할 정도로 문화의 연緣도 절대 놓지 않으셨습니다. 파랑새는 물론 마테를링크의 동화 『파랑새』에서 이름을 딴 행복의 상징입니다. 대학로 최초의 민간 어린이소극장인 파랑새극장을 만든 특별한 이유가 있습니까?

김재순 개관했을 때 윤극영尹克榮 선생 등이 찾아와 "우리가 칠십 평생, 팔십 평생 꼭 하고 싶었던 일을 이제 김 의원대에 와서 하는구나" 하시면서 눈물을 흘리셨습니다만, 파랑새극장이 꼭 어린이만을 위한 극장은 아니었습니다. 〈샘터〉가 창간 때부터 지켜온 정신 가운데 '동심의 세계는 모든 어른들의 마음의 고향' 이라는 것이 있습니다. 그래서 어른을 위한 극장이기도 합니다. 무슨 광고문구 같지만 어린이들에게는 꿈과 슬기를, 성인들에게는 사랑과 낭만을 가꾸어주는 문화공간 역할을 기대했습니다.

안병훈 윤극영 선생은 '푸른 하늘 은하수 하얀 쪽배에…' 하는 동요 「반달」을 지은 분입니다. 지금 젊은이들은 모를 수도 있을 것 같아 덧붙여 봤습니다. 〈샘터〉 파랑새극장이 세운 기록이 많습니다. 세계 최초의 종일 공연제 실시, 국내 최초의 상설 어린이극장 등이 그것입니다. 그 밖에 최초의 소극장 뮤지컬, 최초의 교육놀이 연극, 최초의 소극장 라이브 콘서트 등도 국내 기록입니다. 최초라는 수식어는 많은데 파랑새 극장 운영으로 적자를 보시진 않았습니까?

김재순 수익을 바라보고 개관한 것은 아니지만 파랑새극장 운영이 쉽지 않은 것은 사실입니다. 요즘은 더 그렇지요. 다른 대학로 소극장들도 저희와 마찬가질 겁니다.

안병훈 이제, 다시 펜 정치로 돌아가겠습니다. 1986년 연초부터 6개월 동안 두 번째 조선일보 「아침논단」 필자로 선정됐습니다. 의장님이 이때 쓰신 칼럼들 가운데 몇 대목을 읽어보겠습니다.

> 본래 학생운동이란 한 나라의 개화기나 성장기에는 으레 있을 수 있는 에너지의 분출이다. 학생운동의 원점이란 대체로 그러하다. 성난 학생들의 움직임, 그 저류를 응시할 필요가 있다. 침묵한 군중의 요구와 희구希求를 거침없이 말할 수 있는 것은 이상주의에 불타는 소수 학생들이다. (…) 이들의 수가 적다고 해서, 이들의 외치는 소리가 국가와 민족에 대한 반역이 아닌 바엔, 반체제 반정부만으로서, 그들을 가혹하게 벌하는 것만으로 문제가 해결되는 것일까.(1986년 1월 7일자)

작년 1년 활발한 것같이 보였던 남북한의 자주적인 교류라는 것도, 레이건 정부의 대한對韓정책을 배경으로 그 진폭을 가늠할 수 있지 않을까. 이러한 일련의 미국의 대한정책을 면밀히 검토해 갈수록 미국 정부가 한반도를 보는 시각이 군사적인 것보다는 정치적 해결에 있는 것처럼 느껴지는 것은 나만의 생각일까.(1986년 2월 4일자)

우리네 젊은이들, 이 시간까지 이 땅에 민주정치를 소생시키기 위하여 온갖 수모와 고통을 겪으면서도 그 고귀한 젊음을 불살라온 우리네 젊은이들. 이들에게 새로운 지평선을 바라보게 해야 한다. '큰정치', '대타협', '합의개헌' 등이 민족에 대한 깊은 애정과 신뢰를 가질 때 가능한 것이다. 본래 미움과 좌절은 우리 겨레 것이 아니다.(1986년 6월 26일자)

다시 들으시니까 어떠십니까?

김재순 국가 이상을 현실화하는 과정이 곧 정치입니다. 이에 한 가지 덧붙인다면 우리 모두가 더불어 살아가는 기술이 곧 민주정치라고 할 수 있습니다. 어느 시기나 정치적 과제가 있으며, 또 어느 시대나 난관들이 있게 마련입니다. 둘을 조정해 조금씩 최대한 앞으로 나아가는 것이 정치가 지닌 묘미입니다. 시대의 아픔 속에서 희망을 주고 싶었던 어느 정치인의 글이라 이해해 주십시오.

안병훈 '조금씩 최대한'이라는 어법은 의장님이 쓰신 책『천천히 서둘러라』,『걸어가고 생각하고 생각하며 걸어간다』, 또는 즐겨 쓰는 문구 '한 눈 뜨고 꿈꾸는 사람'의 그것과 맥을 함께하는 것 같습니다. 모순되는 듯해 보이지만 그 안에 깊은 성찰이 담겨 있지 않습니까?

김재순 바로 보셨습니다. 우주 만물이 모순 아닙니까. 다르게 표현한다면 정正과 반反, 양면이 있는 것이지요. '정'의 입장에서는 '반'이 반이겠지만, '반'의 입장에서는 '정'이 반이에요. 한 면만을 가지고 그것만이 절대 진리인 양 떠받드는 것만큼 어리석은 일도 없을 겁니다.

노태우와의 만남

안병훈 의장님은 민정당 노태우 대표와 뜻을 같이하면서 정계에 다시 복귀하게 됩니다. 노 대표를 다시 만난 것은 언제였습니까?

김재순 1987년 4월 13일 전두환 대통령은 '내년 대선은 현행 헌법 절차로 실시하고, 개헌 논의는 88서울올림픽 이후까지 동결한다'고 발표합니다. 이른바 '4·13 호헌 조치'였습니다. 그때 제가 화가 나서 〈동아일보〉에 글을 기고합니다.

안병훈 어떤 내용이었나요?

김재순 군인은 나라를 위해 목숨을 초개와 같이 버려야 하는데, 무엇이 무섭고 무엇이 두려워 체육관 선거를 또 하려 하는가. 이번 선거는 정치 규제에 묶인 모두를 풀어줘 온 국민의 축제 한마당이 되어야 한다고 기고했습니다.

그런데 이 글을 노 대표가 봤던 모양입니다. 다음 날, 신문기자 출신으로 민정당 국회의원이었던 측근을 통해 "노 대표가 만나자고 그러는데 어떻게 할까요?" 하고 묻는 거예요. 그래서 "누구나 가리지 않고 아무 때나 만날 테니, 만나자"라고 했습니다.

안병훈 노 대표와 만나서 어떤 이야기를 나누셨습니까?

김재순 여의도 63빌딩에 있는 어느 방에서 단둘이 만났습니다. 그때 제가 대놓고 당신이 군인이니 군인다워야 한다, 비겁한 군인을 믿고 어떻게 살겠는가, 이제 모든 거 훌훌 털고 국민에게 당신의 목숨을 맡기라고 했지요.

안병훈 그랬더니 노 대표의 반응이 어떻든가요?

김재순 그날 서로 가슴도 치고 끌어안기도 했으니 제 말에 전적으로 공감했다고 보면 될 겁니다. 그리고 얼마 있다가 6·29선언이 나오더군요.

안병훈 6·29선언이 나오는 데 의장님의 역할이 컸다고 할 수 있네요.

김재순 제가 한 게 있다면 국민의 소리를 여과 없이 전달한 거밖에 없습니다. 지금의 시각으로 보면 6·29선언이 대수롭지 않게 보일지 모르지만 당시의 상황을 생각해 보면 엄청난 결단이라고 할 수 있습니다. 저는 그 선언을 보면서 링컨 대통령이 각료들을 모아놓고 토론의 형식이 아니라, 그가 결심한 노예해방을 일방적으로 선언했듯이 당시 노 대표가 밤새 고민하며 내린 구국적 결단을 전격적으로 밝힌 것에 대해 깊은 감명을 받았습니다.

그때 제가 노 대표에게 전화를 걸어 '적시타를 쳤다', '마음속으로 존경한다'고 말해 줬습니다. 그런 관계가 유지되면서 나중에 민주화합추진위원회까지 참여하게 된 거죠.

안병훈 의장님이 생각하시는 화합 혹은 화해의 의미는 무엇입니까?

김재순 우리에게는 화합 또는 화해라는 말이 강자에 의한 병탄倂呑이란 뜻과 다름이 없었습니다. 우리 사회는 화해에 의해서가 아니라, 병탄에 의해서 유지되어 왔다고 해도 과언이 아니지요. 권력자와 피지배자, 금력과 피고용자 사이의 화합을 위한 바탕이나 룰이 없이 오직 상하

권력의 종속적 관계만이 오랫동안 지속되어 왔었습니다.

모든 권력을 가진 지배자와 모든 의무만을 걸머진 피지배자의 양극 사회는 본질적으로 강한 사회일 수 없습니다.

인간 개개인의 존엄성을 서로 지켜주며, 진정한 의미의 화해와 화합이 국민의 체질이 되고 제도가 되고 생활양식이 되게 하려는 것이 민주정치에의 길이 아니겠습니까.

안병훈　인간 노태우는 어떤 분입니까?

김재순　그분의 성격이야 잘 알려진 그대로입니다. 심지가 굳고 인내심이 강한 분입니다. 결단력도 있어요. 특히 군인의 순수함이 아직까지도 남아 있는 분이라고 느꼈습니다. 이 점이 제 마음을 끌었습니다.

안병훈　6·29선언으로 대통령 직선제 개헌이 이뤄집니다. YS와 DJ 간에 후보 단일화가 초미의 관심사가 된 상황에서 의장님은 1987년 8월 4일자 〈조선일보〉에 「김대중씨에게 주는 글」을 기고합니다. 그 일부를 읽어보겠습니다.

　　나는 김형에게 오랫동안 마음속으로 바랐던 것을 털어놓으렵니다. 우선 선거가 있게 하고 그 선거에서 김형을 포함, 후보들이 질서 있게 도전할 수 있는 여건을 만들어달라는 것입니다. 그것이 아니면 김형이 한 차원 높이 서서, 국민 대*화해와 민주회복 축제의 지휘자가 된다면, 우리 민주주의의 발전은 탄탄대로가 될 것을 확신합니다. 민주제전의 주최자로서 심판자로서, 여야 후보 선수들이 페어플레이를 할 수 있도록 자유와 민주의 분위기를 주관하는 일입니다. (…) 김형! 이 글이 부질없는 낭만이라고 가볍게 넘기지 않기

를 바랍니다. 이 시대에 이 낭만도 김형이란 존재가 있어 갖는 것이
니, 나의 상념, 헛되지 않기를 바라면서 각필擱筆하오이다. 부인 이
희호李姬鎬 여사도 이 글의 행간을 읽어주셨으면 합니다. 내외간에
건승하소서.

이 글은 한동안 장 안에 큰 화제가 됐습니다.
그런데 이 글의 행간이라는 것이 '김대중 형, 출마하면 선거 자체가 없
어질 수 있으니 출마하지 말고 심판 역할을 해달라'는 뜻 아닌가요.(웃
음) DJ 지지자들로부터 굉장한 비난을 받았을 것 같은데요. 나중에 의
장님이 국회의장 후보로 내정됐을 때 평민당 의원들과 지지자들이 이
칼럼 등을 문제 삼아 원색적인 비난을 쏟아내지 않았습니까?

김재순 원래 제목은 「김대중 형에게 주는 글」이었던 것으로 기억합니
다. DJ 지지자들이 저를 비난한 것은 어찌 보면 당연한 일입니다. 정치
인으로서 충분히 받아들일 수 있었고, 또 그것을 예상했었음에도 쓴 글
이었습니다. DJ는 제 충정을 이해했다고 믿어요.
나중에 제가 국회의장에 도전했을 때 DJ와 평민당 의원들이 저를 많이
지지해 주었습니다.

안병훈 의장님이 쓰신 글은 DJ의 노벨평화상 수상 가능성을 언급해 더
화제가 됐습니다. 결과적으로 DJ의 노벨평화상 수상을 미리 예견한 글
이 됐고요. 그 대목을 제가 읽어보겠습니다.

얼마 전부터 바깥 세계에서는 노벨평화상을 형에게 주자는 움직임
이 퍽 활발하다고 알려지고 있습니다. 서독과 일본의 사회당 의원

들, 그리고 필리핀 등에서도 적잖은 정치인과 언론인들이 운동을 벌이고 있다고 듣고 있습니다. 이것이 실현되면 어찌 김형 개인만의 일이겠습니까. 동시대에 살고 있는 우리 모두의 영광이며 바람이 아니겠소. 그러면서 한편으로 걱정되고 안타깝기까지 한 대목이 있습니다. 나의 과문한 탓인지는 몰라도 정권투쟁에 나선 정치가들에게 노벨평화상이 주어진 예는 극히 적다는 점입니다. 2차 세계대전을 승리로 이끈 윈스턴 처칠에게도 노벨평화상이 아니라 그의 회고록에 대한 문학상이었습니다.

김형! 민주회복항쟁에서 보여준 형과 혹시 이제부터 정권투쟁에 나설 때의 형의 이미지는 같을 수가 없지 않을까요.

김재순 DJ가 그때 제 말대로 했다면 좀 더 일찍 노벨평화상을 수상하지 않았겠어요?(웃음)

안병훈 그랬을 것도 같습니다. JP가 신민주공화당을 창당해 대통령 선거에 나섰는데 혹시 도와달라는 연락은 없었습니까? 또는 YS나 DJ 측이 연락을 취해 온 일이 있습니까?

김재순 대선이 끝나고 JP가 만나자고 해서 만났습니다. JP가 '당선되려고 출마했던 것이 아니다, 공화당 창당 책임자로 명맥을 유지하기 위해 나간 것'이라고 했어요. JP가 평소 부르는 대로 "김 총무, 이듬해 총선 때는 좀 도와주시오" 해서 그때는 정치는 더 이상 안 하겠다고 했지요. YS와는 이런 일이 있었습니다. 1987년 대선이 끝나고 제가 YS를 찾아가 위로했습니다. 당신이 대통령이 되는 것이 역사의 필연일지도 모르니 실망하지 말고 계속 정진하라고 했습니다.

정계 복귀

안병훈 1988년 1월 11일 민주화합추진위원회, 약칭 민화위가 발족됩니다. 민화위 설립은 전년 12월 16일 대통령 선거에서 당선된 노태우 대표의 선거 공약이기도 합니다.

독립운동가부터 정계·종교계·법조계·언론계·학계·교육계·노동계·경제계 등 16개 부문의 각계각층 인사 52명이 위원으로 위촉됐습니다. 주요 인물로는 이강훈李康勳(독립운동가), 서의현徐義玄(조계종 총무원장), 이회창李會昌(전 대법원 판사), 이관구李寬求(언론인), 고병익高柄翊(전 서울대 총장), 최종현崔鍾賢(전경련 회장), 김동리金東里(전 예술원 회장), 김용식金溶植(전 외무부 장관), 서영훈徐英勳(전 흥사단 이사장) 등이었습니다. 의장님은 박준규, 신형식씨 등과 함께 정계 대표로 위촉됩니다.

김재순 며칠 뒤, 이관구 선생이 위원장으로 선출됐습니다. 부위원장은 고병익, 손인실孫仁實, 이병용李炳勇씨였을 겁니다.

안병훈 민화위에서 의장님은 무슨 활동을 하셨습니까?

김재순 민화위는 민주발전·국민화합·사회개혁 분과위의 3개 분과로 구성됐습니다. 저는 국민화합분과위 소속이었지요. 민화위는 그동안 논의 자체가 금기시되어 온 5·18 광주 문제를 적극적으로 다뤄 국민들의 큰 관심을 받았지요. 노태우 당선자가 취임하기 전까지 최종건의서를 채택해 제출하는 것으로 활동을 마감했습니다.

안병훈 민화위가 공식 활동을 마감한 것이 2월 23일입니다. 이날 저녁

노태우 당선자를 만난 것으로 알고 있습니다.

김재순 삼청동 복집에 박준규씨와 저를 불러 저녁을 샀습니다. 당선자가 우리 두 사람에게 "두 분이 가까이서 직접 도와주셔야 되겠습니다" 해서 "제 힘 닿는 데까지 벽돌 한 장이라도 고이겠다" 했지요.

안병훈 1988년 3월 18일 민정당 공천자가 확정됐고, 다음 날 민정당 가락동 정치연수원에서 공천자대회가 열렸습니다. 유신 이후 재야에 있다가 16년 만에 다시 정치에 복귀한 심정이랄까요. 어떠했습니까?

김재순 JP는 정치를 '허업虛業'이라고 했지만 제게 정치는 '실업實業'입니다. 꼭 대통령, 국무총리, 국회의장 같은 자리에 올라야 정치를 할 수 있는 것이 아닙니다. 그런 것은 정치 활동의 결과일 뿐 정치 자체는 아니에요. 정치는 어떤 자리에서도 할 수 있어요. 또한 정치는 저의 '생업生業'입니다. 먹고 사는 수단과 도구가 아니라 제 삶 자체, 일생一生의 업業이라는 뜻입니다. 그러니 얼마나 신이 나고 기뻤겠습니까. 그것도 16년 만에 정계로 돌아갔으니 삶의 이유를 되찾은 것이나 다름없었습니다.

안병훈 1987년 대선은 1노 3김의 승부였고, 1988년 4월 26일 13대 총선은 1노 3김이 이끄는 민정당, 통일민주당, 평화민주당, 신민주공화당 체제로 치러졌습니다. 소선구제로 환원된 이 총선에서 의장님은 철원·화천 지역구에 나와 당선됩니다. 오랜만에 선거를 다시 치러보니 어떻던가요?

김재순 오랜만에 물을 만난 고기처럼 활력이 생겼지요. 정치인에게 선거란 그런 겁니다. 하지만 다소 고전했습니다. 화천에서는 이겼는데 철원에선 1천500표쯤 졌습니다. 그나마 토교저수지 덕분에 덜 진 겁니다.

황금분할과 만세 삼창

안병훈   4·26총선 결과는 민정 125석, 평민 70석, 민주 59석, 공화 35석이었습니다. 민정당 참패, 평민당 제1야당 부상, 캐스팅보드로서의 공화당 위상 부각 등이 특징이라 할 수 있겠습니다.

5월 30일 국회의장단 선거가 있었습니다. 재적 의원 299명 전원이 참석한 가운데 의장님은 268표를 받아 국회의장에 선출됩니다. 89.6퍼센트의 득표율입니다. 장난 섞인 표입니다만 김대중 의원 2표, 윤길중·김종필·김재광·노승환·박준규·김원기 의원이 1표씩 받습니다.

김재순   제 득표율이 아마 이승만 박사가 1948년 제헌국회 국회의장으로 선출됐을 때 받은 득표율 다음가는 기록일 겁니다. 득표율만 놓고 보면 압도적인 지지를 받은 것 같지만, 그렇게 되기까지의 과정은 쉽지 않았습니다. 특히 평민당은 옮기기도 어려울 만큼 원색적인 비난을 했고, 공화당도 제가 옛 공화당 출신임에도 민정당에 들어간 이유를 들어 탐탁지 않은 반응이었습니다.

하지만 순리대로 풀었고 진심으로 다가갔습니다. 그것이 의원들의 마음을 움직이지 않았나 생각합니다.

안병훈   1988년 5월 30일 임시국회에서 의장님은「대화와 타협정치 전통 세울 황금분할」이라는 제목으로 개회사를 합니다. 국회의장으로서의 첫 연설입니다. 개회사는 공식적인 기록인 만큼 그 대목을 제가 읽어보겠습니다.

> 4당 병립의 이 판국을 보고 조선왕조의 사색당쟁을 연상하며 정국의 혼란을 염려하는 국민도 많이 계십니다만, 존경하는 의원동지 여

김재순은 1988년 여소야대 정국을 '황금분할'이라고 표현했다.
'토사구팽'과 함께 장 안의 화제가 된 그의 어록 가운데 하나다.

러분, 후세의 역사가들이 이 4당 병립의 분포야말로 한국 정치사에서 대화정치·타협정치의 확고한 전통을 세우게 된 황금분할이었다고 기록할 수 있도록 우리 모두 지혜와 정성을 다 바치기로 국민 앞에 겸허하게 서약합시다.

'황금분할'이라는 표현을 쓰신 이유를 설명해 주십시오.

김재순 구시대적 시각에서 보면 사분오열의 정국을 연상케 할 수 있지만, 당시 4당의 병립 구도는 서로 타협하고 화합하지 않으면 안 된다는 지상명령을 의미한다고 봤기 때문에 그런 표현을 쓴 것이지요.

안병훈 타협과 화합이 지상명령이긴 했지만 실제로 잘 이뤄지진 않았던 것 같습니다.

김재순 그것이 우리나라 정치의 문제예요. 자기의 주의주장만 있고 그것을 충분히 표현할 수 있는 의지와 내용과 수단을 갖지 못한 정치인이 많습니다. 자기와 견해를 달리하는 사람과도 이견을 좁히고, 때로는 타협하고 협조하면서 문제를 해결해 가는 노력과 기량을 못 가진 자라면 법률가, 철학자, 평론가는 될 수 있어도 정치가로서는 부적격입니다. 정치가는 옳고 그름을 판단하는 심판관이 아닙니다. 팀을 승리로 이끄는 선수나 감독이어야 하지요. 정치인은 어떤 것이 나라에 이로운가, 어떤 것이 당에 도움이 되는가를 찾아 공정하고 마찰 없이 처리하는 기술자여야 합니다. 그래서 정치학 교과서에는 정치를 인생 경험이 필요한 '가능성의 예술'이라고 하지 않습니까.

안병훈 개회사를 쓸 때 감회가 남다르셨을 것 같습니다.

김재순 무척 힘들었습니다. 이것은 김재순 개인의 글이 아니라 새로운 국회의장에 취임한 후 김재순에게 보낸 서양화가 남관(南寬) 선생의 편지.

민주주의 시대의 국회의장 개회사다, 이것이 역사적 문서의 하나가 될 것이다, 이렇게 생각하니 마음은 착 가라앉는데 펜 끝이 잘 나가지 않더군요. 저도 글을 많이 써본 사람 아닙니까? 하지만 그것은 김재순 개인의 글이었지요. 국회의장이라는 위치에 서니까 참 뭐랄까, 조국과 역사에 대한 외경심이랄까, 그런 생각이 가슴에 가득 찼습니다. 아예 밤을 새우다시피 해서 하나님께 기도하는 자세로 한 자 한 자 써내려갔습니다. 참, 제가 안 선생께 보여줄 게 있습니다.

남관南寬 선생이 제게 보낸 편집니다. 제가 쓴 개회사를 남관 선생께 보내드렸더니 그림과 함께 답장을 보내주셨습니다.

안병훈 제가 한번 읽어보겠습니다.

친애親愛하는 우리의 의장議長님,

진정한 새로운 한국韓國을 창조創造할 수 있는 새 국회國會. 그 의장議長을 맡으시고 보내주신 개회사開會辭를 저는 무척 감격적感激的으로 읽었습니다. 모쪼록 국민國民 위에 군림君臨하던 시대時代에서 민民을 주主로 하고, 그 속에서 동거同居하는 시대를 창조해 주시기를 기원합니다.

1988년 6월 25일 남관南寬

소품 우화愚畵는 축화祝畵이오니 받아주시면 감사하겠습니다.

김재순 편지의 내용도 내용이지만 그림 속에 써주신 정의正義, 평화平和라는 두 글자를 보자 대한민국의 국회의장으로서 무한한 책무를 다시금 가슴 깊이 새기게 되더군요. 타협정치를 하는 데 큰 도움을 주신 분이 JP입니다. 저 혼자 힘으로는 절대 불가능했을 겁니다. 제가 의장석

'3김 시대'의 옛 정치인들은 국회 개원 중에 서로 쪽지를 주고받으며 의견과 격려를 전하는 풍류가 있었다. 김종필 당시 신민주공화당 총재가 국회의장 김재순에게 보낸 쪽지들이다.

에 앉아 있으면 쪽지를 전해 주며 저에게 인내하라고 늘 조언을 아끼지 않았습니다. 자, 이게 제게 보낸 쪽지들입니다.

안병훈 주로 국회 메모지에 쓰셨군요. 제가 한번 읽어보겠습니다.

> 김 의장 귀하
> 자고自古로 인내忍耐란 참을 수 없는 것을 참는다는 뜻이지, 참을 수 있는 것을 참는다 함은 위선僞善이라요. 원래 높은 자리니 그저 백인百忍하시요.

다른 쪽지 하나도 읽어보겠습니다.

> 인내忍耐! 그래서 오늘 종결終結이 왔어요. 수고다사手苦多謝.

이 쪽지들을 보니 만나면 싸우기만 하는 요즘 정치인들이 타협이 무엇인지 두 분께 한 수 배워야 할 것 같습니다. 국회의장으로서 정가의 화제를 불러일으킨 것이 만세 삼창이었습니다. 이해 광복절 기념식이었나요? 의장님의 만세 소리가 너무 커서 주위의 사람들이 다 놀랐다고 하던데요.

김재순 광복절인지, 삼일절인지 정확한 기억은 나지 않습니다만 그런 일이 있었습니다. 만세를 부를 때 여러 가지 감회가 교차했어요. 해방 직후에 평양 신궁을 불태우고 일본 헌병대 앞에서 만세를 부르던 생각, 역시 해방 직후 평양 집회에서 조만식 선생이 만세를 외치던 기억, 대한민국 정부 수립일에 이승만 대통령과 각료, 시민들이 만세를 제창하던 모습이 떠올랐습니다. 그러니 만세 제창에 앞서 국회의장으로서 가

4당 대표를 위한 국회의장 만찬에서.

슴에 무언가 뭉클한 것이 치밀어 오르지 않겠습니까. 그땐 정말 목 놓아 외쳤습니다.

안병훈 국회의장 자격으로 세 차례 외국 공식방문 일정이 있었습니다. 1988년 8월 17일부터 9월 5일까지 콜롬비아와 코스타리카, 1989년 6월 5일부터 24일까지 스페인, 포르투갈, 터키, 1990년 1월 30일부터 2월 15일까지 호주, 태국, 대만을 다녀오셨습니다. 비슷한 질문입니다만 다녀보니 어떻던가요? 소감이나 교훈이 있었을 텐데요.

김재순 유럽 국가 방문 중에 특히 깊은 인상을 받았습니다. 강한 나라를 만들기 위해 최선을 다하고 있다는 느낌이었지요. 스페인은 프랑코 총통에 대한 존경이 대단했습니다. 우리가 알기로 프랑코 총통은 독재자가 아닙니까. 하지만 프랑코에게 탄압을 받았던 정치지도자들이 입을 모아 프랑코를 위대한 지도자라며 말하는 겁니다. 그러면서 프랑코 기념사업을 벌이고 있었지요. 안창호 선생은 '당신의 말이 옳다고 주장하는 나머지, 민족의 단결을 해치는 데까지 가지 말라'고 했습니다. 한 나라의 화합과 단결이 얼마나 아름다운가를 느꼈습니다.

안병훈 우리의 경우와는 매우 다르군요. 이승만 대통령 동상 하나 세우는 것에도 반대하고, 박정희 기념사업을 사갈시蛇蝎視하는 세력이 만만치 않지 않습니까?

김재순 스페인 정치지도자들의 주장은 이겁니다. 프랑코가 아니었다면 스페인은 인민전선이 장악했을 것이고, 그랬더라면 오늘의 스페인은 동유럽 국가들처럼 낙후된 약소국가가 됐을 것이라는 이야기입니다. 강한 민족국가를 형성하기 위해서는 긴 안목으로 역사를 평가할 줄 아는 대범한 국민의식이 있어야 한다는 점을 스페인에서 배웠습니다. 또, 포르투갈에서는 국민적 자부심이 국가의 단결과 결부된다는 것을 느꼈습니다. 포르투갈 정치인과 국민들은 지난 400여 년 동안 국경선이 전혀 변하지 않았다는 점을 매우 자랑스럽게 생각하고 있었습니다. 수많은 나라가 모여 있는 유럽에서는 그만큼 주권을 유지하기 어렵다는 겁니다. 우리에게는 어떠한 자부심이 있나 하는 한탄이 나오기도 했지요.

안병훈 터키에서는 어떤 점을 느끼셨나요?

김재순 오토만제국을 붕괴시키려는 서구 열강들의 압력에서 오늘의 터키를 지켜낸 분이 케말 파샤입니다. 저는 평소에 케말 파샤를 진심으로 존경해 왔는데 에브렌 대통령의 말로 케말 파샤의 위대한 점을 한 가지 더 알게 되었습니다. 케말 파샤는 자신의 생애 중에 터키의 민주주의가 완성되지 못할 것을 내다보고 자기 사후에 터키를 이끌어갈 훌륭한 민주 정치인을 여야 가리지 않고 폭넓게 육성했다고 합니다. 강한 나라를 만들기 위해서는 반드시 인재를 키워야 한다는 것을 케말 파샤를 통해 다시 한 번 확인할 수 있었습니다.

안병훈 당시 의장님의 화두 가운데 하나는 '강한 나라'였던 것 같습니다.

김재순 대한민국이 어느 정도 잘사는 나라가 됐으니 자연스럽게 강한 나라로 넘어가야 된다고 생각했기 때문입니다. 저에게 있어 정치라는 것은 나라를 사랑하며 부강한 나라를 만들어 나가는 것이기도 했습니다. 도널드 그레그Donald Gregg 전 주한 미국 대사를 접견했을 때도 한국이 강한 나라가 되는 것이 미국의 국익에도 도움이 된다고 말한 적이 있었지요.

과거에는 땅덩어리가 넓고 인구가 많은 나라가 강국이었지만 앞으로는 인간자원이 가장 중요한 요소입니다. 산업사회의 초기에는 원료와 자본이 중요했지만 후기 산업사회에서는 고도의 지식과 도덕적 자질을 갖춘 개개인이 더 중요한 자원이 되었습니다.

특히 조직의 능력이 가장 중요한 자원입니다. 따라서 지하자원과 에너지가 없는 우리나라로서는 우수한 두뇌를 조직화해야만 강한 나라가 될 수 있다고 저는 믿고 있습니다.

또 제가 그때 생각한 것은 우리나라를 도덕적으로 강건한 국가로 만들어야겠다는 것이었습니다. 하지만 정계에서 은퇴하면서 그런 꿈이 무산돼버렸지요.

안병훈 1990년 1월 3당 합당 선언이 발표되고, 이해 5월 임기를 끝내고 물러나십니다. 역대 국회의장 가운데 인상에 남는 분이 있습니까?

김재순 저는 정일권 의장을 높이 평가합니다. 무던한 분 아닙니까. 여야 간에 미움을 사지 않는 원만한 성격, 일의 크고 작음을 알고 급하고 더딘 것을 아는 문제해결 능력, 배워야 할 점이 많아요.

물론 그분으로서 감당하기 어려운 문제가 시시각각으로 밀어닥치고, 그분으로서 해결하기 어려운 힘의 한계도 있었겠지요. 그러나 국회의장으로서 여야 할 것 없이 대화할 수 있는 채널을 항상 열어둔 분입니다. 대화와 협상, 이것이 의장의 할 일이 아닙니까. 그만큼 하기도 어려운 일입니다.

안병훈 그렇다면 재임시 특히 기억에 남는 국가 원수는 누구십니까?

김재순 부시 대통령을 비롯해 제가 만난 모든 정상들이 국가 차원에서 보면 한 분 한 분 모두 소중한 분들이라 특별히 어느 한 사람을 꼽기가 힘듭니다. 그런데 1989년 10월에 '세계성체대회'를 맞아 한국을 방문

국회의장 자격으로 김포공항에서 교황 요한 바오로 2세를 영접하고 있다.

하신 교황 요한 바오로 2세는 다른 정상들과 느낌이 사뭇 달랐습니다. 그분의 손을 잡는 순간 성스러운 기운을 느낄 수 있었는데, 저에게는 정말 영광이었지요.

1984년 처음 한국에 오셨을 때, 비행기에서 내리자마자 엎드려 한국 땅에 입을 맞추시지 않았습니까? 그 장면을 머리 속에 기억하는 가운데 그분을 맞았으니, 그 감동이 얼마나 컸겠습니까. 선종 직전 "나는 행복합니다. 여러분도 행복하세요"라고 하신 말씀 또한 잊을 수가 없습니다. 그분은 우리 모두에게 행복을 선물한 분입니다.

YS 대통령 만들기

안병훈　1992년 14대 총선에서 의장님은 철원·화천 지역에 민자당 공천으로 출마해 또다시 당선됩니다. 하지만 이번에도 꽤 고전한 것 같습니다.

김재순　이경희 후보와 저와는 불과 700여 표 차이였지요. 강원도 출신인 현대 정주영 회장이 국민당을 창당해 강원도 지역에 국민당 바람이 불어서 힘든 선거였습니다.

안병훈　이 총선에서 거대 여당이었던 민자당은 과반 미달로 참패합니다. 선거 결과는 민자당 113석, 민주당 77석, 국민당 24석, 무소속 22석 등이었습니다. 총선 직후인 4월 말, 민자당 김영삼 대표를 대통령 후보로 만들겠다는 추대위 결성대회가 열립니다. 의장님도 이 추대위에 참여하셨는데 YS를 지지한 이유는 무엇입니까?

김재순　복합적인 이유가 있었습니다만 민주화에 헌신한 YS가 차기 대통령을 하는 것이 역사의 순리라고 생각했던 것이 가장 큰 이유입니다. 그리고 김창근씨의 부탁이 늘 마음에 남아 있었지요.

창근이는 아끼는 동생입니다. 익히 아시다시피 공화당에서 같이 활동했는데, 5공 신군부 세력이 창근이를 정치 규제 대상자로 묶고 끝내 풀어주지 않았습니다. 그런 이유 때문인지 창근이는 민추협에 들어가 활동했고 그때 YS와 친해졌습니다. 창근이가 세상을 떠난 것이 언제로 나옵니까?

안병훈 1991년 8월 1일 미국에서 폐암 치료를 받던 중 별세했습니다.

김재순 창근이가 죽기 전에 저와 국제전화를 했습니다. 제게 이런 부탁을 해요. 하나는 딸이 결혼할 때 꼭 주례를 봐달라는 것이었고, 또 하나는 노태우 대통령에게 감사하다는 말을 전해 달라는 것이었어요. 창근이가 노태우 대통령 시절 교통부 장관을 했거든요. 마지막 부탁이 YS를 대통령으로 만들어달라는 것이었습니다. 몸이 아파 죽어가면서도 그런 간청을 하니 그것이 항상 마음의 빚으로 남아 있었습니다. 결과적으론 세 가지 부탁을 다 들어준 셈입니다.

안병훈 당시 민자당의 대통령 후보 경선은 김영삼계와 반反 김영삼계의 대결이었습니다. 반 김영삼계 후보로는 이종찬, 박태준, 이한동씨가 거론되다가 이종찬 후보로 단일화됩니다. 의장님은 김영삼 대통령 후보 추대위 고문직을 맡으십니다. 4월 24일 의장님이 당黨 선관위에 김영삼 후보 등록서류를 직접 접수시킨 것은 매우 상징적으로 읽힙니다. 다시 말해 김영삼 대통령 만들기의 선봉장이었다는 느낌입니다. 동의하십니까?

김재순 물론 동의하지요.

안병훈 4월 27일 민자당 김종필 최고위원은 공식적으로 김영삼 후보 지지 선언을 했습니다. 4월 28일 '김영삼 민자당 대통령 후보 추대위원회'가 결성되고 의장님은 추대위 고문단에 임명됩니다. 이날 의장님이 추대사를 읽으셨습니다. 추대사를 직접 쓰셨지요?

김재순 그렇습니다. 제 이름이 들어가는 글은 거의 제가 직접 썼습니다. 그리고 저는 동료 의원들을 설득하고 '김영삼 대세론'을 전파했습니다. 후보 개인연설회에 나가 찬조연설도 했고요.

안병훈 제가 그 찬조연설을 요약해 읽어드리겠습니다.

거산巨山 김영삼 후보는 우리 정치사에 우뚝 솟아 있는 거봉이다. 거산은 아무런 권력이 없이도 사람을 끌어당기는 힘을 갖고 있고 결단의 시기에 늘 굽히지 않고 당당한 선택을 해왔다. 나는 40여 년에 걸친 그의 정치 역정에서 거산다운 호연지기와 큰 정치인으로서의 기상을 발견하곤 한다. 모진 역경에 굴하지 않는 그의 기력과 과단성 있는 결단력은 우리 주변에서 쉽사리 찾아보기 힘든 거산의 정치적 자산이다. 한漢 고조 유방劉邦이 천하를 통일할 수 있었던 것은 자기보다 나은 인재를 바로 쓸 줄 알았기 때문이다.

미국의 철강왕 카네기의 묘비명에 「자기보다 나은 사람을 쓰다 죽은 사람이 여기 묻혀 있다」고 쓰여 있다고 한다. 거산 주위에 모여든 제제다사濟濟多士들을 보면 지도자로서의 거산의 능력을 가히 실감케 한다. 나는 김영삼 후보가 민자당 대통령 후보로 선출되는 것이 시대의 요청이요 역사의 순리라 믿어 의심치 않는다.

거산은 우리 모두가 끝내 하나가 되리라는 확신에 찬 믿음을 갖고 합당 용단을 내렸으며, 그런 믿음 속에 오늘을 일구어온 소신과 결단의 정치지도자다. 이제 우리 당내에 무슨 계파다 하는 것은 이미 역사와 국민 앞에 낡은 개념이 돼버렸다. 전 당원의 이름과 힘으로 거산을 압도적 다수에 의해 후보로 선출, 거산으로 하여금 대통령 선거 승리의 월계관을 우리 앞에 바치도록 하자.

YS가 큰 정치인이긴 합니다만 너무 과한 찬사라는 느낌입니다.

김재순 쓰면서 저도 그런 생각을 했습니다.(웃음) 하지만 모든 글은 맥락이 있는 것 아니겠습니까. 덕담과 과찬이 부적절한 자리는 아니었다고 봅니다.

한일친선협회와 대만 사절단

안병훈 1992년 5월 19일 민자당은 전당대회를 통해 김영삼 후보를 당 대통령 후보로 선출합니다. 이때부터 대통령 선거운동의 시작이라고 볼 수 있겠습니다. 선거운동 이야기에 앞서 두 가지 질문을 먼저 드리겠습니다.

우선 이해 7월 14일 한일친선협회 중앙회장이 되셨습니다.

김재순 노태우 대통령이 맡아달라고 특별히 부탁했습니다. 그때까지만 해도 한일친선협회 일이라는 것이 매우 형식적이었는데 저는 좀 더 실질적인 역할을 하고 싶었습니다.

안병훈 고故 한운사韓雲史 선생이 그때 의장님으로부터 전화를 받았다고 회고했습니다. 문화 분야를 맡기시면서 한 선생에게 부회장직을 제안하셨다지요?

일본 미야자와 기이치 총리 예방.

김재순 일을 제대로 하고 싶어서였습니다. 친선親善이라는 것이 사람부터 친해져야 되지 않겠습니까? 한일 문화에 능통하고 인문학적 소양과 인품을 갖춘 한운사 선생이 적격이었습니다.

안병훈 한운사 선생이 이런 글을 남겼습니다. 읽어보겠습니다.

우암은 정치인이라 그런 조직(한일친선협회)을 능란하게 해낸다. 이건李健이라는 유능한 재일교포를 시켜 일본 정계 고위층과 만나는 스케줄을 다 짜놓았다. 우리는 그냥 따라다녔지만 그의 솜씨는 스마트했다. 일본 측 회장은 다나카 다쓰오田中龍夫. 총리를 하던 다케시타竹下니, 중의원의장 사쿠라우치櫻內니, 미야자와官擇 총리니,

기타 여러 국회의원들을 만나는데 하나도 어색함이 없었다. 그는 진짜 친선을 꾀해 보고자 했다. 여태까지 해오던 의례적인 행사가 아니라 진짜 터놓고 사귈 수 있는 방법을 강구하자고 주장했다.

김재순 그랬습니다. 한일 양국의 지도층 인사들이 진짜 터놓고 사귈 수 있기를 바랐습니다. 그랬다면 지금처럼 악화된 한일 관계는 도래하지 않았을 겁니다. 최근 아베 총리가 안하무인격으로 행동하는 이유는 아베 총리에게 고언苦言을 해줄 지한파, 친한파 원로가 없기 때문입니다. 외교가 하루아침에 되는 것이 아닙니다. 10년, 20년, 오래도록 준비해야 하는데, 한국 정치인과 진심 어린 우정을 지닌 일본 정치인들이 그때부터 쌓여갔다면 지금의 한일 관계는 크게 달라졌겠지요.

안병훈 다음은 대만 사절단 관련 질문입니다. 8월 24일 대한민국은 자유중국, 즉 대만과 단교하고 중국과 수교합니다. 명동 자유중국대사관에서 대만 국기인 청천백일기靑天白日旗가 내려지는 날, 의장님도 그 자리에 계셨다고 들었습니다.

김재순 신문을 보고 단교 사실을 알았습니다. 이상하게도 나라도 가야겠다는 생각이 들어 무작정 자유중국대사관으로 갔습니다. 기자도 없고, 국회의원 한 명도 보이지 않더군요. 진수치金樹基 주한 대만 대사가 저를 보고 다가오더니 와락 안는 겁니다. 서로 부둥켜안고 울었습니다. 그 장면이 우리나라 방송에는 나오지 않고 대만 TV에만 방영됐지요. 한국의 화교들도 이데올로기 갈등 때문에 우리만큼이나 격동의 세월을 살아왔다고 할 수 있습니다. 제가 정말 한 식구같이 생각하는 대만 화교 가족이 있어요. '동양의 피카소'라고 불리는 장대천張大千 선생과 친분을 쌓게 된 것도 다 이분들 덕이었지요. 어머니인 왕수란王秀蘭 여사가 1919년생이었는데, 조국을 떠나 타지에서 홀로 아들 다섯을 키우는 모습을 볼 때마다 동시대를 사는 정치인으로서 늘 빚진 기분이었습니다. 그런데 단교까지 되니 제 가슴이 얼마나 참담했겠습니까.

안병훈 9월 15일 한국의 민간사절단이 대만을 방문합니다. 일종의 진사陳謝 사절단이었습니다. 이때 의장님이 단장이었지요?

김재순 당시 국회 외무통일위원장이던 정재문鄭在文 의원이 YS에게 나를 단장으로 하는 것이 어떠냐고 한 모양이에요.

안병훈 대만 정부로부터 푸대접과 질책을 받을 것을 알면서도 단장직을 수락한 이유는 무엇이었습니까?

김재순 다른 이유가 있겠습니까. 국익을 위해서였지요. 정재문 의원에게 참 좋은 생각이다, 기꺼이 가겠다고 했습니다.

안병훈 사절단의 면면을 소개해 주십시오.

김재순 나웅배, 조부영, 옥만호, 김영광, 정재문 의원 및 정일권 전 총리 등과 함께 갔습니다. 제가 정재문 의원에게 정일권 전 총리를 사절단 고문으로 모시고 가야 한다고 강력히 추천했습니다.

안병훈 후일 정재문 의원은 그 추천에 대해 '원로의 지혜'라고 표현했습니다.

김재순 그런가요?(웃음) 당시 정일권 전 총리가 하와이에서 신병 치료를 받고 있었습니다. 그 역시 국익을 위해 힘든 몸을 이끌고 합류했지요. 큰 힘이 됐습니다. 그런데 정일권 전 총리가 비서를 한 명 꼭 데리고 가자고 해서 출국이 약간 늦어졌습니다. 그런데 알고 보니 그 비서가 한국광복군 중장이었던 이범석 장군의 아들 이인종씨였어요. 잠시 후에 얘기하겠지만 그를 데려간 것은 정일권 총리의 탁월한 외교적 감각이었습니다.

안병훈 대만 공항에서부터 홀대를 받았다고 들었습니다.

김재순 VIP 출구가 아닌 일반 승객 출구에 줄을 서서 내려야 했고, 기자들로부터 시달림도 받았습니다. 말 그대로 죄인 취급을 받았습니다.(웃음) 저는 출입구가 봉쇄된 귀빈실 입구에 서서 도착성명서를 읽었습니다. 저는 '부형청죄負荊請罪의 심정으로 대만을 찾았다'고 운을 뗀 뒤, '우리가 사절단으로 왔으니 채찍으로 얼마든지 때려 달라'고 했습니다. 그리고는 대만과 불가피하게 단교를 할 수밖에 없었던 대한민국의 처지를 설명했습니다. 리덩후이李登輝 총통부터 시작해 많은 대만인들이 그 장면을 봤을 거예요. 다소 마음이 누그러지지 않았겠습니까?

안병훈 부형청죄라는 고사성어는 그 뜻을 모르는 사람이 많을 것 같습니다. '스스로 형구를 짊어지고 사죄한다'는 뜻이지요.

김재순 사람들의 마음을 움직이기 위해서는 틀에 박힌 말을 쓰면 안 됩니다. 그런 말을 쓰면 형식적인 수사修辭로 받아들여질 수밖에 없지요. 부형청죄 속에 사죄의 진정성이 온전히 담긴 만큼 조금이나마 이 말에 대만인들이 위로가 되길 바랐습니다.

안병훈 얼마나 채찍으로 맞으셨습니까?(웃음)

김재순 대만 허바이춘郝柏村 행정원장이 대륙 출신이고 항일운동가였습니다. 이분이 항일운동 이야기까지 거론하면서 우리 사절단을 야단쳤지요. 중국 항일운동가로서 조선의 독립운동을 헌신적으로 지원했는데 한국 정부가 이럴 수 있느냐는 얘기였습니다. 그때 정 총리가 '여기 이범석 장군의 아들이 와 있다'고 했어요. 허바이춘과 이범석 장군은 좁은 지하 동굴에서 생사를 같이하며 항일운동을 했다고 합니다. 이인종씨도 일곱 살 때까지 같이 있다가 해방되면서 헤어졌다고 하더군요.

정일권(사진 중앙)과 김재순은 대만 사절단으로 활동하면서 '원로의 지혜'를 발휘했다는 평가를 받았다. 맨 왼쪽은 김상협 전 총리.

허바이춘 원장이 이인종씨를 끌어안고 "네가 인종이냐? 철기 장군의 유일한 혈육인데 네가 이렇게 장성했느냐" 하며 울어요. 그때 대만 측의 격노했던 분위기가 많이 부드러워졌습니다. 하지만 이내 의도적이었는지는 몰라도 허바이춘 원장은 또다시 흥분한 채 격노를 표출합니다. 그러자 정일권 전 총리가 다시 나서 이렇게 말했습니다.

"원장님, 너무 야단치지 마십시오. 제가 병이 들어 하루라도 더 살려고 하와이에서 신병 치료 중이었는데, 어느 날 한국이 대만과 단교했다는 뉴스를 봤습니다. 대만 국기가 내려오는 것을 보며 한없이 울었습니다. 그때 우리 김재순 동지가 대만 정부에 사과하러 가자고 해서 언제 죽을지도 모르는데 사과하러 가야지 하고 여기까지 왔습니다. 그러니 너무 야단치지 마십시오."

정 총리의 말이 있자 분위기가 또다시 숙연해졌습니다.

안병훈 사절단은 결국 대만 첸푸錢復 외교부장을 만납니다. 사절단의 목적이 반쯤 이루어지는 순간이었습니다. 〈월간중앙〉 기사에 첸푸 외교부장과 김재순 단장과의 대화를 정재문 의원이 회고한 대목이 있습니다. 그때 의장님이 이런 말을 하셨다지요? 제가 읽어보겠습니다.

우리는 정부를 대표해서 온 것이 아닙니다. 김영삼 총재가 사절단을 임명했고, 리덩후이 총통께 보내는 김 총재의 친서를 휴대한 것만으로도 우리의 신분을 말해 주는 것이라 생각합니다. 첸푸 부장같이 한국 친구가 많았던 사람일수록 더 가슴이 아플 것입니다. 우리 일행은 자유중국의 친구이고, 앞으로도 친구로 남을 것이며, 우리 국민은 자유중국을 잊지 않을 것입니다. 새 친구를 얻기 위해 옛 친구를 버린 것은 뼈아픈 잘못이지만 우리가 이곳에 온 거는 상가喪家의 상주 자격으로 온 것이지 문상객의 입장으로 온 것이 아닙니다. 목청 놓아 울던 문상객은 장례가 끝나면 돌아가겠지만 우리는 상주이므로 돌아가지 않을 것입니다. 그러나 이것만은 알아두었으면 합니다. 자유중국만 상가가 아니라 한국도 자유중국의 국기를 내린 상가라는 사실을. 이제 우리는 서로에게 떠나지 맙시다. 형제처럼 친하게 지내던 우리는 이제부터 어떻게 잘해 나갈 것인가를 의논해야 합니다. 부부간에도 좋을 때는 사랑을 모르지 않습니까. 역경 속에서만이 진정한 사랑을 느낄 수 있습니다. 이 어려운 고비를 전화위복의 계기로 삼기를 기대합니다.

〈월간중앙〉 기사에는 의장님이 이렇게 얘기하자 첸푸 외교부장의 표정이 달라졌고 '김재순 단장의 말씀을 듣고 감명받았다. 믿고 한 번 다시 모험을 할까 한다'는 인사까지 했다고 나와 있습니다.

김재순 첸푸 부장의 태도가 꽤 부드러워진 것은 사실입니다.

안병훈 민간사절단으로서 한계는 있었습니다만 당시 대만 사절단을 어떻게 평가하시겠습니까?

김재순 정치는 명분입니다. 요즘 욕먹을 자리에 나설 정치인이 몇이나 되겠습니까. 명분이 있다면 욕먹을 자리라도 나서야 하는 게 정치인의 할 일입니다. 후배 정치인들이 대만 사절단의 사례를 보면서 그런 교훈을 얻었으면 좋겠습니다.

1993. 3. 29

"샘터 가족은 하루 한 쪽 이상의 책을 읽습니다"라는
캐치프레이즈가 있지요.
독서는 매일매일 친구를 만나는 것과 같습니다.
수백 년 전, 수천 년 전의 사람들이 다 친구예요.
오늘은 또 누구를 만날까 하는 마음으로
평생 책을 꺼내 들었습니다.

조국이 허락한 여생餘生의 시간들

안병훈　그동안 별고 없으셨나요?

김재순　제 나이에 왜 별고가 없었겠습니까. 하루하루 몸이 달라지는 것을 느낍니다. 집사람이 나 때문에 애쓰는 걸 보면 제 마음이 편치 않습니다.

안병훈　그래도 제가 보기에는 건강해 보이십니다. 여전히 시가는 피우시지요?

김재순　이즈음에는 바람도 차고 밖에 나가는 것이 귀찮아 집사람 몰래 여기서 피우곤 합니다.(웃음)

안병훈　의장님 댁은 여러 번 왔지만 서재는 처음입니다.

김재순　아, 그런가요? 제가 주로 여기서 원고를 씁니다.

안병훈　그런데 벽에 걸린 글귀가 범상치 않아 보입니다. '桐千年老恒藏曲동천년노항장곡 梅一生寒不賣香매일생한불매향.'

김재순　예, 여초如初 김응현金膺顯 선생이 저에게 써주신 글입니다. 둘째 형인 일중一中 김충현金忠顯, 셋째 형인 백아白牙 김창현金彰顯 선생과 함께 형제 서예가로도 유명한 분이지요. '오동나무는 천년을 지나도 변함없이 가락을 간직하고, 매화는 일생을 춥게 살아도 그 향기를 팔지 않는다.' 정말 멋지지 않습니까? 조선 시대 인물인 상촌象村 신흠申欽 선생의 시입니다.

저 글을 보면 늘 함께 떠오르는 것이 있습니다. 바로 거실에 있는 김인중金寅中 신부님의 스테인드글라스입니다. 프랑스의 중세 성당을 비롯해 세계 곳곳에 김 신부님의 작품이 없는 곳이 없을 정도로 빛의 사제로 널리 알려진 분이지요. 김 신부님만 생각하면 한국인으로서 정말 자랑스럽습니다.

그런데 참으로 신기한 건, 이 역시 그토록 뜨거운 태양빛을 끊임없이 받는데도 색이 전혀 바래지 않는다는 겁니다.

안병훈 한평생 가락을 간직하고 향을 잃지 않고 본래의 색을 유지하며 살아간다는 게 여간 힘든 게 아니라는 것을 요즘에 와서야 더 실감합니다. 의장님을 뵈면 왠지 요즘 정치인에게선 찾아볼 수 없는 노 정객의 진한 향내음을 느낍니다.

김재순 과찬의 말씀입니다.

안병훈 자, 이제 시간을 거슬러 다시 1992년 대통령 선거 얘기로 돌아가겠습니다. 대만에서 귀국한 이후는 선거 국면이나 다름없었습니다. 공식 선거운동이 시작되자 헌신적으로 YS를 지원하셨습니다.

김재순 YS가 대통령 입후보를 해서 제일 먼저 찾아왔던 게 접니다. 날 찾아와서는 자기를 좀 도와달라, 자기하고 같이 연설 좀 다녀달라, 후원 연설 좀 해달라고 하더군요. 그래서 "그래, 자네 대통령 되는 데 내가 일비一臂 지원하지" 하고 흔쾌히 대답했습니다. 제가 휴전선부터 제

서재에 있는 상촌 신흠 선생의 시구.

주도까지 안 따라가본 데가 없습니다. 그렇게 도와달라고, 곁에서 연설해 달라고 해서 저는 충심으로 도왔습니다. 그런데도 대통령이 되자마자 저와 박준규씨를 제일 먼저 친 거 아닙니까. 사실 박준규씨는 3당 합당 상대로 YS 대신 DJ를 밀었었지요. 선거 지원도 머뭇거리다가 뒤늦게 합류했습니다.

안병훈 김영삼, 박준규씨와는 민주당 시절부터 친구 사이 아닙니까?
김재순 그렇다고 봐야 되겠지요. 그때부터 YS는 늘 자기는 대통령이 되겠다고 말했습니다. 나는 고향이 이북이니 조국 통일에 한몫을 하는 사람이 되겠다고 했지요. 그런 포부는 DJ도 알고 있습니다.

안병훈 대권에 대한 꿈을 한 번도 가져보신 적이 없습니까?

김재순 욕심이 아주 없지는 않았습니다. 하지만 국회의원 선거에 이래 저래 두 번 떨어지고 일곱 번, 그것도 힘겹게 당선되면서 그런 생각 아예 접었습니다. 남한 토박이도 아니었고, 또 선거구에 자주 내려가 돌볼 겨를이 없었지요. 외교 분야, 재경 분야 일도 열심히 하고 싶었고 중앙 정치 무대에서 할 일이 많았거든요. 그렇게 해서는 대통령이 되기 힘듭니다. 오로지 대권 잡을 생각만 하고 그쪽으로만 머리를 써야 한국의 대통령이 될 수 있지요.

안병훈 정치인이라면 누구나 대통령에 대한 꿈이 있지 않겠습니까? 대권을 잡는 꿈을 아예 접은 정치인으로서 속이 상하지 않았습니까?

김재순 아닙니다. 오히려 정치인으로서 재미있고 다이내믹하고 의미 있게 살았다고 자부합니다.

안병훈 YS, 박준규 의장에 비해 상대적으로 DJ와는 소원한 느낌입니다. 당원이 아닌 같은 당 동료 의원으로서 DJ와 마주친 적이 거의 없어서 그런가요?

김재순 그런 이유도 있을 겁니다. 저야 민주당 의원으로 10개월여 동안 재직했지만 DJ는 당선 직후 5·16이 터져 국회 선서도 못한 것 아닙니까.

안병훈 또 다른 이유가 있습니까?

김재순 재경위에서 상대 당 의원으로 다시 만난 이후에도 이상하게 서로 멀어졌습니다. 이북 출신인 저는 그의 정치적인 노선을 수용할 수 없었습니다. 그 정도만 말씀드리지요.

안병훈 대선 승리 이후, YS와 정국 구상을 같이했다고 들었습니다.

김재순 신라호텔에서 1박2일간 YS와 함께 숙식하며 취임사, 조각組閣 등에 대해 논의했습니다. 취임사는 제가 거의 다 쓰다시피 했고, 내각 구성에 대해서도 진지하게 의견을 나누었습니다.

안병훈 하지만 실제 취임사나 조각은 크게 틀어졌지 않습니까?

김재순 그렇습니다. 그때부터 YS가 저를 대하는 태도가 조금 달라졌다는 느낌을 받았습니다.

안병훈 왜 그랬을까요?

김재순 저도 잘 모르겠습니다. 다만 신라호텔에서 같이 숙식할 때 제가 박 대통령 이야기를 꺼낸 적이 있습니다. 국가 지도자는 박정희 대통령처럼 현장을 자주 찾아야 된다고 조언했어요. 아시다시피 YS가 박정희 대통령 이야기라면 정색을 하지 않습니까. 하지만 그것 때문에 나를 멀리했다면 YS의 도량에도 문제가 있는 것이겠지요. 꼭 이것 때문만은 아니라 여러 가지 이유가 복합됐을 겁니다. 장량張良이 유방劉邦을 가리켜 고난은 같이해도 복락福樂은 같이 누릴 수 없는 사람이라고 하지 않았습니까?

안병훈 의장님이 쓰셨던 취임사는 김정남金正男 사회문화수석이 개입해 크게 뒤집혔다고 알려져 있습니다.

그래서 '어느 동맹국도 민족보다 더 나을 수는 없으며, 어떤 이념이나 사상도 민족보다 더 큰 행복을 가져다주지 못한다'는 문구가 들어갔다고 들었습니다.

김재순 저도 그 말을 듣긴 했는데 제가 덧붙일 말은 더 없는 것 같습니다.

안병훈 1993년 2월 25일 YS가 제14대 대통령으로 취임합니다. 의장님은 이 이전인 2월 10일 한일의원연맹 회장에 선출됩니다. 일본 〈아사히신문朝日新聞〉은 이렇게 의장님을 소개했습니다.

> 국회의장 때 여야를 가리지 않고 양보정치의 레일을 깔아놓았다. 문
> 민시대를 여는 김영삼 정권 탄생의 산파역의 한 사람이기도 하다.
> 노 대통령에게 직접 '민주화를 위해 노력한 김영삼씨가 대통령이
> 되는 것이 순리'라고 설득했다.

한일의원연맹 회장직은 한일친선협회 중앙회장직과 무엇이 다릅니까?
김재순 그때는 제가 정계를 은퇴하리라고는 꿈에도 몰랐기 때문에 의
욕적인 구상을 하고 있었습니다. 한일친선협회 일은 말 그대로 친선에
치중한 것이었지만, 한일의원연맹 회장을 맡으면서는 한일 양국의 미
래를 이끌어 나가야 한다고 생각했습니다. 일본의 차세대 총리감을 찾
아 나선 것은 그러한 이유 때문이었습니다.

안병훈 〈아사히신문〉 와카미야 요시부미若宮啓文 주필을 통해 일본의
젊은 차세대 총리감들과의 접촉을 시도하셨다고 들었습니다.

김재순 그렇습니다. 얼마 전 갑자기 타계 소식이 들려와 무척 안타까웠
습니다만, 와카미야씨는 일본에서 명망이 높은 언론인입니다. 〈아사
히신문〉 주필은 아무나 되는 자리가 아닙니다. 그릇이 안 되면 몇 년이
라도 비워두는 자리가 〈아사히신문〉 주필입니다. 와카미야 주필은 제
부탁을 성실히 수행해 주었습니다. 참으로 고마운 사람이에요. 일본
우익들로부터는 매국노라고 불릴 정도로 친한親韓 인사지만, 언론의 정
도正道를 걸으려 한평생을 애쓴 분입니다.

안병훈 와카미야 주필은 의장님에 대해 이렇게 회고하고 있습니다. 읽
어보겠습니다.

한일의원연맹 회장이 된 그가 일본을 방문했을 때 장래의 총리 후보들을 만나고 싶다고 연락이 와 내가 안내역을 맡게 됐다. 김 의장을 만나러 호텔로 가자 한국의 주일 공사가 김 회장을 찾아와 이 만남을 중단시키려 애를 쓰고 있는 뜻밖의 광경이 눈에 들어왔다. "국회의장이나 되시는 분이 일본의 의원 사무실을 직접 돌면서 의원들을 만나면 한국의 위신이 서지 않습니다. 만나고 싶으시면 한꺼번에 호텔로 불러 모으시면 됩니다." 그러자 김 의장이 주일 공사에게 호통을 치며 꾸짖기 시작했다. "바보 같은 소리 하지 말라. 내가 면담을 신청한 것이니 내가 찾아가는 것이 당연하다. 한일 관계의 내일을 위해서라면 나는 한신韓信처럼 남의 가랑이 밑을 기는 일이라도 할 것이다." 결국 나는 김 의장을 안내해 의원 사무실을 돌며 일본의 차세대 정치인들을 그에게 소개할 수 있었다. 이 일이 있은 후, 나는 그의 열렬한 팬이 되었다. 얼마나 큰 그릇인가. 이런 정치가는 요즘 일한日韓 어디서도 좀처럼 찾아볼 수 없다.

주일 공사의 말에도 어느 정도 일리가 있는 것 아닙니까?

김재순 정치인으로서 인적 네트워크를 넓히기 위함이라면 그의 말이 맞겠지요. 하지만 저는 그게 아니라고 생각했습니다. 한일 양국의 미래를 위해 일본의 젊고 전도유망한 정치인들의 마음을 사는 것이 무엇보다 중요했습니다. 그보다 더한 일도 전 했을 겁니다. 그때 만난 의원 가운데 서너 명이 결국 일본의 총리가 됐지요. 제가 정계에 남았다면 어느 정도 그들을 움직일 수 있었을 겁니다. 자존심을 세운답시고 호텔로 일본 정치인을 불러 모으는 것보다 제가 직접 찾아다니는 것이 훨씬 지혜로운 일 아닌가요?

안병훈　동감합니다. 의장님 말씀을 통해 큰 정치가 무엇인지 새삼 느끼게 됩니다. 정계 은퇴를 하지 않으셨다면 한일 관계에 큰 역할을 하셨을 텐데 이 점이 너무나 안타깝습니다. 정계를 은퇴하게 된 재산 공개에 대해 하실 말씀이 없으신가요?

김재순　다 지나간 일 아닙니까? 하늘이 알고 땅이 알고, 내가 알고 네가 아는데 지금 와서 구차하게 무슨 얘기를 다시 하겠습니까? 무슨 말을 해도 변명으로 비춰질 게 뻔하지 않습니까?

안병훈　지금 인터뷰를 하고 있는 이곳에 YS도 들렀다고 들었습니다. 재산 공개 때 이 집 때문에 문제가 되지 않았던가요?

김재순　YS가 대통령이 되기 전 여기에 와서 집사람이 해 준 칼국수를 맛있게 먹었습니다. 직접 와봤으니 이 집이 호화 별장이 아니라는 사실은 누구보다 YS가 잘 알고 있었을 겁니다. 그런 상황에서 언론에 대고 무슨 말을 하겠습니까?

안병훈　YS가 왜 가만히 있었을까요?

김재순　그건 내가 대답할 게 아니라 영삼이한테 물어봤어야 하는 거 아닙니까?(웃음)

안병훈　억울하지 않았습니까?

김재순　안 선생, 제가 정치하면서 배운 게 뭔지 압니까? 소나기가 오면 소나기를 맞아야지 피할 도리가 없다는 겁니다. 특히 이유야 어떻든 재산 공개 때문에 세간에 오르내리는 것 자체가 정치인으로서 국민들 볼 낯이 없는 것 아닙니까?

안병훈　주돈식朱燉植 청와대 정무수석이 의장님을 찾아왔다고 들었습니다.

김재순 찾아왔습니다. YS의 뜻을 전하러 온 거죠. 주돈식군은 평기자 때부터 국회 출입기자를 해서 저와 잘 알고 있던 사이입니다. 그런데 이 친구가 무슨 말을 할 듯 할 듯 하면서도 말을 못하는 겁니다. 그래서 제가 '공기가 어떻게 돌아가는지 대충 알고 있으니 편안하게 YS가 시키는 대로 얘기하라'고 했습니다. 그런데도 얘기를 못하는 겁니다. 더 물어봤자 주 수석 입장만 난처해질 것 같아 제가 먼저 말을 꺼냈습니다. "자네가 나와 영삼이를 가까이에서 봤으니 나와 영삼이 중 누가 더 청렴하고 정직하게 살아왔는지 누구보다 잘 알 게 아닌가. 내가 정계를 떠나겠으니 영삼이에게 그대로 전하라. 그만 가시게."

정계 은퇴와 토사구팽兎死狗烹

안병훈 이튿날,「정계를 떠나면서」라는 의장님의 정계 은퇴 유인물이 당 기자실에 배포됩니다. 그날이 정확히 1993년 3월 29일입니다.
김재순 사실은 국회에서 선거구민들에게 정계 은퇴를 선언하려고 했습니다. 하지만 여러 사정상 그러지 못했습니다.
안병훈 유인물의 내용을 읽어드리겠습니다.

> 본인은 국회의원직은 물론, 일체의 공직에서 떠남으로써 정계를 은퇴하고자 합니다. 이제 정계를 떠남에 있어서 본인 개인으로는 토사구팽兎死狗烹의 감회가 없지 않으나, 그동안 본인을 의정 단상에 보내준 선거구민은 물론, 분에 넘치는 애정과 기대를 보내준 동지와 선배 동료 여러분에게 깊은 감사를 드리면서, 본인이 지금까지

걸어온 인생 역정과 정치 행적에 대해 신뢰해 주시고 지금의 이 모진 바람이 지나가는 추이를, 본인과 더불어 눈여겨 지켜봐주시길 바라마지 않습니다. 조국의 민주정치 발전에 신의 가호가 있기를 기원합니다.

이 글을 쓰실 때의 심정을 여쭤봐도 되겠습니까?

김재순 말로 설명이 되겠습니까. 제가 열정적이고 격정적인 면도 있지만 뒤가 없고 금세 잊는 편인데 마음을 다스리기가 어려울 정도였지요.

안병훈 의장님은 김영삼 대통령 후보를 지원하는 유세를 통해 '유방劉邦은 정략·권모술수에 있어 장량張良보다 못하였고, 용병 작전에 있어 한신韓信에 뒤졌으며, 행정수완에 있어 소하蕭何보다 못했지만 장량·한신·소하를 다 쓸 수 있었던 사람이 바로 유방이었다'는 말씀을 하셨습니다. YS를 유방에 비유하며 YS에게 인재를 끌어들이는 매력과, 또 인재를 잘 쓰는 용인술이 있다고 칭찬하신 겁니다.

그런데 한신이 유방에게 죽임을 당하면서 남긴 말이 토사구팽이었습니다. 지금은 의장님 덕분에 토사구팽의 뜻을 모르는 사람이 거의 없지만, 당시에는 아는 사람이 없을 정도로 낯선 말이었습니다. 사마천司馬遷의 『사기史記』에서 인용한 것이지요?

김재순 저에게는 낯선 말이 아니었습니다. 저도 그 말이 그렇게 회자될 줄 몰랐습니다. 정계 은퇴 후 만나는 사람마다 역사에 남을 명언을 만들었다는 덕담을 해주더군요.

안병훈 제 생각에는 비정한 정치세계 혹은 염량세태炎凉世態에 대한 핵심을 찌르는 풍자였기 때문인 것 같습니다. 은퇴를 선언한 다음 날, YS로부터 전화가 왔다고 하던데….

김재순   나더러 "조금만 더 참지 그랬느냐"라고 합디다. 그래서 "내가 어떻게 살아왔는지는 거산이 잘 알 것 아니오? 거산이 나를 알고 내가 거산을 알지 않소. 그런 소리는 이제 그만 합시다"고 말해 줬습니다.

안병훈   YS의 부인 손명순孫命順 여사가 의장님 자택으로 위로차 두 번이나 보약을 보냈다고 들었습니다. 손명순 여사가 직접 찾아오신 일도 있었지요?

김재순   그렇습니다. 제가 밖에 있을 때라 직접 뵙지는 못했지만 그 마음만은 정말 감사하지요. 나중에 YS도 나름대로 사과 의사를 전해 온 적이 있습니다. 비례대표를 주겠다는 제의였는데 제가 '나를 두 번 죽이겠다는 것이냐?'며 거절했습니다.

안병훈   정계 은퇴를 선언하고 곧바로 하와이로 떠나셨지요?

김재순   정치인이 정치를 떠난다는 것은 삶의 모든 것을 떨쳐버리는 것과 같습니다. 하지만 그래도 삶은 또 계속되어야 하지 않겠습니까. 화를 풀려고 갔습니다.

안병훈   말씀은 그렇게 하시지만 대단한 배신감을 느끼신 것으로 알고 있습니다. 하와이에서 한국과 가장 가까운 방파제에 올라가 이따금 고함을 지르셨다는 말씀을 사모님으로부터 들었습니다. 한국을 향해 울분을 달래신 건가요?

김재순   지금은 이렇게 편하게 말할 수 있지만 그 당시 제가 가지고 있던 분노와 고통은 직접 당해 보지 않으면 모를 겁니다. 하와이에 살고 있던 정일권씨가 자주 찾아와 저를 위로해 줬습니다. 그분의 배려와 위로는 평생 못 잊을 겁니다.

하와이에서 김재순은 한국과 가장 가까운 방파제로 나가 고함을 지르며 마음을 달랬다.

안병훈　하와이에서 일기를 쓰셨지요? 한운사 선생이 〈월간조선〉에 쓴 「한운사의 인물기행」에 그 일기들이 일부 소개되어 있습니다. 일기를 찬찬히 읽어보면 시간순대로 의장님의 감정 변화가 적나라하게 드러납니다. 처음엔 분노를 그대로 표출했다가 스스로 마음을 달래기도 하고, 나중엔 달관의 경지에 이르게 됩니다. 한 대목을 읽어보겠습니다.

> 1993년 8월 26일. 아내의 손목을 잡고 와이키키 해변을 거닐었다. 서울에서는 생각이 있어도 하기 어려운 늙은(?) 내외의 산책이다. 이런 기회를 가질 수 있는 것, 생각해 보면 거산의 덕인지도 모른다. 박준규·박태준의 심정은 어떨까. 프랑스 사람들의 격언이 새삼 흥미로이 떠오른다. 권력에 너무 가까이 가면 데어 죽고, 너무 떨어지면 얼어 죽는다.

이 대목을 보면 YS를 용서한 것도 같습니다.
김재순　용서했다는 표현은 쓰지 않겠습니다. 다만 한순간이 아까운 인생인데 내가 가슴에 응어리를 계속 지니고 있으면 그 사람에게 제 인생을 지배당하는 것 아니겠습니까.

안병훈　하와이에서는 하루를 어떻게 보내셨습니까?
김재순　한국, 일본, 미국 3개국의 신문을 매일 읽었습니다. 정치를 떠나도 하던 버릇이 있어서요.(웃음) 그리고 나면 집사람과 산책하고, 바다 바라보고, 때론 바다를 향해 고함도 지르고 그랬습니다. 하와이동서문화센터 조이제趙利濟 박사가 연구실을 내줘서 버스를 타고 거기에 가 책도 읽고, 그분과 나라의 장래에 대해 많은 얘기도 나눴습니다. 조 박사가 곁에 있어서 큰 힘이 됐습니다.

안병훈 하와이에서 마지막 쓰신 일기 한 구절만 더 읽어보겠습니다.

> 1993년 9월 23일 하와이와의 작별인사.
>
> 정부는 돛[帆]이고, 국민은 바람[風]이고, 국가는 배[船]이며, 시대는 바다[海]이다. 독일의 문예평론가의 말인 모양인데 얼마 전 일본의 호소카와細川 수상이 소신을 밝히는 연설 마지막 대목에서 인용한 구절이다. 하와이 생활 근 반년…. 큰 바다여! 고마운 어버이여! 친구여! 나의 스승이여! 이 미미한 인생을 내색하지 않고 너그럽게, 잠시도 쉼 없이 감싸주고, 안아주고, 나의 기도를 받아준 위대한 바다여! 내일은 고국을 향해 떠나려 한다.

서울대 총동창회장

안병훈 의장님이 정계에서 은퇴했을 때의 나이가 만 67세입니다. 보통 사람들도 은퇴할 나이긴 합니다만, 의장님은 그 이듬해 서울대 총동창회장에 선출되면서 인생의 새로운 활력을 맞습니다. 상당히 왕성한 활동을 하셨다고 들었습니다.

김재순 동창회장 하는 일이 정부로부터 예산을 따오거나 동문에게 후원금을 많이 받아오는 것 아니겠습니까? 국회의장을 지낸 내게 기대하는 것이 있었나 봐요.

안병훈 동창회장으로서 YS와 함께 청와대 오찬을 가지신 걸로 알고 있습니다. YS와 거의 1년 만의 만남인데 무슨 얘기를 나누셨나요? 어색

김재순은 서울대 총동창회장직을 생의 마지막 공직이라고
여기며 왕성한 활동을 펼쳤다.

하지는 않으셨습니까?

김재순 어색해도 할 수 없지 않습니까?(웃음) YS도 서울대 동문이니까
서울대학교 발전을 위해 만난 것뿐입니다. 제가 YS에게 "당신 대통령
으로 있을 때 서울대 하나만이라도 세계적 수준으로 만들어놓으라"고
했더니 제 얘기를 다 듣지도 않고 무조건 "그래, 하자 하자, 해줄게" 하
더군요. 속으로 YS의 말에 진실성이 없다고 생각했는데 결국 아무리
기다려도 별 조치가 없었습니다. 말만 하고 그냥 끝난 거지요.

안병훈 그때가 의장님과 YS의 마지막 만남이셨나요?

김재순 아닙니다. 1997년 말경으로 기억하는데, YS가 대통령에서 물
러나기 직전에 통일 고문들을 춘추관에 부른 적이 있습니다. 전 외무

부 장관인 공로명孔魯明씨도 있고, 지금 유엔 사무총장을 하시는 반기문潘基文씨도 있었습니다. 반기문씨는 그 당시 청와대 외교안보 수석비서관이었죠. 이 자리에 참석할까 말까 고민하다가 제가 좌장으로 있다 보니 안 갈 수가 없더군요. 그리고 그 자리에서 YS에게 한마디 했습니다.

안병훈 뭐라고 하셨나요?

김재순 "거산巨山, 산에 오르기까지 얼마나 힘든 과정이 있었나. 그런데 그토록 애쓰고 산에 올랐는데도 아름다운 경치 제대로 한번 감상도 못 하고 이제 내려오게 됐다." 그리고 제가 이렇게 말을 이었습니다. "이제 내려오는 친구에게 무슨 말을 하겠는가. 물러나는 거산, 아무쪼록 여기 모인 사람들 소중히 여기면서 마지막 인생을 잘 마무리 지으시게."

안병훈 분위기가 숙연해졌겠네요.

김재순 이후 반기문씨를 서너 차례 만났는데, 그때마다 잊지 않고 그날 일을 말하더군요.

안병훈 YS가 당황하지 않던가요?

김재순 당황하지는 않았더라도, 아마 여러 일들이 스쳐갔을 겁니다.

안병훈 그랬을 것 같네요. 서울대 총동창회장은 어찌 보면 의장님의 마지막 공직이라고 할 수 있는데, 예산이나 후원금 말씀을 하셨지만 매우 열성적으로 동창회 일을 하셨다고 들었습니다. 의장님은 해방 이후 입학한 서울대인 가운데 최초로 총동창회장을 맡은 분으로, 의장님 이전까지는 편의상 경성제대, 경성고상 등을 졸업한 분들이 맡아 오셨다고 알고 있습니다.

김재순 그렇습니다. 사실 선출되기 며칠 전에 최규호崔圭鎬 전 동창회장으로부터 자리를 맡아달라는 권유가 있었습니다. 선뜻 응하지 못했지요. 선출 총회 당일 참석하지 않았는데도 동문들이 저를 선출했습니다.

그 뜻을 충분히 헤아릴 수 있었지요. 동문들의 변치 않는 우정에 인간적으로 감격스러웠고, 한편으로는 보이지 않는 곳에서 내게 생애 마지막 정열을 쏟게 인도하는 것이 아닌가 하고 생각하게 됐습니다.

안병훈 총동창회장에 선출된 직후 철원, 화천에 다녀오셨지요?

김재순 '토사구팽'으로 갑작스럽게 정계를 떠난 뒤 지역구민에게 변변한 인사조차 드리지 못한 것이 늘 마음에 걸렸습니다. 타지 사람인 저를 국회의장까지 만들어주신 분들이 아니십니까? 제 부덕不德의 소치로 지역구민에게 실망을 안겨드렸으니 꼭 인사를 드리고 싶었습니다.

안병훈 다른 얘기를 해보겠습니다. 절친하셨던 친구인 길옥윤 선생이 1995년 3월 17일 타계하십니다. 장례식에서 의장님이 읽으신 추도사는 마치 한 편의 고운 수필 같습니다. 친구의 삶과, 그를 바라보는 애정이 시어詩語처럼 아름다운 언어로 그려져 있습니다. 다 읽기에는 분량이 다소 많아 한 대목만 옮겨보려 했는데 구절구절이 다 아름다워서 어느 대목을 옮겨야 할지 고민이 많았습니다. 자, 한번 읽어보겠습니다.

> 오호라! 나의 죽마지우竹馬之友, 코흘리개 친구 치정致楨이여!
> 당신이 걸어온 70평생. 떠돌이 인생이라 할 수 있는 당신의 생애.
> 나는 당신을 생각할 때마다 이태리의 명감독 페데리코 펠리니의 작품 「라 스트라다」, 「길」을 연상합니다. 안소니 퀸이 분扮한 떠돌이 인생 잠파노, 그의 애인 젤소미나의 트럼펫 소리와 당신의 색소폰 소리가 겹쳐 들려오곤 합니다.
> 치정이! 병마에 시달리며 힘들게, 힘들게 걸어가던 길.

종로보통학교 동기인 길옥윤과 함께.

당신이 가는 마지막 길.

애인을 잃고 통곡하는 잠파노 안소니 퀸처럼, 당신의 눈을 감긴 미망인, 전연란全蓮蘭 여사와 정아랑 안리랑, 그리고 숱한 친구들과 더불어 숨을 죽여가며 당신의 명복을 빕니다.

김재순 치정이는 슬플 때나 즐거울 때나 한결같이 천진무구天眞無垢한 얼굴이었습니다. 칠십이 돼서도 어렸을 때 얼굴 그대로였습니다. 투병 중일 때 콘서트를 열더군요. 그 공연이 평생의 친구 치정이가 시한부 삶을 앞두고 펼친 라스트 콘서트였습니다.

안병훈 아직까지 의장님의 남은 슬픔이 저에게 전해지는 듯합니다. 이제 황장엽 선생에 대해 질문해 보겠습니다. 1997년 2월 의장님의 평양상업학교 선배인 황장엽 선생이 귀순합니다. 황 선생이 귀순하고 나서 제일 먼저 의장님을 만나고 싶어했다고 들었습니다.

김재순 귀순 이후 얼마 동안은 연락 자체가 불가능했습니다. 국가안전기획부로부터 제게 연락이 왔습니다. 황장엽 선생이 나를 만나고 싶어하는데 만날 의향이 있느냐고 묻기에 어디라도 달려가겠다고 했습니다. 첫 만남은 삼각지 부근의 한 호텔에서 이뤄졌습니다. 평양상업 시절 제가 "아, 슬프도다. 흥했던 고구려는 황폐해지고, 남은 것은 기왓장과 화살촉뿐이구나" 했던 것을 황 선배가 기억하고 계셨습니다. 그리운 사람과 50여 년 만에 다시 만난 감회를 필설로 형용하기가 어렵습니다.

안병훈 그때 두 분이서 또 무슨 얘기 나누셨나요?

김재순 김일성金日成의 사인死因에 대해 말도 많고, 저 역시 궁금해서 제가 황 선배에게 "김일성이 어떻게 죽었습니까? 혹시 김정일金正日이 연

황장엽의 출판기념회에서. 평양상업학교 3년 선배인 황장엽은 귀순 이후 김재순을 가장 먼저 보고 싶어했다.
왼쪽 두 번째부터 김영삼, 황장엽, 이철승, 김재순, 이영덕, 황인성.

관된 게 아닙니까?"라고 물었습니다.

안병훈　그랬더니 뭐라고 하시던가요?

김재순　김정일이 죽이지 않았다고 하더군요. 그렇지 않아도 갑자기 사망했기 때문에 여러 의혹이 생길 것을 우려해 구 소련에서 의사가 와서 사인을 규명했는데, 심장마비로 결론 내렸다고 하더군요.

안병훈　황 선생을 통해 김일성의 사인은 밝혀졌다고 보면 되겠군요.

김재순　그렇습니다. 사실 황장엽 선배 소식은 귀순하기 전에 지인을 통해 듣고 있었습니다.

안병훈　그럼, 귀순하시기 전부터 두 분이 연락을 나누신 건가요?

김재순　그건 아닙니다. 제가 잘 아는 사람 중에 백용중白甬重이란 친구가 있습니다. 저보다 두서너 살 아래로 연세대를 나온 후 미국으로 건너가 미국 시민권자가 됐죠. 그런데 이 친구가 비즈니스 관계로 20여 명과 함께 이북에 초청된 적이 있습니다.

당시 황장엽 선배가 현직에 있을 땐데, 황 선배가 이 친구만을 부르더래요. 그러더니 하는 말이, "당신이 홍사단 단원이란 걸 알고 있는데 홍사단 단원이면 당연히 김재순이라는 사람도 알고 있지 않느냐"고 물어보더라는 겁니다. 이 친구가 제가 국회의장 할 때니까 겁이 난 모양입니다. 황장엽이라는 이북의 실세가 물어보니 얼마나 당황했겠습니까? 머뭇거리다가 안다고 하니, 황 선배가 평양상업 다닐 때 있었던 저에 대한 얘기를 소상히 하더라는 겁니다. 그제야 비로소 마음이 놓였다고 합니다.

안병훈　조금 전에 말씀하셨던 '아, 슬프도다…'도 말씀하셨겠군요.

김재순　예, 그렇습니다. 그러면서 하는 말이 "그랬던 김재순이 국회의장까지 됐다니 참 만나보고 싶긴 한데…" 하면서 만날 수 없는 걸 무척 안타까워했다고 하더군요.

안병훈 오죽 만나보고 싶었겠습니까? 백용중씨에게 다른 말은 없었나요?

김재순 흥사단 단원이니까 도산 안창호 선생의 자료를 부탁하더랍니다. 그리고 특이한 것이 북한으로는 못 보내니 일본 주소를 주며 그리로 보내달라고 했답니다. 이 친구가 황 선배에게 보내주겠다고 약속하고 베이징北京을 거쳐 저를 찾아와 이 얘기를 전해 준 겁니다. 그래서 제가 도산 선생의 자료를 모아 미국으로 보냈고, 이 친구가 다시 일본으로 보내준 적이 있었습니다.

안병훈 이후 황장엽 선생을 또 만나셨나요?

김재순 황장엽 선배를 저희 집으로 초대한 적이 있습니다. 안기부 직원들과 같이 왔었지요. 집사람이 지혜로워 저와 황 선배만의 자리를 만들어주었습니다. 안기부 직원들은 따로 방을 마련해 대접했지요. 집사람이 황 선배 드시라고 평양식으로 빈대떡, 만둣국 같은 음식을 많이 준비했는데 황 선배가 워낙 소식가小食家였습니다. 집사람이 몹시 안쓰러워했지요.

안병훈 안기부 이야기가 나와서 드리는 질문인데, 안기부가 의장님에게 KAL기 폭파범 김현희金賢姬를 양녀로 삼아달라는 제안을 한 일이 있었다고 알고 있습니다.

김재순 김현희가 사면을 받은 이후의 일인데 그런 제안이 있었던 게 사실입니다.

제 고향이 평양이고, 또 제가 김씨여서 그런 제안을 한 것 같습니다. 저 혼자 결정할 일이 아니어서 집사람에게 '우린 딸도 없는데 한번 생각

해 보라'고 지나가는 말로 했더니 정색을 하더군요.(웃음)

박 대통령의 선물

안병훈 2002년 3월 서울대 총동창회장에서 물러나셨습니다. 이때가 의장님 나이 만 76세입니다.

김재순 제가 1994년부터 2002년까지 8년간 총동창회장을 맡았습니다. 임기가 2년이었으니까 15대부터 18대까지 연임한 겁니다. 동창회라는 것이 그렇습니다. 일을 안 하려면 아무것도 안 하고 시간도 많은데, 하려고 마음먹고 좀 챙기기 시작하면 끝이 없는 것이 동창회 일입니다. 재미 서울대총동창회를 비롯해 50여 개의 해외 지부와, 29개 지방 지부를 만들었지요.

안병훈 DJ 정부 시절인 2001년경 '서울대 위기론'이 불거지지 않았습니까?

김재순 당시 정부 당국의 태도가 문제였습니다. 한국 교육의 수준 향상은 서울대의 국제경쟁력을 끌어올리면서 다른 대학의 수준도 역시 상향 조정하는 데서 출발해야 하는데, 정책 당국은 그 반대였지요. 동창회 일을 하다 보니 모교의 발전이 나라의 발전이라는 신념이 더욱 굳어졌습니다. '누가 조국으로 가는 길을 묻거든 눈 들어 관악冠岳을 보게 하라'는 시詩 구절을 가슴에 품은 채 일했습니다. 누군가는 이런 구절을 고깝게 여길지도 모릅니다만 서울대 동문이라면 그런 자부심과 책임감을 동시에 느낄 필요가 있습니다.

안병훈 이 무렵 대장암 수술을 받으셨지요? 총동창회장에서 물러난 그 시기입니다.

김재순 아이들이 건강 진단을 받아보라고 권유했습니다. 저는 집사람 건강이 걱정돼서 그러마, 하고 건강 진단을 받았는데 집사람은 별 이상이 없고 제가 대장암 진단을 받은 겁니다. 그런데 참 신기한 일이 있었습니다. 그날이 일요일이었는데, 다음 날 입원을 하고 수술을 받기로 되어 있었죠. 마침 점심을 먹으려고 하는데 검단산에 산불이 난 겁니다. 어머니 산소와 또 우리 집까지 번질 기세였습니다. 소방서 헬기가 뜨고 텔레비전 방송에 보도될 정도로 큰불이었지요. 황급히 나가 불을 끄려고 했지만 인력으로 될 일이 아니었습니다. 예로부터 산소가 불에 타면 매우 불길한 징조 아닙니까? 저는 기독교인이고 꼭 그게 불길하다고 믿는 것은 아니지만, 세상에 어머니 산소가 불에 타는 것을 누가 기분 좋게 바라보겠습니까. 그랬는데 바람의 방향이 일순간에 획 바뀌더니 불이 어머니 산소를 피해 다른 곳으로 옮겨가는 겁니다. 저나 집사람 모두 신기하게 여겼지요. 돌아가신 어머니가 지켜주신 거라 믿고 있습니다.

안병훈 다음 날 입원을 준비하는 중에 빙모聘母의 부음訃音을 들었다고 알고 있습니다.

김재순 제가 장인어른과 장모님의 장례식조차 참석하지 못한 죄인입니다. 입원 수속은 예정돼 있었고 취소할 수도 없어서 그대로 수술을 받았습니다. 그날이 장모님 발인發靷이었습니다.

안병훈 청년기에 폐병을 앓으셨고, 중년기에는 눈병과 폭음과 화병으

장모 이복주 여사의 환갑잔치. 돈암동 신흥사에서(1975).

로 인해 쓰러지셨고, 노년에 대장암 수술을 받으셨습니다. 최근에 다소 기력이 떨어지셨습니다만 앞의 네 번을 제외하면 평생 건강한 몸을 유지하며 장수하고 계십니다. 특별한 건강관리법이 있으신지요?

김재순　몇 가지 됩니다. 냉온탕 목욕을 하다가 나이가 들어서는 반신욕을 했지요. 아침에 뉴스를 보면서 '몽둥이 밟기'도 했습니다. 일종의 발바닥 지압입니다. 골프를 치면서 신선한 공기를 마시는 것, 친구들과 좋은 대화를 나누는 것도 건강에 도움이 됩니다. 그리고 빼놓을 수 없는 것이 독섭니다. 정신적 건강을 지탱해 주니까요.

안병훈　이제 의장님과의 대담을 마무리할 단계인 것 같습니다. 분위기

김재순은 박정희 대통령이 선물한 골프채 덕분에 골프를 처음 시작했다.
그는 골프의 기본은 정확한 스탠스이며 이것이 인생의 기본이기도 하다는 지론을 갖고 있었다.

를 조금 바꿔보겠습니다. 의장님은 골프 예찬론자시지요?

김재순 하루를 즐기려거든 술을 마시고, 1년을 즐기려거든 꽃씨를 심고, 일생을 즐기려거든 골프를 치라는 말이 있습니다. 인류의 기지機智가 낳은 수많은 게임 중에서 골프만큼 쾌적한 운동량과 지적으로 상쾌한 흥분을 주는 것도 없을 겁니다. 골프는 하면 할수록 재미있는 스포츠입니다. 골프는 소년을 가장 빨리 어른으로 만들고, 어른에게는 영원히 소년의 영혼을 갖게 합니다.

골프 자체가 재미있는 운동이지만 골프가 주는 깨달음도 많지요. 골프는 인생의 시뮬레이션simulation 아닙니까. 골프에는 즐거움과 슬픔이 있고, 계절이 있고, 미래에 대한 꿈과 철학이 있습니다. 골프를 치면 인생의 모든 것을 미리 경험할 수가 있지요. 또한 골프의 기본은 스탠스를 정확히 결정하는 것인데 정확한 스탠스야말로 인생의 기본이 아니겠습니까?

안병훈 골프는 언제부터 치셨습니까?

김재순 공화당 대변인 시절이었으니까 1960년대 중후반이었던 것 같습니다. 저는 박정희 대통령 덕분에 골프를 시작한 사람입니다. 어느 날 박 대통령이 제게 "골프를 치십니까?"라고 물어요. 안 친다고 했더니 "한번 칩시다"라는 겁니다. 얼마 후에 박종규朴鐘圭 경호실장이 직접 골프채를 갖고 왔어요. 박 대통령이 주시는 거라면서 박 대통령과 골프 일정을 잡았다고 관악 컨트리에 나오라는 겁니다.(웃음)

안병훈 그래서 나가셨습니까?

김재순 골프채 한번 휘둘러본 적도 없는데 당연히 못 나갔습니다. 하지만 제가 운동신경이 좀 있어서 곧잘 치게 됐지요. 그 뒤로 박 대통령과도 여러 번 쳤습니다.

안병훈 운동을 잘하셨나요?

김재순 평양상업학교 시절 제가 농구부였습니다. 당시로선 큰 키라서 포워드를 봤지요.

네 멋대로 살아라

안병훈 자식 농사는 만족하십니까?

김재순 거짓이 없고 선하게 자라준 것은 대견하지요. 하지만 모든 사람이 불초자不肖子 아니겠습니까. 제가 조상 앞에서 못나고 어리석은 후손이듯이 자식들도 그렇게 보일 때가 있지요. 제 큰아이가 이런 말을 한 적이 있습니다. 그 녀석이 "제가 아버지보다 뛰어난 것이 딱 하나 있는데 아버지 자식들보다 제 자식이 더 잘났습니다"라고 해요.(웃음)

안병훈 집안의 장손 인송仁松군을 말하는 거군요. 미국 MIT대학 교수라고 들었습니다.

김재순 그렇습니다. 인송이가 한국에서 초·중·고를 다 졸업하고 유학을 갔습니다. 손자 자랑이지만 그렇게 유학을 가서 미국 명문대학 교수가 되는 것이 쉬운 일이 아니지 않습니까?

안병훈 손자, 손녀들 이름에는 인의예지仁義禮智가 들어갑니다.

김재순 둘째만 딸을 둘 낳고, 나머지는 아들 둘씩 낳았습니다. 첫째가 인송, 인걸仁傑이, 둘째가 의연義娟, 의진義珍이, 셋째가 의서義書, 예훈禮薰이, 막내가 지원智源, 지용智溶이, 그렇습니다. 인의예지는 사단칠정四端

七情의 사단四端 아닙니까. 사단은 사람의 기본인 것이지요. 사람의 기본을 잘 지키라는 뜻이 담겨 있습니다.

안병훈　그런데 의서군은 그 원칙에서 벗어난 이름을 받았습니다. '예서禮書'가 되어야 하지 않았나요?

김재순　그건 이유가 있습니다. 사돈인 길재호씨가 제게 부탁을 했어요. 길재호씨가 딸만 셋 두었습니다. 친손자가 없어서 외손자 하나만이라도 본인이 지어주고 싶다고 그랬어요. 그래서 받은 이름인데 그 많은 한자 가운데 하필 '의義' 자가 들어간 것이지요.(웃음)

안병훈　증손자도 보셨습니다. 이름이 동찬東燦이인가요? 혹시 증손자는 동서남북이 들어가는 것 아닙니까?(웃음)

김재순　그것은 제가 모르겠습니다.(웃음) 제가 손주들한테 입버릇처럼 해온 말이 서너 가지 있습니다. 평생 살면서 남의 폐가 되는 존재는 되지 말아라, 폐 끼치지 말고 살아라. 그리고 작은 약속이든지 큰 약속이든지, 약속을 안 하면 모르되 약속을 하면 목숨을 걸고라도 지켜라. 그다음에 지금 너희들이 입고 있는 옷, 너희들이 먹는 것을 너희들이 공장에서 만들거나 농사지어 생산한 것이 아니지 않느냐. 너희들이 모르는 수많은 사람에게 신세를 지고 살고 있다. 그러니 범사에 감사하라. 끝으로 자아를 발견하라, 입니다. 나 자신을 발견하라는 것이지요. 내가 어떤 존재인가, 내가 무얼 하기 위해 인생을 살아가는가, 자기 스스로에게 자문해 보라는 겁니다. 자기 생각의 기본이 되는 인생의 좌표축을 확립해야 무엇을 하든지 간에 자기 인생의 갈 길이 어디며, 목표하는 것이 무엇인지 알 수 있지 않겠습니까.

목적지를 모르고 걸어가는 사람하고, 목적지를 알고 걸어가는 사람하고는 큰 차이가 있을 수밖에 없습니다. 그러니 진실되게 인생을 살려거든 자신이 가고자 하는 목적지를 우선 머리 속에 확고히 담고 있어야 합니다. 그래야 자신의 재능이나 능력, 자질을 발견해 인생을 후회 없이 살아갈 수 있습니다.

인생이 짧은 것이라고는 하지만, 세네카가 얘기하다시피 인생은 짧은 것이 아니라 낭비하기 때문에 짧습니다. 낭비하지 않으면 인생은 결코 짧지 않습니다. 분명하게 자기 갈 길을 생각하고 목표를 향해 터벅터벅 당당하고 자신있게 걸어가면 인생이야말로 그 어떤 것과도 바꿀 수 없는 값어치가 있습니다. 그 외에는 네 멋대로 살아라, 그랬습니다. 그런데 증손자가 그 뜻을 이해할 때까지 제가 살아 있을지 모르겠네요. 이제 그것은 내 자식들 몫이겠지요.

안병훈 별말씀을 다 하십니다. 증손자도 의장님의 가르침을 받아 올바르게 자랄 겁니다. 의장님은 정계 은퇴 이후에도 기회가 될 때마다 정치 칼럼을 쓰셨고, 때로는 시국선언에도 참여하셨습니다. 이를 구체적으로 언급할 필요는 없을 것 같습니다. 우문愚問을 드릴 테니 현답賢答을 해주십시오. 의장님은 정치를 무엇이라고 생각하십니까?

김재순 앞서 대만 사절단 이야기를 하면서 말씀드리기도 했지만 정치는 명분입니다. 명분이 있다면 욕먹을 자리라도 나서야 하고 때로는 험한 길로도 가야 합니다. 정치는 또 품격입니다. 막말이나 하면서 언론에 오르내리는 것을 즐기는 정치인이 있어요. 정말 저급한 정치인이지요. 하나만 더 덧붙이자면 정치는 말과 글입니다. 자리에 맞는 말, 상황에 맞는 말을 하면서 상대를 감동시키는 표현을 쓰는 사람이 좋은 정치인입니다. 글을 못 쓰거나 안 쓰는 정치인은 정치인으로서 자격이 없다고 봐요. 글쓰기는 생각을 정리하는 작업입니다. 생각을 정리하지 않는 정치인은 정치 철학이 없다고 봐도 돼요. 정치 철학이 있다고 해도 이를 글로 대중들에게 알리지 않는 정치인은 게으른 겁니다. 이것은 말로 하는 것과는 또 다르지요.

안병훈　지금도 예전과 크게 달라진 것은 없어 보입니다만 정치인에게 주색酒色은 필요악적인 요소가 있는 것 같습니다. 물론 주酒와 색色에 차이가 있긴 합니다만 주색을 같이함으로써 정치인들끼리 연대의식을 높이거나, 합의를 이끌어내고 문제를 해결하는 시기가 있지 않았습니까. 의장님의 경우는 어떠했습니까?

김재순　저도 술을 꽤 즐겼습니다. 술자리가 정치인에게 필요한 부분은 분명히 있어요. 하지만 건강을 해치거나 일에 지장을 줄 정도로 마시면 안 됩니다. 제가 그 우愚를 범하지 않았습니까? 저는 쓰러지기 전에 평생 마실 술을 다 마셔서 그 이후에는 반주飯酒 정도로 술을 줄였습니다. 색色은 필요악적인 요소가 있는 것이 아니라 개인의 선택의 문제인 것 같습니다. 저는 어머니가 제가 귀가할 때까지 주무시지 않고 문 앞에 기다리고 계셔서 술자리가 끝나면 곧바로 집에 들어왔습니다.(웃음)

안병훈　제가 사모님께 미리 확인해 봤습니다만 의장님이 세비歲費를 꼬박꼬박 봉투째 들고 온 것, 여자 문제로 속을 썩이지 않았다는 것은 인정하셨습니다.

김재순　집사람이 그랬어요? 여자는 모르는 문제가 많지요. 안 선생도 제 말을 믿었습니까? 아, 정치인의 말을 믿어요?(웃음)

안병훈　농담이신 거 압니다. 실향민으로서 통일에 대한 구상이나 열망

김재순은 부인 이용자 여사와 63년을 함께했다. 하남 자택에서.

이 남달랐을 것 같습니다.

김재순　물론입니다. 제가 정치에 뛰어든 이유 중의 가장 큰 것이 그것이었습니다. 이승만 독재와 나라 상황에 실망하고 분노했던 이유도 있지만 무엇보다 통일에 이바지하겠다는 꿈이 컸지요. 저는 통일이 이렇게 요원하리라고는 생각지 못했습니다. 소련과 동구권이 붕괴되고 독일 통일이 이뤄졌을 때 우리 민족의 통일도 머지않은 일이라고 믿었습니다.

안병훈　1994년 5월 29일자 〈조선일보〉와의 인터뷰에서 이런 말씀을 하신 적이 있습니다.

> 통일은 잔재주꾼들에 의해서 이뤄지는 것이 아닙니다. 통일을 성급하게 걱정할 것이 없어요. 통일은 이미 우리들의 시야에 들어와 있어요. 통일은 김일성 일당과 합작해서 되는 것이 아닙니다. 서독의 전 수상이었던 슈미트씨 말처럼 통일은 '서독과 동독에 사는 독일 사람들의 통일이지, 호네커(독일 공산당 당수)와의 통일이 아니다'는 것을 귀담아 들어야 합니다. 문제는 통일을 소프트랜딩Soft Landing시키는 일만 남아 있어요. 긴 시간 걸리지 않고 그때가 올 것입니다. 그동안 우리 대한민국이 정치적으로, 경제적으로, 사회적으로 튼튼한 나라를 만들어가는 데 합심하는 일이 통일의 지름길입니다.

이 인터뷰를 보면 통일을 너무 낙관하신 게 아닌가 합니다.

김재순　인정합니다. 다만 통일에 대한 염원 때문에 판단이 흐려진 부분도 있을 겁니다. 또 북한 체제라는 것이 워낙 기괴하고 예측 불가능하다는 이유도 있습니다. 김일성이 죽고 김정일도 죽었는데, 나보다 열여섯 살 어린 김정일이 나보다 먼저 죽을 줄은 몰랐습니다. 게다가 난

데없이 등장한 새파란 김정은金正恩이 북한을 통치하리라는 것은 상상도 못했던 일이지요. 참으로 개탄스러운, 기가 막힌 상황입니다.

안병훈 북한 정권에 돈 퍼주는 것이 싫어서 금강산 관광 한 번 안 가보셨다고 들었습니다. 해외에 있는 북한 식당에도 한 번도 발길을 주지 않으셨지요? 아버지가 안 가시니까 자식들도 안 갔다고 하던데요.

김재순 그 생각은 지금도 변함이 없습니다. 통일이 되고 나서야 의미가 있지 관광하러 북한에 갈 이유는 없다고 생각했지요.

〈샘터〉에서 물을 긷다

안병훈 인간 김재순은 정치인이기도 하지만 출판인, 더 정확히는 '샘터인'으로 표현해야 할 것 같습니다. 다시 〈샘터〉에 대한 질문으로 돌아가 보겠습니다. 올해가 〈샘터〉 창립 46주년을 맞는 해입니다. 강산이 네 번 이상 바뀐 세월인데 감회가 어떠신지요?

김재순 〈샘터〉를 창간할 때 〈한국일보〉 장기영 사주에게 이런 말을 한 적이 있어요. 그때는 〈한국일보〉가 욱일승천의 기세로 부수가 늘고, 〈주간한국〉이 새로이 시작해서 30만 부 육박한다, 30만 부 돌파한다, 이럴 때였습니다. 장기영씨 별명이 왕초였어요. 제가 "왕초, 나도 잡지를 하나 할랍니다" 그러니까 "아니, 김 의원 돈 많소? 잡지는 돈 없이는 안 됩니다. 우리 〈주간한국〉 보십시오. 전부 벗겨야 됩니다. 요새 벗지 않으면 안 봅니다" 그러더라고요. 그래서 "벗기는 건 왕초가 벗기시고 나는 입히렵니다. 벗는 잡지하고 입히는 잡지하고 한 10년 후에 봅시다" 그랬지요. 농담 반 진담 반으로 얘기한 것인데, 아닌 게 아니라 벗

〈샘터〉 창간 25주년 행사. 이제 〈샘터〉는 창간 50주년을 목전에 두고 있다.

기는 잡지는 생명이 길지 않더라고요. 어쨌든 10년 후에 보자고 했던 것이 이제 50년이 다 돼 갑니다.

안병훈　벗긴다는 것은 쉽게 이해가 되는데 입힌다는 것은 어떤 의미인가요?

김재순　지식을 입히고 정신적으로 자양을 자꾸 주는 것이지요.

안병훈　〈샘터〉를 어떤 잡지라고 정의할 수 있을까요?

김재순　조금 전문적으로 말한다면 '테마가 있는 수상隨想 잡지'라고 할 수 있습니다. 지금 소개하는 특집 제목들을 보시면 테마가 있는 잡지로서의 느낌이 오실 겁니다. 창간호 특집이 「무엇에든 미쳐보라」였고, 이후에 「하면 된다」, 「정상으로 달려라」, 「시작이 반이다」, 「나를 돌아

〈샘터〉는 '매호 똑같이, 매호 다르게 만든다!'라는 편집 철학을 가지고 있다. 을지로 샘터사 시절(1975).

보라」, 「놀 줄 알아야 한다」, 「라이벌을 가져라」, 「쉬었다 가자」, 「껍질을 깬다」, 「이 일에 나를 건다」 등이었어요.

안병훈 필자 선정 기준이랄까요, 어떤 생각을 가지셨습니까?

김재순 우리 〈샘터〉 필자의 기둥은 셋입니다. 한 기둥은 작가처럼 글 써서 밥 먹는 사람이고, 한 기둥은 이름은 있지만 글은 잘 쓰지 못하는 사람입니다. 그 다음 또 한 기둥은 이름도 없고 글도 못 쓰는 사람, 그러나 생활이 있는 사람, 이렇게 세 기둥을 놓고 매호 조금 전 얘기한 특집 테마를 가지고 찾아가는 겁니다.

그런데 재미있습니다. 글 써서 프로페셔널하게 밥 먹는 문필가들의 글은 좀 날리는 경우가 많습니다. 아마 많이 쓰다 보니까 그런 것도 있고, 또 짧은 글이란 것이 참 어렵거든요. 헌데 글 못 쓰는 사람이나 생활이 있는 사람을 찾아가서 그 사람의 말을 듣고 그 사람의 체험담을 우리 기자가 써서 실으면 코허리가 시큰시큰하고 눈시울이 뜨거워진다는 겁니다.

안병훈 〈샘터〉의 편집 철학이랄까요, 무엇입니까?

김재순 다시 한 번 제 어법으로 말씀드려 보겠습니다.(웃음) 제가 편집 회의 때마다 되풀이했던 말이 있습니다. 〈샘터〉는 매호 똑같이, 매호 다르게 만든다! 이것이 창간 때부터 얼마 전까지 해온 저의 입버릇입니다. 매호 똑같이라는 말은 〈샘터〉의 맛, 즉 샘물의 맛, 그 청결하고 신선하고 먹어도 먹어도 싫증나지 않고 안 먹으면 못 사는 그런 물맛을 잊어버려서는 안 된다는 뜻입니다. 그리고 매호 다르게라는 말은 샘이 흘러내려서 여울지고 강이 되고 바다로 쉼 없이 흐르듯이, 매호 내용을 역동적으로 활기 있고 풍성하게 채워 나가야 한다는 의미입니다.

안병훈 국민들이 책을 읽지 않는다는 우려가 오래전부터 있어 왔습니다. 걱정이 많으시겠습니다.

김재순 많지요. 〈샘터〉에 대한 걱정이 아니라 나라에 대한 걱정입니다. 오래전에 제가 받은 편지를 〈샘터〉 뒤표지에 소개한 적이 있습니다. 이런 내용인데 제가 읽어보겠습니다.

> 저는 미국이 이렇게 무서운 나라인 줄은 몰랐어요. 미국이 병들었다고요? 글쎄요. 물론 미국 사회에도 문제가 많은 것은 사실입니다. 그러나 지금 제가 이 글을 쓰고 있는 여기를 와보세요. 여기는 대학 도서관입니다. 끝에서 끝이 보이지 않는 큰 도서관입니다. 빈자리라곤 하나도 없습니다. 약 5천 명의 남녀 학생들이 밤 열두 시쯤 돼서야 하나 둘 자리를 뜨기 시작합니다. 그때까지 모두가 숨소리를 죽이고 골똘히 책을 보고 있지요. 이것이 미국의 저력底力이 아니겠어요?

이 글이 실린 게 1972년 8월호입니다. 미국 대학생들이 1972년 8월에만 그렇게 책을 열심히 읽었겠습니까? 그전에도 그렇게 했고 지금도 그렇게 하고 있지 않겠습니까. 이런 점이 바로 미국의 저력입니다. 하지만 대다수 저희 세대들은 학생운동이다 뭐다 해서 독서와 공부를 게을리 했습니다. 지금은 많이 나아졌다지만 학생들이 읽고 있는 책은 주로 어학과 취업에 관련된 것입니다. 정말 우려됩니다. 학생들이, 국민들이 책을 읽어야 나라의 미래가 밝지 않겠습니까!

안병훈 요즘도 매주 월요일마다 〈샘터〉 사옥에 출근하십니까?

김재순 작년까지는 거의 어김이 없었는데 올해 들어 그것마저도 쉽지가 않군요. 이젠 몸 상태가 확실히 예전만 못해 못 갈 때가 많아요. 그동안 사옥도 많은 변화가 있었지요. 2004년 10월에 파랑새극장 내부를 새롭게 단장했습니다. 1층과 2층 로비 천장에 조명을 이용한 9개의 별자리를 만들었습니다. 이 별자리들은 〈샘터〉를 찾는 모든 이들에게 행복과 희망을 드리고 싶은 마음을 담은 것이죠.

또 2012년 10월에는 사옥을 대대적으로 보수하고 증축했습니다. 김수근씨의 제자인 건축가 승효상承孝相씨가 설계를 맡았습니다. 엘리베이터를 설치하고 2개 층을 더 올렸지요. 환경을 크게 개선했지만 붉은 벽돌의 운치는 그대로 유지했습니다. 지금도 대학로를 상징하는 건물이라고 자부합니다.

안병훈 저도 수차례 그 음식을 먹어봤습니다만 〈샘터〉에는 구내식당이 있습니다. 과문한 탓인지는 모르겠지만 국내 출판사 가운데 구내식당이 있는 출판사는 못 본 것 같습니다.

김재순 구내식당이라기보다는 가족 식당이라는 표현이 적절할 듯합니다. 〈샘터〉 식구가 수십 명에 불과한데 끼니마다 식당 밥을 먹게 하기가 싫었습니다. 아주머니 한 분을 구해 집밥처럼 점심을 제공한 것이 수십 년 이어졌고, 지금은 그 아주머니의 딸이 저희 〈샘터〉 식구들을 위해 밥을 해주고 있지요.

안병훈 사람을 한 번 믿으면 끝까지 믿고, 한 번 쓰면 끝까지 쓰시는 것 같습니다. 의장님의 첫 수행 기사라고 할 수 있는 전동석全東錫씨도 수십 년간 의장님의 차를 몰지 않았습니까?

김재순 전동석씨는 제가 직접 뽑은 사람입니다. 이력서를 받고 면접을 본 것이 아니라, 제가 선거를 앞두고 명동 미도파백화점 앞으로 가 직접 고른 사람입니다. 그때는 명동 미도파백화점 앞에 사설 택시들이 진을 치고 있던 때였지요. 전동석씨 인상이 좋아 보였습니다. 제가 다가가 '나 이런 사람이고 이런 일을 하고 싶은데 도와줄 수 있느냐?'고 물었습니다. 그때부터 수십 년간 수고해 주었습니다. 고마운 사람입니다. 지금도 부부 동반으로 제게 세배를 오곤 하지요. 예전엔 세배를 그냥 받기만 했는데 이제는 맞절을 합니다.

특히 이광용, 김계태金啓泰, 이수은李秀殷 전 보좌관들과는 지금도 한 가족처럼 지냅니다. 이번 토교저수지 송덕비 건도 직접 발로 뛰며 수고를 한 것으로 알고 있습니다.

안병훈　의장님을 한 번 알게 된 사람들은 왜 그렇게 의장님을 떠나지 않을까요?

김재순　아닙니다.(웃음) 남아 있는 사람이 훨씬 많지만 떠난 사람도 물론 있지요.

안병훈　아쉽게도 『엄마랑 아기랑』은 1999년 2월호까지 통권 272호를 끝으로 폐간됩니다.

김재순　시대가 변했습니다. 1976년 창간 때는 육아 정보를 제공하는 매체가 거의 없었어요. 아이들이야 알아서 잘 자라겠지 하는 인식이 강했습니다. 하지만 그동안 관련 정보를 제공하는 매체가 많아졌지요. 『엄마랑 아기랑』이 시대적 역할은 잘 수행하고 역사 속으로 사라졌다고 보시면 될 겁니다. 무엇보다 『엄마랑 아기랑』의 지속적인 적자가 큰 부담이었던 게 사실입니다.

안병훈　아이들은 어떻게 교육해야 할까요?

김재순　아이 교육은 기본적으로 엄마, 아빠가 시키는 거라고 생각합니다. 제가 이런 말을 자주 했어요. 비슷한 글도 많이 썼지요. 훌륭한 어머니가 무엇이냐, 저는 훌륭한 어머니란 학식이 많아야 훌륭한 어머니가 된다고 생각하지 않습니다. 자기 자식을 진정으로 사랑하고 그 사랑을 아이들에게 올바로 전달하는 어머니가 훌륭한 어머니라고 믿고 있는 사람입니다. 생각해 보세요. 세계적인 위인의 어머니가 학식이 많아서 그런 위인을 키워낸 것입니까. 어머니의 사랑, 조건 없는 모정, 이것이 아이에게 전달되어 그 아이들이 성취동기와 용기를 갖게 되어서 훌륭한 사람이 된 것 아니겠습니까?

그러면 훌륭한 아버지는 무엇인가? 아버지는 엄마처럼 아이들과 생활을 같이 못합니다.

아이들은 엄마가 말하는 대로 흉내 내어 말하고 엄마의 행동을 본받지요. 이런 상황에서 아버지는 남들이 우리 아버지를 어떻게 보느냐에 따라 아이들에게 영향을 줍니다. 우리 아버지를 남들이 존경하느냐, 훌륭한 사람으로 보느냐에 따라 아이들이 자연스럽게 교육을 받게 되는 겁니다.

따라서 자기 어머니에 대한 애정을 가지고, 자기 아버지를 존경하게 되면 교육의 99퍼센트는 다 됐다고 보면 됩니다.

안병훈 어른이 된다는 것은 어떤 의미일까요?

김재순 일종의 성격의 유연성을 터득하는 것 아니겠습니까. 사람은 저마다 내적인 모순과 갈등이 있게 마련입니다. 그 모순을 인정하며, 그 갈등을 견뎌내는 능력을 가질 때 어른이 되는 것이 아닐까요? 인간은 나이를 많이 먹었다고 해서, 또 높은 지위에 있다고 해서 반드시 인간적 성장을 하는 것이 아닌 듯합니다. 반대로 나이가 젊다고 해서 깊은 생각이 없다고는 할 수 없지요.

친구와 책과 영혼

안병훈 언젠가 어느 인터뷰에서 의장님은 세상을 떠날 때 가지고 갈 재산이 친구와 책, 그리고 내면세계라고 하셨습니다. 먼저 친구를 어떻게 가지고 가신다는 것입니까?

김재순 저에게는 좋은 선후배가 많았습니다. 행운이고 복이고 감사한 일이지요. 선후배가 다 친구 아니겠습니까? 죽을 때 친구를 가지고 간다는 것은 이런 의미입니다. 이를테면 주요한 박사님의 임종을 제가 지켰습니다. 주 박사님이 돌아가시기 직전에 사모님으로부터 전화가 왔습니다. 황급히 달려갔더니 주 박사님이 이불을 덮고 누워 계신데, 마치 꺼져가는 불씨처럼 천천히 사그라들고 계셨습니다.

그런데 사모님이 제게 이불 속으로 들어가라는 겁니다. 그만큼 박사님이 저를 아끼고 저를 찾았다는 뜻이겠지요. 주 박사님 곁에 나란히 누워 임종을 지켰고, 박사님도 편안한 마음으로 눈을 감으실 수 있었을 겁니다. 임종을 지켰느냐 아니냐가 중요한 것이 아니라, 저세상으로 갈 때 떠오르는 그리운 얼굴이 있다면 그 추억과 인연을 간직한 채 떠나는 것 아니겠습니까?

안병훈 주요한 박사가 타계한 것이 1979년입니다. 주요한 선생은 한국문학사에서도 빼놓을 수 없는 분인데, 그의 시 「불놀이」는 우리나라 최초의 자유시라고 평가받고 있습니다. 주요한 선생으로부터 「불놀이」

에 대한 설명을 직접 들으신 적도 있다면서요?

김재순 예, 선생이 생전에 「불놀이」는 석가탄신일 대동강변에서 본 마을 사람들의 횃불놀이 장면을 떠올리고 쓰신 시라고 말씀하셨습니다. 이 시를 읽어보면 대동강가의 성문城門이나 모란봉, 능라도가 다 등장합니다.

안병훈 제가 몇 소절을 읽어보겠습니다.

아아 꺾어서 시들지 않는 꽃도 없건마는, 가신 님 생각에 살아도 죽은 이 마음이야, 에라 모르겠다, 저 불길로 이 가슴 태워 버릴까 이 설움 살라 버릴까, 어제도 아픈 발 끌면서 무덤에 가 보았더니 겨울에는 말랐던 꽃이 어느덧 피었더라마는, 사랑의 봄은 또다시 안 돌아오는가, (…) 저어라 배를, 멀리서 잠자는 능라도까지, 물살 빠른 대동강을 저어 오르라, 거기 너의 애인이 맨발로 서서 기다리는 언덕으로 곧추 너의 뱃머리를 돌리라.

김재순 정말 고향에 가보고 싶습니다.

안병훈 김상협金相浹 전 국무총리와도 비슷한 일화가 있었다고 알고 있습니다. 김상협 전 총리는 1995년 2월 22일 타계했습니다. 김 총리와는 학연이나 지연이 없어 보이는데 어떤 인연이 있었습니까?

김재순 김상협 총리가 고려대 정경대 교수였지만 서울대에도 출강을 하셨습니다. 제가 상대 다닐 때 김상협 교수의 수업을 들었었지요. 대학교의 시험이라는 것이 몇 개의 문항 가운데 하나를 선택해 논술하라는 것 아닙니까? 한 문제만 풀면 되는데 제가 주어진 문항에 대해 모두 답안을 써낸 겁니다. 그때부터 저를 각별히 보시기 시작해 평생 인연

샘터사 대표실에 놓인 장리욱 박사 손 조각.
김재순은 방문객들에게 장리욱 박사 손 조각과의 악수를 권하곤 했다.

이 이어진 것이지요.

김 총리가 심장질환으로 갑자기 쓰러졌습니다. 마침 사모님이 외국에 여행 중이었는데 집에서 일을 봐주던 사람이 제게 연락을 한 겁니다. 혜화동 자택으로 달려가 보니 김 총리가 전화기 앞에 쓰러져 계셨어요. 저는 김 총리가 그 순간까지 저를 찾았다고 믿고 있습니다. 김 총리가 세상을 떠나는 순간, 제가 곁을 지킨 친구였던 셈이지요.

안병훈 장리욱 박사는 조금 다른 방식으로 보내드렸지요?

김재순 장 박사님은 미국에서 돌아가셔서 임종을 못 지켰습니다. 다만 박사님이 1974년 4월 미국으로 가시기 전에 이런 일화가 있었습니다. 한국을 완전히 떠나시는 이민 비슷한 것이었는데 여간 섭섭하지 않았어요. 그런데 이런 생각이 떠올랐습니다. 2차 세계대전 이후 인도가 독립할 때 미국 대통령 해리스 트루먼이 인도 네루 수상에게 선물을 보냅니다. 아브라함 링컨의 손, 말하자면 조각으로 본뜬 손을 보낸 것입니다. 네루 수상은 그것을 요긴히 썼습니다. 자신을 찾아오는 사람에게 "먼저 아브라함 링컨과 악수를 하시지요" 하고 조각된 손과 악수를 시키고, 그러고 나서 자신과 악수를 했다고 합니다.

장 박사님께 그 말씀을 드렸더니 "아, 그렇다면 변변치 않지만 내 손을 두어 개 떠서 김군 하나, 나 하나씩 가지고 헤어질까?" 그러셨어요. 장 박사님이 제 호인 우암을 지어주신 것이 이 무렵이었습니다.

안병훈 저도 〈샘터〉 의장님 방에 있는 장 박사님의 손 조각을 몇 차례 잡아보았습니다.(웃음) 자꾸 돌아가신 분들 이야기를 꺼내 송구스럽습니다만 장리욱 박사의 손 조각과도 연관된 이야기라 여기서 여쭤보겠

모친의 흉상 옆에서.

습니다. 1998년 12월 8일 모친 나화춘 여사가 별세하셨습니다. 우리나라에 어머니 산소가 집에서 도보로 2, 3분 거리에 있는 사람은 아마 의장님 말고는 별로 없을 것 같습니다. 어머니 흉상도 만들어 이곳 정원에 세우셨지요?

김재순 안 선생도 아시겠지만 이 거실을 나가면 제가 시가 피우는 곳이 있지 않습니까? 거기로 나가 시가를 태우며 어머니의 흉상을 보곤 합니다. 어머니 앞에서 담배를 피우는 셈이지만 이제 제 나이 구십이 넘었으니 이해해 주실 겁니다. 그곳에서 더러는 어머니와 대화를 하곤 하지요. 저와 제 자손들이 이처럼 행복하게 잘살 수 있었던 것도 어머니 덕분입니다. 안 선생께서도 잘 알고 계시지만 지금 우리가 인터뷰하고 있는 이곳이 저희 집안의 선산이나 마찬가지 아닙니까? 어머니를 모실 선산을 마련하기 위해 장리욱 박사님 소개로 이곳 땅을 매입한 것이 벌써 50년이 넘었습니다. 그때는 지금처럼 팔당대교도 없었고, 주변이 온통 논밭이어서 버스를 타고 내리면 수십 분을 걸어와야 했습니다. 저희 부부가 이곳으로 이사 온 것이 2000년경이었어요. 그 후엔 명절이나 무슨 일이 있을 때마나 제 자손들이 여기로 모입니다. 어머니가 마련해 주신 이 땅, 이 집에서 오순도순 행복하게 살고 있습니다.

안병훈 이번에는 책 이야기를 해보겠습니다. 책을 어떻게 가지고 가신다는 뜻입니까? 물론 어떤 의미인지 짐작은 갑니다만.

김재순 〈샘터〉에는 "샘터 가족은 하루 한 쪽 이상의 책을 읽습니다"라는 캐치프레이즈가 있지요. 독서는 매일매일 친구를 만나는 것과 같습니다. 수백 년 전, 수천 년 전의 사람들이 다 친구예요. 동양 친구도 있고, 서양 친구도 있지요. 오늘은 또 누구를 만날까 하는 마음으로 평생

책을 꺼내 들었습니다. 제 지론은 시시한 책 100권 읽는 것보다 좋은 책 1권을 100번 읽는 게 낫다는 주의입니다. 이것은 친구도 마찬가지 않겠습니까?

안병훈　내면세계에 대해서는 제가 군이 여쭙지 않겠습니다. 사람이 태어나 영혼을 만들고 이를 온전히 가지고 한 줌의 흙으로 돌아가는 것 아니겠습니까. 의장님이 지니신 내면세계, 감히 말씀드리지만 그 고결한 영혼은 자손들뿐만 아니라 많은 후세인들에게 감명을 주리라 확신합니다.

대신 다른 질문을 드리겠습니다. 정치적인 '3김 시대'야 진작 끝났습니다만 생물학적인 '3김 시대'도 이제 저물어가는 것 같습니다. 2015년 2월 21일 JP의 부인인 박영옥朴榮玉 여사가 별세했습니다. 이때 문상을 가셨지요?

김재순　정말 안쓰러웠습니다. JP와의 우정과는 별개로 안사람을 먼저 보낸 늙은 지아비의 심정을 제 나이 정도면 충분히 감정이입 해볼 수 있지 않겠습니까? 저는 집사람보다 먼저 갈 것 같아 다행이긴 합니다만 안 선생도 어부인御夫人께 잘하세요. (웃음)

안병훈　예, 명심하겠습니다. (웃음) 그런데 김영삼 전 대통령이 서거했을 때는 왜 문상을 가지 않으셨습니까?

김재순　(…) 제 자신을 속이고 싶지 않았습니다. 그 정도만 말씀드리지요.

안병훈　알겠습니다. 최근에 JP의 증언록, 「소이부답笑而不答」이 〈중앙일보〉에 연재돼 화제를 끌었습니다. 주로 자신이 관여한 정치 비사秘史에 초점이 맞춰진 증언록인데 읽어보셨습니까?

김재순　다는 읽어보지 못했지만, 읽을 때마다 JP만의 관점과 해석이 들어 있어 매우 소중한 자료라고 생각했습니다. 의미 있게 읽었습니다.

안병훈　이제 인터뷰를 마칠 시간이 된 것 같습니다. 끝으로 의장님께 질문 하나 드리겠습니다. 공자孔子는『시경詩經』에 수록된 시詩 300편을 일언이폐지一言以蔽之하여 사무사思無邪라고 했습니다. 의장님은 의장님의 인생 90년을 일언이폐지한다면 어떤 말씀을 하시겠습니까?

김재순　(…) 열심히 살았습니다. 그뿐입니다.

안병훈　그런 말씀을 들으니 언젠가 의장님이 인용하신 토인비의 말이 생각납니다.

　　삶을 대하는 나의 태도는 1915~1916년 이래 한 번도 변한 게 없습니다. 나는 이 두 해에 나의 친구 중 거의 반수를 전쟁에서 잃었습니다. 나는 그들을 잊을 수가 없습니다. 그때 이후로 나의 삶은 나의 것이 아니라 그들과 늘 함께한 삶이었다고 할 수 있습니다. 온전히 나 혼자만의 삶이 아닌 우리의 삶이었기에 나는 이 삶을 뜻있게 살아야만 했습니다. 이는 그들에 대한 나의 사명이자 곧 책무이기도 합니다. 그렇다면 무엇이 뜻있는 삶일까요? 그건 바로 최선을 다해 열심히 살아가는 것입니다.

아쉽지만 인터뷰를 정말 마쳐야겠습니다. 인터뷰 시작하면서 의장님께서 각별히 제게 부탁하신 점들을 지켜드리려고 나름대로 최선을 다했는데 의장님 마음에 드셨는지 모르겠습니다.

김재순　마음에 들다마다요. 시간이 지나면서 제가 생각했던 우려가 기우杞憂라는 것을 점점 알게 됐습니다. 사실 저보다 저에 관해 너무나 소상히 알고 계셔서 인터뷰를 하는 내내 깜짝깜짝 놀랄 때가 한두 번이 아니었습니다. 안 선생 덕택에 제 자신이 정리된 거 같아 저는 좋았지만, 안 선생께 괜히 장황하게 넋두리만 늘어놓은 게 아닌지 심히 걱정됩니다. 바쁜 시간 뺏은 거 같기도 하고….

안병훈　아닙니다. 의장님과 함께한 즐거운 여행, 평생 잊지 못할 것 같습니다. 제겐 너무나 소중한 시간이었습니다.

김재순　다 늙은 이 사람과의 여행이 즐거웠다니 인사치레라도 그리 나쁘진 않네요.(웃음)

안병훈　여러 번 말씀을 드렸지만 의장님의 삶 자체를 들여다보는 것만으로도 동同 시대인에게 큰 의미가 있습니다. 이를 다시 반복하지는 않겠습니다. 다만 의장님과, 의장님의 삶을 아는 많은 사람들은 의장님의 진실함과 정직함을 추호도 의심하지 않습니다. 의장님을 잘 모르는 사람들도 이 책을 읽어보면 그 의미를 깨달으리라 확신합니다. 이 책은 많은 사람들에게 감명을 줄 것입니다. 또 의장님의 증손자가 자라서 이 책을 본다면 얼마나 증조할아버지를 자랑스러워하겠습니까?

김재순　과찬의 말씀입니다. 증손자 이야기는 저도 마음이 뭉클합니다.

안병훈　아무쪼록 건강하시고, 장시간 귀중한 시간 내주신 데 대해 다시 한 번 감사드립니다. 오래오래 건강하시고 다복하십시오.

김재순　감사합니다. 안 선생도 통일을 위해 힘써주시고 건승하십시오.

에필로그

의장님,

이렇게 의장님을 보내야 하는 자리에 섰습니다. 무슨 말씀을 어떻게 드려야 할까 고심에 고심을 거듭했지만 처음엔 아무것도 생각나지 않았습니다. 그저 부모 잃은 아이마냥 망연자실한 심정이었습니다.

그러다 문득 의장님이 답을 주셨습니다. 언젠가 의장님은 당신이 세상을 떠날 때 가지고 갈 재산이 친구와 책, 그리고 내면세계라고 하셨습니다. 그 말씀이 생각났습니다. 그리고 세상을 떠나시기 전, 의장님의 마지막 작업이 저와의 대담이었다는 사실을 새삼스레 떠올렸습니다.

여기 계신 분들은 잘 모르시겠지만 의장님과 저는 대담집을 내기 위해 수개월 전부터 인터뷰를 진행해 왔습니다. 이제 그 대담집이 발간을 눈앞에 두고 있습니다만 불과 십수일 전까지만 해도 저는 묻고 의장님은 대답했습니다. 지금이라도 제가 '의장님, 안녕하시지요?'라고 물으면 '아, 그럼요. 나는 좋아요' 하고 대답하실 것만 같습니다.

김재순 의장님,

의장님은 친구가 많은 분이었습니다. 의장님은 사람을 끌어들이는 마법 같은 것을 지닌 분이었습니다. 따뜻하고 유머러스하셨다는 것만으로는 설명할 수 없는, 의장님만의 특출한 매력 때문이었는지도 모르겠습니다.

의장님은 또한 책을 사랑하는 분이었습니다. 누구보다도 성실한 독서인이자 누구보다도 정열적인 작가였습니다. 세상은 의장님의 촌철살인 같은 언어들에 열광했습니다. '못 살겠다 갈아보자', '황금분할', '토사구팽' 같은 시대의 유행어가 의장님의 작품이었습니다.

그러나 의장님의 내면세계, 의장님의 영혼에 대해서는 감히 제가 붙일 수식어가, 형용어가 없습니다. 친구가 많고 책을 사랑하는 분이었다는 말은 어렵지 않게 할 수 있습니다. 하지만 의장님의 내면세계를 형용할 수 있는 표현은 세상에 존재하지 않습니다.
아름다운 영혼, 고귀한 영혼 같은 표현조차도 더없이 모자라고 공허합니다. 의장님의 영혼은 의장님이 평생을 일궈온 것이며, 비록 필설로는 형용할 수 없어도 여기 있는 우리 모두가 온 몸으로, 온 마음으로 느끼는 그 무엇이기 때문입니다.

김재순 의장님,

의장님은 제게 이런 말씀도 하셨습니다. 하늘나라에 가면 그리운 사람들을 모아 파티를 열 것이라며 흐뭇한 미소를 지으셨습니다. 제가 누구누구와 파티를 하시겠느냐고 여쭤보자 의장님은 그리운 사람들의 이름을 하나하나 불러주셨습니다.

존경하는 안창호 선생, 조만식 선생, 김구 선생, 장면 총리, 장리욱 박사, 주요한 선생, 박정희 대통령, 정일권 의장, 다정한 벗 길옥윤….

의장님,
대담자로서 제가 다시 한 번 질문을 드리겠습니다.
그리운 사람들은 모두 만나셨는지요? 파티는 즐거우십니까?
덧없는 우문愚問인지는 알면서도 의장님의 현답賢答이 들리는 듯합니다.

그리운 의장님,
여기 모인 우리들도 의장님의 다시없는 친구이지 않겠습니까. 의장님이 우리들을 그리워하듯이 우리들도 의장님을 그리워합니다. 그리운 사람끼리 만나는 것이 의장님이 말씀하시는 파티라면 어쩌면 우리는 끝이 없는 파티를 하고 있는지도 모릅니다. 우리는 서로를 영원히 그리워하고 있기 때문입니다.

의장님은 5월의 어느 아름다운 날, 우리 곁을 떠나셨습니다. 이날은 부인 이용자李龍子 여사의 생일이었다고 들었습니다. 사모님에게 미리 생일 축하 노래를 불러주고 난 이튿날, 의장님은 온 가족이 지켜보는 가운데 그토록 평온하고 편안하게, 자는 듯이 눈을 감으셨습니다.
이제 의장님께 마지막 인사를 드려야 할 순간이지만 저는 잠시 헤어지는 사람들처럼 짧은 인사를 드리겠습니다.

감사합니다, 의장님. 다시 뵙겠습니다. 안녕히 계십시오.

김재순 연보年譜

1926년　11월 30일 평안남도 대동군 대동강면面 토성리에서 김일하金日夏와

나화춘羅花春의 외아들로 출생, 본관 전주全州

1934년　평양 종로보통학교 입학

1940년　평양 종로보통학교 졸업, 평양공립상업학교 입학

1945년　평양공립상업학교 졸업

1946년　경성경제전문학교(서울대 상대 전신) 입학

1951년　2월 부산 전시연합대학 학생회장

1951년　8월 스웨덴 스톡홀름에서 열린 세계UN학생대회 참석

1952년　4월 26일 서울대학교 상과대학 졸업

5월 임시수도 부산에서 대통령 직선제 개헌 반대 호헌護憲

구국운동을 주도하다 경찰에 연행, 3개월 수감

1953년　5월 29일 이희백李希伯, 이복주李福周의 장녀 이용자李龍子와 결혼

1955년　8월 민주당 입당

10월 민주당 선전부 차장

1958년　5월 4대 민의원 선거(강원도 양구)에 출마, 낙선

1959년　10월 잡지 〈새벽〉 주간

1960년　7월 5대 민의원 선거(강원도 양구)에 민주당 후보로 출마, 당선

1961년　1월 외무부 정무차관, 5월 재무부 정무차관

5·16 으로 인해 5개월간 수감 생활, 이후 두 달간 가택 연금

1962년 6월 영화 「아까시아 꽃잎 필 때」 제작, 반도극장 개봉

12월 영화 「빼앗긴 일요일」 제작, 국도극장 개봉

1963년 1월 공화당 창당 작업에 참여

2월 공화당 창당

11월 제6대 국회의원 선거(강원도 철원·양구·화천)에
공화당 후보로 출마, 당선

1965년 11월 공화당 원내대변인

12월 국회 상공위원장

1967년 6월 7대 국회의원 선거(강원도 철원·양구·화천)에
공화당 후보로 출마, 당선

1969년 5월 국제기능올림픽 한국위원회 회장

1970년 4월 월간 〈샘터〉 창간

1971년 4월 제8대 국회의원 선거(강원도 철원·양구·화천)에
공화당 후보로 출마, 당선

6월 공화당 원내총무

1973년 2월 원인 불명의 발병, 한양대병원 중환자실 입원

3월 박정희 대통령의 배려로 유정회 1기 의원 당선

9월 신병 치료차 도일渡日

1975년 신병 치료차 2차 도일渡日

1976년 4월 월간 〈엄마랑 아기랑〉 창간

1978년 12월 10대 국회의원 선거(강원도 철원·양구·화천·
춘천·춘성)에 출마, 낙선

1979년 6월 〈샘터〉 동숭동 대학로 사옥 준공, 이전

1984년 10월 〈샘터〉 파랑새극장 개관

1988년 1월 민주화합추진위원회 위원

3월 민정당 입당

4월 13대 국회의원 선거(강원도 철원·화천)에
민정당 후보로 출마, 당선

5월 13대 국회의장

1992년 3월 14대 국회의원 선거(강원도 철원·화천)에
민자당 후보로 출마, 당선

4월 김영삼 민자당 대통령 후보 추대위원회 고문

7월 한일친선협회 중앙회장

9월 대만 사절단 단장

1993년 2월 한일의원연맹 회장

3월 정계 은퇴

1994년 3월 서울대학교 총동창회장

1995년 4월 한국대학동창회협의회 초대 회장

1997년 6월 대통령 통일고문회의 의장

2002년 11월 한나라당 상임고문

2006년 자랑스러운 서울대인

2007년 국가원로 국정자문회의 최고위원

2016년 5월 17일 경기도 하남시 자택에서 별세

상훈

1988년 8월 콜롬비아, 상·하원 적십자대훈장

1989년 9월 21일 페루, 앙드레레이아스 공로훈장

1990년 2월 13일 태국, 최고백상대훈장

1991년 국민훈장 무궁화장

友巖 김재순이 말하는 한국 근현대사
어느 노 정객과의 시간여행

1판 1쇄 발행 | 2016년 6월 17일
지은이 | 김재순, 안병훈
펴낸이 | 안병훈
펴낸곳 | 도서출판 기파랑
편집 | Kim père et fils
디자인 | 박 아네스, 신 스테파노
등록 | 2004. 12. 27 | 제 300-2004-204호
주소 | 서울시 종로구 대학로8가길 56 (동숭동 1-49 동숭빌딩) 301호
전화 | 02-763-8996 (편집부) 02-3288-0077 (영업마케팅부)
팩스 | 02-763-8936
이메일 | info@guiparang.com
홈페이지 | www.guiparang.com
ⓒ 김재순, 2016
ISBN_ 978-89-6523-708-2 03810